廖光明 著

赵君迈传

暨南大學出版社
JINAN UNIVERSITY PRESS

中国·广州

图书在版编目（CIP）数据

赵君迈传／廖光明著．—广州：暨南大学出版社，2014.4
ISBN 978－7－81135－523－9

Ⅰ.①赵…　Ⅱ.①廖…　Ⅲ.①赵君迈（1901—1988）—传记　Ⅳ.①K827＝7

中国版本图书馆 CIP 数据核字（2010）第 096562 号

出版发行：暨南大学出版社

地　址：中国广州暨南大学
电　话：总编室（8620）85221601
　　　　营销部（8620）85225284　85228291　85228292（邮购）
传　真：（8620）85221583（办公室）　85223774（营销部）
邮　编：510630
网　址：http：//www.jnupress.com　http：//press.jnu.edu.cn

排　版：广州良弓广告有限公司
印　刷：佛山市浩文彩色印刷有限公司

开　本：787mm×960mm　1/16
印　张：21.5
字　数：482 千
版　次：2014 年 4 月第 1 版
印　次：2014 年 4 月第 1 次

定　价：45.00 元

目　录

引言：站在时代的危崖上　/ 1
孙立人出事了　/ 2
功高震主，孙、蒋矛盾频发　/ 5
美弃蒋保台，孙立人身价飙升　/ 7
李鸿、郭廷亮策反案　/ 9
上海市副市长在北京失踪　/ 13
艰难的抉择　/ 14

第一章

壹　做着武侠梦的乡间少年　/ 18
雪，落在岳北的大地上　/ 19
赵氏源流：衡山耕读人家　/ 21
湖南自有郡县以来，曾未尝先天下　/ 23
衡山赵襞庸奏朝廷改白山学堂书　/ 24
湖湘文化的影响　/ 25

贰　大哥赵恒惕　/ 29
“大军阀”赵恒惕　/ 30
辛亥革命时险遭袁世凯就地正法　/ 33
湘省自治与立宪运动　/ 39
与孙中山“君子和而不同”　/ 41
谭赵之争　/ 43
为避内战，平静地放弃权力　/ 44

第二章

叁　海外十载赤子情　/ 48
独自漂浮在日本的大海上　/ 49
臭武侠邂逅臭政客　/ 51
爱因斯坦的一个问题　/ 52
我是中国人，要参加奥运会除非代表中国　/ 54

肆　锋芒初露　／57
参加北伐：军阀未打倒，鬼子又来了　／58
浙江省教导团团长　／61

第三章

伍　乌镇的新娘　／65
沈家的历史　／66
大家闺秀沈承玲　／68

陆　遇到伯乐宋子文　／70
蒋、张危机：浙江省府改组　／71
玉山之战打出了威名　／72
宋子文创建财政部税警总团　／75
大汉奸的恶名，压得张学良有些喘不过气来　／79
进驻上海徐家汇　／81

第四章

柒　“一·二八”淞沪抗战　／83
大战前国内复杂的政治形势　／84
排日抵货运动在民间兴起　／87
撤离命令刚下，区寿年暴跳如雷　／90
十九路军一开始就没打算走　／91
“一·二八”前我军的军力状况　／94

捌　战，还是和：不能回避的现实问题　／96
十九路军向税警总团借胆　／97
张君嵩对接防的宪兵团说不　／101
保护宋子文等政府要员　／103

玖　葛隆镇、娄塘战役　／106
莫雄使坏——税警总团的不抵抗风波　／107
王赓泄密：轰动中国的大事件　／111
援军晚来一步，十九路军就将向日军服软　／112
血战葛隆镇、娄塘，率团解主力之围　／115
独立旅第一团之良好军纪　／118
苏州纪念大会　／120
“一·二八”战役启示录　／122

第五章

拾 海州灭匪 ／124
淮盐白如雪，枭徒多如毛 ／125
吃着碗里看着锅里，莫雄私下向蒋要官 ／126
炒了莫雄的鱿鱼 ／128
孙立人加盟税警总团 ／130
宝剑锋从磨砺出 ／131

拾壹 华北危机：北上山海关 ／135
华北联手，进军山海关 ／136
蒋、宋、张夜会长辛店 ／139
《新秦桧论》与《塘沽协定》 ／141
弄假成真，宋子文离开税警总团 ／143

拾贰 赤色危机，险陷图圄 ／146
缉私大队两淮缉私 ／147
湖南大旱，兄弟赈灾 ／150
蒋密令戴笠、孔祥熙彻查赵君迈 ／151
全国社会各界救国联合会 ／154
黄杰受命接管税警总团 ／156
西安事变，蒋介石性命危局 ／158
西安事变改变了中国，也改变了世界 ／161

拾叁 “八．一三”血战淞沪 ／166
中华民族最危险的时候 ／167
实业界的敦刻尔克大撤退 ／169
打！上海这仗一定要打！ ／171
税警总团临危受命，前往上海参战 ／177
苏州河阻击战，孙立人倒在战火中 ／179
“八·一三”淞沪会战得失 ／184

第六章

拾肆 重建缉私总队 ／187
从少将旅长到中将副总队长 ／188
告别生死弟兄，主持湘岸盐务办事处工作 ／192
南岳授课，结缘周恩来与叶剑英 ／194
长沙会战，破了日军的一个先例 ／196

拾伍　湘岸盐务办事处岁月　/ 199
湘岸盐务办事处三年　/ 200
支持八路军驻湘通讯处的工作　/ 203
汉奸，我是刀架脖子死也不会当的　/ 204
黄泥冲初识蒋经国　/ 206
国民参政会赵君迈参政员　/ 209

第七章

拾陆　建设新衡阳　/ 212
这里就是我们的玫瑰园　/ 213
联手财政部，成立银钱放款委员会　/ 216
三把大火，烧热衡阳的工业、商业、农业　/ 218
首开农民自助银行，实现耕者有其田　/ 223
一个亦正亦邪的绰号——赵疯子　/ 227

拾柒　机场与忠烈祠　/ 230
声援抗日，衡阳十万人大游行　/ 231
修建机场，方圆几十里的人山人海景观　/ 233
南岳忠烈祠——一个给英雄下跪的地方　/ 237
衡山整补，十万青年十万军　/ 238

拾捌　第十军入城　/ 241
世界反法西斯战争的转折点　/ 242
欢迎第十军进入衡阳城　/ 246
枪是用来打日本人的　/ 251

第八章

拾玖　长衡会战开局　/ 254
三天，丢了长沙　/ 255
现在最要紧的是做工事　/ 257
蒋介石布置衡阳会战大格局　/ 261
俞飞鹏倾其所有，为衡阳补给　/ 262

贰拾　死亡游戏开始　/ 266
疏散！衡阳百姓一夜间被时代所抛弃　/ 267
肉禽蛋奶、糖酒副食等军需物资一概不许出城　/ 268
二百吨炮弹的专列，被挡在衡阳城外的黎家坪车站　/ 269
只要是战争，就一定少不了民夫　/ 271

江东这局面，出乎所有人的意料 / 275

第九章

贰壹　血战孤城 / 277
衡阳成为孤城，蒋救火破局 / 278
日军公然违反国际法，对守军施放毒气 / 281
痛失结束战局的良机 / 285
战区内的警察与救火队员 / 288

贰贰　寸血山河 / 290
不思撙节，让衡阳守军痛尝苦果 / 291
粮弹没送上去，那是我们支前队员的失职 / 294
总算是投了炮弹 / 297
胜利，又一次擦肩而过 / 300
蒋介石决定舍弃衡阳 / 302

贰叁　牺牲的最后关头 / 306
牺牲的最后关头 / 307
联系援军，赵君迈受托出城 / 308
最后一刻，蒋介石改变了主意 / 310
日本天皇下令，限期攻占衡阳城 / 312

贰肆　衡阳城末日 / 314
一个预示着死亡的时刻 / 315
兄弟们都像他这样，一百个衡阳也守得住 / 316
面对日军的停战条件，周庆祥沉默了 / 318
最后一电，来生再见 / 319

贰伍　生命丰碑——中国抗战纪念城 / 322
悲痛之情，平生从未有过 / 323
不能让英雄流血又流泪的事情再延续下去了 / 324
中国抗战纪念城 / 325
一块清晰而完整的历史活化石 / 328

主要活动年表 / 331
后记：寂寞青史已如烟 / 337

孙立人陪同蒋介石检阅部队

引言：站在时代的危崖上

很简单，真的事情我们不会告诉你，我们会守着秘密，并把这个秘密带到棺材里去。

——俞济时

公元1955年，对于海峡两岸的国共双方而言，是政治风暴此起彼伏、暗流汹涌的一年。这一年，双方一方面都在加紧备战，另一方面都在加紧内部的整肃。就在这一年，在台湾发生了震惊世界的“孙立人兵变”案。“孙立人兵变”案是蒋介石、蒋经国父子直接主抓的天字一号大案。而在中国大陆，也出了一件令世人错愕的党内大案，这就是以潘汉年为首的“叛国投敌”案。潘汉年“叛国投敌”案是由毛泽东直接督办，公安部部长罗瑞卿亲自执行的党内重大案件。两件看似毫无关联但又令世界为之震惊的案子，都牵涉到了一个神秘而重要的人物——赵君迈。

赵君迈，这位中华民族近百年中悲情到极致的人物，从参与北伐，江西“剿共”，两次参加淞沪抗战并立下奇功，到率军入两淮缉私灭匪，参与指挥长衡会战，再到陷入长春国共巅峰对决，每次无不是从累累白骨的缝隙中，一次次与死神擦肩而过。蒋经国曾评价他：“吾辈中最无负于国家者!”[1]而中共则赞誉他：“一生追求真理，为民族独立解放事业作出了巨大贡献。”

正是这位有着特殊战功与背景的著名抗日英雄，在那个特殊的年代，因同时被国共双方所倚重，被推到了时代的危崖上。

孙立人出事了

1955年8月的一个下午，一场巨大的台风袭击香港，让香港的天空一时间乌云密布，狂风大作。海上所有远航的船舶，都停泊在香港的九龙港避风。这天，身为联合国渔业署香港办事处主任兼联合国渔业署海南渔业公司董事长的赵君迈，在台风来临之际变得异常繁忙，等他处理好公司的一切事务回到家中时，已是临近黄昏。

在香港一幢普通的公寓门前，赵君迈像往常一样打开家门，老佣人脚步匆匆地上前向赵君迈通报道：“老爷，有客人来了。”

本已有些疲惫的赵君迈一下子打起了精神，下意识地问了一声：“谁?”因为，那时候的香港，被人称为“东方的卡萨布兰卡”，它所处的特殊地理环境和赵君迈本人所从事的工作的性质，让他对家中所来的客人异常敏感。

“是我!”老佣人尚未回答，一个熟悉的声音传了过来。

“聚钰，”赵君迈虽觉得有些意外，但绷紧的神经却一下子松弛下来，笑着问道：“你怎么这时候来了?”来人是赵君迈的亲侄子赵聚钰，这位最终成为国民党中央常委排名第四的人物，与赵君迈的关系不仅限于血缘，更是事业上的同志与朋友。1932年上海“一·二八”淞沪保卫战爆发时，赵君迈是国民政府财政部税警总团第一主力团团长，宋子文身边的红人，而赵聚钰是上海复旦大学的学生领袖，他们叔侄俩在这场挽救民族危亡的战斗中所表现出的爱国与血性，是那么相近与一致。“一·二八”淞沪战役打响后，赵君迈、赵聚钰两人都先后加入了战斗。

赵聚钰组织上海复旦大学学生义勇军参与了对日作战。当时，赵聚钰与学生军战友们还特别制作了一面黑底红字的大旗，上书“复旦大学义勇军”七个字。赵聚钰向赵君迈解释时称：黑色象征钢铁，表示他们的抗战意志坚如钢铁；红色象征热血，表示他们随时准备流血牺牲。后来，社会各界将赵聚钰领导的这支复旦学生义勇军称之为“铁血团”。义勇军战士在总指挥赵聚钰的率领下，高擎大旗，前往一五六旅请求参战，后得到翁照垣旅长的同意，加入该旅协助守卫吴淞炮台。在三十四天中，赵聚钰率领复旦大学五十余名学生义勇军与士兵一起，一步也没有后退，出色完成了坚守阵地的任务。[2]

在赵聚钰带领学生军冒着枪林弹雨浴血奋战之时，“一·二八”战役的另一片战场，赵君迈在娄塘、葛隆镇战役出现危机的关键时刻，率税警团主力第一团挺身而出，在战役中力挽狂澜。

战役结束后，赵君迈随税警团进驻海州，又经历了海州剿匪、热河抗战及西安事变，而赵聚钰则在中国守军撤离上海后，转到了国民革命军陆军步兵学校学习，军校毕业后，转去政府部门供职。1938 年末，赵君迈出任湘岸盐务处处长后，恰逢蒋经国正接手湘、赣等六省区的盐务工作。由于两人年龄相仿，又都有多年留学国外的经历，且性格与志趣很相投，于是，工作之余，两人成了无话不谈的朋友。后来，也正是由于赵君迈的推荐，赵聚钰成了蒋经国最得力的助手，参与了蒋经国身边很多重要的工作。如 1946 年，赵聚钰曾在军委会审计厅工作，为蒋经国在国民党内部肃贪和上海“打老虎”提供了重要的事实与数据依据。1949 年，中国国共内战进入白热化，国民党主席蒋介石在退守台湾之前，命令蒋经国为全权特使，将上海中央银行的黄金储备全部移往台湾基隆，而实际主事者则是赵聚钰[3]。1949 年 11 月 26 日，赵聚钰在完成此项工作后致电蒋经国：“中央信托局存香港的最后一批物资已于上月底疏运完竣。”[4]当然，这中间自然少不了赵君迈的身影。为证明此言非虚，可以找出蒋经国 1948 年在上海时期的两段日记，来证明当时的环境下蒋经国与赵君迈非同一般的个人关系：

(9 月 12 日) 今天早晨，很想能够很清静的想一想比较重要的问题。但是来了许多客人，一个早晨的工作计划，就全被滞碍了，反增加了许多内心的烦闷。九时，出席青年军联谊会的会员大会，说明国家的存在，是我们生存的最重要条件，并且指出，经济改革是一种革命运动，到会的人很多，情绪亦很高。在讲演词中，难免有过火之处。下午应君迈之邀，作浦江之游。

(10 月 23 日) 为了安定人心，决定发表“敬向人民进一言”。在其中说明为什么要维持限价的理由。倘使让价格放任不管制，则“方便的是有钱人，高兴的是投机商，痛苦的是老百姓”。早晨处理公务完毕后，往访李立侠，谈了将近一小时，并没有谈出所以然来。步行至渔管处访君迈，一边散步，一边看市况，倒很有意思。[5]

从蒋经国的日记中可以看出，蒋与赵的关系已经超越了一般的朋友层面。赵君迈那时的职务是联合国渔业善后物资管理处处长。联合国渔业善后物资管理处不仅在上海与台湾基隆都有办事处，而且还拥有当时世界上最先进的船只，且这些船只的驾驶员对上海到基隆的航线非常熟悉。这一切蒋经国和赵聚钰怎会不知？从蒋经国与赵君迈互动的频密程度，到两人相处时彼此的欢愉与信任，可见赵君迈对蒋经国所做之事，不可能会完全置身事外。事后据台湾相关部门统计，蒋经国从上海运往台湾的黄金总计 2 775 358 两、银元 1520 万枚、美元 1537 万元，总价值约 5 亿美金。[6]

赵聚钰去台初期，被蒋政府任命为中国银行台湾分局经理兼国民党中央存台剩余物资处理委员会主任，其主要职责是协助香港、澳门、广州等地国民党的中央政府人员将散放在世界各地的外汇转移到台湾。赵聚钰在协助蒋氏家族处理台湾金融事务方面，倾注了大量心血，这也让赵聚钰有机会时常奔走于台、港之间，与赵君迈见面的机会也很多。这其中，蒋经国委托赵君迈办理的事务时常会通过赵聚钰来转达，所以，刚一见面，赵君迈对赵聚钰的到来，并没有特别在意。

两人在客厅的沙发上坐下，老佣人给赵君迈端来了一杯新沏的热茶，并往赵聚钰的水杯里续满了水。赵君迈等老佣人离开后，端起茶杯淡淡地问了一句："经国现在还好吧？"

"经国还好，只是，"赵聚钰说到这儿小心地看了看四周，将身子凑近赵君迈面前小声说，"孙立人出事了。"

"什么！"赵君迈的手抖了一下，茶杯里的水溢了一地，他的手指也被烫得通红，但他像是一点儿没有察觉，瞪着两眼看着聚钰问："孙立人出事了？"孙立人是国民党入台后的陆军总司令，是赵君迈的留美同学和在税警总团一块儿抗日的战友，二人是几十年的生死兄弟。难怪久经沙场的赵君迈一听说孙立人出事了，不经意间显出了一丝慌乱。好在赵聚钰不是外人，他赶紧接过赵君迈手里的茶杯，将它放在茶几上，补充了一句："孙立人的事已经见报了。"

"哦！"赵君迈无法掩饰内心的波涛，条件反射般应了一句。

其实，孙立人出事，应该是在两人预料之中的，尤其是赵君迈，对孙立人出事虽早有预感，却没想到事情会来得这么快，以至于猛然听说后，像一声震耳欲聋的迅雷，令他不及掩耳。

"什么时候的事？"赵君迈毕竟是见过各种大风大浪的人，他很快调整了一下自己的呼吸。

"几天前。"赵聚钰从包中拿出了几张文件和台湾当天的报纸交给赵君迈。赵君迈在一张《中央日报》上，看见了"涉有重大之罪嫌"一行黑体大字。报刊刊载着孙立人的辞职书，孙立人在辞职书中承认自己涉有罪嫌，自请"赐予免职、听候查处"。[7]

赵君迈的眼前仿佛有一阵黑色的寒风袭来，"啪"的一声，报纸和桌上的茶杯洒落了一地。在得知孙立人出事的那一刻，赵君迈肉体与精神上的强烈反应，说明他很在意这件事，他怎能不在意呢？因为孙立人与赵君迈不仅在感情上是情同手足的兄弟，更在事业上是志同道合的搭档。孙立人出事，从某种角度上说，就如同赵君迈自己出事，两人是一根绳上的蚂蚱。

功高震主，孙、蒋矛盾频发

孙立人，字仲能，安徽舒城人，清华大学留美预科班毕业。1923 年，他与赵君迈同年入美国高等院校深造。三年后，赵君迈成为美国威斯康星大学土木工程系毕业的高才生，孙立人也获得了美国印第安纳州普度大学土木工程学士学位。两人在美国初期都希望走科技兴国的道路，但后来发现，当时的中国社会是军人的天下，谁拥有武力，谁才能拥有治国兴邦的权力。于是在 1925 年，赵君迈与孙立人毅然投笔从戎，赵君迈进入诺维茨骑兵学院，孙立人转入美国弗吉尼亚军校。1928 年初，两人先后以优异成绩毕业归国。

归国后，两人都极力摆脱了家庭的束缚，希望通过自己的能力来实现报效国家的理想。两人都是从部队中底层往上打拼，但在开始阶段，赵君迈似乎比孙立人更顺利，在赵君迈步步高升的过程中，孙立人因为性格过于刚直，一直饱受旁人的嫉妒与倾轧之苦。

1931 年，赵君迈将孙立人推荐给正在用人之际的宋子文，从此改变了孙立人的命运。孙立人从税警总团第四团团长到税警总团总团长，再到国民党精锐部队新三十八师师长，到新一军军长，直至升为国民党陆军总司令，一直是平步青云，未曾受到过太多的阻力。但也许是事业过于顺利，使他作为军人的耿直性格太过张扬，由此得罪了不少军政要人。尤其是孙立人在就任陆军总司令后，对黄埔系的国民党高级将领很不屑一顾，说他们虽号称军校毕业，实际只受过几个月的短期训练。孙立人说的虽是一句大实话，却忽略了一个更重要的现实，就是黄埔系是蒋介石的立家之本，尤其是黄埔的前五期毕业生，由于是蒋介石亲自带出来的，所以私下都有“天子门生”的称号。这些“天子门生”也因此视孙立人为外人，彼此关系弄得很僵。据说孙立人当陆军总司令后，曾经当着蒋介石的面要同参谋总长周至柔、海军总司令桂永清、空军总司令王叔铭比一比，或比文，或比武，或比立正稍息，或比 X 加 Y，这让这群国民党上将很没面子。[8] 尽管孙立人恃才傲物、桀骜不驯，但在蒋介石迁台后的头几年里，却一直容忍他。原因很简单，一是孙立人有挽狂澜于既倒的气魄与能力，二是孙立人后面有美国人在撑腰，这是他的优势，但也是他的命门所在。

1949 年 4 月 8 日，宋子文和夫人张乐怡于香港坐包机到台北，宋子文一行于 4 月 10 日飞赴屏东、凤山，[9] 由孙立人亲自陪同视察他所训练的新军。宋子文在见面时，一面大骂陈诚无能，一面盛赞孙立人，强调在目前的台湾，只有孙立人的部队能保台。

蒋介石对孙立人一直是既用又防，虽满腹疑忌，却不得不仰仗他杰出的军事才能。这种谨慎多疑的心态，就连蒋介石曾经颇为仰仗的行政院院长翁文灏也颇为不满，曾私下这样评价他的为人：“其事无巨细，务必躬亲，对于所用之人，概不十分信任。”[10]一般而言，蒋对于所用之人持如此态度，翁文灏他们尚且心怀不满，对于宋子文、赵君迈、孙立人而言，更是件非常令人痛苦之事。可以说，孙立人后来能成为台湾防卫司令和陆军总司令，完全是美国人干涉的结果，按蒋单方面的意见是绝对不可能的事情。

之所以这么断言，是因为很多事例已经很说明问题。比如孙立人刚入长春之时，与赵君迈等人在东北多次战役中都立下特殊功绩，1947 年 3 月 14 日，连蒋的心腹陈诚也曾上书蒋介石，要求奖励保卫长春的孙立人等六人，[11]蒋不但没奖励，还在孙立人与杜聿明产生矛盾时，电示杜聿明：“如孙立人调职，以调副长官为妥，已嘱陈诚核办。”[12]东北决战关键之时，蒋将在一线打得顺风顺水的孙立人突然放到了冷板凳上，而力挺一直找不到感觉的亲信杜聿明，显然有羞辱孙立人的意思，因为在此之前，孙立人自从军以来，还未担任过副职。[13]

1948 年 3 月 22 日，蒋调孙立人到台训练新兵，直到 1949 年，国民党军在大陆兵败如山倒，蒋介石引退下野之时，经俞济时等人多次担保举荐，才电示陈诚，请孙立人任陆军总司令，全权布置台湾防卫。[14]但命令下达时，还只是临时职务。

1949 年 10 月 24 日，新中国成立后的第 24 天，解放军二十八军下属三个团共 9000 余人渡海进攻金门，发起金门战役。在岛上三昼夜的苦战中，孙立人指挥守卫金门岛，让解放军第四野战军的一个纵队，在登陆金门后[15]全军覆没。

金门战役被称为是解放军建军以来唯一一次彻底的败仗，在这次战役结束后的第一时间，在台北的宋美龄给时在大陆的蒋介石发去了一封加急电报，仅四个字：“金门大胜！”[16]

蒋介石接到金门获胜消息后，情不自禁地泪流满面，他哽咽着对身边的人说：“这一仗我们全胜了……台湾安全了。”[17]

金门战役规模虽不大，但在国军兵败如山倒的颓势面前，其深远的影响却远非普通的一场师级战斗可比。因为，金门战役是国民党颓势的转折点，它的胜利不仅是军事上的，也是政治上的，更是精神上的，所以，蒋介石在接到电报后，还曾召见孙立人，垂询金门战况及其经过，[18]并亲自给予嘉奖。1949 年 11 月 9 日，蒋介石任命孙立人为台湾防卫司令，与陈诚分担守卫台湾之责。[19]

孙立人担任台湾防卫司令后，军情大为好转，官佐信心大增。孙立人重新调整金门防卫，他在第一期防御工事完成时，仅在第一道防线布下的轻、重机枪，就达 1500 挺。[20]

金门战役后，美国人像发现了宝贝似的开始欣赏孙立人，美国报刊称孙立人是最西方式的军事领袖，是美国军事学说的说明人和美国自由主义的代言人，是台湾陆军中亲美派的首脑。[21]美军驻台顾问团团长蔡斯，在许多重大问题上的观点都与孙立人不谋而合。就连美国总统杜鲁门都开始重视孙立人的问题。[22]因此，孙立人在台湾的地位一时无人能及，当时蒋介石离不开美国的保护伞，自然也不敢得罪孙立人。1950 年 3 月 25 日，在美国政府的一再施压下，蒋介石正式任命孙立人为陆军总司令。[23]

美国人在台湾军方领导人问题上，之所以如此坚持要推孙立人出来，应该说从20世纪40年代末期国民党部队兵败如山倒开始，美国人就一直在暗中打自己的算盘。因为美国杜鲁门政府认为，是蒋氏家族的腐败无能导致国民党政权退守台湾，他们不得不重新考虑弃蒋保台战略。

美弃蒋保台，孙立人身价飙升

1948年11月底，蒋介石让宋美龄飞往华盛顿，希望她能像上次那样从美国获得大批援助，但得到的却是当面的嘲讽。美国人对蒋夫人的到来不仅没有铺设红地毯，也没有像上次那样邀请蒋夫人在白宫过夜，更没有邀请她到国会讲话。美国总统杜鲁门甚至不客气地向报界发表了一篇声明，透露美国向蒋介石提供的援助已经超过38亿美元。杜鲁门还对美国人民说，蒋夫人到美国来是为了再得到一些施舍的，我不愿意像罗斯福那样让她住在白宫，我也认为她不太喜欢住在白宫，但是对她喜欢什么或者不喜欢什么，我是完全不在意的。

在当时的美国，蒋、宋家族的声誉已跌至谷底，绝大部分美国人都认为，中国国民党政府的失败，首要原因是贪污腐败行为所导致的，而不是物资缺乏，所以根本无须援助。[24]

有美国情报界人士向媒体爆料，1942年，他们曾在上海向一些商人购买货物，卖这些货物的商人属于杜月笙和宋氏家族同日本人共同拥有或者控制的企业。还有美国银行界人士向杜鲁门和部分国会议员透露说，宋家和孔家确实有20亿美元存在曼哈顿。美国联邦调查局仔细查看了宋子文等人的战时档案，了解到宋子文开始担任公职时财产很少，当年宋子文追求哈同花园的盛七小姐时被盛家婉拒，一个重要原因就是他当时几乎一无所有，但到了1949年1月，宋子文却积累了7000多万美元的个人资产，而宋霭龄在美国一家银行拥有8000万美元，宋美龄则在美国的一两家银行里存了一亿五千万美元。[25]在这样的情形下，美国不可能再对蒋氏家族还存在任何幻想，他们不得不重新考虑在中国的战略，希望推出一名杰出能干又反共亲美的将领取代老蒋。这时，出身弗吉尼亚军校的孙立人便成了首选。据从事外交生涯50年的顾维钧回忆说，20世纪40年代末期，美国杜鲁门政府拟定“弃蒋保台”策略后，孙立人确曾向美方表示要策动兵变除掉蒋，还要求美方予以支持。[26]

普林斯顿大学1990年出版的《韩战起源》一书提及：1949年12月，美国前任驻台北总领事克伦兹会晤陆军副总司令孙立人，称若孙同意控制国府，则美国将坚决支持他。12月30日，美国在与台湾国防委员会讨论保卫台湾提案时，再一次重申他们的担心，那就是孙立人缺乏保卫台湾的权力。[27]

1950年2月11日，麦克阿瑟派专机到台湾接孙立人赴日。据档案记录，麦克阿瑟在会谈中勉励孙立人负起保卫台湾的责任，美国则保证尽量提供军援。虽然孙立人返台后向东南军政长官陈诚报告了会谈情况，但孙立人单独的访日之行，加深了蒋介石对他的猜疑。事实上任何一国的元首都不会允许手下单独以个人名义同外国政府建立反常关系，两人关系恶化开始公开。

第二年，美军进入台湾海峡后，曾向台湾当局提出，给国民党最精锐的部队配备美式武器、支领美国薪酬，由美国顾问负责指挥，但蒋介石不同意。蒋介石也不可能同意，任何让他放弃权力的行为，都等同于对他人格的污辱。此后，美国又建议在台湾设立“中美联合作战中心”，协调区域内的双方军队共同御敌，该中心的美方指挥官由美军顾问团团长蔡斯担任，而台湾方面的指挥官，美方要求让孙立人担任，又被蒋介石拒绝。据1985年台湾版《蒋经国在台三十年》一书透露，早在1949年2月，美国即向当时的台湾省主席陈诚建议，让他和孙立人撇开蒋介石，在台湾另立政权，陈诚没敢答应。[28]美国政府一而再、再而三地推孙立人出来，不仅无形中滋长了孙立人的傲气，也更加引起蒋氏父子对孙立人的怀疑与戒备，蒋介石甚至一度将在台湾陆军军官中曾经有留学美国经历的将佐简历单独造册以严加防范。[29]

赵君迈开始替孙立人等人的命运担心。之所以会产生这样的担心，是因他的前辈同乡曾国藩也曾有过这样的境遇，为此，还曾专门赋诗：“倚天照海花无数，流水高山心自知。”曾国藩攻破南京后，其统领的湘军威震天下，在这种情况下，一方面是他带领湘军起事，自立为王的最佳时机；另一方面，也因其功高盖主，难免让朝廷对他产生猜疑，成为他生命的最危险时刻，其后果轻则将罢免其军权，重则可能暗遭毒手。

当时，曾国藩的幕僚王闿运和爱将彭玉麟都一再向他提出自坐江山之事，他在给王闿运答复时，写下了这句著名的诗句。

曾国藩的选择，对他个人也许是一个明智而中庸的选择，而对于那批跟随他出生入死的部属和对于这个饱受欺凌的国家和人民，是不是真的有益，确实是很难说得清楚。比如说在当时的政治氛围中，四大家族成了腐败的代名词。虽然1952年10月，在国民党七大期间，蒋介石父子在党内进行了重大整肃，开除了一批影响极坏的国民党党员，在所列出的贪腐党员的名单上，宋子文位居第二，仅仅排在孔祥熙的后面。蒋氏父子认识到了贪腐问题的严重性，开始跟宋、孔、陈分离。但此时的赵君迈、孙立人与很多人一样，都已经对蒋家王朝失去信心，他们认为只有改变目前台湾的这种政治格局，才能改变未来中国之命运。这种改变，符合当时各方政治势力的利益。在这种情况下，赵君迈的思想也在发生着根本性的变化，他在想他和孙立人等这批留美军人，是否有必要愚忠到底。

从个人的情感因素而言，蒋氏父子对赵君迈不薄，尤其是蒋经国，算是仁至义尽，他就是在最后与孙立人摊牌的那一刻，都给赵君迈留下了充分的余地。赵君迈夹在蒋经国与孙立人两个朋友之间，本来他谁也不想帮，因为孙立人是生死兄弟，而蒋经国同样是赵君迈十几年的患难知己。但这一切，都还不是赵君迈参与孙立人兵变行动的主要原因，真正将两人推向这政治涡流中心的力量，是另一股更强大的政治势力，那就是从海峡对岸过来的一批原税警总团的兄弟朋友。在此次孙立人兵变案中，有一个最大的特点就是一串的涉案人员，都是赵君迈当年税警团的旧部，比如说案中的关键人物李鸿、郭廷亮。郭廷亮是这次导致孙立人兵变的导火索，他与几年前因间谍案出事的李鸿一样，都是赵君迈与孙立人的老部下。郭廷亮中共的身份已经确认无疑，而比郭廷亮案发生早五年的李鸿间谍案，也差点将赵君迈、孙立人卷入其中。

李鸿、郭廷亮策反案

李鸿，原名李凤藻，字健飞。1904 年 1 月 4 日出生于湖南省湘阴县，毕业于黄埔五期工兵科，比赵君迈小三岁，是孙立人在中央党务大学教导队时的老部下。孙立人是中尉排长，李鸿任中尉班长，两人还一同参加了 9 月在南京外围龙潭车站与直系军阀孙传芳部的激战，随后参加了第二次北伐，因作战勇敢，都立有战功。

赵君迈介绍孙立人加入税警总团后，孙立人在出任财政部税警总团第四团团长时，随即调李鸿进入税警总团，任第四团一营机枪连连长，李鸿后来与赵君迈、孙立人一块，参加了“八·一三”淞沪抗战。“八·一三”淞沪抗战时，李鸿率机枪连在刘家宅阵地争夺战中，十几次与敌军展开肉搏战。在税警总团退守苏州河后，孙立人所属第二支队在苏州河南岸至丰田纱厂一带布防，李鸿率领一营为全支队最前沿，阵地曾经两次失守，李鸿两次反击夺回。第三次日军占领桥头堡，孙立人亲自带领敢死队向桥头堡发动冲锋，被敌军炮弹击伤倒在血泊中。李鸿当即命令号长苏醒和机枪连战士胡让梨背孙立人脱离火线，自己端着冲锋枪殿后掩护，后与前来相救的赵君迈一块儿，将孙立人送到后方医院紧急救护。

1938 年 3 月，孙立人脱险后，与赵君迈在湖南长沙重新组建财政部盐务总局缉私总队，孙立人出任中将总队长，赵君迈出任中将副总队长，齐学启任少将参谋长，李鸿任中校团长。

1938 年末，税警总团改编为陆军新三十八师，进驻缅甸古都曼德勒与盟军并肩抗日。1944 年 8 月，赵君迈在衡阳进行保卫战时期，蒋介石原拟任命副师长唐守治为新三十八师师长，孙立人闻讯后向蒋介石力争，终于使李鸿被提升为新三十八师少将师长。两个月后，孙立人又因战功被升为中国驻印军总指挥，代表罗斯福总统为李鸿举行授勋，将罗斯福总统签字的“银星”奖章颁发并佩戴于李鸿胸前。

抗战胜利后，赵君迈被任命为长春市市长，孙立人为长春保安司令兼东北第四绥靖区司令官，与赵君迈再次携手合作，而李鸿则率新三十八师随孙立人新一军乘坐军舰抵东北，任吉林城防司令。

5 月，孙立人指挥新一军先后占领四平、长春、吉林、德惠等地，和人民解放军隔松花江相望。1947 年 4 月，在杜聿明一再进言下，蒋介石免去了孙立人新一军军长职务，让他到台湾去训练新军，孙立人在去职赴台前，呈请调李鸿为副军长兼任长春警备司令，陈鸣人为新三十八师师长。[30]

临行前，李鸿对孙立人说：新一军不可一日无仲公，健飞已去电南京，请求面见蒋委员长，陈述新一军将士们的意见，如不被采纳，健飞愿与仲公同进退，辞去军职回乡经商。孙立人说：“不可！老头子之成命，未闻有收回之先例，你何必有此一举？”

孙立人离开长春却因祸得福，他成了解放战争中国民党军队在东北唯一全身而退的高级将领。赵君迈在孙立人离开长春不久，也因身体原因离开了长春，前往北平就医，8 月 7 日，赵君迈在北平正式辞去长春市市长职务。同月，新一军被黄埔系分拆成两个军，李鸿被任命为新七军军长。

1948 年 10 月 15 日，长春告急，时东北锦州范汉杰集团被全歼，孙立人立即上书蒋介石请求派飞机将自己空投长春，希望亲自带领新一军突围，他还致电李鸿，会带新训练的部队来长春接应他。李鸿致电孙立人：锦州已失，沈阳危在旦夕，切不可来长春。17 日，曾泽生率六十军起义，当晚郑洞国赴新七军军部探望李鸿军长，两人相对黯然。

10 月 19 日上午，解放军主力开入长春。郑洞国、李鸿被俘，由解放军护送经吉林前往哈尔滨俘虏营集中。李鸿以中将军长身份，受到解放军礼遇，因李鸿身患伤寒，中共将李鸿送往哈尔滨医院救治。在人民解放军的医生和护理人员的治疗下，李鸿不仅身体很快痊愈，就是政治上、思想上也开始发生根本的转变。

很多人也许怀疑这样的转变是不是太快，但在当时的环境下，这个变化不要说是李鸿，就是比李鸿官阶更高的死党杜聿明，在被俘仅两三个月后，就已经开始为人民解放军渡江作战提供国军情报资料，还主动给时任国民党八十八军的马师恭写了两封策反信，策动国民党高级将领起义。

1949 年 4 月 20 日人民解放军渡江作战前，马师恭任国民党第七绥靖区副司令兼第八十八军军长，并兼芜湖指挥所指挥官。部队负责防守旧县、铜陵一带的长江防线，正是人民解放军的渡江作战地段。杜聿明和马师恭既是陕西籍同乡，又是黄埔军校第一期同学；杜任第五军军长时，马当过该军的副参谋长；全面内战爆发后，杜任东北保安司令时，马曾任东北行营突击纵队司令。杜聿明坚信他的策动“如非环境不许可，必可起义”。后确知，杜聿明的策动起到了作用。马师恭于解放军渡江战役发起前突然找了个借口辞职，使第八十八军顿时群龙无首，指挥陷入混乱，部队土崩瓦解。中国人民解放军第二十七军于 4 月 20 日晚 9 时许，一举突破了国民党第八十八军的防线。

杜聿明等人的立功行为，让李鸿倍感压力，同时也感觉身负的使命更加艰巨。当时，有一个现成的立功机会摆在李鸿面前，就是东北全境在被解放军占领之时，1948 年 11 月 22 日，身在台湾的孙立人上书蒋介石，请准先恢复新三十八师番号，并派员赴秦皇岛、天津、上海等地设立办事处，收容突围和失散的将士，希望重整新一军。[31]蒋介石考虑到新一军的官兵都是久经考验的军中人才，同意了孙立人接收旧部的请求，令顾祝同部派出一个师的人手，代为收容新一军官兵。[32]

这件事也让中共看到了李鸿的价值，认为他在新一军中的影响力与策动力，具有很大的战略前景。但李鸿因尚在治疗中，错过了归队的最佳时机，等李鸿第二年秋康复恢复自由后，新一军在大陆留守的办事处已经取消，李鸿只能返回湖南另寻机会。回到长沙后，李鸿一直在通过赵君迈与孙立人联系，孙立人接到李鸿在长沙写给他希望赴台的信后，认为兹事体大，亲自请示蒋介石能否让他们来台湾。

蒋介石很爽快地答复孙立人说，可以让他们来台，再任军职。

于是，在中国人民解放军进驻长沙的前夕，时在台湾担任陆军副总司令兼台湾防卫总司令的孙立人，派少校参谋葛士珩到长沙向李鸿面呈自己的亲笔信，请其赴台。

1950 年 2 月 3 日，李鸿与夫人马真一携女儿哈生，在长沙登上了北京到广州的火车，到达广州后即赴香港，在香港由赵君迈接待，一行人待了三个多月，直到孙立人派原新一军副军长贾幼慧赴香港接李鸿等一行，李鸿他们才真正去了台湾。

这里有必要介绍一下贾幼慧。贾幼慧是赵君迈的老部下和老朋友，赵君迈在税警总团第一团任团长时，贾幼慧是第一团第二营营长。贾幼慧家庭的背景和个人经历与赵君迈相似，他比赵君迈小一岁，1902 年生人，祖父乐天公，一生献身教育事业，他的父亲继承父业，也从事教育。贾幼慧 16 岁那年，考入清华，1925 年入美国加州大学研读历史。次年转入史丹佛炮兵专校学习，1929 年毕业，同年秋入美国炮兵七十六团实习，年底返国，先在赵君迈任团长的浙江省教导团出任第四营少校营长。1931 年春，贾幼慧又在赵君迈的税警总团第一团任第二营中校营长、炮兵营上校营长等职。1944 年底，赵君迈转任军事委员会外事局欧亚司负责人后，贾幼慧出任外事局欧亚司第一处少将处长。1946 年初，赵君迈调任长春市市长，孙立人整编的新一军驻守长春，贾幼慧任副军长兼副司令官。

从赵君迈与孙立人、贾幼慧、李鸿、包括陈鸣人、郭廷亮等人的关系不难看出，在他们这些人中间，赵君迈从年龄上说是大哥，从职务上说是老长官，从情感上，他们还是几十年的生死弟兄，所以，赵君迈在香港的身份就特别的重要和敏感。

李鸿到台湾的第二天，孙立人即带他去面见蒋介石。据李鸿自己回忆说，蒋介石对他的到来深为嘉许，对他说了很多慰勉的话，态度极为亲切。蒋对李鸿说："现有两个考虑由你选择，一个是准备筹建一支光复大陆的新军——成功军，你去当军长；一个是军校校长，孙总司令说你长于训练军队，你去当校长。这两个考虑你三天内答复。"

李鸿想不到老蒋如此爽快，一扫往日心中的愁云。在他和夫人去台北刚站住脚跟不久，彭克立、陈鸣人、曾长云等旧部，也先后从大陆经香港赵君迈处赴台投奔孙立人。孙立人任命陈鸣人为陆军总司令部营务处少将处长，彭克立为二〇六师少将副师长兼第一团团长，曾长云为三四〇师步兵团团长。然而，就在大家赴台的时间才过去短短不到一个月，李鸿就被指控来台湾系奉中共派遣，为阴谋策反孙立人的大陆匪谍。蒋介石下令将李鸿和其夫人马真一逮捕投入监狱，接着六月至九月间，与李鸿先后赴台的新三十八师将校级军官陈鸣人、彭克立、曾长云、潘德辉、胡道生、陈高扬、黎俊杰、吴颂扬、潘东初、孙蔚民、刘益福等 17 人先后被捕入狱。事发后，孙立人立即晋谒蒋介石，为旧部求情，孙立人甚至愿以全家人的性命为李鸿等人担保，但遭到蒋介石拒绝。蒋介石给孙立人的机会是，他可以推荐审判官或法官一人，参加李鸿案会审，这让孙立人很失望。[33]

就在李鸿等人在台湾出事之后，共产党在秘密战线的主要领导人潘汉年悄然离开香港，到上海做常务副市长去了。这中间是否有种内在的关联，外人不得而知，好在李鸿他们在台北的工作刚刚开始，尚没有留下任何策反的证据，加之台湾当时正当用人之际，事态并没有扩大。

而1955年的郭廷亮事变，显然比李鸿案更为严重。

郭廷亮是云南河西人，毕业于云南省立昆华师范学校。1938年，税警总团转战贵州都匀抗日时，他成为税警总团孙立人的下属。此后，税警总团先后改编为新编第三十八师、新编第一军，郭廷亮始终跟随孙立人，先后任排长、连长，军衔至少校，并参加远征缅甸、印度的对日作战，还在东北与赵君迈一块儿守过长春。

郭廷亮与共产党的关系是在1948年建立的。那年1月，郭部驻沈阳，经三义和米栈老板白经武介绍，郭与青年女子李玉竹结婚，后沈阳城解放，郭廷亮请求白经武设法弄张路条，以便离开解放区。白经武是共产党的地下联络员，其兄白经文在解放军吕正操部任联络科长。郭廷亮后由白经武陪同，四次至沈阳铁路饭店会晤白经文，白经文在与郭的接触中，了解到郭为孙立人之旧部，在国民党军中关系颇多，遂嘱郭去台湾长期潜伏，掌握部队，一面制造台湾国民党军中的大规模变乱，一面俟机策应解放军进攻台湾。

郭廷亮到台湾后，刚开始因资历不够，与孙立人见面的机会都不多，很难在策反上有什么作为，后来孙立人卸任陆军总司令职务时，给了他一个机会。

孙立人在他卸任前，曾令陆军总司令部第五署督训组中校组长江云锦，利用到各部队督训的机会，在每一团中指定一位军衔最高的同学作为联络人，便于今后与其他同学进行联络，这有点像现在的同学会。但江云锦没有把这件事办好，孙立人在卸任总司令职务后，又指定郭廷亮来做这件事，由郭廷亮接替江云锦来担负联络工作，这个机会被郭廷亮利用，并开始积极活动。

郭廷亮不仅与第四军官训练班毕业的同学一百多人建立了联系，还在各部队中建立组织，当整个组织体系布局完成以后，郭廷亮得知一个消息，孙立人近期要陪同蒋介石在屏东机场阅兵，郭廷亮想借助第四军官训练班同学发动“兵谏”。

据郭廷亮被捕后交代，事发前，他曾于5月15日到台北晋见孙立人，报告联络工作进展情况以及第四军官训练班同学对孙立人目前境遇的态度，大家对蒋目前的行为很不满，准备发动“兵谏”的信息。

郭廷亮说，孙立人只是要郭廷亮转告其他同学不要轻举妄动，如有意见可等他到了屏东以后再说，而对他所说的“兵谏”行动没有任何强硬表现。郭廷亮称，孙立人听到他的汇报后之所以不置可否，是有他的意图，他是希望利用郭廷亮联络的部队造成一股势力，作为他与蒋合作的本钱，但令孙没想到的是郭廷亮也有他的意图，他是要利用孙立人的威望，完成“兵谏”和刺蒋的任务。

郭廷亮事后在转告联络好的同学时，将孙立人的劝告转述成了命令，说孙立人已经同意他们采取“兵谏”行动，让大家做好准备。

但这件事最后竟被蒋经国识破。5月25日，郭廷亮被捕，接着，此案上升为孙立人兵变案，孙立人案爆发后，由于美方高度关切的立场态度，使事态并未出现扩大和蔓延的趋势。[34]但那位全身都是枪眼的民族战士，那位与赵君迈一样为民族利益九死一生的抗日英雄，从此要从人们的视线中消失了，这就是赵聚钰向赵君迈通报孙立人事件的大致情形。

赵君迈明白，就凭自己与孙立人、李鸿、郭廷亮他们这种紧密的关系，已很难置身事外，而此时对于赵君迈而言，最让他深感祸不单行的是两个月前，他在上海的好友潘汉年也出了事。

上海市副市长在北京失踪

潘汉年出事的时间是在 1955 年的 3 月。当时，赵君迈还从上海市委机关报《解放日报》的头版头条位置上，见到过潘汉年在新落成的中苏友好大厦广场上剪彩时的照片，他低着头，左手握彩球，右手拿着剪子剪彩。一男一女两位戴着红领巾的少先队员站在他的两侧；苏联驻中国的特命全权大使尤金院士、中国对外贸易部范子久副部长等中外贵宾及上海党政军各界领导都在现场出席。当时，中苏友好大厦是建国后上海建造的第一座最宏伟的大型高级建筑，《解放日报》在头版的同一版面上，还刊登了潘汉年当天在苏联经济文化建设成就展览会开幕典礼上的讲话摘要："我们正在积极努力为支援我国人民解放军解放台湾而奋斗。我们决心以实际行动响应毛主席的伟大号召，进一步巩固中苏两国的伟大友谊，为支援人民解放军解放台湾、保卫世界和平、反对美国侵略而奋斗！为把我们的祖国建设成为一个伟大的社会主义国家而奋斗！"

这几句话令赵君迈至今都记忆犹新，但赵君迈绝对想不到，潘副市长的这番慷慨陈词竟成了他在上海工作的谢幕讲话！那份记载潘汉年讲话的《解放日报》也成了一份可贵的历史记录。

3 月 15 日晚，潘汉年参加了尤金大使举行的盛大酒会后，便匆匆踏上了北去的列车，参加将于 3 月 21 日至 31 日在北京召开的中国共产党全国代表会议。出席这次中央全会的上海市代表除潘汉年外，还有陈毅、柯庆施、陈丕显、许建国、夏衍等五人。陈毅为上海代表团团长。根据会议的统一安排，上海代表团成员下榻于北京饭店，潘汉年就住在六年前赴任途中在北京等待毛泽东等中央领导同志接见时所住过的 303 号房间。[35]本来，中共这次中央全会所拟定的会议议程有三项：一是关于发展国民经济的第一个五年计划的报告；二是关于高岗、饶漱石反党联盟的报告；三是关于成立党的中央和地方监察委员会的决定。

会议在进行第二项议程时，先由邓小平作报告，接着进行讨论。一些代表先后在会上表明了态度，并对自己与高、饶之间的关系作了自我检讨，同时交代了一些问题。对此，毛泽东在大会讲话中表示了充分的肯定，并号召凡是和高、饶问题有某些牵连的或历史上有问题而没有交代的高级干部，都应当主动把问题向中央讲清楚。毛泽东强调，会上还没有来得及讲的，或是不想在会上讲的，会后还可以写成材料，中央一律采取欢迎的态度。毛泽东在会上的这番讲话，让潘汉年感觉每一句都好像是在对他说的，因在会议印发的材料中，有关于饶漱石、扬帆在上海“重用、包庇和掩护一批反革命分子”的材料，其中说到了一个人——胡均鹤，使潘汉年意识到了饶漱石、扬帆的问题已经和他联系上了。他是上海市公安、政法委的实际领导人，是扬帆的顶头上司，胡均鹤等人的处理意见，虽然最后由饶漱石拍板，但潘汉年不点头，胡也不能得到重用。更何况，他自己还有一个难以启齿的心病，那就是1943年他在李士群、胡均鹤挟持下，在南京会见汪精卫一事，由于种种原因，一直没有向中央说清楚。现在胡均鹤已经被捕，饶漱石、扬帆的问题也基本上有了结论，毛泽东希望高级干部讲清楚自己的历史问题，并表示一律采取欢迎的态度。事情到了这个地步，潘汉年感到说出来也未必是件坏事，他下决心响应毛泽东的号召，决定主动向毛泽东讲清楚自己的问题，当时，他并没有觉得那段历史问题会如此之严重。

3月31日晚，潘汉年先向自己的老部下夏衍探了一下口风，说：“我心里有一件事，还没有向组织上说清楚。不说，我是睡不着觉的。”夏衍是潘汉年在上海多年的战友和部下，也不便问老领导具体是什么事，对潘说：“那你就赶快向陈毅老总去说清楚。”

第二天一大早，潘汉年就找陈毅详细讲述了自己十二年前在李士群、胡均鹤挟持下去见汪精卫的经过，解释了自己长时期没有向组织上汇报的原因，同时将自己写的有关报告交给陈毅，请他转告中央。

陈毅认为这是一个重大问题，当天就亲自前往中南海丰泽园，向毛泽东作了汇报。哪知道，陈毅向毛泽东报告了此事后，毛泽东大怒。当年潘汉年见过汪精卫后，曾去过延安，毛泽东还接见了他，两人在毛泽东的住所谈了很长时间，期间毛泽东还拿出了一瓶珍藏多年的好酒，与潘汉年一块边聊边喝，这等于是给过潘汉年说清楚的机会，但他错过了，毛当即作出批示：此人从此不能信用。[36]还让时任公安部部长的罗瑞卿立即对潘汉年执行逮捕审查。

在北京饭店大厅，当罗瑞卿宣布对潘汉年逮捕审查的时候，潘汉年毫无思想准备，穿着一双酒店的拖鞋就跟着去了。[37]

潘汉年被捕的消息，除内部小范围内的几个人知道外，对外一律严加保密，而在这一段时间，围绕在潘汉年身边的事件和人物，都无一例外地受到了牵连。

赵君迈知道发生的事情后，脑海里一片混沌。

艰难的抉择

赵君迈开始还以为自己的听觉发生了错乱！难道这是真的吗？难道那位他认识了数十年的老共产党朋友，真的是一个内奸吗？如果潘汉年真是内奸，为什么不把赵君迈出卖给蒋介石呢？他不明白一个在党和政府内担任许多要职的高级干部，中国第一大城市的当家人之一，怎么会一下子成了反革命分子，成了无产阶级专政的对象。但是，惊叹也好，疑问也好，潘汉年被捕已是不可置疑的事实。

两则消息一同向他袭来，都是那么突然，这不能不引起赵君迈极大的震惊，谁也没有回天之力去改变这一事实！这位久经沙场的抗日中将，感到一下子被推到了时代危崖的最边缘，夹在两股政治力量中间，有些不知所措。

此次，赵君迈的侄儿赵聚钰受蒋经国的委托前往香港，给赵君迈带来了三句话：一，孙立人虽出事了，蒋经国也知道赵君迈跟孙立人之间的关系，但在这件事的处理上，孙是孙，赵是赵；二，蒋经国和赵君迈是朋友，他可以以人格保证，任何时候都不会动赵君迈，但他父亲和陈诚那边的人会不会动赵，他不敢保证；三，让赵君迈在香港好自为之，不要再做对不起党国的事情。

赵君迈听完赵聚钰的转述，非常明了自己的处境。蒋经国的口信其实是非常明白地告诉赵君迈，他与孙立人之间的事，他们蒋氏父子都很清楚，但蒋经国念在与赵君迈多年友情的分上，放他一马。

赵君迈让赵聚钰转达了他对蒋经国的谢意。送走赵聚钰后，赵君迈经过一夜痛苦的思索，决定离开香港回到大陆。

赵君迈的回国决定是在特殊的情况下单方面作出的，他从香港给大陆的共产党联络人发出了希望立即回国的电报。电报很快送到了周恩来和叶剑英的手中，正在开政治局会议的叶剑英对周恩来说，让李立三同志去接吧，他和赵君迈既是老对手，也是老朋友。

这年的12月，李立三代表中共中央前往广州，迎接从香港悄悄回到大陆的赵君迈。当时的对外口径是，著名爱国人士、国民党高级官员赵君迈从香港起义回归祖国。

关于赵君迈是不是共产党的地下党员，有很多不同的说法，但赵君迈在抗日战争时期，与共产党高层如周恩来、李立三、叶剑英、潘汉年、伍修权等人都有着很密切的关系与交往，却是不争的事实。尤其是赵君迈与潘汉年和伍修权的关系，早在20世纪30年代初期的上海，赵与潘两人就是很不寻常的朋友。赵君迈是奉行国家利益至上的，他受美国教育多年，受其同学罗隆基和闻一多的影响，有很超前的“左倾”思想，在二三十年代的中国，一切有良知的知识分子和爱国军人，都会有这些想法，这有点像一种时尚。赵君迈是只要有利于民族和国家的事情，他都愿意去做，所以，在抗日战争时期，无论是在言语上还是在行动上，赵君迈都给予过时在上海的共产党负责人潘汉年等人极大的帮助。潘汉年出事后，赵君迈在大陆的家人，第一时间也受到了牵连，也证明赵君迈与潘汉年之间有着千丝万缕的联系。

而赵君迈与他的共产党朋友伍修权的关系则更加微妙。1986年，身为全国政协常委的赵君迈为恢复欧美同学会，联名伍修权、周培源、茅以升等人向时任政协主席的邓颖超呈文，得以恢复欧美同学会并发还原欧美同学会房产。在恢复欧美同学会后召开的第一次全体会员大会上，赵君迈以高票当选为会长，但赵君迈却推举茅以升担任此职位，而他以常务副会长身份主持工作。后来赵君迈生病住院，他请伍修权代为主持欧美同学会工作。伍修权二话没说，还辞去了中国战略协会会长一职，以便有更多时间和精力主持欧美同学会工作[38]。这种行为在他那样的一个身份与级别，是难得一见的。

关于赵君迈从香港回国前的这一段历史，在任何时候，他都没有向外界提起过，唯一的一次例外，是在他去世前几年，跟他的儿子简单聊过几句。这让我想起赵君迈的朋友俞济时说过的几句话。俞济时是赵君迈在上海淞沪抗战时的战友，也是蒋介石的浙江嫡系，他是黄埔军官学校第一期毕业生里面最早升任师长的国民党将军，一直在蒋介石身边做侍卫长的工作。他老了以后住在台北市的阳明山，有一次台湾很有名的《传记文学》杂志总编辑刘绍唐碰到了俞济时，想向俞济时约稿，于是两人聊了会儿天，俞济时向刘绍唐把手一挥，说："你们知道的都是假的。"刘绍唐震了一下，问："为什么?"俞济时回答说："很简单，真的事情我们不会告诉你，我们会守着秘密，把这秘密带到棺材里面去。"

俞济时的话是真的，很多为国家和民族作出过杰出贡献的人，他们亲历的很多真实历史，我们真的不知道。就像赵君迈的传奇一生，无论社会对他的评价是好是坏，他对他所经历的历史，都不曾向外人提起，直到他离开人世的最后一刻。

赵君迈的哥哥赵恒惕的留日同学于右任在台湾曾作过一首诗："不信青春唤不回，不容青史尽成灰。低回海上酬功宴，万里江山酒一杯。"

青史，真的可以都成灰吗?

注释：

[1] 国史馆 002080200637074．蒋经国电朱茂榛．1947－12－24

[2] 杨家润，程晓苹．功勋卓著的复旦学生军．档案春秋，2005（3）

[3] 刘绍唐．民国人物小传．赵聚钰．传记文学，1981（8）

[4] 国史馆 002080200661100．赵聚钰电蒋经国，1949－11－26

[5] 曾景忠，梁之彦选编．蒋经国自述．北京：团结出版社，2005

[6] 白寿彝．中国通史（第十二卷）：近代后编（1919—1949）．上海：上海人民出版社，1999

[7]［15］［21］郑锦玉．碧海钩沉回忆思录．台北：水牛出版社，2004

[8] 李敖．蒋介石研究．北京：华文出版社，1988

[9] 吴景平，郭岱君．宋子文和他的时代．上海：复旦大学出版社，2008

[10] 李学通．翁文灏年谱．济南：山东教育出版社，2005

[11] 国史馆 002020400015010．陈诚电蒋中正，1947－03－14

[12] 国史馆 002010400005036．蒋中正电示杜聿明，1947－04－02

[13] 国史馆 002060100225016．蒋中正召见东北保安司令部孙立人副长官

[14] 国史馆 002020400028064．俞济时电陈诚请征孙立人，1949－02－02

[16] 国史馆 002060100257029．宋美龄电蒋中正，1949－10－29

[17] 李福井．古宁头战记．台北：稻田出版社，1999

[18] 国史馆 002060100258009．蒋中正召见孙立人，1949－11－09

[19] 国史馆 002090103006264．王世杰电郑介民，1949－11－09

[20] 国史馆 002090104001317．孙立人电蒋中正，1950－02－17

[22] 国史馆 002090103006214．董显光电王世杰转蒋中正，1949－12－30

[23] 国史馆 002050101013068．孙立人宣誓就职，1950－03－25

[24] 国史馆 002090103006108．皮宗敢电蒋中正，1949－01－30

［25］陈廷．孔祥熙在美国巧掩家底．文史博览，2005（11）

［26］中国社科院近代史研究所．顾维钧回忆录．北京：中华书局，1988

［27］Cumings，Bruce．韩战起源．普林斯顿：普林斯顿大学出版社，1981

［28］国史馆 002090103002197．董显光电蒋中正，1949－12－30

［29］何瑞瑶．蒋经国在台三十年．香港：香港大联印刷公司，1985

［30］国史馆 002080102118002．陆军留学美国在台军官佐简历册，1951－06－24

［31］国史馆 002080200539077．孙立人呈请准调贾幼慧为本部副司令官，1947－08－01

［32］国史馆 002080200335153．孙立人呈蒋中正请准先恢复新三十八师番号，1948－11－22

［33］国史馆 002080200336158．顾祝同呈蒋中正已伤二〇七师代收容新一军等官兵，1948－12－15

［34］国史馆 002080200344047．蒋中正令朱绍良为审判长并嘱孙立人推荐审判官，1951－02－13

［35］国史馆 002090103008057．叶公超电蒋中正，1955－10－14

［36］［37］张云．潘汉年传．上海：上海人民出版社，2006

［38］吴凡吾．伍修权同志二三事．中华魂，2009（3）

第一章

赵家老宅门前流淌的溪流

壹　做着武侠梦的乡间少年

《湘军志》的开篇第一段话中曾说：湖南自郡县以来，曾未尝先天下。

——王闿运

赵君迈与其兄赵恒惕已淡出人们的视线很多年了，现在就是在他们的家乡衡山，了解赵家兄弟历史的人也不多。你往大街上一站，随便问几个不同年龄的人，赵君迈？不知道。倒是对其兄赵恒惕，有人还有一种朦胧的印象。

赵君迈的一生充满着传奇，他究竟是怎样的一个人？他的一生究竟隐藏了多少未解的历史之谜？为解开这一系列历史谜团，本世纪初的一个早春，我踏上了衡山白果镇赵君迈的成长之地，希望从源头开始找寻答案。

雪，落在岳北的大地上

赵君迈的老家，在衡山白果镇棠兴村赵家湾。从广州到衡阳，再从衡阳入衡山，到了衡山才知道白果镇距衡山县城还有三十多公里，距离看似不远，但在崎岖的山路上，汽车要走近一个小时。

一路上，老天爷的脸色好像带着几分凝重，阴沉沉的，不久，还下起了小雪。公路上车与行人都很少，大部分时间，只有我乘坐的那辆客运中巴车在路上行驶。车窗外四周很安静，几个穿着新衣裤的乡村孩童，成了眼前一道一闪而过的鲜亮风景。

车到白果镇，打听到赵君迈的老家还须再从白果镇往瓦铺村的公路上，坐车走十来分钟，于是继续上路。偶尔听见几声田埂边乡民相互的问候和农舍前汪汪的狗叫，让我仿佛嗅到了上世纪初赵君迈在此成长的那股泥土味道，赵君迈的老家，就座落在这大山之中——衡山白果镇赵家湾棠兴村。

从白果镇往瓦铺村的公路上下来，眼前是一片黑褐色的水田，远远地向地平线望去，远处墨绿的山脚下有几处深色的小点，如同蚂蚁大小，那就是赵家老宅。

踏着田埂小路向赵家老宅走去，远处的小点慢慢变得越来越大，不一会儿，竟变成了房屋的轮廓，最后，坐落在这南岳支脉山坳中的赵家老宅，就如同这肥沃大地躯体上昂起的一个头颅，矗立在南岳后山的余脉之中，这一切多么像是赵君迈与其兄一生的历史，初看是那么不经意的一个小点，小到连路上的行人都可以对它的存在忽略不计，但就是这么一个远处的小点，只有当你用心去走近它，才会发现这里的一山一水，一殿一宇，一房一梁，一窗一石间，看似平淡却暗藏玄机，蕴藏了匠心独运的智慧。

严格地说，赵家老宅是按照国学堪舆经典中四神相应的大格局建造的，所谓四神相应，就是指东有青龙，南有朱雀，西有白虎，北有玄武。赵家老宅从远看是以山为座，坐南面北，山左边为脉，是一条绵延甚远的山脊，旧年常有华南虎出没；右面东边有清流，一条弯曲的河流像缠绕在肥沃田野上的玉带，熠熠生辉，赵君迈少时一身的好水性，就是在此练就的。这正是呼应了四神相应中的左青龙、右白虎护卫有力之大格局。而老宅座后的树林里飞着成群的朱雀，又与左边的绵延山脉形成了山清水秀、怀抱有情的坐拥情境相融合，老宅前方面北的那片水田也有讲究，水田中纵横的小道不仅与通往湘潭、宝庆的官道相连，还能直上京广，这就是四神中的玄武之地，这样的缜密心思，怎不令人击节称叹？

走近赵君迈儿时成长的故居，赵家老宅又像是一部发黄的史籍，眼前高耸的旧式院第虽已破落，屋上砖瓦已结满厚厚青苔，房前屋后带着锈迹的一砖半瓦，没有任何的言语，就如同门前那片荷塘上残留的几枝枯荷一样，虽在这里沉睡多年，繁华早已逝去，但它映在水中的倒影，分明还保持着几分不俗的风骨，像是在诉说赵家兄弟那段沉重而恢弘的历史，他们曾经那么肆意地怒放过。

除了堪舆上的妙思与巧合，从建筑学或是园林艺术上细究起来，赵家老宅是一座南方明式风格的三进式四合院落。

中国南方四合院受等级约束少，南方四合院更讲究道家传统的天人合一，尤其是便于居者吸气采气，藏风聚气，赵家老宅显然是南方四合院的经典代表。

从外面进入赵家老宅，分正门、偏门和后门三处通道，正门的门墙顶上，有两尾鲤鱼的浮雕，如从墙里跃出一般。这也许是赵君迈的父亲，希望儿子们都能鲤鱼跃龙门的吉祥之意。浮雕工艺精美，突出老宅富丽而不张扬的整体风格。

老宅所有的门、窗均为木质结构，但异常敦实、坚固。尤其是正门，门楣高三米，由两扇二尺阔的活页门组成，活叶门厚二十多公分，像农家木橔钉板一样厚实，为一环抱樟树整木削劈而成。门后的门栅由上、中、下三排方形木栅组成，每一排门栅，都由一根长三米的方形木柱，横穿整块门背，固定在每个门栅间。不仅如此，还在每个结实的门栅上，竖压一根整木斜立于地，从门里面看，三横三竖的门栅坚固异常，客人在门外以手拍门，如同打在一位使出化骨绵掌的老道身体上，大门竟无任何反应，一点声响都没有。据居住在这附近的老人说，赵君迈与其兄赵恒惕在家居住的时候，外人若在晚上有事找屋主人，只能敲打门板上外置的两个巨大铁环，铁环叩击门板，发出“咚咚咚”的巨大声响，方能使室内主人耳闻。老人说，主人开启正门之前，一定得让家中的管家和家丁从侧门先出，招呼客人退避门之两侧，当年，赵君迈在院内曾经养了一群猎狗护院，以免大门开启时，十几条巨犬从院内狂奔而出，伤着客人。

从正门步入赵家老宅的宅院内，首先映入眼帘的是一个大的四方天井，天井的四周有大小房屋十数间。老人们说，赵家老宅原有房屋九十九间，光外墙就有十几米高，分上下两层，设计精巧的楼台亭阁、砖、木、石雕点缀甚多，可惜后来被当地居民拆了，现在能看见的，只剩下右侧不多的一点偏房。根据偏房地基上部分裸露的断壁看，墙垣厚达一尺上下，分几排砖石堆砌，外墙每五米距离间，有半尺宽三四十公分高的步兵射击孔。偏房的屋檐下，围绕着天井的七八米处，建有水泥与青砖砌成的一条一尺高的排水沟，湖南为多雨天气，而赵家老宅又处于山谷之间，室内的排水系统也就做得特别讲究。如果说外院的外墙与门楣，突出的是主人作为军人的硬朗与强势，而内院与内房则凸显了主人的温情与书香气。

从天井外进入到二进院内，中央是一个大的内厅，大厅的一旁放着一张很沉的柏木八仙桌，正中的墙上挂着几张印有美女大头像的广告，显然这是当今的风物，为现居住者之所爱。厅内四周是一圈工字形的房屋。与南方一般民居室内采光效果不佳不同，老宅内室房屋依然宽畅明亮，细究其原因有二：一为内室木窗不仅为一般家庭木窗的二到三倍，且立式窗柱高两米有五，每柱为成人手臂粗的方形整木，统一漆成古秦崇尚之黑色，如汉碑立于眼前，简洁而雄浑大气；二是正房屋顶上的天窗采光，借鉴了西方哥特式建筑的采光模式，在内室五六米高的屋顶上，建造了一个多边的斗形顶窗，顶上板壁间镶有玻璃明瓦，一束白色的光线自上倾斜而下，令人有如置身于中世纪的教堂内，顿生一种神秘的崇高感。这种中西合璧的建筑与采光方式，不能不归功于赵家老宅的主人有着开风气之先的独到眼光与魄力。轻轻推开大堂右壁的几个内室房门，显然是赵家老宅当年的卧室，里面放着一件旧时的雕花木床和一个木制的大柜。从卧室出来沿着卧室的外墙往后，是一个很大的厨房，那里唯一保存着的岁月痕迹，是一只已被灰尘遮盖得分不清颜色的大水缸，大水缸的一边已经被改成了猪圈，几只壮壮的猪仔，慵懒地躺在母猪的身边。

在赵家老宅一侧，令人惊奇的是依稀听到了一股潺潺的流水声，寻声望过去，竟有股山中流淌而下的山泉，从老宅的屋旁环绕而过，虽说是冬季，但流水给人的愉悦，依然是那么强烈。可惜的是，赵家老宅的人文价值并没被当地人所认识，在参观赵家老宅时，住在里面的女主人说，家里正准备拆了这最后留存的几间旧屋，重建新的水泥房。我听到这话心里不禁咯噔一紧，心情一下变得沉重起来，这应该是文物啊，在中国近代史上如此重要的赵氏兄弟，在其他地方知道的人少就算了，但这里是他的家乡衡山白果镇，这衡山人对赵恒惕、赵君迈兄弟，不至于陌生至此吧！

从赵家老宅走出来，雪下得更大了，雪白的雪片，晶莹地从空中飘入我的手心，慢慢的，它在我的手心里融成了水珠，消失在这茫茫世界中。目睹眼前这冰冷而苍凉的景象，我突然间有了一种真实而沉重的岁月沧桑感。这座经历过几世繁华和无数战火洗礼的古宅，与无数权倾一时的政治军事人物一样，他们那一段气吞山河的历史，竟没有留下任何痕迹。这多像眼前的雪花啊，在我的眼中，那不正是一张充满哀伤的历史画卷吗？

雪，落在岳北的大地上！

赵氏源流：衡山耕读人家

赵君迈的家乡白果镇，原名白果铺，旧志称白果市。相传久远之时，涓水河畔有一白果古树，每年果熟季节人们纷纷前来采摘白果入药。[1]明代，它属崇岳乡一部；清代至民国初年，属朝字区；民国二十一年，属白果乡。这里还因地处南岳的山后，当地百姓习惯将它叫做南岳后山，但从方向上说，它又在南岳之北，所以地方官话又将后山统称为岳北。

岳北在湖南的战略位置非常独特，它位于衡阳市的北面，东与湘潭接壤，西与宝庆为邻，北连京广线，自古为兵家必争之地，加上岳北作为南方典型的稻作区，由于自然条件较好，当地农民勤劳，因此经济发展水平较高，历代为湖南的富饶之地。

在衡山白果镇赵氏宗亲的族群中，都有一本《赵氏九修族谱》，这是当年赵恒惕在湖南时主持修订的最新版本，在这本赵氏族谱中，我查找到了赵家在衡山一脉的源流。

据衡山《赵氏九修族谱》总系录载，赵氏第一代名祖植，字守乾，是中唐时期人，他先居住在关中的京城长安，中唐时有两个国都，长安和洛阳，皇帝每年随季节气候，各待半年的时间。

赵祖植后为报效国家随军迁辽东，以平贼有功，还乡升郑州刺史，后升岭南节度使。在广东传至第七代名凝，高中状元，进朝廷为官，后被封尚书，赠太保，告老还乡时居衢州，所以，衡山赵家又有原籍浙江衢州之说。

北宋宋仁宗景祐元年时，在衢州的赵家第十代远祖名抃，字阅道，号知非，兄弟间排行老四，荣登进士，被朝廷封为御史中丞，知谏院，入资政殿大学士，太子少保，致仕封上柱国，南阳郡开国公，卒谥清献。

清献公游衡山时，爱其山水清淑，因留一子建宅于此，是为迁衡之始迁祖。[2]南宋时，衡山赵氏兄弟有忠宪、忠肃、忠靖三人，以尽力抵挡南渡之敌而力挽南宋艰难之局，为史所称。

衡山赵氏从南宋后又传了八代，衍生出文斌、文政、文运、文友四支，其中，文友支派下，派出赵君迈祖父裕章公。裕章公在乡间务农，生有三子，长子赵仲弢，为赵君迈的大伯父，是享誉江南的著名文士，与湖广总督陈宝箴及其公子陈三立情谊深厚。陈宝箴是清廷重臣，其子陈三立，字散原，为一代名士，即陈寅恪的父亲，其精舍诗为世所重，在《散原诗选》中，其中第321首《送赵仲弢观察榷盐宜昌》和第323首《恪士招集小舫溯流至西方寺侧，纵眺客为仆青士仇绳之两诗叟赵仲弢观察及余凡四人》[3]，是专门为赵仲弢写的。

赵仲弢后在两江总督魏光焘的阁僚中出任观察使，深得魏光焘信任与赏识，观察使最早出现在唐代的地方军政长官中，其地位仅低于节度使。赵仲弢的观察榷盐道，属于两江总督下的分巡道身，当时的分巡道按行业分有河道、粮道、盐道、兵备道等，相当于现在的省粮食厅厅长、省盐业厅厅长，巧合的是，赵君迈后来也做了湘岸盐业使。

裕章公的次子赵仲楠为一方富商，也是赵君迈的二伯父，曾与二伯母周太夫人出面资助赵恒惕400两白银就读湖北方言学堂，后赵恒惕受学堂监督程颂万的赏识，得以被选送日本留学。

赵君迈的父亲赵甓庸，是裕章公的第三个儿子。在家办有私塾，后创办新式学堂——白山小学。从赵裕章对子女的教育情况看，他不是一个简单人物。他虽僻处乡野，世代在家务农，却能将几个儿子调教得个个都如此出息。就说赵君迈父亲赵甓庸的名，甓庸，字面上看，是避免平庸之意，实则暗藏玄机。甓庸，旧时又作辟雍、璧雍等，为西周天子为教育贵族子弟设立的大学，取四周有水形如璧环为名。《礼记·王制》中云："大学在郊，天子曰辟雍。"

裕章公给儿子取名辟雍，饱含了他对教育事业的高远情思，而赵甓庯也确实成了当地远近闻名的教育家。后来，赵甓庯对儿子的教育也很独特，在他们出生的时候，他给赵恒惕、赵恒慜分别起名为惕、慜，连在一起是警惕之意，让他们对人生，对大千世界充满敬畏，不敢有丝毫的大意，这是一种独特的教育方式，也许正是赵裕章和赵甓庯这几代人付出如此大的努力，才有了赵君迈和他兄长赵恒惕的不凡人生。

湖南自有郡县以来，曾未尝先天下

说起湖南，很多人会立即想起屈原、魏源、曾国藩、谭嗣同、郭嵩焘、左宗棠、王夫之、毛泽东；会想起八百里洞庭的鱼米之乡，"湖广熟、天下足"；想起岳麓书院和悬于岳麓书院门前的那副对联："惟楚有材，于斯为盛。"一句话，在当今很多人的眼中，湖南在任何朝代，都是人才辈出与物产丰富的地方，跟贫穷与落后相距甚远。很少有人想过，过去的湖南在曾国藩以前，政治与经济在全国而言，均属落后。

清末湖南名儒王闿运在其《湘军志》的开篇第一段话中曾说："自古言军势者，多侈言形胜要害积强弱之故，然其实非也。项羽缪言，郴为天下上游，湖南自郡县以来，曾未尝先天下。国朝移行省于长沙，复汉国制，控扼十六大城。以苗防故，镇筸颇有精兵出征四方，至其财赋，全盛时才敌苏、松一大县。"[4]这里不能不佩服王闿运眼光的独到和用笔的老辣，一开篇就毫不客气抖出了湖南久病的四个脉象：一是偏僻，项羽说湖南郴州是天下的上游，就如今天我们所说的长江源头一样，天下没有地方比它再边远的地方了；二是落后，湖南自有郡县以来，从来没有先天下；三是愚昧，国家在长沙设省的主要目的，是以防苗故，镇筸有精兵可以出征四方；四是贫穷，湖南全省一年的财赋，在全盛时期都不能与江苏、浙江的一个大县相比。这还是正常的情况，如逢战乱，比如清朝中后期的太平天国和清末八国联军时期，内忧外患使政坛更迭频繁，湖南百姓身处乱世之中，更是民不聊生、雪上加霜，生活在水深火热之中。

所以，真实的湖南是一个热，热得要命；冻，冻得死人；穷，穷得彻底；乱，乱得翻天的地方。生长在这个地方的乡民，如不愿坐等灭亡，唯一的出路是求变，而求变的希望在教育。

湖南人在几千年的农耕文明中，传承了一个最大的优点，就是虽生于穷困，却器识宏旷，他们在最困难的时候还能够坚守住自己的理想与信念，并保持持久的坚忍，能瞬间爆发能量也能平缓隐忍收功，这是湖南人能成大事的秉性所在。此个性正如唐时湘人欧阳询的书法特点"劲险刻厉，于平正中见险绝"，表面上平实内敛，但骨子里却透露着一种厚重尖锐。

赵君迈家族对教育事业不断奋斗与追求。北宋时期，赵家先人就在衡山修建白山书院。在清末，赵君迈父亲赵甓庯毕生致力于教育，在此基础上建立新学堂白山小学堂，为当地的教育作出了很大的贡献。赵君迈的胞兄赵恒惕在湖南任省长期间，建立了湖南大学，而赵恒惕的妻子童锡翰，是宁乡一门出了三进士的童氏家族长女。童锡翰的妹妹童锡桢，是湖南有名的教育家。20 世纪 20 年代，童锡桢在长沙南门口，老地名叫古稻田的地方，创建了湖南第一所女子师范学校。这就是后来知名的湖南省立第一女子师范学校。当时的长沙街头有一个非常别致的风景，就是女学生和小学生之多令外人称羡。每天清晨七点，便会有不少少女、儿童，背着书包去学校上课，这种光景在当年是很稀罕的事情![5] 从这也可以看出湖南教育之繁盛。而这一别致风景的创始人之一便是童锡桢。

童锡桢是湖南第一女子师范学校的第一任校长，由于治校有方，在这所学校学习的女子们，不仅成绩优秀，而且衣着简朴，不尚奢华，她们从不浓妆艳抹，即使是童锡桢的亲妹妹童锡俊在此读书时也是素淡装束，着深灰色校服，这种严谨的学风，令时人大为称道。后来童锡桢随丈夫移居上海后，著名教育家徐特立继任当校长，依然保持了这一传统。

赵恒惕晚年在台湾创立了赵鼞庸奖学金，将他毕生积蓄，放在台湾清华等多所大学，资助华人中贫寒的年轻学子，以此纪念父亲赵鼞庸。

衡山赵鼞庸奏朝廷改白山学堂书

赵君迈的父亲赵鼞庸，字壬汇，早年致力于科举，为清邑庠生，是一位典型的江南儒生，后将毕生精力投入教育改良，因而在衡山岳北一带颇有名望，曾被清末政府任命为湖南咨议局议员。

赵鼞庸体格健硕，为人心地坦诚、乐观豁达，行事一团和气更显面善。赵鼞庸闲暇时，作有诗词文稿多部，还整理了祖上流传的家训一部，这些诗稿和古训曾被赵鼞庸交由赵君迈的胞兄赵恒惕保管，赵恒惕视之如生命。然 1949 年去台之时，因走得匆促，将诗稿、古训和留日期间赵鼞庸写给他的一批家信，托付一赵姓族人托管，从此下落不明，此事令赵恒惕抱憾终生。

赵鼞庸是新式教育的倡导者与推动者。在湖南，早在鸦片战争以前，就有外国传教士在中国开设西式学塾，对中国孩子施行西方化的教育。而真正推动近代西方民主、科学在中国传播的一支重要力量，是湖南本土的那些接受了新式教育后的新青年。当年，湖南的有识之士都知道，湖南之振兴在于人才，而人才之涌现在于教育，当谭嗣同、熊希龄创办全国第一所学习西学的南学社之时，衡山的赵鼞庸作为地方乡绅代表，也向朝廷呈上奏折，希望将祖上建造的白山书院改为白山学堂，但一直未获朝廷批准，直到 1903 年，新任湖广总督赵尔巽上任，才出现转机。

赵尔巽是清末官宦中少有的干才，也是当时比较有见识和作为的封疆大吏。他于 1903 年 4 月至 1904 年 6 月担任湖广总督期间，开始广泛地咨询社会对湖南教育情况的意见，并把发展教育作为他当政的“首务”、“急务”、“第一要务”，大力进行书院改制、整顿原有学堂、开办新式学堂等活动。在赵尔巽上任不久，赵襞庸以衡山附贡身份，上陈奏折禀请朝廷改祖上白山书院为新式小学堂书，获得批准，并依规减征部分学堂的钱文赋税。[6]这极大地推动了湖南近代教育的发展，由此赵家几代人为教育所付出的心血，在赵襞庸手中得以发扬光大，也让赵君迈从小耳濡目染了很多西方新思想、新科学。

湖湘文化的影响

赵君迈原名赵恒慗，与赵恒惕同属恒字辈，字君迈，为赵襞庸的续弦杨氏所生。杨氏乃诗书世家的千金小姐出身，其父杨鼎臣与赵襞庸同为本县邑庠生，对儒学有很深的造诣。赵君迈去日本留学后，因其兄赵恒惕的名头日盛，赵君迈不愿受其兄盛名所累，便以字君迈为名，以名恒慗为字。

赵君迈出生时，与大哥赵恒惕在年龄上相差了整整二十岁，兄弟俩虽为同父异母，年龄也相差悬殊，但他们感情甚笃。赵恒惕的生母李氏去世得早，但赵恒惕对赵君迈的生母杨氏，视如生母般侍奉，就是在他做湖南省省长和省督军司令期间，也一直早、晚行跪拜礼，给杨氏请安。

赵君迈的生母杨氏非常贤淑。自古以来，母亲对儿子的关爱有各种各样的方式，但无论是怎样不同的表达，其感人至深的记忆，都来自那些最平常、最微不足道的细节中。比如冬夜夜读时脚下的炭火，睡觉时床上已铺就好的厚厚的棉被，吃饭时碗中多出的那一块肉，出门时被叫住的那一句深情嘱托。

赵君迈的母亲给他心中留下的，就是一副这样的暖人身影：屋外，任寒风压倒枯枝，雪花敲打窗台；屋内，油灯下母亲的身影与那摇曳的橘红色光影，竟化成了一股寒夜的护身符，令他从小就无所畏惧。

赵君迈四岁时，母亲开始教他识字，到六岁上私塾。旧时书院与私塾虽都是供小孩们读书的地方，但其中有很多讲究，如开始读书识字的时间，民间叫开蒙，不能太早也不能太晚，读书太早小儿元气未充，会有伤元气，而太晚又会将最好的时光错过。开蒙后选读什么书也很讲究，如读《千字文》、《神童诗》则太俗，宜先读《论语》，次读《孟子》，再读《大学》、《中庸》等，四书读毕，接读《朱子章句集注》，然后再读五经，四书五经既通，天资高者读遍十三经及百家诸书，则能循序渐进造就宏远。

赵君迈八岁时，进入他父亲创办的新式小学白山小学堂学习，因家境富足，且父亲晚年得子，自是对他格外溺爱。赵君迈在这种极其自由的环境下成长，从小身体调养得很结实，每当下午放学回家时，是赵君迈最开心放松的时刻，如同出笼的鸟儿，肆意在大自然的怀抱里撒欢。

那时，赵家门前不远有条小河，河水很清澈，这便是赵君迈儿时的天然教室与游乐场。他自学会走路后，就被家人带到河边去玩，据赵君迈晚年回忆少年往事时说，他打小就喜爱运动，在陆上人称飞毛腿，水中被人叫做柳叶鱼。[7]柳叶鱼学名叫长体油胡瓜鱼，是产自日本北海道的深海鱼，因柳叶鱼体长 15 公分，侧扁，眼大，鳞片细小，背鳍居中，其形似柳叶，因此，日本人称此鱼为柳叶鱼。这也许是赵君迈的一个形象说法，赵君迈在日本留学时，很喜欢这种活泼机灵的小鱼。在水中，赵君迈不仅会蛙泳、仰泳，还会侧泳和自由泳，潜水技能也很不错，因为他从小练游泳，臂力惊人，肺活量很大，能潜入水中很长时间，是远近闻名的浪里白条，他游泳还有一个独特的方式，就是喜欢逆流而上。少年赵君迈因心高气傲，在水中不自觉地养成了一股激流勇进，不向困难屈服的勇气。他儿时的小伙伴曾经说："赵君迈从小胆大。在孩子们中间，他是个特别好强的人。"

少年赵君迈在家乡时除了喜欢游泳外，还喜好登山。对于大山中的孩子们来说，登山、游泳本来不是个事，对从小生长在青翠茂密的大山脚下的赵君迈来说，山与水是他生活中密不可分的一部分，攀越高山与逆水游泳就跟他每天要吃饭喝水一样平常。赵君迈家老宅屋后就是南岳后山的一条支脉，赵君迈喜欢无事时一个人到山上的各处去玩，虽然他不知这登山和游泳还是体育运动项目，直到他八岁转入新式小学，在学校每年举行的跑步比赛中，总是轻松地跑到第一，被同学称为飞毛腿后，他才知道自然赐予了他超人的体能。

随着年龄的增长，赵君迈开始有了新的梦想，这就是武侠梦。也许，赵君迈的哥哥是武举人，对赵君迈有潜移默化的作用，还有乡间流行的武侠文化，在镇上逢墟的日子，都会有些卖艺的江湖艺人，用铜锣小鼓将大家召集起来，边卖艺边兜售些自制的膏药，乡下人看《水浒传》、《七侠五义》等英雄行侠仗义的书多了，常把这些江湖艺人与书中的英雄对应，以为江湖艺人都是以讲义气出名的，这让赵君迈少年时对书中那种路见不平拔刀相助的日子特别神往，这也让他的血液中注入了一种刚直不阿、疾恶如仇的性格。

赵君迈从少年时开始习武。当年湖南人管学习武术叫学打。打又分两种，一种就是普通的外功，练的是筋骨皮，拳脚套路，另一种综合了内功加巫术，叫神打，这个厉害，民间百姓几乎要到了谈神打而色变的境地。有人说湖南人好武，是受了蛮夷和苗人的影响，其实历史上湖南很早就有骁勇好战的特点。赵君迈好武除了受古人的影响外，也融合了南北社会中更多的文化精华。衡山城不大，却是中国最著名的宝地之一，一年四季，你往街市上一站，便会看见光头的和尚、束发的道士和头戴斗笠的农民，这中间便时常能摩擦出火花。

赵君迈少年在家的时候，经常能看到这样的场景，只要镇子上谁一喊打架，免不了有人操家伙，这时，就会立即围上一群看热闹的看客，在一旁如同欣赏乡间大戏一般，如痴如醉呐喊观望。在这些人中间，赵君迈常常停顿下来一站许久，所谓外行看热闹，内行看门道。赵君迈渐渐地看出了中间的门道，这些乡民间的打斗，如不是什么杀父之仇、夺妻之恨般的大梁子，一般是不会真的取人家性命的，倒是那些打架的人不经意间所展现的功夫，如跳在高空踹出无影脚，双手擎过桌边的长条木板凳忽左忽右的流星凳法，还有那虎虎生风、精灵古怪的各种拳法，像蛇拳、猴拳、虎形拳、形意拳、八卦掌等，引来不少的喝彩声。这些乡民大打出手时虽毫不留情，但往往过一段时间后，又啥事没有一样，能坐在一块喝酒、划拳，称兄道弟。

赵君迈对武术的喜爱是发自内心的，为圆这个武侠梦，少年赵君迈曾经满天下拜名师学艺，他为学武曾上杭州、上海拜过名师，练就了一套扎实的基本功。赵君迈练武术走的是最纯正的武术套路，从站桩、举石锁开始，这两样基础对练武之人来说，虽简单却是最重要的基本功。赵君迈在美国留学时参加全美大学自由式摔跤比赛，之所以无人能将他摔倒，轻易夺得冠军，一个重要原因是他下盘稳健、臂力过人。这种功夫常人看似不经意，却是台上一分钟台下十年功，武术第一要义是先学会如何立于不败，只有不败才有机会赢得胜利。赵君迈爱好武术的这种喜好一直到老都没有改变，最后，竟无意中被中国武术家们选为协会主席，成了中国武坛货真价实的武林盟主，当然，那是后话。

赵君迈在衡山时，乡亲们学武术除了打架防身以外，狩猎时也能用上它。那年月，南岳后山还有老虎、黄麂、野猪、狼等野兽出没，山中狩猎也就自然成了此地很盛行的一项古老运动，因为古老，狩猎便多出了很多规矩，比如猎户狩猎时都用铳，无论长铳短铳，一块群体围猎时，谁的铳打中第一枪，猎物的兽皮归谁。如果是一人在深山打中了猎物，凡是见着的人，都能分到一大块肉。那时候猎户们要是打上只老虎或黄麂、野猪什么的猎物，能热闹得跟过节似的。猎户在家将猎物宰杀后，先将猎物的每一个部分，都切下那么一块拿来煮上一大锅，大家大碗喝酒大块吃肉，等大家吃好喝好的时候，再给那参与者每人分上一份，用稻草绳那么一扎，猎人提在手上摇摇晃晃地哼着小曲，领着几只猎狗，将军似的回家去。老人们说，赵君迈在少年时养的那十几条猎狗非常凶悍，他也是一位勇敢的猎手。

表面上看，赵君迈少年时期在家乡学到的，都只是些与武侠相关的知识，但如果往深层次探究就会发现，其实湖南人还看重对于文化的追求，而且从不只会做花拳绣腿的表面文章，湖南人对文化学习和解读的目标，用四个字形容，就是经世致用。近代以来，湖南呈现超强群体文化态势，名人辈出，决非偶然，而是与湖南的文脉、人气有着密切的关系。赵君迈出生于家学渊源深厚的儒学世家，不仅对传统国学中的经史典籍有很多涉猎，而耕植于地方土壤的湖湘文化，更是对赵君迈的成长，起到了潜移默化的熏陶作用。

赵君迈的生长之地南岳衡山，它不仅是中国历史上最古老的名山之一，还是湖湘文化的发源地，自古人杰地灵，高僧大德都曾在此有其藏身之所，也在此留下了很多古老的人文经典，历经数千年而口口相传。如相传大禹治水时，在南岳立下著名的禹王碑，而宋朝时，大儒朱熹和学者张栻从南岳后山登顶，举行了著名的朱、张会讲，轰动湖湘，“一时舆马之众，饮池水立涸”。其中一千多年前，发生在南岳磨镜台的一个古老故事，还曾经被1942年访问美国的宋美龄用来感动过美国的参众两院的各位议员。

赵君迈从小在这样一种文化氛围下长大，他骨子里那种脚踏实地且永不服输的精神，正是这种文化已根植于血脉的结果。

注释：

［1］衡山县志．海口：海南出版社，2001

［2］邹华亨．湖南族谱解读．长沙：湖南人民出版社，2004

[3] 陈三立．散原精舍诗．台北：文艺杂志社，1916
[4] 王湘绮．湘军志．台北：文艺出版社，1964
[5] 王瑾，胡玫．胡政之文集．天津：天津人民出版社，2001
[6]《湖南官报》第477号
[7] 李宝奇．简记全国政协常委赵君迈的体育生涯．体育博览，1984（5）

赵恒惕任湖南省长时像

贰 大哥赵恒惕

以福祸得失付之天，以赞毁予夺付之人，以修身立德责之己！

——赵恒惕书《明儒学案》语

赵恒惕?

是不是那个大坏蛋大军阀呀?

是啊！就是那个大坏蛋！可为什么赵恒惕是大坏蛋呢?回答的人笑着摇头离去，反正，人家都这么说。

有位哲人曾说，现实世界有两个历史，一个是真实发生的历史，另一个是历史学家眼中的历史。但无论是真实发生的历史还是历史学家眼中的历史，都不能脱离当时具体的社会环境。一个血肉丰满有着喜怒哀乐的人，绝不是要么是白，要么是黑的黑白两面！

“大军阀”赵恒惕

说起赵君迈的少年时期，不能不提他的大哥赵恒惕。关于赵恒惕这个人，从历史的角度，对他的功过争议颇多，很难用一句话来说清楚。而作为家庭成员的赵恒惕则很简单，他是赵君迈的哥哥，也当之无愧地成为赵君迈生命中一个重要的引路人。赵恒惕理性、仁慈、坚忍与宽容的性格，无一不深深地影响到成长中的赵君迈。

赵恒惕在现在民间一般人眼里，是一个不折不扣的大军阀，军阀这个概念对老百姓而言，不是好人，而对于赵恒惕这样一名生逢乱世的大军阀，就如同今天人们眼中的牛魔王一样，虽然本领不小，却是丑化了的坏蛋形象。但要按照胡适先生有一分证据说一分话的观点，来细数牛魔王所做过的恶事，却也并非易事，赵恒惕也是这样，我们如果立足于几个基本的事实说话，也许结论会比纯情绪化的语言，来得更稳妥公正。

在同时代的政治人物眼中，赵恒惕是一位木讷寡言却深富主见的军事家与政治领袖。他生逢乱世，在与各派政治领袖交往中，竟能保持文人的独立精神，恪守君子和而不同的理念，遇事不盲目应从，因此，无论他的战友和敌人，都能给他很高的评价。他的敌人吴佩孚与他称兄道弟；他追随过孙中山与蒋介石，他们始终对他礼遇有加。1927年12月1日，北伐结束以后，蒋介石与宋美龄在上海举行的婚礼上，即便是赵恒惕已成为赋闲在家的平民，蒋介石都没有忘记他这位老朋友，将他列入私人的贵宾之列，给予充分礼遇[1]。在史学家的眼中，赵恒惕也是一个极富个性的人物，人们对他的评价有很多的说法，学者丁中江说他“宅心仁厚”[2]，这是一个很中肯的评价，因为学者们很难将赵恒惕这么一个人写成一个反面人物或是写成一个坏蛋，这未免让后来很多将他说成是大军阀与大坏蛋的人有些失望。在对赵恒惕等辛亥老人的评价中，最有趣的是李敖，这家伙什么话都敢说，但他说的多半是真事。

2005年9月21日9时30分，李敖在北京大学礼堂演讲时，给北洋军阀们也说了几句公允的话，他说：“我们不要再骂北洋军阀，北洋军阀有这个肚量敢把全国最好的大学，交给和他敌对的政治势力——国民党党员蔡元培手里去办，才有了后来兼容并包，成就五四新青年的北大，大家没有资格骂北洋军阀。”[3]

李敖这话说得有些意思，也许坐在下面的很多学生不同意这说法，但至少李敖不是在人云亦云地说些让人不知所云的话。我们要做历史性的反省，如果我们将历史仔细地过过脑子，就会发现，一个国家的政府，或是一个地方的军阀，其作为小一点，反而会让地方的百姓获得更多的自由空间。

赵恒惕，字夷午、炎午，出生于1880年（清光绪六年），母亲李氏，为登仕佐郎李振声的小女，赵恒惕幼时，父亲赵甓庸给他取了个小名叫瑛郎，据赵恒惕自己说，他五岁发蒙，不甚聪颖，读书常难于记诵。[4]

赵甓庸有一兄赵仲弢，为赵君迈的大伯父，才华出众，是清末重要的改革派人物。清末，中国这头睡狮，最终被自己发明的火药给炸醒，梦醒之初，有两股改革力量在推动中国的变革发展，一股为戊戌变法，通过帝党来实现中国新政，这是一种自上而下的改革路线，其所有的希望寄托在帝党的胜利之上；而另一股改革派势力则是湖南新政，是一种自下而上的渐进式温和路线。很多后人只知戊戌变法而不知湖南新政，而在当年，两者实则同等重要。

1897年11月，德国强占中国胶州湾事件发生，湖南有识之士谭嗣同、陈三立、熊希龄、郭嵩焘、赵仲弢等人感到一股亡国之祸近在眼前，提出了很多维新之策，如开办南学会、时务学堂以兴民智，办《湘报》以放开言论。他们创立南学会而不称湘学会，是意欲将湖南与广东、广西连成一气，梁启超对此提法非常认同，他说：“今日救中国下手功夫在通湘、粤一气，以湘之才，用粤之财。”[5]在湖南早期推行新政的新思潮代表人物中，赵君迈的伯父赵仲弢，是最早倡言立宪与提倡新学的核心人物，他曾说：“自古以来，未有无学而国不亡，有学而国不兴者，故师重焉。”[6]他提倡中华民族要学习西方的民主与科学，走还政于民的立宪之路。在他们不遗余力的努力下，湖南新政如同一股灼热的风，吹拂着年轻学子的火热之心，当时在湖南学生中流行的一首歌唱道：“中国若是古希腊，湖南定是斯巴达；中国若是德意志，湖南定是普鲁士；若谓中国即将亡，除非湖南人尽亡。”

听听，这是何等的气概！有学者称湖南人器识宏旷，且有一种持之以恒的霸道，此言是不假的。中国的发展历来不缺少机会，也不缺少人才，中国数千年来唯一缺少的是能够一以贯之的好制度。

赵恒惕的父亲赵甓庸身处在这样热闹的时代场景中，内心自然也静不下来，他不愿他的瑛郎放过这样一个良好的发展机会，虽然他爱瑛郎甚于自己的生命，但他同样明白玉不琢不成器的道理，在赵恒惕八岁的时候，赵甓庸将他送至伯父赵仲弢处，让赵仲弢对赵恒惕加以调教。

赵恒惕虽性情木讷，不善言谈，亦不活泼好动，却有一个好处，就是认准了一个方向不容易回头，比如说宪政，他小时候在他伯父那学到了这一理念，从此一生追逐，至死都没有改变。这种牛犊子性格，在当时就有所表现，赵恒惕到伯父家的时候，才是一个多大点的孩子呀，就表现出了常人没有的刻苦与毅力。

据赵恒惕晚年时回忆说，他被送到伯父家的时候，恰好伯父有公事要去外地出差，便让家人把赵恒惕随意安置一下。当时，伯父家中人丁太多，没有谁上心去照料这个半大的农村孩子，随便把他带到一间书房，事就过去了。

一周后，赵仲弢出差回来，忽然想起小侄赵恒惕在此，却四处不见人影，忙问家人，家人说已安置在后院书房。赵仲弢连忙过去探视，见赵恒惕正在执卷看书，一旁放着他来时的背包、行李，赵仲弢以为赵恒惕生气要走，忙向他解释原由，并说公务繁忙多有怠慢什么的。

赵恒惕听后一头雾水，说他没有准备走啊。

赵仲弢问，你不是准备回去，那为什么将背包行李都收拾好了？

赵恒惕看了一眼行李说，我来时就一直这样，还不曾来得及打开背包呢。

赵仲弢问，那你这几天睡觉怎么办？

原来，赵恒惕见书房有那么多好书，这一周时间根本就没上床睡过觉。他坐在这看书，看书看累了就在这桌上趴一会，醒来就又接着看，饿了的时候，就从包里拿出几个干饼子吃，渴了自己跑外面水缸里舀一瓢凉水，就这么一晃一周时间过去了。这让赵仲弢很感动，虽然说赵恒惕一点没觉得有什么地方不对劲，但中国有句老话：三岁看小，七岁看老，赵仲弢感觉孺子可教，开始认真地调教赵恒惕。

在赵仲弢这里，赵恒惕从中国国学中的宋明理学，训诂、辞章，到西学中的科学精神和民主立宪运动，无不涉猎，尤其是赵仲弢中西融合的教育理念和民主宪政思想，在幼小的赵恒惕心中，埋下了强国梦的种子。赵恒惕当上湖南省长兼湘军司令以后，他最大的心愿就是在湖南推行民主宪政，后来，他通过不懈努力，真的成为在中国实践民主宪政的第一人，其伯父赵仲弢的影响功不可没。

赵恒惕在伯父赵仲弢处，潜心苦读了两年，光绪十六年3月14日，赵恒惕十岁的时候，他的生母李氏病逝，[7]赵恒惕离开赵仲弢，回家为母亲守孝。

失去母亲的痛苦令赵恒惕悲痛异常，从此，赵恒惕变得更加寡言与成熟，好在他父亲赵甓庸对他甚为疼爱。赵甓庸在他的瑛郎未成人之时，曾十年未再娶新妻，这对一个著名的乡绅而言，做到相当不易，赵恒惕也非常懂事，一直随侍父亲左右不离寸步，直到出国留学日本以后，父子俩还每周都有书信往来，这让远近百里的乡邻无不钦佩。

赵恒惕少年时也全力置身于科举，但他的科举之路很不顺畅，据他自己回忆说："两次应童子试，均不得售。旋以国子监生赴乡闱，中秀才后，发誓不再入科场。"

1902年，一个新的历史机遇改变了赵恒惕的命运，两江总督张之洞锐意革新，在湖北创办方言学堂，赵恒惕负笈湖北参加考试并考取，但方言学堂费用不低，好在赵君迈的二伯父赵仲楠及二伯母周太夫人出面资助了400两银子，方能就读。[8]赵恒惕入学后，成为品学兼优的优秀学生，深得方言学堂监督程颂万的赏识与爱护，1903年，赵恒惕被选送日本留学，与宋教仁等同船赴日，开始了他一生的革命征途。[9]

辛亥革命时险遭袁世凯就地正法

赵君迈的大哥赵恒惕是中国辛亥革命前最早加入革命党的“铁血大丈夫”成员之一，是创立同盟会的元老，中国辛亥革命的急先锋和促使民国政府成立的重要功臣。无论是资历、人脉、能力，还是为国家、民族作出的贡献，他都是有条件做大官的，像他的同学兼好友蔡锷、黄兴、宋教仁、于右任、阎锡山，哪一个不是权倾一时，左右历史的响当当的人物？赵恒惕却奉行孙中山先生说过的话，“要做大事而不是做大官”，他用毕生的经历实践着中山先生的这句话。这也是赵君迈在大哥那儿学到的影响他后半生的一句话。

赵恒惕赴日之时，正是西风东渐、吹醒中国的时候。在国内，革命浪潮此起彼伏，而这些留日的青年学子，如早晨八九点的太阳，大梦初醒，有一股从骨子里透出的自信，在留日学生 1904 年出版的《第五次留日学生报告》的序文中，开头就说：“夫当今日之世界，所谓老大之国，欲延一线之生机，而立将来之基础者，非留学生其谁与哉？”[10]

能立将来中华之基础者，不是留学生还能有谁啊？这种国家兴亡，匹夫有责，舍我其谁的志气，代表了当年留日学生时不我待的心情，就是今天听起来，都止不住令人为之欢呼。推翻帝制，走向共和，是所有留日学生的梦想，也是所有留日学生的目标，这位从湖南大山走出来的木讷寡言的赵恒惕，一下子如蛟龙入海，成为这群热血男儿中的一员。

李敖曾写了一本很厚的书，叫《蒋介石研究》，对蒋介石平生所做过的一些事进行考证，考证出很多新发现，比如，他考证到在蒋介石的自传中，称自己是中国最早的“铁血大丈夫”成员，李敖不同意这个说法，他还拿出了很多证据来说事。

“铁血丈夫团”是中国早期留日学生中的一支敢死队名称，成员都是革命军中精英中的精英，随时准备为中国的革命献出生命。这是中国近代史上，很重要的一个团体，其最早的成员有 28 人，后又有人补充说是 32 人，但无论是 28 人说，还是 32 人说，李敖都将蒋介石排除在名单之外，[11]反而是赵恒惕，无论哪一个版本的说法，他都名在其列。李敖无意间从另一个角度，证明了赵恒惕是中国最早的革命党的骨干成员。

根据赵恒惕自己的回忆，他在学习其间，与湖南留日学生黄兴、宋教仁、程潜、唐继尧、姜登选、曾昭文等，组织革命同志会，后又与黄兴等人创建以湖南、湖北为主要活动地的华兴会。1905 年，孙中山先生抵横滨，赵恒惕参与了孙中山与黄兴的首次历史性会见，也就是这次会见后，孙中山得以联合光复会、华兴会等留日主流社团，创办中国同盟会，赵恒惕是同盟会最早的会员之一，他与孙中山、黄兴等革命党同仁一道，提出了“驱逐鞑虏，恢复中华，创立民国，平均地权”的政治纲领。同盟会的成立，为辛亥革命的爆发和清王朝的崩溃奠定了基础。

1906年，赵恒惕入日本陆军士官学校第六期炮科，与唐继尧、阎锡山、程潜、李烈钧等人成为同班同学。同年，黄兴从加入同盟会的陆军士官生中，选择坚贞可靠的骨干28人组成“铁血丈夫团”，这中间就有赵恒惕、黄郛、李烈钧、程子楷等人。在沈云龙编撰的《黄膺白先生年谱长编》或是《阎锡山回忆录》中，都有赵恒惕、黄郛、李烈钧、阎锡山、张群等28人参加黄兴创组的铁血丈夫团的记载。据赵恒惕自己回忆说，他成为28人铁血丈夫团骨干后，还曾与程子楷、杨卓麟等同学在假期与人学习制作炸弹，以备革命之用。

两年后的冬天，赵恒惕在士官学校炮科毕业，与同学蔡锷将行李打点完毕，正准备回国，11月14日，传来光绪皇帝死于瀛台的消息，赵恒惕还没回过神来，清廷西太后慈禧又随光绪而去，国内政局一时乱象丛生。清政府考虑留日毕业生同时回归的人数太多，怕滋生事端，乃一反往例，将国内的一切事务暂缓，令一批同学先行回国，而让一批学生留日任见习士官，翌年方准返国。所以，蔡锷就列入了先回国的那一批，赵恒惕留在后一批，在日本又多实习了一年。

1909年，清朝末代皇帝溥仪登基，改国号为宣统，历史上称该年为宣统元年。这年赵恒惕由日回国后，应陆军部甄试及格，考取举人。[12]赵恒惕是中国近代史上，取得文秀武举功名中为数不多的几个人之一。赵恒惕考取举人之功名时，广西巡抚张鸣岐正在京城招纳留日学生，他慧眼识才，挑中赵恒惕，让赵恒惕跟随他赴桂，负责广西兵备处事务。赵恒惕本来对入广西一事兴趣不是很大，但听张鸣岐介绍，先他一年归国的同学蔡锷，此时也在广西，任讲武堂监督，于是，赵恒惕同意随张鸣岐前往广西。

赵恒惕入广西后，张鸣岐令赵恒惕主持兵备处与学兵营工作，也就是组建军队与训练军队。赵恒惕施展了自己的全部才能，将学兵营的部队训练成一支来之能战的军队。可就在赵恒惕将工作全面展开的时候，张鸣岐却因故要离开广西，赵恒惕与蔡锷商量后，本着同进退的原则，决定一同辞职离开。

1911年春，赵恒惕返湘后，准备在家与父亲和赵君迈等兄弟姊妹团聚一段时间再去云南工作。巧合的是，新上任的广西巡抚沈秉堃，是赵恒惕伯父赵仲弢的多年好友，无意间在赵仲弢的家认识了赵恒惕，两人相谈之下都甚感投缘，这让刚从广西回来不久的赵恒惕，又随另一名伯乐返回广西。

沈秉堃，字幼岚，湖南长沙人，监生出身，此时刚从云南布政使升为广西巡抚。赴任途中，沈秉堃在衡山停留数日，本来是为了看看南岳美景，再拜访拜访老友赵仲弢，在赵仲弢处，因赵恒惕的父亲赵甓庸对沈秉堃也甚为熟悉，故被邀去作陪，这个偶然的机缘牵出了赵恒惕。沈秉堃见赵恒惕仪表堂堂，身高在一米九零以上，不怒自威，加之留日背景与武举人身份，又对广西的军、政情况很熟悉，像赵恒惕这样的人才对他来说，正是“众里寻他千百度，蓦然回首，那人却在灯火阑珊处”，如果不用这样的人才，那是他的损失。

赵恒惕随沈秉堃到广西后，沈秉堃升赵恒惕任广西干部学堂监督，也就是以前蔡锷的位置，相当于后来的军校校长，并掌管学兵营。不久，赵恒惕就将广西混成协组建出来，他也同时升任广西混成协都统。清朝实行的军衔制度为三级九等制，分行正、副协都统，正、副协参领，正、副协军校，相当于后来军队中的将、校、尉军衔等级。协都统是将军，参领相当于校官，军校相当于尉官。赵恒惕的协都统在清朝新军制中，属于正规军的少将旅长，混成协是当时新式军队的建设模式，是炮兵、骑兵、步兵的混合体，有很强的战斗力，武器装备和官兵训练模式都很超前，也就是说，赵恒惕手下有一个现代化装备的混成协。这年 8 月 20 日夜，革命党人在武昌首举义旗反清，在武昌的清朝文武官员都弃城逃走，革命军推举官阶较高、名声较好的黎元洪为都督，宣布独立。

赵恒惕得到消息后，力劝广西巡抚沈秉堃响应，沈秉堃听从赵恒惕的意见，宣布广西独立，并就任广西都督。转制期间，赵恒惕率他手中的混成协进入省城维持秩序，没人敢出来闹事。

当时，赵恒惕已为广西新军协统。不久，赵恒惕将他的混成协整合成援鄂北伐军，随沈秉堃一道，浩浩荡荡地离开广西开赴湖北作战。赵恒惕率领的广西北伐军于 10 月初从桂林徒步北上。到武汉后，南军推湖北都督黎元洪为南军总司令，黎元洪将各路援军重整编制，任赵恒惕为左翼军司令、李烈钧为右翼军司令。赵恒惕接受任命后，连夜率湘桂联军开赴前线。在与北军交锋中，组成敢死队突入敌阵，经过几次大的战役，湖北局势稳定下来。不久，清军向孝感撤退，赵恒惕又率军渡过襄河左岸，经汉川县茅神渡折而向东，抵达孝感县，与汉水北岸的清军对峙。黎元洪对赵恒惕的援军给予高度评价：汉阳失守，人心浮动，武昌几致不守，若非贵军救援，大局不堪设想。就在赵恒惕、李烈钧摆开阵式准备迎敌的时候，南北却议和停战，成立了新的临时政府。

1912 年 1 月 1 日，中华民国在南京成立，孙中山就任临时大总统，之后，缺乏经济实力的他最终只得选择与袁世凯言和。袁给了孙中山最高礼遇与全国铁路总督办的美差，同时任命黄兴为南京留守，负责将南方革命军队伍全部解散。没钱的话，十几万军队就是十几万张口，一地无业军人聚集过多，无粮无饷很容易使之变成乱世之源。黄兴一上任便感觉到了一种压力，他本希望向袁世凯求援能派北军来南京维持，袁置之未理，黄想到了赵恒惕，赵是他两湖书院时的同学，在日本时也时常来往，武昌战役时俩人在汉口还见过面，黄兴请赵速率军从汉口开往南京。赵恒惕带部队从武昌开拔前，因军饷欠缺，向黎元洪借款五万银元。在当时的环境下，这五万银元赵恒惕可以说是借，也可以说是支取的军饷。为什么可以说支取？有三个原因：一是黎元洪是南军总司令，是元帅，赵恒惕是他封的左翼军司令，是他手下的将军，他令赵恒惕领兵打仗，理应负责下属军队的军饷，所谓当兵吃粮，天经地义；二是黎元洪有钱，他是湖北省都督，湖北是全国有名的富庶之地，他有能力解决属下的军费；第三，在有枪就是草头王的时代，军队对地方来说是把双刃剑，如果有军队在他的地盘上闹饷，这对地方是一件很可怕的事情，所谓请神容易送神难，赖在一个地方不走的军队自古以来就多的是，刘备他们早年就是这么干的。理由虽然充分，但这件事情被他父亲赵甓繨知道后，不同意赵恒惕这么做，让他立即将借黎元洪的五万银元款寄还。这事情让黎元洪吃惊不小，在那个战乱的年代，军阀借款还能归还，让黎元洪不得不对赵恒惕更高看一眼。

这事从黄兴那边的角度，也能看出赵恒惕所部的重要，黄兴清理军队时口袋里没钱，他将赵恒惕的桂军合编为第八师，任命赵恒惕任该师第十六旅旅长，授陆军少将军衔卫戍南京。

那其实是一场非常危险的游戏，南京城内不时能看见有军队闹响而引发的流血事件，这中间，赵恒惕不仅协助黄兴平息了赣军南京变兵，将二百余名带头闹事的首要分子当场正法，并将剩余的赣军全部从南京送回江西，还在南京城内查禁取缔了刚处在萌芽之中的军人组织大公党，至1912年5月，南京裁军在一片哀怨声中顺利完成。

在湖南的谭延闿听说了赵恒惕的事情，如同阴霾天中看见了久违的阳光。6月中旬，谭延闿派机要秘书吕苾等人赴南京面见赵恒惕，一见面，便叫苦不迭，摆出了一笔账，说是去年旧历年底，省政府向财政司提出的拨款请求共达700万两，其中与军队有关的支出至少为450万两。那时候湖南光军队就有6个陆军整编师，这6个师的每一个师长在湖南都可谓是爷，没一个是谭延闿敢惹得起的，因害怕他们闹事，全省整个的财政使用款项，一切都要以先用来满足军队需求为首要，在全部付清他们的饷银之前，所余款项不得用于其他的目的，在这样的情况下，谭延闿希望借助赵恒惕的威望，出面助湘裁军。赵恒惕与黄兴协商后，带一团自己手下的精兵，以借道返桂之由驻兵湖南。这年初冬，赵恒惕率军到长沙后，因其名望，湖南湘军旧部无人生事，所以谭延闿缩编部队结果尚称圆满，赵恒惕与谭延闿的合作也从此开始。

翌年，袁世凯使人暗杀了曾经与赵恒惕一同乘船赴日的同学宋教仁，惹怒了全国的革命志士。宋教仁是国民党的重要领袖，也是赵恒惕最好的朋友与事业伙伴之一，在国民党高层中，他是最认可在中国实行民主宪政的人，可惜他也走得早，要不然赵恒惕在中国实行的宪政改革会走得更远。

7月，孙中山、黄兴在南京组织二次讨袁，第一时间站出来响应讨袁号召的，就是湖南的赵恒惕、江西的李烈钧还有上海的陈其美。赵恒惕为响应孙中山的号召，[13]亲率部队赴湘北岳州布防，并向湖北蒲圻的鄂军发起进攻，大获全胜，后江西李烈钧兵败江西湖口，接着，粤、皖取消独立，到8月13日，各路义军相继失败，孙中山、黄兴、李烈钧等人都相继流亡日本，让在湖北的赵恒惕部队一时成为孤军，袁世凯派汤芗铭领兵征讨，赵恒惕因寡不敌众被俘。

赵恒惕被俘后，汤芗铭不敢造次，电请袁世凯裁决，袁因赵恒惕力主立宪，而手中又握有重兵且善于带兵打仗，将之视为心腹大患，密电汤芗铭将赵恒惕就地正法。这对赵君迈的家庭而言，无异于一个晴天霹雳，这场致命的横祸差点毁了赵君迈的家庭，夺去赵君迈父亲赵鼗庸的生命。当时赵君迈年纪尚小，才十二三岁，正处懵懂的年纪，而瑛郎是赵鼗庸毕生心血的结晶之一，这种舐犊之情，从他给赵恒惕写的大量家信中可以看出。事实上经此次重大打击之后，因耗费巨大精力，赵鼗庸身体状况急剧衰退，并在三年后因病去世。

在赵恒惕身遭不测之时，他父亲亲赴长沙四处托人活动，幸有赵恒惕留日同学伍祯祥旅长出面帮忙，压住了汤芗铭对赵恒惕的行刑期限，并联名湖南湘军官佐向袁世凯上奏折道：赵恒惕是中华民国的军人，按中华民国的相关律例，军人犯法应依军法审办，不可随便处决。当时，军人在政府体系中占有相当分量的话语权，尤其是赵恒惕个人在军中的威望，让袁世凯都不得不有所顾忌，这让赵恒惕得以不死，被改令押送北京审判。

赵恒惕被押解经过武昌时，黎元洪听闻此事后召见了赵恒惕。黎元洪自1912年赵归还借款后，对赵颇为器重，故能仗义援助。黎元洪电询袁世凯对赵恒惕如何处理，袁答复解送北京军警执法处。黎元洪一听是送往全国闻名的杀人机关，立即反对，因为犯人解入该处，即无生还之可能，那地方只要上面发一个话，犯人晚上便会遭狱吏活活打死，第二天便告病亡。黎元洪同样以赵恒惕是军人为理由，要求袁世凯将赵恒惕改送陆军部执法处经办，黎给袁发电报说得很坚决："如杀赵君，失天下心。"袁见黎出于真心，允其请。赵恒惕被送到北京后，被陆军部军事法庭处刑期十年，在京城监狱被关了一年多，1915年夏，由黎元洪、蔡锷力保，才被袁世凯特赦出狱。他出狱后，与父亲和赵君迈等家人寄居北京。期间，赵家人只与黎元洪、蔡锷、杨度等少数人交往。是冬，蔡锷与赵恒惕先后离京，蔡秘密赴云南，赵亦摆脱军警监视，潜赴天津，再由天津至上海，在上海与谭延闿会合后，一块找到了湘督汤芗茗的哥哥汤化龙。汤化龙给汤芗茗写了封亲笔信，由赵恒惕带着由沪返湘，策动汤芗铭在湖南独立。

1916年袁世凯死后，北洋军阀公开分裂，迫于国内形势的变化，5月29日，汤芗铭宣布湖南独立，自任都督，同时，重组湖南第一军，任曾继梧为军长兼第一师师长，赵恒惕为第二师师长，李佑文为赵部第一旅旅长。

不久，赵恒惕等人拥湘人谭延闿回省二次督湘。8月3日，由总统黎元洪正式任命谭延闿为湖南省长兼署督军，同时任命赵恒惕、陈复初为暂编湖南第一、二师师长。但这任命只不过暂时维持了几个月时间。1917年5月，北京政府发生了府院之争，黎元洪下令免去国务总理兼陆军总长段祺瑞职务，并请徐世昌出任总理，在总统黎元洪通电发向全国之时，总理段祺瑞也向全国发出通电。趁着这混乱的当口，北洋军张勋率军在6月9日那一天把北京城给占了，迎立小皇帝宣统。总统黎元洪避入日本使馆，通电各省出师讨伐张勋。7月2日，段祺瑞重新掌握政权，决定将湖南的都督人事收回，改派傅良佐为湖南督军。湖南易督令一下，湖南问题成了南北问题，这中间最着急的一人，是西南霸主陆荣廷。陆荣廷示意湖南谭延闿、赵恒惕采取武力抵抗，答应到时候与云南唐继尧联合出兵援助湖南。不巧的是，那段时间赵恒惕因父丧丁艰在身，在衡山老家守孝。谭延闿没能沉得住性子，在长沙召开军事会议，想摸一下湘军将领的态度，遭到众多湘军将领冷淡的抗拒，谭自知驾驭不了他们，9月1日，在茶陵电辞湖南省长，声明由赵恒惕暂代督军，处理湘省一切，随即悄悄离开湖南赴上海。

正远避都市之野为父守孝的赵恒惕，对湖南发生的这一切，怎可能置身事外，然而他当时最迫切希望解决的问题，是老家家人的安全问题，让他最放心不下的就是赵君迈。赵恒惕在家的这段时间，才发现赵君迈已经长大成人了。以前，每当赵恒惕回家，这个机灵的小弟弟都会抢着给他端洗脸水，或是围在他身边跳上跳下问这儿问那儿，但现在他像换了个人，小小年纪就以三少爷自居，成天在外面"打流"（打流是湖南乡下的一句俗话，指不做事不干活，整天四处瞎逛）不说，还到处闯祸，各式各样的传闻不时传到赵恒惕的耳朵里。

本来，赵君迈酷爱练武是件好事，但是随着赵君迈的功夫越来越深，渐渐地有了些名气，周围开始聚集了一班游手好闲之人，这在衡山方圆几十里，可不是件什么好事。以前，赵君迈就是没练功夫，就凭他哥哥赵恒惕的名头，谁敢招惹他？现在好，有功夫、有钱，还整天领着一帮人闲来无事到处"打流"，赵君迈"打流"还跟一般的人不一样，他出行还坐轿子，带着他在家里养的一群猎狗四处招摇，乡间的百姓见到赵君迈都开始叫他三少爷，三少爷也很得意。这让赵恒惕非常担心，他想要再这么由着他，赵君迈这辈子就给耽误了。

好在大哥是过来人，深知为人的道理，但凡青少年在成长时期，每个人都会经历一段浑浑噩噩、懵懵懂懂的混沌期，这种混沌期的破解，有的人是靠个人的悟性，而有的人则要靠旁人点醒，无论是靠悟性或是旁人点醒，人只有突破自我这种混沌后，才能有所作为，不至于被混沌困扰一辈子。该管教时，作为大哥的赵恒惕却一点也没手软，他先是把颇有些得意的三少爷毫不客气地狠狠训斥了一顿："三少爷？你是什么三少爷？瞎胡闹！"

赵恒惕骂完之后也在想办法帮赵君迈，想引导他走上正道，什么是正道呢？赵恒惕认为读书是最好的正道。读书是改变命运的最好方式，还是找一个地方让他去好好念书吧！

赵君迈这边呢，以前对别人称他为三少爷还挺得意，他都 17 岁的人了，在乡下，十几岁的人就算是大人了，像与赵君迈同年的老庚，有些都早当爹了，赵君迈当然也不甘落后，虽不至于将自己升格到爹的行列，但大人自然也要有点大人的样子。所以，他喜欢别人叫他三少爷。如果不是大哥赵恒惕的点醒，衡山这块地界也可能会多一位叫赵恒憖的乡绅，附近某位殷实之家的大户小姐，会多了位如意的少年郎君，甚至，门前的河滩上，会出现四五个把他叫父亲的孩子在那里嬉戏玩耍。

这，也许就是人们称之为命运的东西，说得文雅一点，是人生拐点。赵君迈就是这次被他兄长看似不经意的一顿训斥，猛然醒悟，是啊，难道自己的一生就按照这公式般的传统轨迹走下去了？不！他也想改变，想像他大哥一样也做点有意义的事情，但具体怎么改变呢？他因环境的束缚，也没敢有太多的想法。

赵恒惕本打算按中国传统的孝道方式，在家为父守孝三年，可军情突变，北军兵临城下，谭延闿带领众湘军将领请赵恒惕出山统兵，赵恒惕本不愿出山，但谭延闿带着众湘军将领三顾衡山赵宅，让他却之不恭。

谭延闿之所以执意要请赵恒惕出山，是因为在湘军内部各个派系中，赵派军人是以保定军校毕业的新式军官为主，他们在军中最具实力，而在为人处世方面，赵恒惕性格清刚、识度宏旷，深得同仁的赞许。

军情危急，他临别时跟赵君迈很认真地谈了一次：

"你别再待在家里了，到外面去读书吧。"

"去哪儿？"赵君迈疑惑地问。

"上海、日本都可以，你自己去决定吧，只要别待在家里胡闹就行。"赵恒惕只希望他走得越远越好，那样对赵君迈而言会更安全。

赵君迈从小胆子就特别大，一听说上海和日本，轴劲就上来了，要出去不如就走得远一点。于是，这年秋天，赵君迈真的去了日本，改变赵君迈命运的道路，由此开始。

湘省自治与立宪运动

在介绍赵君迈赴日本之前，还得先说说他大哥赵恒惕为之奋斗一生的事业——湖南省自治与立宪运动。湖南是全国首先倡导自治的省，也是第一个制定出完整省宪法的省，这个功劳离不开一个人，就是赵君迈的大哥赵恒惕。

1921 年 2 月 10，赵恒惕在湖南取得了军令政令的相对统一后，向全国发出了倡导联省自治的通电，并提出了行联省自治的五大理由。赵恒惕认为在中国选择联省自治这种模式，首先是历史原因所形成的结果，就如同古河道之形成，中国各省的现实状况，就是历史中的各个小国演化而来，唯有各省自治，才可以以此为代价收回各省军阀手中的军权，打破封建割据的死结，也唯有自治，政府才可以真正执行分权于民，实现国家的民主宪政。赵恒惕对联省自治的理解，除了他自己顺应时代努力专研外，还有重要的一点是受他伯父赵仲弢的影响。赵仲弢研究立宪是在他为两江总督魏光焘做幕僚时就开始的，他曾在清末时就倡言中国立宪，赵仲弢认为要使中国富强进步，必先以统一安全的政局为前提，而这种安全的政局就是要还政于民。[14] 在赵恒惕实施联省自治的过程中，青年毛泽东是他积极的支持者，毛不仅在湖南自治期间，先后在报刊发表了《湖南建设问题的根本问题——湖南共和国》、《“湘人治湘”与“湘人自治”》等八篇关于湖南自治的文章，还具体设想了一个湖南共和国方案，他在方案中说：我们主张湖南国的人，并不是一定要在字面上改一个名称，只是要得到一种全自治，而不以仅仅得到半自治为满足。毛觉得实行全国总建设一时还完全无望，最好的办法是索性分裂去谋各省的分建设，待十年二十年各国分建设好了，再搞彻底的总革命。毛的设想其实与赵恒惕的计划是不谋而合的，赵提出要分两步走的战略。第一步完成各省自治，国会授予各省以自由制宪之权，由各省先制定省宪。第二步，由各省议会选出代表组织联省议会，将省宪大纲纳于国宪之中，根本既定，凡百措施迎刃而解，最终完成国家统一的新格局。

湖南的民主宪政从一开始，无论是南方军政府的孙中山，还是民国总统的黎元洪，都表示了不同程度的支持。1921 年，赵恒惕在请专家制定《湖南省宪法》的时候，在中央与省级的事权上如何划定这一问题上，与黎元洪保持了频繁的沟通与联络，光联省治制那段时间与黎之间的电文就达一百多通。最终，赵恒惕的想法得到了时任总统黎元洪的全力支持，赵恒惕得以在全国范围内，聘请了王正廷、蒋百里、彭允彝、李剑农等 11 位名流专家为省宪起草委员会委员，负责拟出省宪草案，再交由各县议会推举的议员审查，提出修改意见，最后交全省人民直接投票公决。[15]

赵恒惕在推动省宪政的过程中，不仅明白科学的重要，聘请了全国最好的专家团，还明白要实现宪政第一步就是要限权，在湖南，限制权力实行的第一人，就是集军政权力于一身的自己。赵恒惕在宪政运动中作出的最让人心服的举动，就是先限制住自己的权力。作为湘军总司令的赵恒惕，在宪政运动中的带头表态，为湘省的所有军政官员树立了榜样，比如，赵恒惕曾代表军方表态："余现为湖南总司令，若植党营私，保全位置，即是令湘省不能自治。"[16] 其手下师长鲁涤平更是坦言："俟自治法实行稳固之后，吾辈军人，皆当退还田园，受自治法之保障。"[17] 这来自军方首脑的保证，坚定了人们对湖南宪政自治的信心。

赵恒惕是行伍出身，而当时又是重武轻文，枪杆子说了算的年代，所以，以赵恒惕为首的若干手握重兵的军人，不仅不给自己留有任何余地，还能自我约束，自觉执行自己许下的承诺，这对整个湖南宪政运动的走向，至为关键。

1 月 25 日，省政府成立了湖南制定省自治根本法筹备处。两个月后，李剑农、蒋百里、彭允彝、王正廷等省宪起草委员会委员，正式开始中国第一部自治宪法的起草工作。当时，这些国内一流的宪政学者显然将此事看做是开创纪元的大事，一些虔诚的起草委员甚至自比美国制宪会议的先贤，决心为湖南人民起草一部根本大法，以使湖南长治久安。在李剑农、王正廷、蒋百里等 13 名学者关门谢客，将自己关在岳麓书院的书房内加紧起草自治宪法的时间内，赵恒惕作为湖南集军政权力于一身的宪政倡导者，却能做到未曾一次到过起草之地，且未曾一次索阅其稿，以示大公。

起草宪法的委员们用了近一个月的时间，按照主权在民和权力制衡的政治原则，完成了《湖南省宪法草案》等六种法律草案。4 月，初稿完成，幽静的岳麓书院敞开大门。长沙市军、绅、商、学、报以及各法团、公团的三百多个代表以挑剔的目光作为议政代表，来此参加湖南自治法起草审查会议。在专家们对起草法案的审查过程中，有两个问题遇到了阻力，第一个是宪法对省议员的代表组成与名额问题，第二个是湖南到底要不要省长。

支持者认为采取英法内阁制，行政由省长负责，省长可以解散议会。但反对派却认为如此一来，容易变成省长专权，极力要求实行瑞士委员会合议制。由于中华几千年未曾有此先例，而各方代表又各执一词互不相让，按这样的议法，湖南省自治宪法审查三个月也弄不出头绪来。最后，赵恒惕不得不在省署召集各公团代表开会，会上，赵恒惕说道："制宪的问题，经各位讨论甚是，我系军人，无多研究，总希望办好。但因求速之故，不能不勉强一点，各位意见，亦不能不酌量牺牲点。"仅说了这一句话，赵恒惕便起身离席而去。[18]

在赵恒惕的政治威权下，《湖南省宪法草案》终于在 8 月下旬，由省宪审查会审查完毕，11 月复经全省公民总投票复决，持续半年之久的争议被平定。

千万不要以为这是小孩儿在过家家般的玩游戏，我们从湖南省宪法所制定的内容中，便能感到其中沉甸甸的分量。

1922 年 1 月 1 日，湖南宪政几经波折得以出台，至此，由省政府操办、议会认可的制宪方案，在湖南得以迅速实施。

湖南省宪政具体的实施分三个步骤：一是成立省议会；二是选举省长；三是组阁省政府。

8 月至 9 月，湖南省两名省长候选人产生，分别为赵恒惕、谭延闿，都是当年最负名望与实力的人物，在两人竞选省长时的答辩现场，场面非常精彩热烈。两人经过针锋相对的辩论后，9 月 10 日，正式投票开始。在有湖南全省 74 县 2593 名议员出席的省议会决选中，赵恒惕众望所归，以 1581 票的多数票获胜，当选为中国第一任完全出自民选的省长。10 月 7 日，赵恒惕就任民选湖南省长后，主动放弃湖南湘军总司令的职务。

在省长、省议会议员等选举落幕之后，长沙《大公报》上发表了一篇竞选地方议员的落选者的文章，作者是常德选区的竞选代表李祚辉，他在总结自己全程参与的海选经历和观察时说：尽管混乱的年代，还不免有些混乱景象。比如说有人在部分选举场公开招贴拉票，甚至在安化县发生了团防局武装夺取选票的事情，但 1922 年湖南人民根据新宪法举行选举过程，已有由贵族主义进而转为平民主义的倾向。[19]李祚辉通过对比民国元年的省议会选举来证明此次选举的历史进步，他说，从前的选举，一般人不能与闻，譬如有 30 万选民的地方，只要有数十人就可以垄断一切，这一次有 30 万选民的地方，纵少数权柄操在数千人的手中，也无胜算的把握。

别小瞧了这名落选者李祚辉，论财富，他是常德名门之后，手中握有大把的银子；论学识，他早年留学日本，为日本名校早稻田大学毕业；论资历与背景，他是赵恒惕亲妹妹赵恒惠的丈夫，赵恒惠与赵恒惕为同父异母，是赵君迈的生母杨氏所生，恒惕与恒惠兄妹的感情，无人可以怀疑，但参选这件事，两人各不相帮却是言明在先。从李祚辉的落选，也让人从另一个侧面看出赵恒惕在这场选举中，做到了真正的民选。

湖南实现的民主宪政，是中国政治发展史上的一个里程碑，他的主要推动者赵恒惕虽是一介军阀，但更是一位独立的知识分子。他不仅对传统的经世典籍熟稔于心，还对西洋的民主与科学精髓有精深领悟，这种厚实的个人修为以及胆识与雄魄，是在那种世纪交替的混沌世界中，为一方百姓开出新的太平的生活环境的根本所在。这种历史性的作为，绝不是一个头脑简单的武夫可以完成的。

与孙中山“君子和而不同”

赵恒惕与孙中山的关系，按孔子的话说，是“君子和而不同”。

1921 年，赵恒惕在请专家制定《湖南省宪法》的时候，孙中山就明确支持赵恒惕等人的省宪运动，他在广州就任临时大总统时，还曾邀请赵恒惕参加他的就职典礼。在那次就职典礼上，孙中山面对世界，发表了著名的就职宣言，在宣言中他明确提出：“政制不良，则政治无术，集权专制，为自满清以来之秕政。今欲解决中央与地方永久之纠纷，惟有使各省人民完成自治，自定省宪法，自选省长，中央分权于各省，各省分权于各县，庶几既分离之民国，复以自治主义相结合，以归于统一，不必穷兵黩武，徒苦人民。[20]”

孙中山对省宪的态度，本来与赵恒惕是英雄所见略同，但得到了苏联全力支持后的孙中山，对省宪的态度开始完全改变，他希望将赵的湘军整合成自己的武装力量，再一次邀赵恒惕一道北伐，可是赵恒惕认为孙中山成立的军政府和他自封的大元帅，都非民国法定之名，也非人民民主方式选举产生，并不视其为长官而自处于属官之地，所以，情理之中地拒绝了。在被赵恒惕以有违省宪之名加以婉言拒绝后，孙中山开始物色新的代理人，而此时，在上海做寓公已久的谭延闿，又一次进入到了他们的视线，据谭延闿日记中记载：下午三时，至美利尔路孙中山家，至者数十人，孙中山衣蓝长衫，发已白矣，竟气尤如昔。谭延闿的不期而至，让孙中山一下子又看到了希望，而谭延闿有湘军的底子，如果谭延闿能为其所用，他手下的湘军，正好解决孙中山的军队武装力量问题。而从谭的角度来说，抓住孙中山这根稻草，就等于可以挟天子以令诸侯，寻求到政治上翻身的本钱。

谭延闿人称谭婆婆，此人八面玲珑、心思细密，颇有政治野心，是一个绵里藏针的政客，在被冷落后，他对夺取权力更是不惜代价、不择手段。孙中山封他为湖南省长兼湘军总司令，虽然他明知道是孙让他去与湖南民选的省长赵恒惕决斗，但谭延闿知道这是他政治生命的最后机会，他将全部的身家性命都押在这上面，希望借着广州政府的支持，夺回他失去的一切。

谭延闿取得孙中山信任后，让孙中山以南方政府的名义，通知赵恒惕，欲“取道湘省北伐”，你不同意一道北伐可以，但朋友之间，借一下道总是没问题的，先将了赵恒惕一军，赵恒惕连忙请醉公出来调停，醉公名石陶均，号醉六，是黄兴最信任的心腹，在国民党内辈分很高。赵恒惕请他出来的意思很明确，就是：“北伐可也，何必取道湘省，……且胜负不具与论，而吾湘之糜烂当不堪设想！”[22]

赵恒惕再次拒绝孙中山，这中间有个很重要的历史原因，就是赵恒惕夹在南、北两军之间，虽说起来大家都是好朋友，但一旦翻起脸来，那就是个大麻烦。赵恒惕在湖南自治并恪守中立大家都无话，如果赵恒惕同意北伐军假道湖南，就等同于湖南与南军已经结盟，这就为北军攻打湖南提供了借口，吴佩孚的几十万大军就屯兵在岳州，而长沙非可守之地。赵恒惕向孙中山解释，北伐军借道湖南，恐怕军队还未到衡阳，吴佩孚的军队就会先占了长沙，这不是将湖南推向万劫不复的境地么？所以，赵恒惕劝孙中山改道江西，湖南是全力支持北伐的，对北伐军决不采取敌对行为。

赵恒惕的推断本没有错，错的是他忽略了一点，就是湖南在全国战略中的重要性，湖南虽非必争之地，却为争者必争之路，[23]也就是说，孙中山并不是真的欲借湖南的道路北伐这么简单，而是欲借湖南的湘军人才与财富，正所谓得湖南者得天下。

在说借道北伐的事情前，赵恒惕曾与孙中山商量过粤、湘之间盐米互换，以解决南军饷源的协议，但做生意哪有兼并产权对于财富来得更快，尤其这几年两广一直在打战，而湖南经过多年发展，在南军的眼中，是块肥肉。1921 年何应钦从日本学成归国时，也曾专门前去拜见过赵恒惕，何应钦后来回忆说：湖南幸有炎午，使其在动乱之中竟争取了近十年休生养息的发展机会。孙中山对借道湖南北伐事宜，并不是真的欲借湖南的道路这么简单，而是欲借湖南的湘军人才与湖南这若干年聚集的财富。

谭赵之争

说实话，赵恒惕不愿意和谭延闿交恶，赵恒惕对谭延闿的情谊是发自真心的，他一生都在检讨，他与谭延闿为什么会有那么深的误会。其实这怨不得赵恒惕，因为，政客与政治家毕竟不是一回事。

衡量一个政客与政治家的标准，是看这人是否有他个人的政治抱负与政治主张，政治家从政是出于国家富强、社会民主进步或是人民的生活福祉改善的政治目的，而政客是出于自身利益。之所以说赵恒惕是政治家，是他有自己明确的政治目的和主张，他与谭延闿的权力角逐是摆在台面上的竞争，他个人不曾使过什么见不得人的阴招。而谭延闿虽有强烈的政治野心，也不过是见风使舵的政客，他一生缺少鲜明的政治主张，就是当上政府行政院院长以后，也没对中国的政治生态与民生福祉，有过任何大的作为。

赵恒惕在湖南实现民主立宪政权以后，虽然被全省人民选为中国第一位真正意义上的民选省长，但谭延闿并没有因人民的选择而愿赌服输，在谭延闿看来，谭、赵之争是一山不容二虎的自然界生存法则，有他无赵。

在谭延闿选择投靠广东孙中山门下，孙中山封他为湖南省长兼湘军总司令后，谭延闿立即以北伐为名，以高官厚禄为饵，开始大挖湘军墙角。在赵恒惕的身边，确实有很多有奶便是娘的小人，大家以各自利益为原则，本无可厚非，因为几千年适者生存的法则，让很多人学会了趋炎附势。像湘军中的吴剑学、鲁涤平、蔡钜猷、谢国光等人，都见风使舵被谭延闿招回身边。谭延闿再令这些人到湖南湘军中散布“介入外省战争，断不至丧心病狂，引外兵以糜烂桑梓”的宣传，希望将整个湖南拖入战争。但赵恒惕湘军中的骨干以唐生智、贺耀组、叶开鑫等人为代表，赞同湖南中立，支持赵恒惕的湘省自治、立宪共和主张。这令谭延闿的计谋一时难以得逞，双方剑拔弩张。

1925 年 8 月初，谭延闿公然挑衅湖南的省宪自治，到衡阳就职，任命宋鹤庚、鲁涤平、谢国光、吴剑学为第一、第二、第三、第四军军长，每人官升两级，这一下就让湖南平静的政局失去了平衡。湖南民选政府、省议会决定，任命赵恒惕任护宪军总指挥，对谭延闿军进行讨伐。

22 日战争开始，赵恒惕军攻占湘潭、衡山、衡阳。谭延闿、谢国光退往耒阳。9 月 13 日，赵恒惕部三个旅会师长沙，占领郴州，11 月 3 日，谭、赵之战以谭延闿军失败告一段落。

谭军退出湖南后，赵恒惕将湘军重新扩编为四个师，第一师师长贺耀组，第二师师长刘睽，第三师师长叶开鑫，第四师师长唐生智。但这一年的年末，赵恒惕新改编的湘军内部，出了点事情。

这本来是件小事。谭、赵开战前，因湘军由来已久的历史原因，湖南的军政两张皮导致财政尚未统一。当时湘西由于地处湘省偏远之地，长时间无人过问，赵恒惕任民选省长后，为改变这一形势，大举进行了裁兵理财。他将湘军中叶开鑫部调驻湘西沅陵，兼湘西善后督办，将唐生智部调驻衡阳，兼湘南善后督办。这本都属正常的军事调度，没想到，这事情惹出了个大麻烦，而这最大的麻烦制造者，竟来自赵恒惕原本最信任的部下——唐生智。

唐生智制造麻烦的缘由，来自湘西的重要商埠洪江，那地方是川、贵、湘三省鸦片、桐油、木材出口与交易的重镇，每年税收为数甚巨，所以历年驻扎洪江的差事一向被人视为肥缺。唐生智认为赵恒惕派叶开鑫部驻防，而没让他去是偏心，开始心存不满。其实，唐生智想的所谓偏心，赵恒惕是考虑过的，为示公平起见，他令叶开鑫每月补助唐生智部经费若干，因此，唐生智当时是没有意见的。

任何事最怕的就是有人从中挑拨，1925 年冬，唐生智想把湘南地方团扩充成旅，请叶开鑫增加补助费额，被叶开鑫拒绝，唐生智向赵恒惕提出要求，要和叶换防。这本来也未尝不可，赵恒惕对于叶、唐两人一直是视为左手与右手的关系，并无轩轾，以为劝劝两人也就没事了。这要在平常也确实不是个事，但问题是此时边上有对手谭延闿在盯着，唐生智这人的性格又历来是心狠手辣，为自身利益连父子之情都不顾。唐生智见赵恒惕没有顾及他的利益，于是，立即安排人与谭延闿联系。谭延闿从湖南兵败之后正有些灰头土脸，却不料唐生智派人自己找上门来，让他顿生“山重水复疑无路，柳暗花明又一村”的感觉，也正是从此时开始，湖南的内部形势就开始起着巨大的变化。

为避内战，平静地放弃权力

替唐生智找谭延闿探路的人，是湘军第二师刘睽属下的第三旅旅长叶琪，叶是唐生智的保定同学，他以回广西省亲为名，秘密从广西到了广州，代表唐生智与广州的谭延闿进行联系，这让谭延闿一下子抓到了赵恒惕的软肋，也找到了对付湖南的突破口。从当时谭延闿、唐生智两方面的实力来说，都不足以撼动赵恒惕强大的湘军，但有赵恒惕最信任的第四师倒戈，再经过谭延闿后面政府的整合策动，变成了赵恒惕是用减法失去一臂，而谭延闿是用加法添上一翼，双方力量的平衡被打破。

赵恒惕知道唐生智在将他的军，他若举兵相抗，必致地方糜烂，使他数年经营的心血毁于一旦。在赵恒惕的眼中，唐生智虽不足惧，但他现在投靠了广东，其力量就非同小可，因为打下了他，打下了衡阳，就等同于向南方政府宣战，简单的湘省局部问题就会演变为南、北问题，南北双方都找到了进兵湖南的理由，这是赵恒惕不得不重视的最大原因。由于这个原因，赵恒惕选择了退出，他愿意平静地放下自己手中所拥有的权力。这是赵恒惕的过人之处，他能做到这一点，是一种人生的高境界与大智慧，因为一个人获得权力不易，但要做到平静地放弃权力，更是一种人生的大不易，对于一个成功的政治家而言，离开时的背影比上台时的亮相，来得更重要。

从当时的特殊环境来说，赵恒惕如果要留恋自己的位置，不是件难事，因为支持他的不仅有湖南民选政府，有北方政权的北洋军队，有支持民主立宪的学界精英，还有湘军众将士，但这样的话，湘省的战争就终难幸免，为了避免湖南再起内战，赵恒惕决心退位远隐。1926 年 2 月 28 日，赵恒惕在老督军署门首张贴布告，向省议会提出辞呈。

3 月 21 日凌晨，湖南省议会票选的湖南省长赵恒惕离开长沙。赵恒惕离省之际通电全国，表达自己坚持自治的心愿："以各省制宪励行自治为第一良图，恒惕志业所存，职此而已……"[24]

而武汉的吴佩孚得到湘变消息，跺着脚说："这些都是省宪闹坏了的。"[25]吴和赵是患难知交，湖南又是吴的发迹之地，虽说湖南省自治是吴所反对的，但现在赵恒惕也弃湘飘游，吴思正是报恩之时，他认为他有足够的力量，可以助赵恒惕回湘重掌政权。可赵恒惕却不是这么想，他是为了避免湖南百姓生灵涂炭才选择隐忍退让，如果借北兵回湘，岂不是与初愿相违？因此，赵恒惕轻车简从，悄悄过汉，换乘江轮赴上海，连见上一面的机会都没给吴佩孚，最终，两人终因政见不同而形同陌路。

赵恒惕平静地放下权力之后，唐生智背弃了誓言，在率人马一进入长沙后，便先将省宪给废止了，这行为招致他身边很多人反对，唐生智毫不犹豫地将其全部杀之，结果物极必反，他并没有顺利登上湖南省省长和总司令的宝座。4 月 25 日，赵恒惕的湘军部下推举叶开鑫为讨贼联军湖南总司令，贺耀祖为湖南省长，联合吴佩孚对唐生智进行讨伐。

5 月 2 日叶开鑫军进攻长沙，将唐生智部队打得措手不及，唐军由长沙退衡阳，叶开鑫部分三路追击唐军。[26]在叶开鑫讨伐唐生智战役进入阶段性胜利后，吴佩孚令叶军进至衡山为止。[27]

在叶开鑫部攻下长沙后，叶开鑫即电湘省豪绅转达吴佩孚，请勿下达叶开鑫督湘、贺耀祖长湘的命令，同时通电迎赵讨唐，叶开鑫、贺耀祖等旧部都热切盼望赵恒惕返湘。

5 月 8 日叶开鑫入长沙，湘军一、二、三师组成护湘军，推赵恒惕为总司令，贺耀祖为总指挥，赵恒惕未回湘前，由叶开鑫代理总司令，贺耀祖亦以湘军名义拥赵讨唐，其致电赵恒惕说：若战事扩大，非得钧座速归主持，不足以靖湘乱。这一切，赵恒惕都看在眼里，从战的角度，如果回湘，他有绝对的把握恢复以前失去的权力，但对湖南百姓乃至全国百姓而言，他们是最大的受害者。赵恒惕不愿意见湖南再起战火，他自湖南赴上海时就心意已决，到现在，任由湖南省各方敦促他出山，他坚辞不受。在南京的孙传芳闻知情形后都有些急了，邀赵赴宁小住，在南京期间，也促赵回湘主持一切，孙还电吴佩孚说：恢复赵的湘督省长地位，于联省、联军、联防俱有脾益，乞一致敦促。当时，孙传芳力推赵出任鄂、赣、川、黔、粤、桂各联军总司令，吴佩孚还电鄂督陈嘉谟，令陈转达援湘各司令，一切听赵之命令。

6 月 27 日，赵恒惕电广州国民政府，主张所有客军都退出湘境，7 月初，赵恒惕由汉口抵达长沙，受到全省军、民的一致拥戴。就在湘省之事快要水到渠成调解妥当之时，南方北伐军中一个关键性人物的出场，不仅彻底改变了湘战的方向，也改变了整个中国，此人便是蒋中正。孙中山去世后，由于汪精卫、胡汉民与廖仲凯之间的权力争斗，使得蒋中正有机会一步步从黄埔走来，将军队掌握在手。

7 月 5 日，蒋中正以国民革命军总司令身份电赵惕，劝赵改图讨吴，电云："长沙赵炎午先生鉴：日前接诵快电，兹闻已抵长沙，深为感慰，三湘为革命策源地……"从这封电报可以看出，蒋中正虽羽翼尚未全部丰满，但已展现出其对大局的相当掌控力，他将赵恒惕还是当同志看的，赵恒惕确实也为国民党做出了非常卓越的贡献。

此时，正值北方吴佩孚、张作霖两大军阀联合发动对国民军的出击，企图对南方革命势力发起进一步全面进攻之时，赵恒惕的表态，无疑为广东国民政府奠定了坚实的军队基础，国民政府的军队一下扩充了数倍。1926 年春，国民政府先后成立了国民革命军七个军，程潜、叶开鑫、方鼎英、贺耀祖，加之以前的谭延闿、张辉瓒、宋鹤庚、鲁涤平、谢国光都成为国民革命军的重要将领，为国民革命军的北伐胜利，起了决定性作用。可以这么说，北伐的战果，湘军的牺牲起到了奠基的作用，这也让谭延闿成为国民政府中名至实归的二号人物，坐上了国民政府行政院院长的宝座。谭延闿入主行政院后，其个人有一项得天独厚的优势无人能及，就是他向社会承诺不在政府支取一分钱薪俸，但谭延闿在家每餐饭的标准是八块现大洋，一切费用由他的旧部包办，第二军军长鲁涤平，第六军军长程潜，第十四军军长陈嘉佑每月送谭延闿四千元。[28]这一切如果赵恒惕去争的话，就不会有后来的谭延闿。但赵恒惕对这一切不感兴趣，他在完成了对旧部的安排后，便彻底地从湘军中退出。

赵君迈的大哥赵恒惕就是这样的人，他作为一个集军政大权于一身的地方最高长官，出生于封建帝制覆亡与新政权建立的起伏之中，有太多的发财与杀掳机会，但赵恒惕能遵守省宪规定，顾念民力，克己自持，对于地方建设，虽常自愧未能多有建树，却能在军费浩繁的背景下极力撙节，由此设立湘中、湘西、湘南三公路筹建会，并按规划如期完成了全省公路网修筑，还在此基础上，拓宽省城长沙街道，完成湖南纺织厂建设，资助湘雅医学院，开办几所湖南知名学校，像赵恒惕时期建立的湖南大学，现在已经是有一百一十多年历史的中国名校。[29]

此外，他毕生推进中国的民主宪政，有肚量将自己的权力限制到最小，而将人民和议员的权力放到最大，最后哪怕是引火烧身，令他自己退出历史舞台，他都能做到平静地放下手中权力，这中间最可贵之处在于，一切皆出自他的自愿，这也是他能跳出世俗成见的高明。

按赵恒惕自己的话说，就是"以祸福得失付之天，以赞毁予夺付之人，以修身立德责之己"。这是宅心仁厚的赵恒惕对世人的交代，也是他对自己与家人的交代，他的一生没有给家人和赵君迈等兄弟留下什么别的财富，在台湾时他曾经一贫如洗，但他做人的精神与品德，却在赵君迈毕生的事业发展道路上，留下了深刻的印记，并受用一生。

注释：

[1] 蒋婚宴邀请嘉宾．大公报，1927－12－02

[2] 丁中江．北洋军阀史话．北京：中国友谊出版公司，1996

[3] 李敖北大演讲实录．凤凰网 www. Ifeng. com，2005－09－02

[4] 赵恒惕．赵故资政夷午百龄诞辰纪念集，1980

[5] 周秋光．熊希龄传．天津：百花文艺出版社，2006

[6] [14] 菊南山．李瑞清的教育思想和宗教思想．东南文化，1998

[7] [8] [9] [12] [24] 赵恒惕．夷午九十自述．（台北）湖南文献（季刊），1969（创刊号）

[10] [11] 李敖．蒋介石研究．北京：华文出版社，1988

[13] 广州政协文史资料委员会．文史资料存稿选编．北京：中国文史出版社，2008

[15] [16] [17] [18] [19] 何文辉．历史拐点处的记忆．长沙：湖南人民出版社，2008

[20] 徐矛．中华民国政治制度史．上海：上海人民出版社，1992

[21] 东方杂志，1935，32（2）

[22] 许顺富．政坛不倒翁．桂林：广西师范大学出版社，2007

[23] 王瑾，胡玫．胡政之文集．天津：天津人民出版社，2001

[25] 章君谷．吴佩孚传．北京：团结出版社，2006

[26] 叶军三路进逼衡宝．世界日报，1926－05－31

[27] 吴佩孚令叶军进至衡山为止．世界日报，1926－06－07

[28] 胡适．胡适日记（1931—1937）．合肥：安徽教育出版社，2001

[29] 湖南大学．湖南大学校史．长沙：湖南大学出版社，1996

第二章

赵君迈读美国军校时在军营

叁 海外十载赤子情

美国体育总局决定让赵君迈代表美国参加阿姆斯特丹奥运会，但有一个条件，就是赵君迈必须加入美国国籍。赵君迈一听竟火冒三丈，回答说："我是中国人，要参加奥运会除非代表中国。"

清末甲午战争失败后，顺天府尹胡橘棻给皇帝上呈奏章说：今日之中国即使孔孟复生，舍富强外亦无他治国之道，而舍仿行西法一途，更无他致富之术。[1]从此以降，中国遣送学生留日盛极一时。

同所有的中国农村一样，赵君迈所在的棠兴村，也在悄然地经历着这个时代变迁所带来的巨大阵痛与欢愉。1917 年秋，赵君迈跟大哥赵恒惕定好要去日本留学后不久，经过赵恒惕的悉心安排，赵君迈独自离开了家乡衡山，取道上海远赴日本。当地的老人们回忆说，三少爷自打十七岁出门离开家乡，就再也没踏上过家乡的土地一步。

独自漂浮在日本的大海上

说来赵君迈还真是胆大，一个没见过多大世面的乡下孩子，就敢独自带着几件简单的行李，从上海乘坐开往日本的邮轮，远渡重洋去求学。好在那时候中国学生到日本很方便，不光是日本，中国人上世界各国都不用护照，你想去哪里就去哪里，只要有钱就行。[2]只有少数外交官员，需要受驻在国的保护时，才会去办一张一尺见方的护照，平民反而是用不到的。赵君迈去日本的时间是民国六年，所以，一切手续都相当简便。在赵君迈出去之后，第二年情形就转变了，中国人到任何一个国家，凡是出境的人，都需要办一张“派司”，即护照，这种“派司”要到南京外交部去申请领取，等一年半载是意料中的事，非常麻烦。

赵君迈到了日本后，先按大哥的安排在中国留学生会所安顿下来，接着联系就读学校。那时在日本等待考取公费生的中国学生很多，按公费生留日的程序标准，先要在国内取得保送出国的预备生名额，然后，由政府教育部门先发给一笔预备费，一般是二百块钱，等预备生到日本考取学校后，每月再发给六十元生活费。按中日兑换的币值，是一块银元兑换一元二到三角日元，相当于二百元可兑换二百四五十元日元，那时日本的消费还算便宜，去日本时的邮轮也不是很贵，三等舱几十元就够了。[3]所以，赵君迈读的是自费，1917 年秋，赵君迈进入日本成城中学就读。

成城中学原为日本自由派学者泽柳政太郎所创立。泽柳政太郎曾任日本文部省普通学务局局长，在军国主义日渐盛行的情况下，自由派思想失去了立足的空间，所以泽柳政太郎辞去了学务局局长之职，创办了自己心目中理想的自由派学校——成城中学。

赵君迈入学成城中学后不久，时逢夏季，学校组织了一场游泳比赛，赵君迈很高兴地报名参加，他没想到游泳还是一项很重要的运动，经过初选，赵君迈与通过预赛的一百二十多名好手到附近的海域进行全程 11 英里的决赛。

比赛开始后，渐渐地，选手们在宽阔的水面上排成了一条长蛇阵，赵君迈奋勇争先，与对手拉开的距离越来越大。不料回游至中途时风云突变，一平如镜的海面，顿时波涛翻滚白浪扑面，见此情景，不少选手纷纷停游，登上一旁随行的救护船。当时，三尺多高的海浪对赵君迈来说，确实是一个不小的考验。赵君迈从小生活在湖南，虽在家乡的河沟里练就了游泳的好本领，但这河沟之水与海上的大风大浪有本质的区别。在几乎身边所有人都放弃了的时候，他却咬住了牙根没有动摇，依然坚持在大风大浪中勇往直前，最后，与一百二十多名好手中所剩下的十一人，胜利游完全程。[4]这个成绩对初出茅庐的中国少年赵君迈来说，是了不起的成绩，这也让很多日本同学对赵君迈刮目相看，赵君迈取得成绩出了点名以后，也成了很多日本调皮学生的攻击目标。

成城中学临近陆军省，学生大多为军人子弟。那年代的日本小学，五年级开始要上柔道和剑道课，而且列为正课。剑道一周两个小时，先用竹刀，从学习姿势开始，再练习左右交叉砍对方面具的招数。过不了多久，就得戴上学校配备的有一股学长汗臭味的、用旧了的剑道用具，练习五分钟胜三刀的科目。主要由懂得剑道的老师负责授课，有时设馆授徒的剑客也带着徒弟前来指点。成绩优秀的学生被挑选出来加以特别培训，所以，日本中学生不仅团结凶悍，而且剑术非常之高，他们中有些功夫较高的人会欺负中国学生，这中间也包括赵君迈。

赵君迈显然不是能被轻易征服的人，刚开始，赵君迈谦和地加以容忍，后来因受不了日本学生的嚣张挑衅，开始与他们打架。少年赵君迈因自小习武，此时又兼习了日本柔道，且对柔道有非常浓厚的兴趣，身体异常强壮与灵活，又在打架、摔跤方面见过些世面，每遇强手能凝神静气从容应对，渐渐地在校内打架打出了些小名气。但日本学生打架讲究团队合作，一开打就是一群人一起上，虽然赵君迈在湖南农村打群架也打惯了，然而他毕竟是一个人，再强壮的人也是双拳难敌四手，于是赵君迈与日本学生几次架打下来，也吃过一些小亏，但这都无伤大雅。

在日本，赵君迈除了与日本学生偶尔打打架外，没其他不良嗜好。日本那时一碗汤面只需五分钱，在街上小吃店里吃一碗牛肉盖浇饭也只要一毛，确实很便宜很可口，赵君迈在日本生活无忧，便将精力都放在了学习上。三年间，赵君迈学习非常刻苦，在日本成城中学完成了全部中学课程后，本可以升入日本高等学校学习，但由于日本军国主义势力开始抬头，赵君迈很不喜欢那样的氛围，于是便跟大哥赵恒惕商量，愤然离开成城中学，决定从日本转道去美国。

关于赵君迈赴美国求学的时间，有两种说法，第一种说法来自赵君迈的朋友罗隆基。在罗隆基自传中介绍赵君迈的留学美国时间，是 1923 年随同清华留美生 81 人[5]，8 月 17 日由上海乘“杰克逊总统号”邮轮赴美。按道理赵君迈与罗隆基不仅在美国威斯康星大学同窗多年，后来两人还延续了大半生的生死之交，对于赵君迈哪一年赴美留学，罗隆基的说法应该是最权威的，但问题是另一个更权威的说法，来源于赵君迈本人。

1982 年，赵君迈接受《体育博览》记者专访时，曾亲口对记者说，他是 1921 年 20 岁时赴美，在美国整整学习生活了 8 年。[6]当年说这话的时候，赵君迈的身体与精神状况都还很不错，所以，从两种说法的实际情况分析，赵君迈的说法与他的具体情况更吻合。

赵君迈说过，他在日本完成的是所有中学课程，那时候的日本高等学校等于我们今天的高中，是大学的预备班，中国政府和日本政府有协定，日本高等学校为中国留学生特设一年预备班，一年修满之后便分发到高等学校去和日本人同班，三年毕业，再进大学。

赵君迈从 1917 年入学到 1921 年毕业，正好是预科一年，高中三年毕业。赵君迈在日本成城中学毕业后，本来是要升入日本大学进行专业学习的。日本高等学校的课程分为四个部门或专业，文哲经政等科为第一部门，理工科为第二部门，医学为第三部门，军事为第四部门。1920 年起，正是日本军国主义势力抬头的时候，学校全面搞起了军训，对学生的生活起居也规定得非常严格，可以说是完全按照军队的作息方式，如早上吹起床号，晚上吹熄灯号，学生起床后一定要把被服折得整整齐齐放在固定的位置等。一日三餐，从食堂开门，到用膳完毕的时间，也是规定得死死的，早上是酱汤、麦饭加几片腌萝卜，中、晚餐也刻板得没有任何新意。这些对赵君迈来说还不是最主要的问题，最让赵君迈忍受不了的是，他走在日本的大街上，到处可见捕杀朝鲜人和日本共产党人的场面，整个日本被搞得很沉闷很恐怖。

1921 年岁末，赵君迈离开日本前往美国，先在美国高校学习了一年英语。1923 年，清华学生孙立人、齐学启等人到美国的时候，赵君迈正好与他们同时选择高校入学，[7]所以罗隆基说赵君迈 1923 年到美国，也是有根据的。另外还有一点可以证明的是，1923 年夏，日本发生了一场特大的关东大地震，如果当时赵君迈在日本的话，就正好赶上了这场空前浩劫。地震很快引起全市性的火灾，日本大部分民房都是木质建筑，导致整个东京成了一片火海。事后，据日本历史学家井上清在所著的《日本历史》中说：关东大地震，在整个关东地区和静冈、山梨二县的局部地区，共烧毁住房五十七万余户，受灾四百三十余万人，死亡九万余人，成为日本有史以来最惨重的大灾难。[8]

臭武侠邂逅臭政客

在清华留学生所乘坐的邮轮抵达美国的时候，赵君迈认识了来自清华的孙立人和齐学启。经过一番简单的交流后，赵君迈发现孙立人的家世和性格都与他相似，而齐学启是来自湖南的老乡，几位年龄相当的青年相见甚欢，一聊之下，发现大家对体育都有浓厚兴趣，孙立人爱好篮球，赵君迈酷爱武术，齐学启爱好登山。三人不仅爱好相似，对专业的兴趣也大体相同，大家都一致认为，工业文明时代，社会应该会更注重合格的专业型人才的价值，便都共同选择了土木工程系。只是对于学校的选择却不尽相同，孙立人与齐学启选择了美国普渡大学土木系学习，两人继续乘火车东行，而赵君迈则选择了威斯康星大学土木系桥梁专业。赵君迈之所以选择进入美国威斯康星大学，显然受了后来的校友罗隆基与何浩若的影响。

威斯康星大学位于美国中部地带威斯康星州，成立于1848年，是美国最著名的公立大学之一，也是世界著名的研究性大学。在美国，它被视为公立的常春藤名校，尤其吸引赵君迈的是威斯康星州独特的自然风光，这里有原始的森林、沙滩及起伏的草原，听罗隆基说，印第安人曾在这里居住过，赵君迈实地看了一回后，一颗还未落定的心，便被这里的风光和他新交的这两位朋友所吸引，落定在了这里。

罗隆基、何浩若二人是清华的学生领袖，“五四”运动中火烧赵家楼的经历，使他们名气很大。在赵君迈看来，“五四”运动真不是一般的了不起，能与这两位政治精英成为同学和好友，是件非常开心的事情，虽然赵君迈对政治不感兴趣，但对这两位学长却一见如故。

罗隆基，字努生，江西人。赵君迈的伯父曾经在江西为官，使他对江西人有天生的好感，加之罗隆基的父亲以教私塾为业，与赵君迈的父亲经历相似。1913年夏，罗隆基以全省总分第一的优异成绩入选清华。1920年，罗隆基从清华毕业后前往美国，入威斯康星大学攻读政治学。两人在一块儿有不少共同语言。

而何浩若来自与赵君迈家乡衡山比邻的湘潭。何浩若的家与赵君迈家只隔着几个山头，是地道的老乡，两人一说到家乡，无论方言和习俗都没有大的区别。赵君迈进入威斯康星大学以后，很快融入了威斯康星大学新的人文环境之中。赵君迈晚年在接受作家叶永烈采访时说，他在美国留学的时候，住在威斯康星州的中国留学生会所，与十多个中国留学生住在一起，有意思的是，十多个同学中除他之外都是清华的留学生，[9]后来大家索性将他也当成清华生看，有什么活动都拉他参加。

当时留美的中国学生中，充斥着各种各样的学生组织，在这些组织内，大到宇宙生命之谜、国家社稷之忧，小到一己私事、一日三餐，都是这些学生组织的命题所在。这中间，要数罗隆基他们清华留美学生成立的大江学会最为有名。

定名为“大江学会”是罗隆基的意思。罗隆基在跟赵君迈解释为什么起这样一个名字时说，大江学会的宗旨就是要让成员们“本自强不息的精神，持诚恳忠实的态度，取积极协作的方法，以谋国家的改造”。[10]

罗隆基跟赵君迈强调说，大江学会决非社交式的盟社，因为社交式的盟社是要平日互相提携的，有一骨子俗气，而大江学会不同，他是要为改造旧中国一同奋斗的。对罗隆基的这些说法，赵君迈不感兴趣，不是对大江学会不感兴趣，而是对政治不感兴趣，赵君迈曾笑言罗隆基是臭政客，但玩笑之余，赵君迈也认为罗隆基是位颇有才华和领导能力的政治家。[11]

爱因斯坦的一个问题

赵君迈在美国刚入校的时候，何浩若已是威斯康星大学的在读博士生，跟博士在一块有一个好处，就是学术的活动半径更大。两人还经历过这么一件事，就是曾一块见过爱因斯坦，并和爱因斯坦进行了一次单独而有趣的对话。

1923 年，爱因斯坦从德国到南美访问时经过美国，在美国普林斯顿大学作短暂停留，何浩若消息灵通，由于机会十分难得，他领着赵君迈从威斯康星大学赶到爱因斯坦下榻处拜访。美国教育与中国教育的最大不同，是中国教育强调对学问的具体知识所掌握的程度，通俗地说，就是强调对书本的强记硬背，以学富五车，倒背如流为尊；而美国教育把书本知识不当回事，不是说书本不重要，而是他们将书本知识视为最基本的事情，他们更看重的是人的思想，是人发现问题和解决问题的能力。大学里师生交流的内容，大多是从学术的角度展开的。交流前赵君迈还想，何浩若是哲学博士，他感兴趣的是社会科学方面的问题，爱因斯坦是物理学博士，是自然科学的专家，而他学的土木工程，属应用学科范畴，几人坐在一块交谈，会不会形同鸡跟鸭讲，忙半天大家都听不懂。

直到谈完后才知道，此想法纯属多余。

短暂的交流中，何浩若问了爱因斯坦一个科学外的问题："请问爱因斯坦博士，您是科学家，您为什么也信上帝?"

爱因斯坦先是愣了一下，接着回答说："我年轻的时候的确并不相信上帝，然而现在我已经逐渐改变了这种观念，我觉得上帝是可能存在的，而且这种信念随着年龄的增加而不断增强。"

何浩若接着追问道："您是一位大家都公认的大科学家，您说的话应该都是很有根据的，您说说您很相信上帝的科学根据是什么?"

爱因斯坦笑了笑说："科学根据？我所认为的上帝倒不一定是个神，勉强可说是宇宙里的难以量化的终极法则，在我回答你们这个问题之前，倒想先反问你们几个问题，可不可以?"

"先生们，请问桌子上的这个茶杯是谁摆的?"

"这是您摆的。"何浩若不假思索地回答道。

"你说得对，因为你刚才看到我把这个茶杯放在桌子上，不过我倒想请问你，天上的星星月亮是谁摆的？宇宙间有无数的日月星辰，它们运行的轨道始终都是恒久不变，绕行轨道一周的时间也几乎分毫不差，彼此也都不会相碰，请问这些天体现象究竟是谁替它们设计安排的?"

这问题将何浩若和赵君迈都问住了。赵君迈领教到了西方科学家思想边界的宽广，从科学的角度而言，发现问题的能力与解决问题的能力同等重要。就在两人面色有些沉郁时，爱因斯坦接着说："如果你们到一个无人的荒岛上去探险，这时你们在这个荒岛的沙滩上偶然捡到一只很大的手表，你会不会认为这只手表是大自然在无意识的机械作用下所凑合而成的一个产物，或者说恰好有一块圆形的铁壳，恰好又有许多大小适当的齿轮，又恰好有一个游丝和一个大小合适的玻璃表盖，这只手表又恰好能够走得很准确，你们会这样猜想吗?"

"当然不会。"赵君迈认为这事情在现实中是不可能发生的。

"对，当然不会，我想人类有时很矛盾，他们经常看到了比手表更复杂、更奥妙、更神奇的一些事物后，却认为这些都是大自然无意中凑合的结果，也是理所当然的自然界产物，却未能了解自然界整体的法则，这不能不说是一件很可惜的事。”

爱因斯坦的话，让赵君迈觉得很受启发。他发现学术这个东西并不总是要靠脑去解决，有时候浸淫在大师的气场里，耳濡目染地呼吸着大师身上散发出来的特有思想气息，虽然有的东西不一定听得懂，但效果远比学到的一点具体知识来的更有用。因为，这种思想气息无意间会改变一个人的思维定式和生活品位，这才是决定一个人成就大小的核心因素。

我是中国人，要参加奥运会除非代表中国

在美国期间，赵君迈保持了在日本时的作息风格，除了在校内认真学习专业外，对体育的热情一点儿未减。

刚入校时，赵君迈跟何浩若学打网球，对打网球有相当的兴趣，接着，又练过手球、橄榄球和马术。也许，赵君迈天生就是块体育健将的材料。马术一上手，就练出了点小名堂。当时美国好莱坞导演正拍摄一部体育新闻纪录片，有一场骑师骑马的表演镜头，在全美高校挑选一批善骑的骑士，赵君迈是唯一入选的华人。[12] 在风景如此美丽的校园中，一位黄皮肤的东方青年骑着高头骏马，成了纪录片中惊艳的亮点。很多同学都很羡慕赵君迈的际遇，赵君迈对此倒是一点儿也不放在心上。他在课余练得最多的一项体育项目还是武术，天天早晚都要练上那么一阵。这事被罗隆基看见后，还回敬了他，称他为臭武侠。[13] 臭武侠就臭武侠，没想到的是赵君迈这臭武侠，在美国还真“武”出了大名堂，他入学的第二年，在自由式摔跤项目上，把整个美国人都震了一回。

自由式摔跤是 19 世纪初，在欧美的体育竞技项目中盛行的一种新式项目，它的规则与古典式摔跤基本相同，差异之处在于选手可以用手臂抱对手的下肢，还可以用腿绊，其技术比古典式更为丰富。赵君迈在美国一接触到自由式摔跤项目，便立即喜欢上了它。

刚开始练摔跤的时候，赵君迈对古典式、自由式的规则都不是很懂，他初进校摔跤队，同学们也都不看好他，连教练也认为他个头小不适合摔跤。但赵君迈心里很清楚自己的实力，他在国内的时候，就打下了良好的武术根底，在日本时又练过三年柔道，从武术的根基上说，没人比他下过更多的苦功。赵君迈最终凭着自己的实力，在自由摔跤项目上一鸣惊人，技惊四座。

1924 年，在美国伊利诺依州体育馆，威斯康星州和伊利诺依州的两地大学，进行了一场轰动美国的摔跤比赛。赛前，芝加哥报纸还出特刊专门刊登了参赛者的巨幅新闻照片，并作了引人瞩目的文字报道。当晚的比赛，一方参赛者是日本留学生，全日本柔道冠军，曾蝉联两届全美大学摔跤冠军，参赛的另一方是来自中国的留学生赵君迈。赵君迈是摔跤新人，正因为他名不见经传，首次出马就向日本的全美摔跤冠军挑战，让人更充满期待，一时间，七千多个座位的伊利诺依州体育馆空前爆满。

当赵君迈与日本对手一出场，赛场内的气氛就紧张到了极点，从赵君迈的个

头看，他明显处于弱势。

比赛开始后，激烈的对抗让赛场内的口哨与呐喊声不绝于耳。在比赛的头几个回合中，只见日本选手频频抢攻，背摔连连得手，给赵君迈施加了很大压力。但赵君迈毕竟是经历过长期实战锻炼的优秀摔跤选手，中国功夫的内力加上西方搏击的外家技法，使出师不利的赵君迈处变不惊，沉着应战。在接下来的比赛中，他用一身上乘功夫使出了一招千斤坠，赵君迈一下子像变了一个人似的成了不倒翁，对方施出浑身解数也无法将其摔倒。

在对手消耗了大量体力后，赵君迈开始反击。他通过灵活多变的战术将比赛拖入加时赛。最后，竟然两次延长比赛时间。双方依然是胜负难分，裁判员只好判双方握手言和，赵君迈与日本冠军平分秋色，成为一大新闻。从此，赵君迈在美国名声大噪。[14]

1925 年，24 岁的赵君迈从威斯康星大学毕业，获得土木工程系学士学位，他继续申请进入诺维支骑兵学院深造。

6 月，在等待新学校开学期间，赵君迈还与孙立人一块，在美国著名的桥梁公司实习，每月赚得 160 美元的实习收入。这年夏天快结束的时候，两人都接到军校的录取通知书，于是，两人放弃了工作机会进入军校学习。与赵君迈、孙立人一样转学军事的中国同学还有齐学启、姚恺等人，他们日后都成为中国的抗日名将。

赵君迈在进入诺维支骑兵学院后，根据美国高校的规定，他在威斯康星大学取得的工程学分，是可以转入美国军校被校方承认的，所以赵君迈入诺维支军校时，直接进入三年级课程。

赵君迈在诺维支骑兵学院研习军事课程期间，依然对美国的自由式摔跤抱有浓厚兴趣，并凭其在美国摔跤界的资历，在转入诺维支骑兵学院后，被推举为校摔跤队队长。

1927 年，美国中、西部十所重点大学举办摔跤联合对抗赛，赵君迈代表诺维支骑兵学院参加。赵君迈所在队的诺维支骑兵学院队一枝独秀，成为本届对抗赛中唯一保持不败纪录的选手队伍。[15] 比赛刚开始的几场，赵君迈代表诺维支骑兵学院队迎战哈佛、耶鲁，结果是赵君迈胜。接着，又迎战波士顿、哥伦比亚、麻省理工学院等各路劲旅，还是赵君迈胜。最终，所有参赛队中，只有诺维支骑兵学院队的赵君迈一人，以连挫对手从无败绩的成绩问鼎冠军，这荣誉对于当时美国的在校生来说，是一项很了不起的成绩。

赛后，诺维支骑兵学院聘请赵君迈出任学校摔跤队队长兼教练，赵君迈一鼓作气，在第二年带领诺维支骑兵学院又打了一个漂亮仗，摘桂成功。赵君迈率队凯旋时，诺维支骑兵学院全校沸腾，大家把赵君迈像英雄般抬起来抛到空中。在当时，美国的种族歧视还非常严重，黄皮肤的中国人和黑人、印第安人等有色人种一样，备受歧视。像与赵君迈同期留美的同学梁实秋、闻一多他们，都有过受美国人歧视的经历，赵君迈能获得美国主流社会的尊重，并为祖国赢得了不小的荣誉，实属不易。

1928 年，时值第九届阿姆斯特丹奥运会即将举行之际。阿姆斯特丹是荷兰的首都和世界第二大港口，居民虽不足50万，但交通方便。为了进一步扩大奥林匹克的影响，阿姆斯特丹市政府还特意建造了一座高塔，拟在奥运会期间让奥运火炬熊熊燃烧。按照全美高校运动会的惯例，高校运动会也是一次全美奥运选手重要的资格选拔赛，获胜者能获取代表美国参加奥运会的选手资格。

赵君迈在美国摔跤领域所取得的骄人成绩，也进入了美国体育总局的视线。美国当局认为赵君迈是块优秀运动员的料，决定让赵君迈代表美国参加阿姆斯特丹奥运会的摔跤比赛，但有一个条件，就是赵君迈必须加入美国国籍。

加入美国国籍，这对很多中国留学生而言是件梦寐以求的好事，但在美方体育总局征求赵君迈意见的时候，一生以中华民族为荣的赵君迈，听后竟火冒三丈，回答说："我是中国人，要去参加奥运会除非代表中国。"[16]美方人员愣了半天，后来还真的按赵君迈的要求，致电中国体育总局和教育部，希望能让赵君迈代表中国出征奥运会，但因当时国内正陷入军阀混战，未能成行。60年后，赵君迈在全国政协会议上谈起留学美国的这段遭遇，还万分感慨地说，当年国家无能，使他失去了参加奥运会为"东亚病夫"雪耻的良机。

1928年，赵君迈从诺维支骑兵学院毕业，在第九届奥运会在荷兰阿姆斯特丹举行前，毫不犹豫地离开了美国，回到了他心中最想报效的祖国。

注释：

[1] 顺天府尹胡橘棻条陈自强变法之道．光绪政要卷二十一

[2][3][8] 夏衍．懒寻旧梦录．北京：三联书店，2006

[4][6][12][14][15][16] 李宝奇．简记全国政协常委赵君迈的体育生涯．体育博览，1984（5）

[5] 章诒和．往事并不如烟．北京：人民文学出版社，2004

[7] 梁实秋．雅舍忆旧．北京：中国友谊出版公司，1986

[9][11][13] 叶永烈．离人泪．北京：人民日报出版社，1999

[10] 闻一多．闻一多全集（书信、日记）．成都：四川文艺出版社，1987

济南惨案前北伐军在济南城

肆　锋芒初露

20世纪二三十年代，是中国社会风云变幻，人才辈出的时代，正是在这样的时代背景下，赵君迈从美国回到祖国。

赵君迈回到祖国时，大哥赵恒惕私下已对赵君迈的前程作了诸多安排，他准备引荐赵君迈到他过去的僚属队伍中先做个团长。虽然赵恒惕为避免内战而主动放下手中权力，但他在军界和政界的影响力尚在。在北伐军中，赵恒惕的子弟兵占有很强势的位置，像北伐军中军长以上的长官就有五六位，且赵恒惕与北伐军总司令蒋介石的关系也非同一般。赵君迈只要听大哥赵恒惕的一句话，就能轻易地以一名上校团长身份开始他的职业军人生涯，但赵君迈不愿意生活在大哥的影子之下，他希望完全靠自己的能力从零开始。巧合的是，他一回国就正好收到了早他两年回国的同学何浩若的邀请信。何浩若从诺维支骑兵学院毕业回国后，先被黄埔军校聘为第四期教官，后在北伐战争前线用人之际，受黄埔军校教务长方鼎英邀请，出任方鼎英的第四十六军参谋长时，国民政府已迁都到南京，何浩若就是在此时向赵君迈发出了邀请，希望赵君迈能前往四十六军，组建一支新式的骑兵连。何浩若和赵君迈都很清楚中国的古法用兵与现代军事理论的相通之处，讲的都是兵贵神速。而骑兵连的特点正是神速，在战争进行中，骑兵可以在其他部队抵达之前，迅速进入战区完成任务，不亚于现代战争中的一支特种兵快速反应部队。军队用骑兵做前锋，还可以充分利用小分队的灵活战术，快速突击敌方的重要防线和据点。

那时的骑兵连就是在美国，都属于一个先进兵种，赵君迈则在美国诺维支骑兵学院所学习的骑兵战术及兵学思想，正是中国军队中最缺乏的现代军事内容，而赵君迈是全中国少数全程掌握着这种先进军事思想的人才。

参加北伐：军阀未打倒，鬼子又来了

赵君迈跟大哥赵恒惕商量，准备出任方鼎英属下的骑兵连长。这遭到赵恒惕的坚决反对。他跟赵君迈说："方曾是我的手下，后因谭延闿的缘故彼此成了政敌，方知道你是我弟弟如果要整你，只需派你到危险的地方去就能借刀杀人，这怎么能让家里人放心。"赵君迈的母亲在一旁听闻此言，哭着死活不让赵君迈去。但赵君迈认为方鼎英的军队现在已是国民革命军，自己既然选择了当兵，哪有惧怕危险与牺牲之理。最后母亲和大哥只能同意。

赵君迈为组建新的骑兵连，开始在北方寻找马种和招募新兵，就在他将骑兵连队伍拉起来准备大显身手的时候，宁汉分裂结束，蒋介石重新上台，复任国民革命军总司令。为统一中国，蒋介石联合冯玉祥、阎锡山、李宗仁三派军阀，举行第二次北伐，分别向山东、直隶等地对奉系和直鲁军阀组成的安国军进行讨伐，此次北伐约有四十多个军参战，总兵力七十余万，编为第一至第四集团军。赵君迈虽然只是其中一个小小的骑兵连连长，但因骑兵对战斗力的要求非常高，是一个全新的兵种，位置相当重要。

1928年4月，赵君迈随蒋介石所率领的国民革命军直指奉系军阀张作霖。4月19日，就在北伐军前锋贺耀祖部节节胜利，很快就要攻入山东省省府济南城的时候，日本田中内阁以“就地保护侨民”为借口出兵山东，派遣第六师团五千人在青岛登陆，经青岛和胶济铁路沿线要地，对沿线实行军事占领，阻挠蒋介石的军队北上。

21日，南京政府对日本政府提出了严重抗议，但抗议无效。几天后，日军第六师团的第十一旅团，从天津开抵济南商埠，并在市内各马路构筑工事，敷设电网，摆出一副迎战态势。

5月初，担任北伐先锋的湘军统帅，第三集团军总指挥兼第四十军军长的贺耀祖，在指挥北伐军攻占山东济南时，盘踞济南城的奉系军阀张宗昌部弃城北逃。北伐军贺耀祖部开进济南城后，5月2日，驻扎在济南的日军突然向北伐军发动袭击，打死中国军民多人，面对日军开枪寻衅，贺耀祖下令还击，双方各有伤亡。事件发生后，蒋介石担心事态扩大，下令阻止贺耀祖部向日军射击，入夜，又命令驻扎在济南商埠的贺耀祖北伐军部队，全部退出济南城。

这天夜里，就在贺耀祖正要率部撤离的时候，日军向贺耀祖部的驻地发起了大规模的军事进攻，将济南城内北伐军七千余人缴械。接着，日军在济南奸淫掳掠，无所不为。中国军民在马路上行走，在商店里买东西，甚至在澡堂里洗澡，在理发店里理发，只要被日本兵碰上，立即遭到杀害。日军还唆使日侨义勇团，杀害平日有反日言论或者抵制过日货的中国学生、工人、店员。一时间，济南城成了日寇屠杀中国军民的地方。

仅在5月3日这一天，被日本侵略者野蛮屠杀的中国军民就在一千人以上。尤其令人发指的是，5月3日深夜，日军包围并强行搜查了山东外交交涉署，中国外交部特派交涉员蔡公时用日语表示抗议，说：“我们是外交官，这里是非战斗单位，不许搜查。”日军不仅毫不理睬两军交战不杀来使这一世界规矩，还将蔡公时外交官捆绑起来，并把他的耳朵和鼻子割去。蔡公时坚持民族气节，怒斥日军暴行，日军大怒，又将他的舌头、眼睛挖去，并对其他人也百般摧残，其惨状令人目不忍睹。

此时，赵君迈正随所在国民革命军第四十六军，在苏北、皖北一带驻防。赵君迈闻知济南惨案事件后，与何浩若一块向军长方鼎英请战，表示愿意带兵出战日军，但没能被军长接受。

5月10日，南京国民党重要人物谭延闿到山东与蒋开会，研究对日政策，到底是打还是不打。当时，身为行政院院长的谭延闿全面负责处理此事，他对济南惨案事件的处理也很头疼，找来心腹幕僚方鼎英问计，说：“军阀尚未打倒，鬼子又来了，如何是好？”

“如何是好？”方鼎英用他那浓郁的湖南新化方言回答：“我们新化有句俗话讲，双手只能捉一条鱼。不知你听过这句话否？”

“那还用讲，难道谁能双手捉两条鱼吗？”

“那问题不就解决了。”方鼎英轻松地打了个比方，“现在我们用双手在捉军阀这条鱼尚没有捉到，而济南惨案这一来，是从东海又来了鬼子这条大鱼，更非双手所能轻易捉到的。”[1]

谭延闿接受了方鼎英双手只能捉一条鱼的意见，放弃与日本人争斗的想法，在接下来谭延闿主持外交委员会商议如何应付日本出兵案时，在内部已拟出了抗议函的情况下，谭延闿主张镇静，力主将济南惨案暂由外交途径对付，北伐军的主要精力还是继续北伐，蒋介石也接受了谭延闿的建议。[2]5 月 25 日，蒋介石电令宋子文转王正廷第二日到济南与日方陆军代表松井中尔、福田彦助协商，[3]蒋在日记中写下了决定采取不抵抗主义，将济南惨案交涉电召外交部王正廷去负责，而对北伐作战维持不变。当时，蒋与谭都一致认为，目前的主要任务是北伐，是打倒张作霖，如果此时和日本人打，北伐就无法进行了，后来也就因此有了北伐军绕道继续北上的行动。

赵君迈在随军北伐时，还有个小插曲，就是孙立人听赵君迈介绍，说北伐军中人才奇缺，蒋曾连下三道急令让方鼎英向前线举荐人才，且方鼎英任人唯贤，于是孙立人就希望到第四十六军来。

有一天，孙立人来方鼎英的军部应聘，方鼎英怕留洋的太多难以掌控，因而不见，私下让手下一参谋接待了孙立人，参谋先装模作样地问孙的来意：“为什么想当兵啊?”

孙说：“听说革命军打倒旧军阀，所以特来投奔。”

参谋说：“你是留过洋的学生，将来必为国家重用，干吗要当军人呢，要一下子牺牲了多可惜。”

孙立人说：“我有这个志愿来，还怕牺牲?”

参谋见说不过孙立人，没办法，老实告诉他：“就是你敢来，我们还是不敢用，需待将来有相当机会时再行奉邀”。

此回答令孙立人大为扫兴，也让赵君迈看清了方鼎英等人心胸狭窄的一面。他虽替孙立人惋惜，但没别的办法，他在方鼎英部也只是一名骑兵连连长，赵君迈有些无奈地看着自己的好朋友扫兴地走了。

孙立人离开第四十六军后，正好赵君迈的另一个同学姚恺有份差事，是让他到中央党务大学去当学员队队长，姚恺嫌职位低不愿干，正好，孙立人去顶了那个缺。[4]

6 月，东北军司令张学良从大局着眼，决定东北易帜。于是，第二次北伐战争结束，全国基本实现统一。

第二次北伐战争结束后，民国政府浩大的军费问题就一下子显现出来。国民革命军总司令蒋介石鉴于军队过多，6 月 26 日在南京召开临时军事委员会会议，决定对现有部队进行裁军，其裁撤要点第一个是撤销集团制，第二是改军为师。为公平起见，裁军自蒋介石兼总司令的第一集团军先开始。

8 月 13 日，方鼎英军长的第四十六军，与杨胜治军长的第十军被合编为第十师。9 月 25 日，第十师在南京正式成立，方鼎英宣誓就任第十师师长，何浩若任第十师五十九团团长，赵君迈任第十师骑兵连连长，第十师下辖三旅六团及特务营、炮兵营、工兵营、骑兵连，总人数在 15000 人左右。赵君迈的骑兵连为师部直辖，同时，师直机关设有参谋、副官、军需、军法、军械、军医、政训等处。

1928 年末，赵君迈与何浩若先后离开了方鼎英的第十师，何浩若到中央大学当了一阵专职教授，而赵君迈则前往浙江杭州接受了一个新的职位——浙江省教导团团长。

浙江省教导团团长

当时，国民党元老张静江任浙江省主席，他将省城防军队改编为省保安部队，共编成七个营，原省防军司令部改由省政府保安处全权管理，办公地点设在杭州市梅花碑，与省府合署办公，首任省保安处处长为董绍祺。

董绍祺是日本士官学校第五期毕业生，与赵君迈的大哥赵恒惕是同学，早年在广西时，曾与赵恒惕共事。董绍祺在浙江省保安处组建保安部队时，根据治军需要，要成立一支新的省教导团。省教导团有两个职能：一个是充当省政府的侍卫队，关键时刻能冲锋陷阵上马杀敌；另一个是为部队培养未来的军官和人才，其实就是训练和搭建一个新军的框架，在一个几千人的正规军当中，只要排长以上军官和各个兵种人才齐备了，剩下的只要往这中间补充足额的士兵，一支全新的军队就能立即拉出来。从这两个职能上看，省教导团对团长的人选，有非常高的要求，起码来说，新任教导团团长需了解一个正规部队的所有配置和人员需求，而赵君迈无疑是最合适的团长人选。赵君迈不仅对中国军队的编制与训练非常了解，又在美国正规军事院校经过系统训练，归国后，还对训练新军小有成绩，于是，赵君迈被董绍祺介绍给张静江，出任浙江省教导团团长。

赵君迈上任之时，正是浙江省内忧外患最为突出的时期。

从外的角度来说，中日矛盾已日趋激烈，双方摩擦不断；而国内，国共矛盾也相当尖锐。1930 年前后，由方志敏、邵式平、黄道等共产党人领导的闽浙赣革命根据地，正如火如荼地发展。可偏偏在这时候，老天爷也来凑热闹，从 1928 年至 1930 年浙江连年遭遇奇灾，对全省 75 个县中的 34 个县市构成直接压力，受灾人口达 72. 76 万。[5] 在这样的内忧外患面前，人多地少所导致的粮食供需矛盾必然产生。

当时浙江人口密度在全国仅次于江苏，居第二位。粮食的短缺又导致社会矛盾的激化，直接威胁着全浙江 20647896 人的生命安全，[6] 在这种严峻的形势面前，如果社会治安没有一个强有力的地方军事力量加以保护，对地方百姓而言，其后果是灾难性的。

赵君迈受命于危难之时，通过他的努力，仅很短的时间内，就将浙江省教导团这支队伍严格地培养成一支充满战斗力的新军。后来的历史资料可以证明，在赵君迈担任浙江省教导团团长期间，浙江治安不仅固若金汤，教导团还为杭州城内发生的几件轰动海内外的大事，提供了坚实的安全保障。

比如说 1929 年 6 月，在杭州西湖主办的万国博览会，是张静江在浙江省主政期间，曾办过的大事之一。张静江开办杭州西湖万国博览会的目的，是希望奖励实业，振兴国货。开幕典礼当晚，组织筹备处在西湖燃放焰火，而杭州市各学校团体，则举行庆祝提灯大会。此次提灯大会的材料全部用灯烛，几万人手提灯烛夜间巡游，其规模和参会人员的复杂程度，对治安是一个重大考验。但整个万国博览会下来，秩序井然，没出任何大的问题，达到了预期目的。

据 1929 年 6 月 12 日《申报》所记载的西湖博览会专栏消息，西湖万国博览会吸引了美国、日本、东南亚等国家团体和个人来杭参观。截止 11 日下午四时止，参观者已达八万余人，这对于负责整个现场治安工作的赵君迈而言，不是件轻松的事情。等西湖万国博览会圆满落幕后，赵君迈还在浙江参与组织了首届武术擂台赛和民国第四届全运会。

该年 11 月在杭州举办的“首届全国武术擂台赛”和 1930 年 4 月在杭州举办的“民国第四届全国运动会”，是中国武术与中国全民健身运动的大事件。本来，杭州万国博览会时都还没有这项内容，此事的促成，与赵君迈和他师父杨澄甫等人有直接关系。

赵君迈自小习武，曾练太极、八卦、形意，拜过无数名师，晚年曾自笑云“人家桃李满天下，我是师父遍全国”，毫无门户之见，与全国各著名门派的掌门关系都非常孰稔。当时，由于西湖博览会的成功举办，吸引了海内外众多嘉宾和游客前往参观，这令身在南京的中央国术馆副馆长李景林产生了一个想法，就是能不能趁此机会搞一个武术擂台赛。李认为全国武术擂台不仅具有很高的观赏性，而且能扩大中国武术的影响。李写信给赵君迈的师父——杨式太极拳宗师杨露蝉之嫡孙杨澄甫听取意见。杨澄甫时在杭州开设国术馆，他又找来赵君迈等人商议，赵是见过大场面的人，听后很兴奋，他认为：“从古至今，既然日本的空手道、柔道都能成为世界比赛项目，而流传千古的中华武术为何不能登国际的大雅之堂?”他力促师父搞成这次全国性的国术表演大会，以促进全国学武高潮。

经李景林、杨澄甫、赵君迈与全国各地武林掌门和耆宿磋商后，正式向省主席张静江提出申请，并得到张的赞同，浙江省决定承办此次全国武术擂台赛，还将擂台赛取了个正式的名字，叫“浙江国术游艺大会”。此消息一经宣布，全国各门派纷纷挑选本门高手参会，后由参会代表核定，李景林、杨澄甫等 26 人担任了擂台赛的评判委员；南拳名师萧聘三等 37 人担任了检察委员。赵君迈作为浙江党政军警中的一名要员，参加了全程的安全保卫工作。

11 月 25 日，整个杭州车水马龙，人流如织，设在通江桥畔原清抚台衙门旧址的擂台赛赛场，更是张灯结彩，彩旗飘扬，大老远看去，便让人有一种血脉贲张、跃跃欲试的冲动。

入会会场的门口，扎下了两座大大的牌楼，新建造起的那座高大威严的擂台上，悬着一副笔力遒劲的对联：

一台聚国术英雄，虎跃龙腾，表演毕生功力，历来运动会中无此举；
百世树富强基础，顽廉懦立，转移千载颓风，民众体育史上有余思。

横批是“欲全民均国术化”。来自全国的各路武林高手，年龄最大的 68 岁，最小的7岁，原定表演代表为270人，而按时赶到杭州赴会的实到代表为345人，其中，报名参与比武技击的武林高手代表，有125人。[7]如此精彩热闹的场面，自然吸引了从全国各地赶来观看擂台比武的人流，成群结队的观众争相涌入杭州。一时间，杭州市区各大小旅馆爆满，作为大会治安的维护者，赵君迈既高兴又担忧。

首届武术擂台赛分两个阶段。第一阶段为表演阶段，由各门派上场表演本门武艺，当时报名出场的各门武艺，真如浩瀚繁星。赵君迈晚年任全国武术协会主席时还记忆犹新，光被大家认可的拳术套路就有三十多种，如形意、八卦、太极、醉八仙、查拳、节拳、炮拳、公理、梅花、五形、七星、通臂、六合、戏阳、地盘、洪拳、猴拳、滑拳、劈挂、翻子、南北燕青、太乙、虎蹲、黑虎、白鹤、脱战、天江、鞭成、十字、巫家、咏春、蔡李佛、戳脚、飞心腿等。

而刀枪剑戟等器械也精彩纷呈，如龙形剑、三合刀、八仙剑、三节棍、行者棒、空手夺刀、空手夺枪、双扎枪等表演，均各怀绝技。按赛程规定，第一阶段各门派表演武艺绝技只为互相观摩，不计名次。

第二阶段为比赛取名次阶段。评委会一方面再三向参赛高手阐明“以武会友，以技争长，不得故意伤人”的比赛原则，同时还宣布比赛时不准挖眼、扼喉、打太阳穴、撩阴等具体规则，另一方面，也为让各地高手放手一搏，参赛选手还须立生死状，生死各安天命。[8]且各组选手比赛时一律不戴护具面罩，拳脚上面见真章。

擂台门票也分两种，单场一次售5角，通票可连看10次，售4元。当时杭州城内每斤猪肉的售价为1角5分，看一场擂台赛，相当于少吃几顿肉，但每日观赛者均超数万，好在精彩激烈的比赛，吸引了大家的目光，整个赛事秩序井然。通过这次全国性的国术展示，赵君迈对中国武术更加痴迷。晚年，赵君迈在第五届政协全国二次会议上，还就中华武术工作问题，专门向大会提交了一份提案，开宗明义地建议把我国优良的传统武术运动，作为我国主要的体育运动项目来推广，并设立武术研究院。可喜的是，赵君迈的呼吁被政府采纳，国家当即决定拨出专款200万元，由赵君迈牵头筹办中国武术研究院。这虽然是后话，但与这次的首届全国武术擂台赛有直接关系。武术擂台赛结束半年后，赵君迈又参与组织了在浙江杭州举办的民国第四届全运会。

民国以来，全民性的健身体育运动，已通过赵君迈等留学回国人员的共同努力，成为举国上下的一项重要活动盛事。1929年4月，民国教育部公布了《国民体育法》，决定当年下半年举办民国第四届全运会。在决定全运会承办城市的时候，有一个问题成了大家关注的重要内容，那就是已往开过的三届全运会中，所有的组织、裁判工作均由外国人担任，国内体育界对此早有意见。所以，本次全运会各项组织工作，希望由国人自任，而浙江省因1929年在杭州办西湖博览会取得了巨大成功，有丰富的大型活动组织经验，加之浙江省的财力在国内也属上游，经张静江、赵君迈等人力争后，第四届全运会把会址设在杭州，同时还决定，把会期推迟半年，改在1930年4月举行。中央政府还专门为此通电全国各省：“奉中央政治会议193次决议，聘任蒋中正为第四届全国运动会名誉会长，戴季陶为会长，张静江、何应钦为副会长，朱家骅为筹备主任。”赵君迈等杭州市党政军警各界要员，均参加了筹备工作。

1930 年 4 月 1 日，民国第四届全运会在浙江杭州隆重举行，参会代表队共 22 个、参赛运动员 1707 人，其中浙江派出 125 人的大团，人数在全国各省中居第四，整体规模远超前三届。

当日下午一时，运动会各比赛项目分别进行。晚七时，中央政府主席、第四届全国运动会名誉会长蒋介石偕夫人宋美龄、财长宋子文，国民党党政要人林森、何应钦、蔡元培、蒋梦麟、于右任、陈果夫等，在西湖大会堂举行欢迎会，运动员及工作人员 2000 余人也全部到场。

比赛至 10 日结束，前来观赛的全国观众达十三万余人，由于赵君迈等全体保安人员工作的努力，使第四届全运会开得热烈、圆满，获得蒋介石、宋子文等人的一致赞扬。

西湖万国博览会与第四届全运会、全国武术擂台赛等几件大事的圆满成功，不仅扩大了浙江的知名度，也推动了浙江经济发展。而且，在全运会落幕后，赵君迈也收获了他生命中最为宝贵的爱情。1930 年秋，当他准备在浙江军界大展宏图的时候，结识了他未来的妻子沈承玲。

注释：

[1] 方鼎英．我的一生．www. tieBa. baidu. com

[2] 国史馆 002090200001024．谭延闿电蒋中正，1928 - 04 - 20

[3] 国史馆 002090200002122．蒋中正电宋子文转王正廷，1928 - 05 - 25

[4] 沈克勤．孙立人传．台北：学生书局，1998

[5] 浙江省民政厅．浙江省民政年刊，1928

[6] 朱家晔．浙江移民问题．浙江省民政厅版，1931

[7][8] 陈心平．建国前杭州体坛两盛事．杭州政协通讯，2006（10）

第三章

赵君迈（中）与沈承玲结婚照，旁为伴郎伴娘及花童

伍　乌镇的新娘

爱情与事业都属于秋天，就如同一坛陈酿，只因投入了够多心血，经时间发酵后，那一股甘醇的香甜味，会无法阻挡地向你涌来。

1931年，赵君迈30岁，不仅收获了爱情，娶到了他生命中唯一也是最爱的女人，还达到了他人生中事业的第一个高峰，结识了一位将他带到著名抗日将领行列中的伯乐——宋子文。

赵君迈在他生命中最好的年华，迎来了他的两件幸事，似乎走了点懵懂运，实则是他自身努力的结果。因为，在当时无论是沈家的千金小姐沈承玲还是一人之下万人之上的宋子文，能从他们如此高的眼界中相中赵君迈，自然是赵君迈在那个时代，有着自己独有的出众之处。

沈家的历史

我不知道风
是在哪一个方向吹——
我是在梦里，
在梦的轻波里依洄。

这是赵君迈的朋友徐志摩的一首诗，朦胧中透着一种淡淡的布尔乔亚气息。没有人在一开始就知道，他的另一半在哪里，但仿佛生命之中有双无形的手在指引，赵君迈就是在这首诗般的朦胧情境中，遇到了令他迷醉的另一半。她，就是浙江乌镇沈家的千金小姐——沈承玲，一位藏在古镇深巷的大家闺秀。

乌镇是江南一个历史悠久的小镇，镇上有一棵唐代银杏至今尚存。关于这棵唐代银杏，流传着一个传说。说是安禄山叛乱后，浙江刺史李琦也举兵称霸，欺压百姓，乌赞将军偕副将吴起受命平乱。一天，乌赞将军率军来到北栅外，当晚，李琦前去偷营，乌赞将军跨上青龙驹，迎战李琦。战斗中，乌赞将军连同青龙驹跌进李琦设置的陷阱，被乱箭射死，人们把乌赞将军和青龙驹厚葬在西栅，令人惊奇的是，后来乌赞将军的坟上，长出这棵银杏树，人们为了纪念将军，又特地在其墓旁建造了一座乌将军庙。

沈承玲的家，离乌将军庙和唐代银杏很近，仅一箭之遥。

当年要说起乌镇的沈家，在江浙一带是无人不知无人不晓。这名声倒不是和唐代银杏有什么关系，而是因为沈承玲的父亲在江浙一带有个响当当的外号，叫沈百万。

说起沈百万的历史，可追溯到明代沈家的先辈沈东溪。沈东溪生活在1522年至1566年间，是大名鼎鼎的抗倭英雄。倭寇平定后，巡抚手书“退寇全城”四字，制匾悬于其家中，令沈东溪名扬千里。由于沈东溪在当地开了家冶坊，技艺也非常高超，附近百姓感其德，将其尊为飞火将军。

清咸丰年间，其子孙沈亦昌继承冶铸业，将冶坊从柞溪迁于乌镇南栅，开设了一间沈亦昌冶坊，以铸造锅釜和龙凤熨斗闻名。冶坊的入口处墙上悬刻“官炉锅冶”四个大字，进门是四面围廊，院子正中放置一口巨大的“天下第一锅”，上有一落款：铸于同治五年。[1]此冶坊一直传到沈承玲的父亲沈和甫手中，是当地久负盛名的老字号。

沈和甫乃贡生出身，除了经营沈亦昌冶坊外，还是一名医术精湛的中医，凭祖上几代人的努力，沈家富甲一方，沈和甫也赢得了一个外号，人称沈百万。沈和甫对孙中山先生等人的革命事业，给予了很多支持，是一位很有名望的辛亥老人，不少革命志士都视沈和甫为知己。[2]除此以外，沈和甫与赵君迈的父亲有些类似，思想开明，热心新式教育，是一位地方上德高望众的绅士。

沈和甫于清光绪二十八年（1902 年）在当地创办了一间中西学堂。1906 年辛亥革命后，将中西学堂改名植材小学，植材小学校内面积达二十余亩，是乌镇颇具规模的一所一流小学。学校东侧辟有外操场与内操场，设有篮球场、云梯、爬竿、秋千、滑梯、跷板、单杠等体育运动设施，校舍庭院布局合理，各厅室间有走廊相连，即使雨天通行，也不需雨具。学校除外部硬件设施一流外，校内设备也很完善，足够教学使用。图书馆藏书也很丰富。

在课程设置上，新式小学堂除讲授古文以外，还开设英语、数学、物理、化学等课程，教师大都是学校从上海及海外留学回来的年轻精英中所聘。在这支优良的新式师资队伍中，也有部分老师是中西学堂自己培养出来的高材生，比如说张济川老师，是由沈和甫出资送到日本留学的，他在学校教物理和化学。还有两位新派老师是教英文的徐承焕、徐承奎兄弟，也是沈和甫出资送到上海高校学习的。

沈和甫不仅对乌镇的优秀人才出资培养，对自己的子女也要求甚严，他常告诫子孙，金钱财物乃身外之物，只有学有专长造福社会，才是一个有出息的人。在沈和甫老先生的调教下，他的四个子女都先后进入大学深造，其中有两个留学德国，一人留学日本。[3]在浙江乌镇，人们常提到沈家兄妹，无论人品模样还是学识风度，一个个都令人称羡。

如沈承玲的二哥沈玉仲，早年投身革命，是国民革命军总司令部办公室的机要秘书，早年总司令部秘书处主任为张群，张群是与蒋介石一同留日时的同学，是蒋最信任的红人，负责秘书处全盘工作。

机要秘书有四个秘书处，第一秘书处负责人为陈立夫，陈立夫的叔叔陈其美为蒋介石的拜把兄弟，与蒋介石关系极为密切，当年是陈其美将蒋介石引荐给孙中山，才有了蒋介石后面的辉煌事业。所以，陈其美的侄儿陈立夫从美留学回国后，蒋介石将他放在北伐军总司令部担任他的机要秘书兼办公厅调查科科长工作，专门负责情报收集，陈立夫也成为国民党内干情报工作最早的一位。

沈玉仲负责的是第二秘书处，担负北伐总司令部加伦将军的秘书工作兼办公厅总务科长。[4]加伦将军是苏联为中国革命派出的军事专家，在中国革命中扮演着很重要的角色。1924 年大革命初期，周恩来在担任黄埔军校政治部主任期间，也还兼任过加仑将军的政治秘书一职，从这点也可见沈玉仲位置的重要。

沈承玲还有位表姐叫汤国梨，是国学大师章太炎的妻子。章太炎除了是国学大师外，还是一名早期的革命者，鲁迅曾回忆道："我知道中国有太炎先生，并非因为他的经学和小学，是他驳斥康有为的文章和为邹容《革命军》所作的序。"那时留学日本的浙籍学生，办了份杂志《浙江潮》，其中即载有太炎先生狱中所作的诗。介绍汤国梨与章太炎结婚的人，是孙中山的秘书长张典通，证婚人是蔡元培。两人的婚礼是在上海最著名的哈同花园举行的，孙中山、黄兴、陈其美等二千余名来宾参加婚礼，可谓是盛况空前。

沈承玲的姐夫，是清末大学士、军机大臣翁同龢的嫡孙。表舅吴立凡，是国民党中央办公厅主任。沈氏家族的兄弟姐妹虽然各自有着不同的政治抱负、生活方式和人生追求，但感情甚深。

1927 年，国共分裂后，加伦将军退出了国民革命军总司令部，站在了中国共产党这一边。这使夹在斗争旋涡中的沈玉仲内心充满矛盾和痛苦，他被换到了一个新的岗位，出任中国江海关一职，也就是海关关长。一年后，超负荷的工作让他身心健康受到很大影响，因身体不适，沈玉仲将江海关一职交接给了陈立夫的表弟俞飞鹏，自己请假回家休养。俞飞鹏后来出任军事委员会后勤部部长，在衡阳会战中与赵君迈多有往来，并给予了很大支持。

沈玉仲生病回家休养后，沈承玲出于对哥哥的关爱，便从上海东吴大学法学院休学回家，专门照顾他。1930 年，赵君迈认识沈承玲的那一年，她正好 21 岁。

大家闺秀沈承玲

沈承玲从小生活在江南大宅的深闺中，到七八岁时，被父亲送到上海最知名的中西女校学习。上海中西女校的前身是中西女塾，由牧师林乐知先生于 1890 年创办，全校六个年级共收 400 多名学生。中西女校的学生全部要求住校，学费和住宿费是一般学校的两倍左右，宋庆龄、宋霭龄、宋美龄三姐妹赴美留学前，都曾在上海中西女校就读。中西女校的教材除汉语文言文以外，全都是英文版教材，而老师的讲授也不一样，除汉语课程讲中文外，其他全部课程也都用英语讲授。所以，中西女校毕业出去的女生，英文水平都相当的高，赵君迈也是后来才知道，沈承玲的英文水平，为什么会比他这个在美国留学了八年的人还好。

中西女校的课程不仅对英文有严格要求，其他的课程设置也很有特点，除了算术学、格致学等常规课程外，还设有圣经、琴科、家政、演讲等修身课程。学生们穿衣梳妆、叠被铺床，一切都有严格规范，比如讲话训练，学生一定要练习到能站在众人面前演讲，达到面不改色心不跳为止。还有体育，女中十分重视体育，开设了游泳、骑马、骑脚踏车、打网球等上流社会的一切运动内容。正是这样严格的专业课程训练，才使女中培育出了一大批气质高雅的学生。

1926 年，沈承玲从中西女校毕业后，考入上海著名的东吴大学法学院，正式成为东吴大学法学院的一名学生。东吴大学法学院是中国法学界的一所名校，创办于 1915 年，以培养通晓英、美法律的人才为宗旨。沈承玲读了三年，临近毕业的时候，因哥哥生病而休学回家。正是因为她的这次休学，使她与表兄沈昌留美时期的好友赵君迈得以相识并由此产生了缘分。

关于婚姻中的缘分问题，很少有人可以说清楚，就像赵君迈与沈承玲的爱情。说起来两人本是八竿子打不着的陌生人，一个在江浙，一个在湖南。当时沈昌给赵君迈介绍的对象本来是他漂亮的小姨子，三人本已约好当天见面的时间地点，谁知沈昌带小姨子赴约的半路上，遇到了他另一位留美同学曾锡珪，曾锡珪也是学军事的，哪知他们俩人一见钟情，小姨子当即就同意随曾锡珪走了，害得赵君迈在约会地点苦等了一下午。沈昌见到他时有些过意不去，夸口对赵君迈说：我还有位姑姑更漂亮。这位沈昌的姑姑，就是赵君迈后来的妻子沈承玲。沈昌将话说出口时，才发觉此事颇有难度，别的先不说，只说江浙一带的地方风俗，江浙这一带地方上的择婿风气，是重文轻武，多数人家是不希望女儿嫁武夫的，因为常言道“自古英雄如美人，世间不愿见白头”。嫁军人的多不会有好结果，且江浙人对湖南人更有一种天生的成见，在那个时候，湖南是落后、野蛮的代名词，而赵君迈正是湖南湘军的故乡人，所以，沈家对于二小姐要不要嫁湖南的赵君迈，刚开始还有很多争议。

不难理解，像沈家这样的千金小组，对女婿的选择有着诸多严格的条件限制，这一点都不令人意外。在父母之命媒妁之言的年代，当事人的表态只能是仅供参考，最终的决定权，还在双方家长手中，只有他们同意方为圆满。当年，赵君迈能娶沈承玲的最关键一点，除了小姐本人中意外，就是沈承玲的家人也同意。想来，冥冥世界中，还真蕴含着无穷的奥秘，就像在那么不经意的场合，让他们这对正当年华的青年相识相遇。那么，沈承玲的家人为什么会中意赵君迈这个湖南女婿呢?

那是因为沈承玲的外婆，嫁的也是一名湖南军人，准确地说是曾国藩湘军中派驻江浙的一员大将。当时浙江闹出的那桩著名的杨乃武与小白菜案，当初审理此案的府台大人，就是沈承玲的外公。因此，沈承玲的家人对血性的湖南人有亲身的感受，了解湖南人除了有刚毅、易怒的性格外，也有忠诚、体贴的温情一面，加上赵君迈留学日、美多年，除了具有真才实学外，家庭背景也算得上是门当户对。于是，在一个双方选定的良辰吉日，赵君迈娶了这位正当年华的沈家大小姐。

注释：

［1］乌镇镇志.（清）乾隆木刻本

［2］沈家宏. 梨园百年琐记. 中国京剧戏考 . www. Xikao. com

［3］钟桂杉. 沈泽民传. 北京：中央文献出版社，2003

［4］国史馆 002060100006017. 蒋中正令沈玉仲为总司令部办公厅总务科长，1928 – 01 – 17

初创税警总团时的赵君迈

陆　遇到伯乐宋子文

这位始终伴随在蒋介石身边的年轻理财专家，把他的财政改革推到了每一个占领的城市。他成了中国的亚历山大·汉密尔顿。

——美国《时代》杂志1927年对宋子文评语

1930年秋，在赵君迈忙着个人终身大事之时，省主席张静江和政府主席蒋介石之间的危机，也开始明朗化。双方在当时形势下国家是应该先发展经济，还是先剿共的问题上，产生了严重分歧。

蒋、张危机：浙江省府改组

张静江名人杰，字静江，是中国国民党的创党元老之一，也是最早在法国办公司的中国人。张静江通过在中法贸易中经营生丝、茶叶及古董生意，获利之巨无法估计，是早期国民党高层中最重要的财神爷。张静江认为在南京国民政府成立后，国家的主要任务就是发展经济，按照孙中山的建国方略，把被革命破坏的生产重新建设起来，使国家变得富强，以摆脱鸦片战争以来弱国被欺的局面。

蒋介石也同意发展经济，但他认为发展经济的前提是先“剿共”，等武力统一全国后，再来全心全意发展经济。由于张静江与蒋介石两人在建设和“剿共”上的分歧越来越大，导致两人在很多决策上冲突越来越大，距离也越来越远。

比如说在修建铁路一事上，蒋出于“剿共”的需要，主张先建杭州至南昌铁路，并以路权为抵押向德国人借款，一次建成重轨。张却从发展地方经济的角度考虑，主张建浙江境内杭州至江山这段铁路，他提出一不用外资，二不请洋人，只建轻轨。按他测算，建轻轨成本低，且成本可在短时间内收回。

于是，张置蒋的主张于不顾，下令开工修建，这令蒋介石大为恼火。后来，蒋抓到张个人腐败的把柄，曾在日记中说其“居然接受贿赂，可耻的很”，借机将张静江一脚踢出中央政治的权力核心。

1930年11月26日，蒋介石任命张难先为浙江省政府主席兼民政厅厅长。张难先是湖北人，他是辛亥耆宿，为人以清廉自居，人称张青天，是一位很难处的人物。蒋只用了他不到一年，便感觉受不了，这年冬天，蒋介石改组浙江省政府，任命江西省主席鲁涤平为浙江省主席。

两年更换了三任省主席，在这走马灯似的人事更迭中，浙江省之所以能出现平安的权力交接，社会政局没像周围的闽、赣、皖一样出现大的农运风潮，与赵君迈手中强大的省保安大队教导团有很大关系。

在当时的环境下，训练军队是需要钱的，尤其是训练一支有战斗力的新军，光是枪炮实弹射击演练，就要花很多银子。浙江省是个富饶之地，加上张静江主席经营有方，因此，浙江教导团的军费能够有充分保障，这使赵君迈能放开手脚施展全部才能。为此，他在全省范围内，挑选最好的新兵苗子。赵君迈挑选新兵的第一个要求就是要有文化，文盲绝对不行，他认为只有好的新兵才可以使军队的质量得到保证。为了得到好的新兵苗子，赵君迈在浙江全省各地设点，这使赵君迈招收新兵的质量得到保证。赵君迈的浙江省保安大队教导团，全数人员有五营编制，以每营800人计，达4000人之多。另外，他手下还有两支能保证随时机动出击的快速反应部队——特务连与骑兵连。在赵君迈的努力下，浙江警备教导团实际上已经扩充成一个现代化正规旅的规模，成为一支过硬的威武之师。浙江省教导团在动荡复杂的社会环境中，为确保一方平安，提供了坚实的保证，在动荡的时局中，整个浙江的社会秩序，基本没受到任何大的冲击。

1930年10月，蒋、阎、冯大战结束后，蒋介石便腾出手来，对付江西的红军。事前，何应钦向蒋介石谏言道："各省从前剿匪，大都不免有省界观念，能将共匪驱出省界即为了事，他省如何不欲过问。故不能根诛尽绝，反而愈延愈广。"

为谋根本解决之道，在11月份，蒋介石调动国民党军湘、赣、浙、皖等四省四个师，以江西省主席兼南昌行营主任鲁涤平为"剿共"总司令，南昌卫戍司令张辉瓒为前敌总指挥，对中央革命根据地进行第一次"围剿"。[1]

12月，新婚刚过的赵君迈，被蒋介石亲自召唤，率队伍紧急前往江西。在赵君迈率军前往江西之时，为保存浙江省军队的实力，新上任的省主席张难先与赵君迈商量后，决定先由赵率两营从杭州开往江西，[2]主力尚留在杭州，静观其变。

玉山之战打出了威名

12月10日，赵君迈率两营官兵从杭州经衢州、玉山沿杭江路到达江西。赵君迈率部一进入江西，便引起了湘军前辈鲁涤平的不满，鲁向蒋介石告状说，这么大的事情，赵君迈手下五个营的教导团，却只派两营入赣，太不像话了，请钧座严令浙江省赵君迈团全数动员协助江西进剿。[3]

蒋介石那时还没把赵君迈的浙江省教导团放在眼里，他甚至认为鲁太小家子气，一个教导团能有多大能耐，你作为总司令大事不考虑，老盯着他们干什么？但不久，张辉瓒事件让整个围剿局势出现了新的变化。

张辉瓒，湖南长沙人，是湘军老班底中赵君迈他哥的老部下，与赵恒惕同样毕业于日本士官学校，说起来也算是个读书人，在湘军中有儒将之名。他给自己取了个名叫石猴，就是那孙猴子的意思，本指望此名成为护佑自己平安的护身符，但关键时刻石猴却开了小差，令张辉瓒死得很惨。

12月29日，在第一次围剿开始的第二天，张辉瓒率十八师主力五十二旅、五十三旅及师部幕僚九千余人逼近龙冈，龙冈是江西永丰县的一个仅有五六百户人家的小镇，高山环绕，中间是一个峡谷。朱德、毛泽东调集红军主力在龙冈埋伏，布下了口袋，令红三军负责正面攻击，红十二军攻击左路，红四军由上固转向龙冈西北侧布下罗网。

30日，张辉瓒仗着兵多将广求胜心切，根本没把面前的危险放在眼里，率部直接进入口袋，准备与红军决战。哪知下午三时起，山岭忽起浓雾，让军队一下成了睁眼瞎。在朱、毛下达总攻令之后，张军乱成一团，顷刻瓦解，一夜之间，张辉瓒部队九千多人全军覆没！

翌日，红军打扫战场，在山涧间的一个山窝土洞里，发现了张辉瓒。一时山中空谷传音，一传十，十传百，消息传到毛泽东耳朵里，他笑了，拿起笔诗兴勃发，写下了《渔家傲·反第一次大“围剿”》：

雾满龙冈千嶂暗，
红军怒气冲霄汉，
唤起工农千百万。
齐声唤，
前头捉了张辉瓒。

“齐声唤，前头捉了张辉瓒”，后来成为千古名句。[4]湘军第十八师在江西被全歼，师长张辉瓒被俘的消息传到南昌，时任南昌行营主任、江西省政府主席、“围剿”部队总司令的鲁涤平闻讯后不敢怠慢，立即向南京蒋介石发出电报，称：龙冈一役，十八师两个旅片甲未还，师长张辉瓒被俘。

鲁涤平在报告南京政府的同时，还以南昌行营的名义，派人与朱、毛红军洽谈，决定用钱用物把张辉瓒赎回来。经向南京政府和蒋介石报告并得到许可后，鲁涤平向红军开出了优厚条件，愿以捐送 20 万元现洋、20 担医药，并释放南昌所属监狱关押的 100 多名共产党政治犯，提供装备 5000 余人的枪械弹药等优厚条件，换回张辉瓒。

这条件让毛泽东、周恩来等人都认为是件很合算的买卖，如借此再提出一些放回张的条件，对于改变中央苏区极为困难的环境，扩大共产党的宣传都是有利的。实情也确实如此，想想看在那样艰苦的环境下，这些条件能解决多少问题。但此时正是中共中央路线斗争最为复杂激烈的时期，李立三刚下台，王明、博古等人负责党务，军务虽由周恩来执掌，但党指挥枪一直是中共的一条铁定纪律，毛、周的意见没得到重视。

1931 年 1 月 28 日，在周恩来派代表赶往南昌与国民党进行谈判的同时，张辉瓒被押往东固公审，在万人公审大会上，张辉瓒在一片怒吼声中被斩首。张辉瓒的头被砍下后，装进了一只竹笼，扔到溪流中任其漂流。

2 月 2 日，国民党七十七师的哨兵在吉安的神岗山附近溪流中，发现水中漂着的一个怪物，便驾着小船捞起，发现张辉瓒的头颅被装在笼里，笼上插着一面三角小旗，上面写着“这是张辉瓒的头”。哨兵立即将张的头颅速送到正在吉安的鲁涤平面前，鲁涤平抱住张辉瓒的首级大哭一场。2 月 7 日，张辉瓒的头颅和棺木运抵南昌后，举国震惊。

事后，国民党对江西红军进行了疯狂的报复，蒋介石重新部署兵力，准备对中央苏区发动更大的“围剿”。这次，赵君迈只能将浙江教导团的五个营，除留下一营看家外，其余四营外加特务连骑兵连，全部奉命开进江西，直接受蒋介石节制。

浙江省教导团开往江西后，蒋介石在南昌亲自召见了赵君迈并面授机宜。在赵君迈的印象里，蒋那时还算是勤政、清廉甚至是爱民的。他在南昌的住房仅两间木质平房，狭小简陋，办公设施也很少，但行事却中规中矩，召集赵君迈等军政人员开会，还要先合唱党歌，朗读孙中山遗嘱“革命尚未成功，同志仍须努力”等，将气氛搞得很严肃静穆。蒋对赵君迈所带的这群学生兵倒是一点没放在心上，对赵君迈说了些鼓励的话后，令教导团分三路进驻周家坞、上饶境内。

刚开始进驻的时候，赵君迈负责的地段非常顺利，除恢复原有治安外，还查获了一批红军使用过的大刀、传单、文件等物件。张难先得到这批物件后如获至宝，向蒋介石发电报请功。[5]可刚请完功，便发生了件让张、蒋二人心头都为之一紧的大事，那就是浙江门户玉山失陷。玉山位于江西省东北部，处在闽、浙、赣三省交界处，也是这三省的门户，素有“两江锁钥，八省通衢”之称，地势极为险要。如果玉山门户洞开，将迅速波及浙江全省，后果十分严重，在这种情况下，张难先急电蒋介石，称：浙江危急，请速派第四师前往救援。[6]蒋介石考虑第四师乃围剿主力，岂能随便调度，令张难先调赵君迈的浙江教导团赴杭回防，他们在江西的防地由第四师接替。[7]

1月16日，赵君迈奉蒋介石令，率浙江教导团分三路进军玉山，[8]沿途在蒋家村、横峰、王家店等地，与方、邵部发生激战，[9]行程极其艰难。

27日，赵君迈亲率该团孤军深入，在上饶聚集时，正应了红军集中优势兵力打歼灭战的思想，方、邵部集中在上饶西北乡的全部兵力，向教导团发起猛攻，经赵君迈团全力迎击，[10]双方激战三日，全团脱离险境。30号，赵君迈给蒋介石发电，受到蒋的高度赞赏。[11]

2月10日，赵君迈率教导团特务连与第九营两个连、另加一个骑兵排，先行进驻玉山镇，从战略上说，已完全进入对方的伏击圈。红军第十军军长周建屏，政委徐振农兴奋不已，将此战机当成是一个“包饺子”的最佳机会，下令集中所部全部的优势兵力，步兵三个团，机动炮一个营，另加农民赤卫队万余人，将玉山镇包围得水泄不通。周建屏希望借着玉山的天然屏障优势，全歼先行进入玉山镇的浙江教导团一部，活捉赵君迈，再次上演一场打张辉瓒的经典战役。

那时的周建屏在红军中可是一位能征善战的悍将，他毕业于云南讲武堂第八期，是蔡锷将军的学生，参加过辛亥革命，也是闽浙赣根据地的军事总指挥，与方志敏、邵式平等人合作，打下了景德镇等众多要地，对眼前赵君迈这小股地方武装，哪放在眼里？

被困在玉山古城内的赵君迈一看眼前的局面，也知大事不好，这玉山虽属上饶市地界，但地势西北高、东南低，有半江青山半江城之喻。而赵君迈等不足千人所在的古城区，正是四面高山的峡谷处，说句不好听的话，人家就是从山上滚石头下来，都能砸死山下的一半人，从战略上说是一块死地。何况周建屏手中有一个加强师的兵力，外加一万多农民赤卫队员，那阵势，一点不输于活捉张辉瓒的那场战役。

危急中，赵君迈并未显出一丝慌乱，他一方面组织教导团官兵临时抢筑工事固守，另一方面，从骑兵排中挑选十余名精兵，亲自率领他们冲出古城重围，[12]赶至上饶沙温。赵君迈在沙温调集教导团余下的三千余人，兵分两路，对玉山进行反包围，经过两昼夜苦战，不仅解了玉山之困，还将周建屏部一万多人全部打出玉山，消解了整个浙江的危机局面。[13]

玉山之战，让赵君迈的浙江教导团打出了名声。他的出色表现，令蒋介石都不得不高看一眼，同时，还吸引到一位神秘人物的目光，他就是赵君迈生命中的第一个重要伯乐——宋子文。

宋子文创建财政部税警总团

当时，宋子文正在为筹建财政部税警团的选将问题而苦恼，他认为在中国进行财税体制改革，仅仅在制度上进行是远远不够的，必须打造一支全新的武装队伍，也就是建立一支训练有素的属于财政部的缉私部队，才能够保证财税改革的深入进行。因为财税之中，最为首要而复杂的一块就是盐务。由于国民政府在此之前一直处在战争之中，放松了全国盐税的征收，致使私盐泛滥、盐枭纵横，宋子文要保证盐税回收的安全，就必须迅速组建一支财政部的专业税警部队，以确保全国各地的盐税征集。

当他将一切都准备好之后，唯一缺少的就是人才，带兵的人都知道，千军易得，一将难求，一支全新的高素质队伍，最重要的就是要有一位智勇双全的战将来带领。就在宋子文踏破铁鞋无觅处的时候，赵君迈在浙江和江西的不俗表现，让他眼前一亮。赵君迈，不正是他一直在寻找的将才吗？

1931 年 3 月，宋子文找到了赵君迈，提出希望由赵君迈全权负责组建税警总团的想法。当时，宋所提出的条件令赵君迈很难拒绝，于是，在蒋介石进行第二次围剿的前夕，赵君迈离开了浙江教导团，随宋子文前往庐山练兵。

宋子文，广东文昌（今属海南）人。1894 年 12 月 4 日生于上海一个基督教徒家庭，父亲宋曜如原本姓韩，1875 年随舅父前往美国波士顿一家茶叶店学生意，后被舅父收为嗣子，改姓宋。宋子文出生的那一年，中日正爆发甲午战争，宋曜如给儿子取名子文，希望儿子像革命家孙中山一样，在中国传播西洋强国富民之学。宋子文小时候，父亲将他送到上海的教会学校圣约翰学校上学，成年后，前往美国入哈佛大学攻读经济学，获硕士学位，继而又入哥伦比亚大学深造，获博士学位。

1923 年，宋子文在姐姐宋庆龄的介绍下，出任孙中山的英文秘书。宋子文从秘书开始，接触和处理了中国革命中方方面面的事务，后因其个人在工作中显现出的对经济的超凡能力，被孙中山委任为国民党财务主管。[14]初掌大印的宋子文，第二年便在广州创办了中央银行，自任总裁。可他上任不到一年，上司孙中山逝世，蒋介石成为国民党的新领袖，蒋依旧重用宋子文，任命他为国民政府财政部长。北伐战争中，宋子文运用他天才的理财手腕，在一穷二白的基础上，为蒋介石提供了源源不断的战争经费。[15]

1927年，美国《时代》周刊杂志，推选宋子文为该年度的风云人物。美国《时代》杂志在给宋子文的评语上有这样的描述：这个年轻将领蒋介石的身边，始终伴随着他的年轻理财专家，这个瘦高个儿、态度生硬、表情严肃而又聪慧的革命者宋子文，把他的财政改革推行到每一个占领的城市。他成了中国的亚历山大·汉密尔顿，[16]这位被委以重任挽救中国的中国人，既像是亚洲人，但更像一个美国人，或者说，他可能希望能做到这样。

宋子文在美国人心中赢得了中国的汉密尔顿的称号，让赵君迈对这位留美的学长心存敬意。赵君迈还在美国读书的时候，就注意到了宋子文的才干，因为汉密尔顿是美国独立战争期间的财政部长。赵君迈知道，宋能取得这样的非凡名号，自然是有他的过人之处。后来一系列的事件也证明，宋子文在获得这一称号后，为他未来与美国人的交往，或者说是将中国推向世界的过程中，赢得了更多机会。

此次宋子文找到赵君迈的时候，正是他出任南京政府财政部长和行政院院长之时。宋子文与前行政院长谭延闿那种八面玲珑的行政风格截然不同，因他的地位和出身，使他不需要去迎合任何人也不需要任何人来迎合他，宋子文喜欢真才实干、耿直坦率之人。在他的面前，人情和行贿的做法没有作用，相反他对此十分反感，气恼时他甚至会当面打翻身边的物件，以显示他绝不容忍的态度。

赵君迈能在众多的战将中脱颖而出，进入宋子文的视野，并不是宋子文一时冲动，而是赵君迈在全国年轻将领中所展露的干练与才华，确属出类拔萃。宋是在花了大量心思对赵君迈的资历、背景、战绩等一系列指标详细考察后，经过深思熟虑之后，选择了他。

谁都知道，税警总团最初创始的目的，是为打击各地的盐枭。

作为百姓生活必需品的食盐，一直是各朝各代税收的主要来源。传说早在大禹时期，大禹就发现了盐对于部落发展的重要性，并制定了中国最早的税收形式——盐贡。到了东周，齐国齐桓公拜管仲为相，管仲调节政府收入的方法，便是将食盐实行政府专卖，以抽缴盐税充实国库。从此，盐税成为各朝的税收体制，并世代相袭。随着盐税在各朝的政府收入中比例越来越大，老百姓不堪重负，于是，在政府开设的官盐外，便有人贩卖私盐，这就出现了政府用来打击私盐的盐警。[17]民国时期，政府为了保证盐务的绝对垄断，在盐运使之下设立了缉私总部，下辖缉私营，在各盐场专门驻有巡警，经销区设有盐巡营，对胆敢不老实进贡的盐商实行专政。但正所谓利之所在，趋之者众，社会各方面对盐利的角逐历来是相当的激烈，各地的盐枭匪霸，也在日益累积的巨额财富中，使自身的实力空前强大。

1923年10月27日，宋子文在被任命为两广盐务稽核所经理时，为保障盐税征收，也曾仿效民国政府的初期做法，组织缉私营，缉私营采用陆军编制，官兵的军衔、装备、勤务、训练、管理均与陆军同，但效果并不显著。五年后，宋子文任财政部长，他在盐务署中设立缉私处，将原管辖的各缉私局统归缉私处管理，但这支军不军民不民的队伍，战斗力也并不理想。

1930年末，宋子文希望仿照美国财税武装组织，按陆军编制来成立一支新的税警队伍。宋子文办事喜欢用美国人的方式，讲究效率，尽量减少繁文缛节，直指问题关键。他开始在全国范围内物色能力超凡的将领，希望通过他们来塑造一支全新的队伍，通过长时间的观察比较，他选择了赵君迈和古鼎华。

1931 年 3 月，宋子文在九江组建了两个税警总队，第一总队总队长由有留美背景的军中新锐赵君迈担任，第二总队总队长，则让保定系出身的广东籍老将古鼎华担任。之所以要将税警总团分两个队来办，是刚开始时，宋子文对税警团的发展方向还不明朗，这导致他在税警团的将领使用问题上，还趋于保守的实验阶段。宋想为两人摆个擂台，是骡子是马，让他们先自己站出来遛遛。宋子文可谓是用心良苦。在他的脑海中，赵君迈与古鼎华分别代表了税警团未来发展的两种方向，但两个方向又分明有这么几个共同的特点。

首先，赵君迈与古鼎华两人都与黄埔系军人没有任何关系。这是宋子文的底线，从一开始，他就不希望他的这支队伍与蒋介石的黄埔系有任何的瓜葛。

其次，两人都是现役旅长。赵君迈在玉山之战后，已被升任为陆军第四师第三旅少将旅长，而第四师另一位少将旅长，为年轻的战将汤恩伯。也就是说，在宋子文构建税警团之初，每一个队也都是按一个正规旅的标准，进行人员与装备配置，按这个标准，税警总团在初期是一个师的人员编制。

第三，就是两人都有很强的实战操作经验，赵君迈是最新西方军事理论系统培养训练出来的海派军人，代表着中国军事的新锐力量；而古鼎华则是出身于保定军校的本土军人，是传统军人中的杰出代表。从最终的带兵结果看，两人所带的团也是风格迥异。

古鼎华走的是传统套路，带兵喜欢讲求子弟兵，他的属下官佐兵士多以广东兵为主。而赵君迈团则不然，赵君迈是受最新西方军事理论影响的现代军人，拥有最新的军事理论，有在中国军队不同阶层的带兵经验，了解中国军队在发展中所面临的各种困难，赵君迈对军队发展最大的贡献，是在军中首开对知识型军事人才的大量使用。

在税警团的组建之初，赵君迈为求到最好的人才，对税警总队的官兵人员录用，一律采取向社会公开招聘的办法，唯才是用。不仅如此，赵君迈对于具体的人才标准，对每一个级别人员录用的要求，都很清晰规范。别的不说，在文化方面，就要求连长级别以上的官员必须为国外军事院校毕业，英文读写流畅，因为早年宋子文与人沟通，很多时候都是用英文，税警总团连级以上官佐不熟悉英文，会在沟通上有很大障碍，这是一道刚性要求。

这标准确实是一道很高的门槛，吓住了不少人，但也为税警总团网罗到了一批中国最优秀的军事人才。像赵君迈手下的第一营营长梁思忠，是著名爱国学者梁启超先生的三公子。梁启超先生的三位公子都先后于清华学校毕业。长子梁思成与赵君迈同年留美，入宾夕法尼亚大学学习建筑专业；次子梁思永 1924 年留美，入哈佛大学学习考古专业，被中国考古权威李济称为“真正专门研究考古学的人”；三子梁思忠 1926 年清华毕业后留学美国，入美国著名的军事院校弗吉尼亚陆军学院和西点军校。[18]梁思忠毕业回国后，经梁思成介绍，被赵君迈纳入帐下，成为亲密的战友。1931 年，梁思忠在淞沪抗战中，指挥税警总团第一团炮兵营在对日作战中立下奇功，可惜淞沪战役后不久，梁思忠因患腹膜炎服错了药而贻误治疗时机去世，年仅25岁[19]。后有人将梁思忠说成是第十九路军的炮兵营长，那是明显的张冠李戴。而炮兵营中还有一位更年轻的连长，是香港富商何东爵士的儿子何世礼，他从英、法炮兵学院毕业归国不久，被宋子文亲自推荐担任此职。

赵君迈手下的另一位大将第二营营长贾幼慧，清华学校留美预科毕业，后就读于美国史丹佛炮兵学院炮兵专业，毕业后入美国炮兵七十六团实习，完成文武兼备的现代化军事教育后，1929年返国，被赵君迈聘请在浙江省教导团出任第四营少校营长，后来，成为孙立人新一军的副军长。还有第三营营长葛南杉，法国圣西尔步兵专门学校毕业，也是著名的抗日将军。

赵君迈除了对官佐的选择要求甚为严格外，他对手下士兵的使用也绝不含糊，赵君迈对士兵设定的最起码的标准是谢绝文盲，所有拟录用人员均须考试，试卷难度在高小以上。新兵考试进入税警总团后，还有明确的试用期，以试用三个月为一期，期满后如经其所在班级认定暂不能补实者，需延长三个月试用期，如经试用满九个月仍不能合乎要求，即清退回家。

事实证明，赵君迈所强调的对高端人才使用，并以科学的标准程序系统训练新兵之模式，为税警团的职业化、正规化，奠定了高起点的发展方向。以至于后来社会上流传着很多关于税警总团的说法，说税警团连级以上的长官都是欧美军校毕业，长官间交流都是用英文。这其实并不是税警团的真实情况，准确地说，是仅限于赵君迈的第一团，而古鼎华的第二团不是。张远南的第三团，包括后来孙立人的第四团都不是。孙立人团的三个营长中，只有第一营营长葛南杉，曾留学法国，是从赵君迈的第一团出去的，而第二营营长唐守治和第三营营长张在平，都只是孙立人在中央教导团时的部下，中央军校的毕业生，水平比赵君迈团的官佐就差了很多。孙立人后来成就大业的新一军将官，主要都是赵君迈第一团的搭档，像贾幼慧、齐学启等人，那是一群真正的儒将。

所以，要真说起来，战争的最核心要素，除了对装备上的硬件要求外，剩下就是军队统帅间的性格与能力之战。

税警第一总队的新兵，都是经过赵君迈认真严格考核选拔出来的，这中间不乏很多通过考试进来的湖南人，毋庸讳言，无湘不成军，湘人天生是块当兵的好料，就是后来孙立人组建部队，也喜欢招募湖湘子弟。赵君迈招募到了一批好的军人苗子之后，下一步就是在军队中建立一套严格的训练制度，并严格认真地磨炼新人。

在训练新兵的方法上，赵君迈采用自创的中西结合的训练模式。

中国人的带兵传统强调将领个人的人格特色，讲究身先士卒，要求士兵做到的事情，自己先做到，像过去岳飞训练的岳家军，戚继光训练的戚家军，曾国藩训练的湘军，赵君迈兄长赵恒惕训练出来的新湘军，都是很好的家天下之军队训练模式。但中国传统的军队训练特色如果要说缺点，就是太依赖于将领本身，将领如果很优秀则军队也很优秀，相反，将领要是平庸，他带出的队伍就会很平庸，就如同一群羊在一头狼的带领下，可以具有狼的本领与性格，而一群狼要由一只羊来带领，他们会慢慢地变成羊一般的软弱。

而国外带兵的模式讲究制度，讲究在各项制度下科学的系统训练，比如训练新兵服从命令，西方军队中在官与兵之间不讲对错，只讲服从，士兵对上司命令的无条件服从，对于一支优秀的军队来说很重要，这话听似简单，但要官兵在任何情况下都做到，是件很不容易的事情。

一般来说，士兵对于长官的一些合理、明智的命令，服从起来很顺畅，没有任何问题，但士兵碰见一位不明智长官怎么办？或者说当官兵接受到的命令是极不合理，甚至是荒诞和残忍，在常规的状态下是无法想象的命令，士兵会怎么办？比如，本来一场战斗是不需要冒险牺牲的，可长官就是要一意孤行地命令士兵去冒险，甚至要士兵死在阵地里，士兵是坚决的服从，还是有保留的服从，还是完全拒绝服从，这就体现出一支部队的整体素质，这就是绝对服从的真正意义。

赵君迈在美国军校学习的系统军事理论中，学到的一些重要课程，就是教官在不断地用一些非理性的命令，来强化训练学员无条件的服从能力！服从，在战场上就是一种战斗力，当下级官兵老自以为自己比长官在判断某些问题时来得更聪明，老是对长官的决策犹疑不定，恰恰是导致重大损失的根源！

赵君迈就是用美国军校中最新式的训练方法来训练税警总队的新兵。后来的事实证明，国外这套完整系统的训练体系，对来自社会不同层面的军人来说，是非常有效的训练方法，这也证明了赵君迈这名留学欧美的将领，在训练中国军队的效果上，还是要远胜国内的本土将领，而这也加深了宋子文对赵君迈等留学欧美军人的信任。1931 年 6 月，宋子文将两支税警总队扩建成了三个团的税警总团，赵君迈出任税警总团第一团团长，古鼎华出任税警总团第二团团长，刚从日本军校留学归来的张远南，出任税警总团第三团团长。

税警总团成立后，被全部拉到海州集训。1931 年 9 月 18 日，中国历史上出了件大事，这就是著名的“九·一八”事变。

大汉奸的恶名，压得张学良有些喘不过气来

那天清晨，赵君迈在总团部驻地海州军营内，照例一大早起来，在门前的一角空坪上，打上一个多小时的拳术套路，再组织官兵们一块训练。

已进入初秋的海州城，空气中有些冷冽。赵君迈舒展开拳脚后，看时间尚早，打开收音机，听到了一则重磅炸弹般的新闻，为之一震：

> 9 月 18 日晚间 10 时许，沈阳东北方闻有猛烈的轰炸声，全城为之惊恐。这一声爆炸声，乃日军通知各部队依照事前部署的命令攻击前进，开始其以沈阳为目标的包围行动，当时，东北边防军参谋长荣臻闻声四探军情，当确知日军已在进攻北大营时，即向留在北平的东北边防军副总司令张学良请示，张氏随即训令荣氏遵照指示：“不可与之反抗。”于是荣氏即转令驻扎在北大营的王以哲旅长，无论在何种情况下不得抵抗……于是日军在东北军不抵抗的情况下，占领了沈阳城……

赵君迈听到消息后，立即向宋子文报告。此时，宋子文也已接到了东北“九·一八”事变的消息，宋子文一面让赵君迈做好战斗的思想准备，随时率军北上抗日，另一面与正在江西的蒋介石联系，向蒋报告沈阳、长春已被日军占领，牛庄即将沦陷，情形严重，恳请即日回京主持。[20]

关键时刻，蒋介石正率大军在江西剿共，面对内乱未平又添外患，蒋介石不得已停下了江西的所有工作，连夜从江西赶回南京，紧急召开了国民党中央常务委员会临时会议。会中，蒋与参会代表作出了四项决议：①外交方面，加设特别外交委员会，为对日外交决策研议机关，主张一面以日军侵占东三省的事实，先行向国际联盟与非战公约签字各国申诉；②军事方面，抽调部队北上助防，并将讨粤及剿共计划，悉予停缓，对于国内必要口岸及首都，加紧警卫；③政治方面，谋求与粤方妥协。蒋介石拟派蔡元培、张继、陈铭枢三人赴广东斡旋，呼吁统一团结，抵御外辱。④民众方面，由国民政府与中央党部分别发布告全国同胞书，要求国人镇静忍耐，努力团结，准备自卫。

就在全国上下齐心，为应对失去东北的险恶时局时，事变的主角张学良还住在北平的协和医院内，接受毒瘾的治疗。张学良是国民革命军副总司令兼东北军司令，权位仅在蒋介石一人之下，他对“九·一八”事变的时局，起着决定性作用。张学良在“九·一八”事变刚发生没多久，在医院接受《大公报》记者采访时还一本正经地强调说：“余窥透日军拟在满洲有某种行动后，即下令部下倘遇日军进攻，中国军警不得抗拒，须将军械子弹入库房，不得作报复行动。”

他之所以下令不抵抗，据他自己称，是他当时没把日本人的情形看明白。因为那时关东军经常在东北寻隙挑衅，隔几天就找点事闹闹。“这些日本小兵在街上，看到东北军人的刺刀，他们就走上前在刺刀上划火柴，故意挑衅。那东北兵脾气大着呢，你来划火柴，老子就捅你一刀。但我下令，绝对不许反抗，任你捣蛋，老子就是不反抗，你再捣蛋、找借口，老子就是不让你有借口，日本人在东北同我们捣蛋不是一次了，他捣了许多年了，捣了多少次了，每次都是这样处理的嘛。”张学良的判断是，日本从来没敢这么扩张，从来没敢搞得这么厉害，那么，这次仍然也不敢。

张学良的错误判断，令整个东北一夜间全线失守。

根据顾维钧回忆，当时不仅蒋介石曾对张学良说，如遇日军挑衅，可就地组织抵抗，而且宋子文还通过顾维钧向张学良表示，中央可抽调劲师归张学良指挥。[21]宋子文所说的劲师，就是赵君迈所在的财政部税警总团，当时的税警总团含有参谋处、副官处、军需处、军械处、军法处、军医处、顾问处、稽核处等号称八大处的军事幕僚机构，整个税警总团为一个独立机械化步兵师的设置，兵种配置相当的齐备，宋子文能舍得将他一手创建的税警总团调拨归张学良指挥，是要有一定肚量的，因为，他手中的这支部队都是用黄金打造而成的。

但张学良并无抵抗的打算，也就谢绝了宋子文调税警总团上东北的提议。后来，当大汉奸的恶名压得他有些喘不过气来的时候，张学良才又找到宋子文寻求帮助。宋子文很同情张学良的处境，也希望今后能与张合作一把，为表示诚意，宋子文还任命东北军中张学良的旧属王赓，为税警总团团长。

王赓上任为总团长后，将一大批东北军的中下级军官，安插在税警总团各团之中，这既可以让赵君迈等优秀将官来训练东北军的骨干军人，又可以在税警总团中扶植更多的东北军力量，以与张学良的队伍之间形成更好的合作默契，来对付共同的敌人——日本人。

等宋子文调整好税警总团总团长人选后，上海局势也开始紧张起来。为震慑日本人在中国主要口岸的气焰，蒋介石下令将税警总团从海州移师上海。

进驻上海徐家汇

赵君迈率税警总团进驻上海时，中国政府在上海的军事力量还属空白状态。因为上海为开埠码头，按当时的租界法案，不适合有正式的军队驻入，在上海的武装力量只有温应星的上海保安团，且装备非常原始。有资料说温应星是税警总团第一任总团长，那是不可能的事情，因为“九·一八”事变时，上海淞沪警备司令熊式辉于 9 月 22 日，自龙华向中央政府军事委员会委员长蒋介石请示，一旦日军在淞沪搞事应该如何处理，蒋指示：应正当防范，如日军越轨行动，我军应以武装自卫。事后，蒋介石还命令国民政府军政部军需署署长周骏彦，紧急发放上海宪警队温应星部步马枪一千五百杆，以应时局之变。[22] 在赵君迈率税警总团移师上海后，双方间还有相当密切的合作。

从上海的环境而言，其特殊的地理位置使它变得异常敏感。赵君迈率税警总团进驻上海，虽然不代表政府的正规军队，却有最佳的人员与器械装备，它不仅能行使政府捍卫主权的职责，且不会受到英美等国的反对，令各方都能接受。这无疑从战略上，起到了平衡日军军力的重要作用。

税警总团进驻上海后，赵君迈的第一团随总团驻徐家汇，第二团古鼎华团驻南翔，第三团张远南团驻闸北，从这点上也可看出宋子文对赵君迈团的重视程度。

徐家汇是上海最繁华的地段，淮海路、霞飞路都在此区域之内，属法租界。胡适、徐志摩，还有像赵君迈留美时的同学梁实秋、罗隆基与妻子张舜琴等一大批社会名流，都选择在此居住。当年赵君迈经常去的罗隆基与张舜琴的家，就在上海霞飞路花园洋房 1014 弄 15 号，而他们的邻居是清华大学同学梁实秋。[23] 这些都还在其次，赵君迈团进驻徐家汇区最重要的一点，是徐家汇还是宋子文祖先的所在地。这好像是把话说大了。其实，这是有据可查的事情。

宋子文的母亲叫倪桂珍，祖籍浙江余姚，倪桂珍的父亲倪蕴山，是上海伦敦教会天安堂牧师，倪蕴山之所以能在上海成为早期牧师，是因为倪的夫人，也就是倪桂珍的母亲徐氏，其先祖是明代著名的科学家、礼部尚书徐光启。

徐光启，字子先，直隶松江府人，也就是现在的上海县，徐光启的家就在上海县的太卿坊。万历三十二年徐光启中进士，始入朝廷为官，历任翰林院庶吉士、河南道御史，礼部右、左侍郎兼翰林院学士，礼部尚书兼东阁大学士，参与机务。

当时，意大利人利玛窦牧师在中国传教，徐光启从他入天主教，并跟他学习天文、数学等西方科学技术知识。徐光启天资过人，一生中写下了《农政全书》、《徐氏庖言》及《几何原本》前六卷等中国早期最著名的科学著作，所以，徐光启又是中国人研究西方学术的第一人。晚年的时候，徐光启在家乡上海投资兴建了许多教堂。明崇祯六年十月（1633 年 11 月）徐光启在故宫上吊而亡，后因《农政全书》有益国本，崇祯皇帝加封他为太保，谥“文定”，墓葬上海，后上海人为纪念这位著名的科学家，将他墓葬之地称为徐家汇。[24]

一直以来，徐家都是沪西旺族，宋氏家族成员对其先祖徐光启的地位看得很重，宋子文每周都会从南京回到上海，在法租界祈齐路的宋家公馆里，与赵君迈等税警团各级将校见面。每次见面时，宋子文都喜欢询问赵君迈所在团的各种训练情况，当他听赵君迈介绍税警团官兵的战斗力如何强盛，武器的性能如何优越时，宋子文的面容上总会不经意地流露出孩子般的纯真笑容。赵君迈在与宋子文的交谈中也明白，他不惜血本地将最好的人才与装备配置到税警团，其目的绝不仅仅是为了打击国内的盐匪，这背后还有他对于国家与民族的理想，那是他心中的另一种强国梦。

注释：

[1] 郭化若. 第一次反“围剿”的有关史实. 南昌：江西人民出版社，1986

[2] 国史馆 002090300035080. 朱世明电蒋中正，1930 - 12 - 10

[3] 国史馆 002090300035134. 鲁涤平电蒋中正，1930 - 12 - 16

[4] 公秉藩. 忆第一次“围剿”. 江西党史资料（第十七辑），1990

[5] 国史馆 002090300036066. 赵君迈电蒋中正，1931 - 01 - 07

[6] 国史馆 002020200011086. 张难先电蒋中正，1931 - 01 - 09

[7] 国史馆 002010200055002. 蒋中正电张难先，1931 - 01 - 14

[8] [9] [10] 国史馆 002090300026329. 赵君迈电蒋中正，1931 - 01 - 16

[11] 国史馆 002090300026327. 赵君迈电蒋中正，1931 - 01 - 16

[12] 国史馆 002090300037035. 赵君迈电蒋中正，1931 - 02 - 10

[13] 国史馆 002090300037047. 赵君迈电蒋中正，1931 - 02 - 12

[14] [17] [21] 王松. 宋子文传. 武汉：湖北人民出版社，2006

[15] [16] [24] 吴景平，郭岱君. 宋子文和他的时代. 上海：复旦大学出版社，2008

[18] [19] 岳南. 梁思成、林徽因和那一代的文化名人. 海口：海南出版社，2005

[20] 国史馆 002090200003089. 宋子文电蒋中正，1931 - 09 - 19

[21] 国史馆 002010200060045. 蒋中正电令周骏彦，1931 - 08 - 25

[22] 梁实秋. 雅舍忆旧. 北京：中国友谊出版公司，1986

第四章

“一·二八”淞沪战役前的上海

柒 “一·二八”淞沪抗战

日本通过“九·一八”事变侵占了中国东北三省后，国联正组织调查团调停此事，为了转移国际视线，日本在上海开始有意地制造事端。战争与和平的选择，考验着中国政府和人民的政治智慧。

自古以来，爱国与现实是一对矛盾，尤其是在外患面前。虽然外交的妥协艺术可以减少伤亡，在战略上赢得时间和空间，但很多时候，它都被淹没在情绪化的民粹声音里。

上海“一·二八”淞沪抗战就是这样。在当时匆促的情况下对日作战，从军力上说，谁都不能回避中国的作战准备和作战能力这样一个现实问题。中国军队无论在装备还是训练上，与日军都有巨大的差距，最重要的是财力。从财政状况来看，南京政府要打仗时才发现基本上是无财政可言，军队的军饷都是拖欠了数月或大半年，在如此恶劣条件下，要不要提前与日军在上海展开这场空前规模的大战，成为社会各界关注的焦点。

大战前国内复杂的政治形势

1931 年，是民国的第二十年，按干支纪年算来是辛未年，羊年。翻开这年的大事记，还真发生了件百年难遇的大事。这年在中国东北，爆发了震惊世界的“九·一八”事变，日本侵占中国东北。接着，第二年开春，上海又打响了“一·二八”淞沪保卫战。两件大事不期而遇。如果细心之人对当时的时代背景和错综复杂的人物关系略作清理就会发现，两件事情其实有着非常密切的关联。从事物性质来说，可归并到同一件事，就是日本为转嫁本土的经济危机，开始了进攻中国和对整个亚洲的侵略扩张。

这还得从世界经济的大环境说起。1929—1933 年，爆发了全球性经济危机，而这场危机在 1931 年和 1932 年的情况尤其严重。以美国为例，据美国 1932 年的《财富》杂志统计，美国有 3400 万成年人没有任何收入，失业人数占当时美国总人口的近三成，这近三成的数字还没有把将近 1000 万的农民包括在内，否则情况还要严重。美国机车公司在 1932 年整整一年，只卖出了一台机车。而在 20 年代初期，它平均每年要卖 600 台。大萧条时期，整个美国不仅工业生产陷入停顿，金融系统也全部瘫痪。在农村，自美国建国以来，农产品价格从来没像现在这么低过。一磅棉花或羊毛才卖五分，糖每磅只值三分，猪、牛肉每磅二分半，二百个一箱的苹果，即使个个完好，才卖四角，由于肉价惨跌，农民将一只羊送到市场，运费都要一元一角，售价却不足一元，辛苦一天倒亏一角。蒙大拿州有个牧场主，干脆花两个小时把一群羊全部杀了，扔进山沟，由它烂了作肥料去。

在欧洲，作为两次世界大战策源地的德国，情况比美国还差。由于德国在“一战”中是战败国，恶劣环境下还要支付巨额的战争赔款，国内财政经济一片混乱，物价失去控制，人民生活十分艰难。这也是后来德国纳粹首领希特勒登高一呼，响应者众的客观原因。

而日本的情形与德国颇为相似，虽然“一战”中日本是战胜国，但是日本的工业能力很弱，国内资源贫乏，市场缺少购买力，所以日本经济完全经不住打击，日本政府和国民开始将过剩的人力和产品向中国市场转移。1931 年，面对国内大批银行和工商企业破产倒闭，日本政府开始推行自上而下的国民经济军事化，通过以“重要产业统制法”为首的一系列经济统制法令，把工、农、金、贸各领域的重点企业控制起来，在各个部门中强行组织大集团规模的托拉斯，然后，政府向各垄断企业发出大批军事订单，加速生产军工产品。在此期间，日本政府还投资 10 多亿元兴建、扩建和改组国营军事工业，从此时开始，日本的军事扩张之路，已毫无掩饰地暴露出来。从世界经济与政治格局上看，全球极不平衡的经济危机正悄然孕育着极不平常的政治危机，而这种畸形的政治危机，正向贫穷落后的中国转移。

在世界政局风云变幻，迅速形成一股大的战争风暴袭向中国之前，中国的政治、经济形势却一盘散沙，天灾人祸频频光顾这片多灾多难的土地。

先说天灾。1931 年 7 月中到 9 月末，中国长江、黄河、珠江、松花江等流域全部普降大雨，导致十七省受灾，灾民八千多万，占全国总人口的四分之一。面对广大城乡人民陷入严重的生存危机，国民政府财政部在 8 月 16 日成立了专门的赈灾机关——国民政府水灾救济委员会，[1]由宋子文担任委员长兼财务组主任，孔祥熙任联络组主任，全权负责各省市赈灾与重建问题。而人祸是在这全国天灾蔓延的时候，发生了政府内部的汤山事件，将中国政坛的一锅粥打翻，使中国政治顿时陷入危局，出现严重的政治危机。

汤山事件，是由国民党内部制宪问题所引发的权力纠葛。2 月 28 日，蒋介石约胡汉民到总司令部晚宴，由于胡汉民与蒋介石的政治主张相距甚远，蒋介石一怒之下下令将胡汉民软禁，送去南京郊外汤山。蒋介石囚禁胡汉民后，全国一片哗然，蒋介石没料到胡案发生后，国民党粤派要人孙科、古应芬、王宠惠、刘纪文等人，会纷纷离开南京前往广州，建立反蒋新政权。

这中间最卖力的是胡汉民的重要亲信古应芬。古应芬是宋子文的前任政府财政部长，同广东地方势力有着十分密切的关系。他到广州后，立即派人会晤广东王陈济棠，后两人又将孙科、汪精卫等西山会议派人物和全国其他反蒋势力如冯玉祥等人整合起来，形成一股以广州为中心的新的反蒋力量。

5 月 3 日，以陈济棠为首的广东将领联名通电反蒋，陈济棠当时手握重兵，广东又是国民政府重要的财赋之区，这一通电使全国为之震动。八天后，李宗仁、白崇禧、张发奎等通电响应，至此，两广连成一片。25 日，以陈济棠为首，汪精卫、孙科、李宗仁等人联名通电，以最后通牒的姿态限令蒋介石 48 小时以内自行引退，不然，则兴兵讨伐。

一时间，乌云压城，笼罩南京上空。

而南京方面，以军方何应钦等为代表，向广东陈济棠等人发出“忠告陈济棠”之通电。48 小时后，蒋未有任何动作。陈济棠、汪精卫、孙科等人虽未兴兵讨伐，却于当晚在广州召开了中国国民党中央执监委员的非常会议，宣布在广州另立“国民政府”。

正当宁粤双方剑拔弩张、鹬蚌相争的时候，日本人突然侵占东北，让双方措手不及，这也就出现了蒋介石拟派蔡元培、张继、陈铭枢三人赴广东斡旋，呼吁统一团结抵御外侮的这一幕。

9 月 28 日和 29 日，蔡元培、张继、陈铭枢与汪精卫、孙科等人在香港会谈，达成初步的合作意向。紧接着，粤方要人提出要直接与蒋介石对话，将会议移上海国民党元老伍朝枢在戈登路的私宅举行，确定国内两个政府的内政整合问题。在上海会议前，陈铭枢以确保会议双方要人安全为由，突然将其在江西的十九路军两万多人调往上海市郊。在那种非常时期，陈铭枢因立场上的暧昧态度，让双方都不愿开罪于他，也就让十九路军如愿以偿。

上海会议后，蒋介石宣布下野，辞去国民政府主席、行政院院长及陆海空军总司令等全部职务，将南京政府全权交由广东派系主持。12 月 28 日，蒋介石给驻军上海的赵君迈和国民党中央要员何成濬、阎锡山、覃振、张继、居正、宋美龄等发电，让他们“顺从新政府，静观后效”[2]。赵君迈当时虽算不上中央要员，但其所处位置极其重要，蒋在上海会议期间的安全，都仰仗着他的护卫。这点，从蒋给赵所发的电文可见一斑。

粤系代表从蒋手中接过政府大权后欣喜若狂，迅速接过权力并完成交接，林森为国民政府主席，孙科为行政院院长。新组成的政府为了巩固地位，推举中立的粤军将领陈铭枢出任行政院副院长兼京沪卫戍司令长官。陈铭枢也就顺理成章地将他的子弟兵十九路军，从临时维持治安变成了正式进驻上海，实现了从糠箩到米箩的龙门一跃。

很多人对十九路军的情况也许不是很了解。因为这支队伍从名称、编制上看，与正规的集团军有些不同。在国民革命军序列里，不同时期都有几支特殊编制的某路军，处在地方军与国民革命军之间，既在国民革命军的体制之内，又游离于军委会的整体之外。

1925 年 7 月 1 日，国民政府在广东建立后，为统一部队建制，将粤军第一师扩编为中国革命军第四军，李济深任军长，陈铭枢任第十师师长，蒋光鼐任副师长，参谋长朱绍良，蔡廷锴任第十师二十八团团长，二十九团团长是范汉杰，三十团团长为戴戟。

1929 年北伐结束之后，南京政府调整全国陆军，蒋介石将广东各部队统一改编为中央军番号，由陈济棠任总指挥，陈铭枢为军长，下辖五个师，蒋光鼐任第六十一师师长，蔡廷锴任第六十师师长。之后，陈铭枢出任广东省主席，将蒋光鼐师和蔡廷锴师从中央军中剥离出来，经编后改名为十九路军，辖三个师，每师辖两个旅，每旅辖三个团，共一个军，约三万多人，总指挥为蒋光鼐，军长兼副总指挥为蔡廷锴。三个师长分别为：第六十师师长沈光汉，第六十一师师长毛维寿，七十八师师长区寿年。

从十九路军的历史沿革看，他的老板一直是陈铭枢。陈铭枢也将十九路军当成他个人的政治资本，长期在十九路军内部以家长自居。“一·二八”淞沪战役后，陈铭枢要在福建另立政府闹独立，蒋光鼐开始就知道是注定要失败的，但还要跟着干，有人问他为什么，蒋光鼐回答说："我有什么办法？我们要不干，真如就要自杀，横竖十九路军是真如的家当，他要拆散了，我们也只好由他。"[3]

十九路军是陈铭枢的家当，他不容许外人染指十九路军的任何事务，但十九路军毕竟吃的是政府军饷，如果要接着吃下去的话，就得替政府做事。1930 年，蒋介石要将他们十九路军调往江西"剿共"，作为政府委员兼广东省主席的陈铭枢也没办法，在很不情愿的情况下，让自己的子弟兵们上了前线。哪知道，1930 年 8 月，十九路军在兴国县高兴圩与彭德怀的红三军团展开遭遇战，战斗持续三天三夜，红三军团发起猛攻，冲破十九路军防线，十九路军损失惨重，差点全军覆灭。蔡廷锴好不容易才率部队突围出来，逃过了大难，十九路军已伤亡过半，由于十九路军的全线溃退，导致蒋介石发动的此次围剿彻底失败。战役结束后，陈铭枢让蒋光鼐、蔡廷锴率领十九路军近两万伤残官兵，从兴国退到赣州休整，等待机会东山再起。

也就是在此时，国民政府内部再次发生了分裂，陈铭枢借机将上海、南京、苏杭这几大块中国最好的肥肉，顺理成章地抢到了自己手中。1931 年 12 月 21 日，十九路军参谋长戴戟被任命为上海警备司令，这也是京沪卫戍总司令陈铭枢的安排。

当十九路军众官兵接到部队进驻京沪的消息后，都非常高兴，这可以说是给十九路军总指挥蒋光鼐和军长蔡廷锴一个休养生息的好机会。这种感觉是没带兵经受过穷日子的人无法感觉到的。十九路军当时的情况是不仅在剿共时元气大伤，而且官兵们连每月正常的军饷都领不到，状况非常窘迫。

面对眼前这块到手的大蛋糕，总指挥蒋光鼐和军长蔡廷锴立即作了重新分配。蔡廷锴的外甥区寿年师长的七十八师分到最大一块，随军部进驻上海市南翔地区，沈汉光师长的六十师略小，进驻苏州，而毛维寿师长的六十一师分到了剩余部分，接防京沪沿线的龙潭、栖霞山、镇江一带。

就在中国政府处于真空状态而百姓在天灾中苦苦挣扎的时候，日本自然不会放过这样一个浑水摸鱼的千载良机。

日本通过"九·一八"事变侵占了中国东北三省后，国联正组织调查团调停此事，为了转移国际视线，日本在上海开始有意地制造事端，为其顺利建立伪满洲国制造机会，这是日本独占中国称霸东南亚的既定国策。日本学者信夫清三郎在其《日本外交史》中指出：上海事变是为了把各国的注意力从满洲转移到上海，以完成对满洲的侵略而发动的一场战争。所以，1932 年"一·二八"淞沪抗战，虽说由民间客观事端引发，但从战略上说是日本蓄意挑起的，因为"一·二八"淞沪之战，是日本侵华总战略中的重要一环。由于事变的爆发，世界的目光开始转向各国权益交错的上海，关东军乘此时机，一步步地完成了伪满洲国的建国计划。

排日抵货运动在民间兴起

从外表看，1932 年春的上海，似乎还显露着大都市的淡定与繁荣，但在它的政府内部却已是暗流汹涌、杀机四伏。

这说来也是中华之屈辱。日本弹丸之地，其土地不过中国两省大小，甲午海战前，其国库现银不满五百万两，水师不满八千，竟以侵略发家，以吞噬中国的血肉滋补并强壮着他们的身体，这确实让很多中国人气得要发疯。于是乎，自1928年爆发济南事件后，中国北方便兴起了一股排日抵货运动，到“九·一八”事变后，排日抵货运动已风行全国。这中间，执中国经济之牛耳的上海，自然不会甘于人后。各种名义的抗日团体如雨后春笋，有为东三省抗日将士们募捐的，有在学校、工厂组织义勇军的，有组织上海市各大、中学校学生罢课的。闹得比较大的一次是1931年10月，在赵君迈所在的税警总团团部徐家汇地区，有抗日团体在天后宫庙内，关押了经营日货的67人，后又在租界处的中国商店里，展出了71幅抵制日货的不同漫画，在全市张挂了206幅各种不同的标语，散发了402种各不相同的传单。

就在上海市掀起声势浩大的抗日热潮时，日本人也加紧做着侵略上海的准备。

11月2日，三千多名日本人在上海召开了长江流域日本人联合大会。会后，日本人开始抱团在上海市区内到处行凶滋事。

1932年1月上旬，日本关东军高级参谋板垣征四郎大佐，在东京向裕仁天皇及参谋本部报告侵略中国东北的情况之后，即电示驻华公使馆陆军武官田中隆吉少佐称：满洲事变按预计发展，请利用当前中日紧张局面进行你先前策划之事变，使列强目光转向上海。田中心领神会，不久就制造了日僧事件和三友实业社事件，使上海的局势骤然紧张。

1月10日，预感到风雨欲来的蒋介石，从老家奉化向南京的何应钦、谷正伦建议，上海应多派两团宪兵保护，并点名归上海警察局温应星指挥。[4] 老蒋话音刚落，上海便出了大事。

1月18日下午五时，五个日本和尚，说是一起出去做佛事，却闯进了中国地界的三友实业社。上海三友实业社是我国织造业颇具规模的工厂，其创办人陈万运颇具经营头脑，他最早在上海以一种小豆腐干起家，他的小豆腐干是用蘑菇汁煮成，再切成小方块外面用薄纸包裹，每八小块一包，售铜元一枚，生意好得不得了，这也为陈万运赚取了第一桶金。后来，陈万运又与两个朋友合伙创办了三友实业社，以制造三角牌毛巾和西湖毛巾出名，随后企业规模逐步发展，三友实业社不仅在沪郊高郎桥设厂，还在杭州设立了分厂，成了上海最大的实业之一。[5] “九·一八”事变后，该厂组织了工人抗日义勇军，提倡国货抵制日货。后来，陈万运干脆提出建立国货联合会，引来同业的拥护，陈万运也成为上海国货联合会会长。也正是这个国货联合会，成了日本人的眼中钉。此次日本人闯入工厂时，看见该厂工人正在张贴抗日标语，于是乎，这五个所谓的僧人上前干涉，与一群中国人发生冲突，冲突中双方互有损伤，意外的是冲突导致一名日本和尚最终死亡。这件事被日本人抓住后放大，让中国与日本的矛盾逐渐升级，最终竟成了淞沪战役的导火索。事后看来，这是日本人导演的一场有预谋的事件。

说它是预谋有两方面的根据：一是日期的选择，日本人行事很讲究日子的选择，他们对中国进行侵略的所有日子，都是经过精心策划的大日子，如“九·一八”“一·二八”、“七七”、“八·一三”，这些数字都包含了一定的意义，绝不会是一个又一个的偶然。

二是解决问题的方式。本来，双方发生冲突是纯粹的民间行为，应由民间的社团出面解决，那时候无论是中国还是日本，民间之事自有民间的解决之道。比如在上海的十里洋场上，充斥着各种商会、社团和各种同乡会等帮派势力，就说社团中的同乡会，中国人有，日本人也有，很多大事件都可通过同乡会来解决。当年上海宁波商会闹得满城风雨尽人皆知的大世界舞台事件，就是商会出面处理解决的。

上海大世界舞台事件是一王姓宁波戏迷所引发的。王到黄楚九所办的大世界舞台看谭鑫培的《盗魂铃》。这出戏中有个噱头，就是谭鑫培演猪八戒盗魂铃时，预先在台上布置了四只半台子，到时要翻台子显身手，而黄楚九怕他累着，就对谭鑫培说，你已年迈，名闻南北，犯不着再翻台子博取声誉，意思一下就行了。谭鑫培听他的话，后几场演出时，就在台上作了一个象征式翻台子，实际上是由高处走下来而已。当谭鑫培着地时，王姓戏迷竟大喝倒彩，恰巧黄楚九在旁，伸出手掌就掴了王姓戏迷一个大耳光。王姓戏迷见黄楚九身边人多势众，想到好汉不吃眼前亏，一时忍气吞声没有说话，但次日向宁波同乡会申诉，说自己被人欺负。

中国有句老话，叫“人傍亲走，虎随山行”，在交通不很便利世道不很太平的时代，老乡是算得上半个亲人的。宁波同乡会在上海声势很大，连虞洽卿这样的大佬都是他们的会员，哪容得下老乡被人欺负。当即召集宁波同乡会员大会，向上海大世界舞台兴师问罪，提出好多赔偿条件，否则，全上海的宁波人准备天天去大世界舞台闹场子，这弄得老板黄楚九毫无办法，最后，只得亲自到宁波同乡会去摆酒、叩头认错，并接受赔偿条件，这件事才得以解决。

在上海的日本人其实非常清楚中国民间社会的这套运作模式，他们在上海成立了几家很大的社团，像日侨总会，就是专门来处理日本侨民事务的，但此次，他们却不以民间社团的名义解决问题，而是寻求政治解决。

三友事件发生的当天，有一千二百多名日本侨民聚集在文监师路的日侨总会召开大会。大会后一起前往日本领事馆求见日总领事，请政府替侨民做主，见了领事以后，他们又到北四川路附近的日本海军陆战队司令部，请求军队支援。

1 月 20 日下午，日本总领事就 1 月 18 日发生的事件向上海市政府提出下列要求：①由市长正式道歉；②立即逮捕凶手；③支付赔偿金和医药费；④以适当手段取缔排日运动；⑤立即解散一切鼓励敌对情绪并从事排日煽动与骚乱的抗日组织。[6]

第二天上午，上海市市长吴铁城就日本总领事所说的事项给予答复：前三点可以考虑，但后两点难以照办。[7]

日本总领事接到答复的当天，日本海军遣外第一舰队司令盐泽少将对外发表了一项声明，声明措词强硬，称：关于抗日会成员伤害日僧一案，本司令官兹请上海市市长接受日本总领事所提出的各项要求，并履行这些要求及早给予圆满的答复。若无令人满意的答复，本司令官已决定采取适当手段，以保护日本的帝国权利。盐泽的声明发表后，日本总领事通知上海市长，声称若在适当的时间内不见答复，或者答复不能令人满意，日本政府保留按情况所需采取行动的权利。

撤离命令刚下，区寿年暴跳如雷

1 月 24 日，上海多家日报都登载了日本单方面对中国政府开出的新的正式条件：①驻上海之十九路军应于本月 28 日以前，撤退 30 公里，并不得有敌对行为；②查封上海《民国日报》，并取缔抗日分子；③日方被三友实业社工友打伤人员要赔偿抚恤金；④上海市政府须向日方道歉；⑤ 此后不得再有类似事件发生。

很快，当十九路军军长蔡廷锴从报纸上看到上述条款时，南京政府的撤兵命令就已经到了。

24 日下午一时，南京政府军令部部长何应钦专程从南京到上海张静江公馆约见了蔡廷锴。何应钦对上海纠纷问题，直接表明了政府的几条观点，说：上海日方无理要求，要十九军撤退 30 公里，政府本应拒绝，但现在国力未充，百般均无准备，日敌虽有压迫，政府均拟以外交途径解决，为保存国力起见，不得已忍辱负重，拟令你军最短期间撤防南翔以西地区重新布防，望兄遵照中央意旨，想兄也同意。

蔡廷锴听到何应钦部长的训示，感到很委屈，表示撤离上海后要北上抗日。何应钦见他没有拒绝撤离上海，很高兴，对他所提出的要北上抗日不仅不反对，还极力安慰，他以为这事情就这么定了。哪知第二日上午，蔡廷锴请区寿年师长来面商撤退事宜的时候，情况又起了变化。

十九路军内部的人都知道，陈、蒋、蔡三人长期面和心不和，都想把十九路军培植成自己的私人资本。十九路军旅长以上的将官，也都是以陈铭枢、蒋光鼐、蔡廷锴各自的亲信人马为主，像驻上海的七十八师师长区寿年，便是蔡廷锴的亲外甥。

当时，舅舅蔡廷锴的话刚说完，外甥区寿年立即暴跳如雷："算了，算了，不用做军人了，回去做农民算了。"这外甥本身就是农民出身，现在财路就在眼前，你让他突然闯入金山看一眼，却又让人马上离开，他当然很生气。这区寿年的七十八师是去年秋开进上海的。由于人地生疏，再加之上海是各国势力或中国政界势力的云集之地，刚开始十九路军并没有得到上海市各界的拥护与支持，没有衣食父母的支持，他也就谈不上得到了什么大的实际利益。区寿年也不敢造次，他在等待机会。上海毕竟是财富云集的地方，当年上海与江浙地区的全年收入就占了全国财政的 40% 以上，谁都明白，掌握了这些地区的军政大权，何愁少得了银钱花。但就在这机会要来临的时候，却突然有人要十九路军从上海市撤离，显然不符合十九路军的利益。

蔡廷锴听他外甥区师长发这么一通脾气后，本已摇动的心改变了主意。虽说蔡在何应钦面前没有拒绝撤兵，但也提出了很多具体的条件。就是要走，也得将各项条件满足之后。

当听说蔡廷锴提出要北上东北去抗日，无论是南京政府和上海市民都举双手赞成。上海市民还自发地为十九路军北上抗日捐款捐物，其中，还有媒体特别提出，要为士兵每人捐一件皮上衣，但十九路军在收到上海各界送来的一大批礼金和物品后，并没有任何行动。直到27日，眼见日本政府对中国政府的通牒期限已到，这让南京政府和上海市民都有些急了。

27日上午9时，上海市商会主席王晓籁及上海市名流杜月笙等，再次到蔡廷锴府上来慰问并赠送巨额献金，劝蔡廷锴遵守承诺。

王晓籁对蔡廷锴说："贵军长体念政府的苦心，遵命撤退上海驻军，以求息事宁人，保存上海数百万人生命财产，同人等无不钦佩，除代表上海民众慰谢外，并预祝军长北上杀敌成功。"从王晓籁的谈话中可以看出，蔡廷锴确实是答应了南京政府要撤离上海。蔡廷锴也明白王、杜之来意，他心里很清楚，从南京政府到上海市民，都希望对日战争能不打则尽量不要打，能晚打则尽量不要提前开打，能在其他郊区和农村打，就尽量不要在繁华都市打。因为当时的上海，经过中国几辈人长达上百年的苦心经营，已经成为世界知名的国际大都市，是中国最大的工业基地、金融中心和贸易港，被誉为"冒险家的乐园"、"东方巴黎"。上海的工业化水平远远高于香港，在亚洲属于领先地位的一流城市，是远东地区的国际金融贸易中心。

蔡廷锴明知王晓籁他们的意愿，将战火引向上海，就如同将外人引到你装满古董的客厅里打架，势必给主人造成无法估量的损失，但蔡廷锴收下二人送上的献金后，也并未对他们作任何表态。

当晚，何应钦给蒋光鼐、蔡廷锴发来急电：着该军忍辱求全，避免冲突，万勿妄动，以免妨碍国防大事。何所说的国防大事，就是指东北方面问题。当时正值"九·一八"事变进入国联诉讼的关键时期，中国南京政府驻国联代表施肇基，在国联于日内瓦召开的第12届年会上，请求国联立即有效地依照《盟约》条款，采取适当措施，使日军退出占领区域，国联对中国的提议很重视，也作出了相关决议。只是日本置国联决议和中国提案于不顾，正在拖延滋事。

从这些宏观的战略全局考虑，这年确实不是一个与日军全面开战的最佳时机。三次下野后正在浙江奉化老家的蒋介石，正密切地关注着时局的发展。

十九路军一开始就没打算走

关于蒋介石对抗日问题的认识，在"九·一八"发生不久，1931年10月7日，蒋介石就曾在日记中这样写道：

此次对日作战，其关系不在战斗之胜负，而在民族精神之消长，与夫国家人格之存亡也。余固深知我国民固有之勇气与决心早已丧失殆尽，徒凭一时之兴奋，不具长期之坚持，非惟于国无益，而且反速其亡，默察熟虑，无可恃也。而余所恃者在我一己之良心与人格，以及革命精神与主义而已。是故余志已决，如果倭寇逼我至于绝境，迫我民族至无独立生存之余地，则成败利钝自不暇顾，只有挺然奋起，与之决一死战，恃我一己之牺牲，以表示我国家之人格，以发扬民族之精神。

在“一·二八”上海沪淞战役前，蒋介石认为要抵抗敌人，就先要明了敌人的情形，当时敌人无论在军事上、经济上、政治上、社会民生方面都已准备好了。就军事上来看，日本的陆军有三百三十万人，海军已有一百二十万吨的舰船，空军有飞机三千架。而中国方面在抵抗敌人的条件上，是一点也没有准备。不仅在物质上和实力上没有准备，就是在思想上、精神上也都没有统一，如果在这样的情况下和日本打，我们有什么办法去抵抗敌人？不待敌人来打我们，我们国内就要内乱。

蒋介石对中日问题的判断，与蒋廷黻在《独立评论》上所发表的言论不谋而合。蒋廷黻说：仓促对日作战将遭失败，现代化的战争需要长期准备，然后全国总动员。事实上，在匆促的情况下对日作战，从军力上说，谁都不能回避中国的作战准备和作战能力这样一个现实问题，中国军队无论在装备上还是在训练上都与日军有巨大差距。

而从财政状况来看，财力上的客观条件也不具备，当时赵君迈从财政部宋子文处了解到，南京政府要打仗时才发现基本上是无财政可言，财政部的国库里仅仅只有 300 万元现款，而照中央军政费每月 2200 万元财政支出计算，300 万仅够维持中国现有军队四天开销。[8]

还有一个更重要的不能打的原因，就是国家政令尚未统一。在中央政府方面，刚刚成立的国民政府，将蒋介石排斥在中央权力核心之外后，新的核心或是领导集体，其威望尚未形成，而在地方，情况则更为复杂，全国大小六十多个军阀或武装割据一方，诸如山东韩复榘、四川刘文辉、贵州周西城、云南龙云、青海马步芳、宁夏马鸿达、新疆金树仁、盛世才和中共在赣、湘、鄂、皖等省建立的苏维埃政权等，都独占一方各自为战。此时，中国政府和人民已陷入内忧外患的可怕局面，再面对这样一个敌手，不可能主动出手，就如同两人打架，有修为之人在面对对手挑衅时，第一次是必须忍让的，第二次再忍，当遭遇第三次时，则无论能否打赢，必全力回击之。中国对日本的态度也是这样，当时局还没有将我政府和人民逼到绝境的时候，虽说中日双方必有一战是不可阻挡的大势，但什么时间战，在什么地点战，显示着中国政治人物的政治智慧，即使是最终战争不可避免，但将对决的时刻推迟得越晚，就越有胜利的机会。

深知中国国情的蒋介石和南京政府，与十九路军在上海的对日问题上，自事件一开始就是同床异梦，而采取的处理方式也截然不同。比如蔡廷锴进驻上海之后，他考虑的更大问题是部队的长期经费与发展方向。按当时的情况，选择与日一战，并不是十九路军的唯一选择，也不是十九路军的唯一目的。因为当时的局势，南京政府通过外交协商的途径，已使紧张的局势得到缓解，只不过这种结局对于十九路军来说，是最不能接受的现实。因为他们虽已暂时得到了政府补发的部分军饷，也得到了上海市民的几次献金，但这与他们的期望值相去甚远。还有那寒冬腊月的天气，十九路军官兵们在上海的寒冬里，身上穿的都只是单衣，官兵们穿这身单衣呆在上海的营房里还能挺过去，但真要再北上，很多人不要说抗日，只怕已先冻死在了去抗日的路上，这可以从赵君迈在上海的留日同学夏衍那儿证实，夏衍说：

当时正值严寒，十九路军还穿着单衣作战，所以我们就发动了募集棉背心运动，名义上叫募集棉背心，事实上凡是可以御寒的衣物一律都收，由于“九·一八”以来在上海的日本人不断挑衅，上海人民早已憋着一肚子怒火，所以一经号召，“为十九路军捐助寒衣”的运动就像野火一样地蔓延扩大，学生、工人、店员一起来，小商小贩，后来连资本家、社会名流也觉得不甘落后了。[9]

在这样的情形下，让十九路军离开上海北上，显然，十九路军的高层都不愿意，因为那样才是真的要了他们的命，他们将重新回到过去的苦日子之中。

1月27日夜，何应钦已经感到势头有些不妙，他在与蔡廷锴通话中，告诫蔡廷锴万勿妄动，以免妨碍国防大事，但蔡廷锴放下电话，已开始跟南京的陈铭枢确定了上海的防御地点。

据十九路军第七十八师上校军械处长王大文回忆：十九路军自1931年10月起，就未领到分文军饷，截止1932年5月底，军政部欠发十九路军军饷达八个月六百余万元之多。而十九路军发动淞沪抗战之后，受到全中国人民的大力支持，海内外同胞捐给十九路军的款项达七百万元之巨，光捐款献金这一项，就让十九路军的财政扭亏为盈。

曾任十九路军财政官员的邓瑞人，是蔡廷锴的亲信，与蔡的关系素来私密。邓瑞人将所得捐款代表一部分十九路军军官，在国华银行以五万元入股，购买了银行部分股权。后因邓瑞人的关系，十九路军的金融业务长期单独授权国华银行打点，当时，仅海外捐给十九路军官兵的汇款，就在数百万元以上，全部存入国华银行。国华也给十九路军官兵以种种便利和优惠，如对十九路军的汇款一直免收汇税。国华银行与十九路军的合作关系，直到福建事变后，国华银行被查封才解除。

“一·二八”战役爆发后，十九路军抓紧利用社会各种捐款，向上海各洋行购置大批最新式的武器弹药，使十九路军的人员与装备迅速发生根本改变。根据十九路军第七十八师上校军械处长王大文透露：每连得到三支捷克式ZB－26轻机枪，每团的迫击炮连得到六门迫击炮。最令人不可思议的是，十九路军三个师的部队在“一·二八”战役前有两万多人，而淞沪停战后，十九路军已扩充为五个师，达五万多人。[10]

十九路军沿袭的是家长制的管理模式，正所谓绝对的权力带来绝对的腐败，其权力不受外部的监督与制约，就使得十九路军高层生活腐化更为严重，这些内在的深层因素，也加深了十九路军领导层的内部矛盾，从而加速了十九路军的瓦解。“一·二八”战役结束后不到一年，十九路军就因为福建事变而遭遇全军覆灭，百姓的大笔捐助，全被他们消耗在了内战之中。

“一·二八”前我军的军力状况

在“一·二八”淞沪保卫战的历史回顾中，由于缘由错综复杂，结论也很难一概而论，但有一点可以明确的是，在日军炮火对着我上海领土发射时，无论个人和团体持何立场，那股沸腾的民意根本不允许任何一个领导人有一丝一毫的犹豫，也没有一位领袖能面对敌人的残暴行径无动于衷。但是，具体到究竟要怎样做，却又没人能站出来说出个所以然来，这令赵君迈与上海的很多政界、军界的大佬们有些无所适从，纷纷打电话向蒋介石请教，蒋通过上海市市长吴铁城向赵君迈等人转来一句话：“抵抗日寇不在高唱空调，而在证之行动，时值国家将亡，个人当尽天职，不计毁誉，以保党国。”[11]

蒋介石尽管开始时也有这样那样的顾虑，但事实一旦既成后，也只能接受挑战，率领中国军队迅速投入战斗，并以中国的资源消耗来换取日军的资源消耗，以中国官兵们的血肉之躯来抵挡日军的坚船利炮。当时，中国政府在京沪线和沪杭线上驻防的兵力很少，只有六个师的兵力，而蒋介石全部做了相应调动，他除了先将八十七师、八十八师和中央军校教导总队推上上海前线外，另外还急调杭州的上官云相部，江西的蒋鼎文部和河南的胡宗南部，火速向上海增援。

就说赴上海的八十七师、八十八师和中央军校教导总队，那可都是中央军精锐，其人员与装备实力均不在税警总团之下。特别是八十七师、八十八师，这两支部队的前身是蒋介石的个人警卫师，该师士兵原本都是孙中山或者蒋介石的个人卫队，人员也都是千挑万选的精英。1931 年 3 月，蒋介石把警卫师一分为二，拆分成两个整编师，也就是第八十七师和第八十八师，隶属于中央直属的警卫师。这两个师早在 1927 年，就聘任德国军事总顾问马克斯·鲍尔，进行过系统的指导性训练，这两个师的装备也全部由德国本土运输而来，非常精良。根据当年德国军事顾问向国民政府提供的《陆军改革建议书》中的建议：中国急需的不是人数庞大的陆军，而是全力建设一支训练精良、装备齐全的精英部队，应先建立一支模范队伍，再逐步推广到其他部队，从而完成国军的改造。按照德国顾问的意见，中央直属的这两个师和中央教导总队，都是作为国军的示范单位来建设的模范师，后来的六十个德械师的编组计划，都要以这三支部队为模板组建。所以张治中率领的第五军所辖八十七师、八十八两师战斗力非比寻常。而参加上海“一·二八”淞沪会战的赵君迈所在的税警总团，无论是总团的人员训练素质、武器装备、人员薪酬待遇，都比一般的步兵师要高得多，战斗力非常强悍。

比如赵君迈的第一团，其编制相当庞大，每班有士兵十四人，每班配备轻机枪一挺，六个班为一个排，三个排为一个连，每连共计 252 人，相当于甲级正规军两个连。一营辖四连，赵君迈的第一团除统辖步兵三个营外，另有一个直属炮兵营，每连配六零炮两门，特务连七个，第一团战斗兵员共近六千余人。[12]

而总团像赵君迈这样的团有三个，总团部还直辖特务营、高炮营、炮兵营、通讯营和幕僚机构八大处，另加一个由八名德国军官组成的顾问团，整个税警总团拥有人员近两万余人，这两万多人首先在人员素质上就非同一般。在赵君迈团中，连以上军官大部分由留学欧美的军官担任，官兵的文化水平，军事专业技能，都高过包括黄埔军校训练出来的其他队伍。除此以外，税警总团武器装备均由财政部通过德国买办怡和洋行直接从国外招标采购，精良程度非一般部队可比，其步枪主要是德制1924年式标准型毛瑟系列枪，轻机枪多是进口的捷克ZB26，重机枪则多为马克沁二四式水冷式重机枪，手枪是闻名遐迩的7.63毫米毛瑟M1932。[13]

而在官兵待遇一项上，赵君迈他们的税警总团是拿每年偿还八国银行团借款的盐税剩余款项做给养的，其军费完全脱离中央财政，一切编制、装备、人事全凭宋子文个人把握。宋子文创建这支队伍的目的很明确，就是要把税警总团建成一支中国一流的精悍武装力量，所以税警总团的待遇远远超过其他军队。这使得税警总团名副其实地成了中央嫡系正规军之外的又一支精锐部队。

在赵君迈等将领率领税警总团参加的“一·二八”战役中，由于顾忌到八国财团的非议，宋子文让赵君迈他们对外以第八十八师独立旅的番号参战，直接受第十九路军总部指挥。因这名分问题，后来给赵君迈他们的税警总团带来了很多麻烦。

注释：

[1] 王云五．岫庐八十自述．台北：台湾商务印书馆，1967

[2] 国史馆 002060100043028．蒋中正电何成濬、阎锡山、赵君迈、覃振、张继，1931－12－28

[3] 陈公博．陈公博、周佛海回忆录合编．香港：春秋出版社，1971

[4] 国史馆 002010200063025．蒋中正电何应钦、谷正伦，1932－01－10

[5] 陈存仁．抗日上海生活史．桂林：广西师范大学出版社，2008

[6] [7] 吴铁城．吴铁城回忆录．台北：三民书局，1958

[8] 王松．宋子文传．武汉：湖北人民出版社，2006

[9] 夏衍．懒寻旧梦录．北京：三联书店，2006

[10] 宋希濂．我参加“讨伐”十九路军战略的回忆

[11] 国史馆 002090200005357．蒋中正电吴铁城，1932－02－01

[12] [13] 范国平．抗战劲旅税警总团．炎黄春秋，2005（6）

战前上海租界区内实施戒严令

捌 战，还是和：不能回避的现实问题

我承认这次上海战争，还不是军事战争，而是政治战争。倘若在闸北不流一滴血，闸北必将变为日本的租界，你们十九路军什么也得不到！

——陈公博

就在全世界都以为上海的天空已经飞起了和平鸽的时候，风云突变!

1月28日夜11时25分，离午夜零时还有最后的35分钟，日本海军陆战队司令盐泽将一份最后通牒的副本送到上海市龙华警备司令部，然后开始给上海的日本军队作战斗部署，他把一千多名日本武装陆战队员分成五个队，每队二百多人，配备小钢炮、机关枪、铁甲车，分成五路向上海发起攻击。

当时，在闸北负责接防的宪兵团团长齐学启，还正在与十九路军七十八师一五六旅第六团团长张君嵩寻求交接防的时候，突然遭到日军开枪射击，随之双方与日军枪战。

“一·二八”淞沪抗战打响了!

十九路军向税警总团借胆

说来很多人也许不信，战前，十九路军还曾向税警总团借胆。但只要细细将事件的缘由解析开来便没有什么信与不信的问题。借胆，在中国民间是件常见的事情。民间有句话叫“借你一千个胆，你也不敢把他给怎么样”，说的就是借胆问题。借胆在现实生活中，有很多活生生的事例，淞沪抗战最初也是这样，如果没有外力的借助，十九路军怎么敢在上海和日本人干上一场。因为这个军的官兵每天连饭都不能吃饱，基本的武器装备也没有，拿什么去与日本人打?

在华振中、朱伯康所写的《十九路军抗战血战史》一书中，他们对战前十九路军在上海的人员与装备有细致入微的描写：“从表面上看，都是些十二三岁，乃至十四五岁的小孩子，又因我军服装不太讲究，如对襟的大棉衣，中国式的裤子，不圆正的军帽，广东军的草鞋等……”[1]这样的装备，不要说和日本人打，就是跟江西井冈山的红军打，他们都不是对手，所以，光凭他们自己的力量这仗怎么去打？他们也明白，打仗并不是完全靠口号来完成的。

1月23日，上海十九路军在正式决定要与日军开战前，曾出面召集驻上海部队营长以上干部开了个紧急军事会议。说是上海的所有部队，但上海在当时除了十九路军外，剩下的就是赵君迈他们的税警总团，所以说十九路军在战前向税警总团借胆，是千真万确的事实。十九路军为什么要向税警总团借胆？我们只要清一下双方桌面的牌就知道。

从1931年10月到“一·二八”前，十九路军也就区寿良的七十八师一个师的兵力进入了上海，而沈汉光的六十师还在苏州，毛维寿的六十一师在京沪沿线一带。

区寿良的七十八师从税警总团的手中接过上海龙翔地区的防区，也不过两三个月的时间，无论从哪一方面来说，十九路军在上海都不具备与日本人打的实力，但不打就这么退出，又实在是于心不甘。开始时，十九路军总指挥蒋光鼐和军长蔡廷锴对外不断喊话，表示出很大的抗战决心，也不过是图图嘴上的一时痛快，并没有真的想在上海干的意思，后来越说越真，等到要与日本人打起来时，才发觉是心有余而力不足。于是，陈铭枢从南京给蒋光鼐和军长蔡廷锴建议，先摸一摸上海市的国防实力，听听上海各位军官的意见，再权衡是否真的下决心与日一战。当赵君迈与税警总团的高级军官们一道，去上海市龙华警备区司令部参加这个会议时，才发现气氛有些不对。

会议一开始，十九路军几位大当家如蒋光鼐、蔡廷锴为抓住机会，轮番上阵展开动员，一开场就打出了一张抗日的民族大旗，营造出一股义愤填膺、舍我其谁的气氛。

"日本人这几天处处都在向我们寻衅，处处都在压迫我们，商店被其捣毁，人民被其侮辱，并加派兵船及飞机来沪，大有占据上海的企图。我最近同戴司令一再商量，觉得实在忍不下去，所以下了决心，希望和日军一战。"[2]蔡廷锴站出来开了头炮，他说的戴司令就是上海市龙华警备区司令部的戴戟。戴戟是十九路军的人，赵君迈他们都知道，他原为十九路军的参谋长，一个月前，才由南京政府调任为上海龙华警备区司令，他与十九路军的关系是相互依存的，所以，从他的角度也是绝不轻言放弃上海。蔡廷锴的话一说完，戴戟立即接着上台高呼："弟兄们，天下兴亡，匹夫有责。成败何足计，生死何足论。只有尽我军人守土御侮的天职，与倭奴决一死战，才能算是不辱军人之使命。"[3]

蒋光鼐当天是抱病出席，也没有闲着，他从物质方面总结说："我们虽在物质准备上远不如敌，但我们有万众一心的精诚，就可以打开一条必胜之路。"

赵君迈和税警总团的军官们一听就明白，十九路军将领在战前会议上所做的戏，都是给税警总团的弟兄们看的，因为这会场内除了赵君迈、王赓、古鼎华、张远南、梁思忠、贾幼慧和总团八大处长等税警总团将领五六十人外，其余的就是蒋光鼐、蔡廷锴、戴戟、区寿年、翁照垣等十九路军营级以上官佐和上海保安团的人。整个会场内没别的外人，如果会议结果只对十九路军有用，他们开不开会都一样，因为在十九路军内部，他们几位当家人定下的事情，下面没有谁可以将结果改变，保安团也一样，他们的最高领导是戴戟，最主要的是他们连战斗单位也算不上。而税警总团则不同，正因为上海还有像赵君迈他们这样的税警总团在，对十九路军而言，赵君迈他们总团的实力又是如此重要，所以，陈铭枢、蒋光鼐和蔡廷锴他们才会如此煞费苦心地做了两套方案。

一套方案是税警总团众将领同意打，十九路军也就敢真正地下最后开打的决心；另一套方案就是税警总团的所有将领说是不愿打，那赵君迈他们的税警总团就将为此承担所有后果，他们将成为东北军第二，说轻点是消极抗战，说重点是汉奸的罪名，第十九路军可以据此理由，名正言顺地来缴税警总团的械，再将所有不抵抗的责任推给税警总团。

当时，抗日的问题，已是超出党派与个人恩怨的事情，宋子文、赵君迈等人怎么会不了解此事的分量。庆幸的是，他们在参会前，宋子文就看到了这一点，他曾对赵君迈、王赓吩咐过，如果十九路军真要决心开战，税警团可以全部并入十九路军名义下参与战斗，听从他们调遣。所以，等十九路军几位当家人在会上发言后，赵君迈、王赓也都在会上讲了话，表示愿全力支持十九路军在上海的行动。

赵君迈、王赓代表税警团众将士表态后，让十九路军的几位当家人一下子看到了希望。税警总团在上海的实力是秃头上的虱子——明摆着的，这等于是替十九路军下了对日作战的落音锤。于是，两方人马在会上达成如下共识：

一、据报日方现派大批舰队来沪，有向我政府威逼取缔爱国运动并自由行动之企图。

二、我军以守卫国土，恪尽军人天职之目的，应严密戒备，如日本军队确实向我驻地部队攻击时，应以全力扑灭之。

三、十九路军七十八师第一五六旅担任京沪铁道以北至吴淞、宝山之线，扼要占领阵地。第一五五旅担任京沪铁道线以南至虹桥、漕河泾之线，扼要占领阵地。其余沈光汉师、毛维寿师为总预备队，在原地候命。

四、会战总指挥部移驻真如。警备司令部仍暂驻龙华。[4]

简言之，就是所有参加会议的官佐达成一项开战前提，如日军敢先动手进犯，我上海所有军队将坚决就地抵抗。当十九路军与税警团在私下准备战斗的时候，中国政府在中日关系的问题上，依然在做着最后的和平努力。

1 月 26 日，南京政府正式接受了日本提出的五项要求。第二天上午，日本总领事向外界媒体发表了沪案已得到圆满解决之宣言。下午一时十分，南京政府最高军事当局参谋长朱培德、军政部长何应钦用电报同时拍给南京宪兵总司令谷正伦、十九路军总指挥、京沪卫戍司令长官陈铭枢和上海淞沪警备司令戴戟，电令如下："兹为力图避免彼我双方军队发生冲突起见，着派宪兵一团，即刻开往上海闸北一带接替十九路军防务，归淞沪警备司令戴戟指挥，以资缓冲，仰即遵照办理具报为要。"要求十九路军限期从上海撤退，其防区由南京宪兵总司令谷正伦的警察部队接替。

南京宪兵总司令谷正伦接到电令后，立即派遣南京宪兵司令部中最精锐的宪兵第六团开赴上海，接替十九路军的防务。至此，悬在上海天空的达摩克利斯战争利剑，好像是从上海人的头上高高地举起，又轻轻地放了下来，这让上海市民悬在嗓门上的心，也踏踏实实地收了回来。可就在人们将心刚收回来还不到一天，却又风云突变。从上海突然传来了隆隆枪炮声，将人们的和平梦想打破，以致蒋介石都不能理解："闻昨日对上海日领事之要求，我方已予承认，彼亦已满足，且表示傍晚撤兵，何乃至午夜又起兵也。"[5]这是蒋在 1 月 29 日的日记中记录的真实感受。他当时不明白的是，就在前一天夜里，陈铭枢与蔡廷锴就已经非常清晰地交流了开战的意图，据当时政府实业部部长陈公博回忆，他与军政部长何应钦、外交部长罗文干、行政副院长陈铭枢等几位部长，约定每日在萨家湾外交官处见一次面，以备交换情报。1 月 27 日中午，他们照例会见，那天，何应钦没有来。见面时，陈公博问陈铭枢："真如，倘若日本海军真要打起来，你们是不是要抵抗？"陈铭枢回答说："高佬蔡说上海打不得，那里没有阵地，将来要打，也必定要撤兵至真茹和南翔打。”高佬蔡是蔡廷锴的诨名。

陈公博不以为然地对陈铭枢说：“真如，你错了，你们除非不抵抗，要抵抗还是应该在闸北，你们以为闸北不是阵地，但日本人占了闸北，不来真茹和南翔，你们岂不是有抗战之心，无抗战之实，而且我承认这次上海战争，还不是军事战争，而是政治战争，倘若在闸北不流一滴血，闸北必将变为日本的租界。”

陈铭枢听了陈公博陈述的理由，认为很对，罗文干也承认陈说的话有理由，陈铭枢想一想，采纳了陈公博的建议，即刻在桌上拿起军用电话打至上海找蒋光鼐：“喂！你是景然吗？公博主张除非不打，打就要在闸北，你的意见怎样？”

蒋光鼐一听很高兴，在电话那一头哈哈大笑道：“贤初也是那么主张，就这样干罢。”电话那一头，蒋光鼐大约是与蔡廷锴取得了一致，决定在闸北与日本人开战了。[6]

但这一切，对南京宪兵总司令谷正伦来说，却还蒙在鼓里，他正加紧命令其警察部队中实力最强的宪兵第六团，立即前往上海接防。

说起谷正伦和他的宪兵部队，其实就是湘军的底子，其原班人马与赵君迈兄长赵恒惕以前的湘军是一家人。1926 年，赵恒惕授意部属叶开鑫、贺耀祖归顺广东政府后，两人即成为北伐军中的重要将领，尤其是贺耀祖，国民革命军北伐时，蒋介石委任湖南第一师长贺耀祖为国民革命军独立第二师师长，谷正伦正是贺耀祖的下属。在湘军时，贺耀祖与谷正伦不仅是朋友，也是日本士官学校的同班同学，贺耀祖接受广东政府的委任后，就立即提拔谷正伦为副师长，兼第一旅旅长。

1927 年 3 月，贺耀祖带领国民革命军独立第二师攻下九江。接着，又连续攻占南京，为北伐军立下奇功。蒋介石论功行赏，将贺耀祖的独立第二师扩编为国民革命军第四十军，扩编后，贺耀祖升任第四十军军长兼南京卫戍司令，率四十军驻军南京。

1928 年，贺耀祖奉命率部北上参加与直奉军阀的战斗。贺耀祖在北上前，命第一师师长谷正伦代理南京卫戍区司令之职。不久，贺耀祖率四十军进驻济南时，因日军蓄意制造事端，与之发生冲突，引发了震惊中外的“济南惨案”。后蒋介石为防止事态继续扩大，免去了贺耀祖的一切职务，但谷正伦代理的南京卫戍司令一职却得到了保留。

从这以后，谷正伦专心于中国宪兵队伍的建设。1929 年，谷正伦启用了从美国军校毕业回国的赵君迈的好友齐学启，任命他为南京宪兵司令部教官兼宪兵第 6 团团长，帮助编练新式宪兵。经过两年训练，南京宪兵第六团有了很强的战斗力。令赵君迈没有想到的是，此次负责从南京到上海前来接防的，正是他在美国诺维支骑兵军校的同学齐学启。

齐学启 27 号夜间接到南京政府最高军事当局命令后，立即率南京宪兵司令部中最精锐的宪兵第六团，于 28 日凌晨两点从南京下关火车站出发，直奔上海。28 日正午 12 时，宪兵第六团抵达距上海市区约五英里的真茹车站，此时，离与日本协议的交接时间晚上零点，还有整整十二个小时。十二小时做一个简单的交接防，怎么算时间也够了。

当齐学启赶到十九路军军部联系接防时，被对方通知，让齐学启率部先在真茹等候，说是只有等十九路军从闸北撤出后，齐学启的第六团才能进入。

这意见让齐学启也挑不出啥毛病，就等吧，反正还有十二小时，可就在齐学启带着宪兵第六团在上海真茹火车站苦等的时候，在十九路军司令部内，蒋光鼐、蔡廷锴正在为即将打响的战斗做最后的准备。

张君嵩对接防的宪兵团说不

据齐学启回忆说，他带领队伍在火车上足足等了三个多小时，一直没有等到十九路军来人协商交接防务事宜。没办法，齐学启只好自己又来到准备接替的十九路军防区询问情况。十九路军七十八师一五六旅的翁照垣旅长根据蔡廷锴的指示，让他的手下，也是第六团团长的张君嵩对齐学启说，宪兵第六团人数好像不够，因为一个团应该有三个营，虽然齐学启的宪兵团两个主力营都已经到了，但还是少了一个营的人，不能交防。

齐学启一听这话就急了。齐学启所接受的命令，是要求当晚零时前须将防务交接完毕，现在按十九路军的说法，等宪兵团人数到齐后再交防已经不可能了。他跟张君嵩团长解释，他奉命急促，因交通运输关系，火车运力有限，未能全部开到，请张君嵩团长务必先给予办理交防。张君嵩按照蔡廷锴的指示，不能通融，这让齐学启很恼火，齐学启差点率领宪兵第六团与交防的十九路军第六团干起来。

当时，在附近的日本海军第一舰队司令盐泽，一直在监视观望，见十九路军并无大的动作，盐泽马上向中国当局发出最后通牒。同时以保卫日侨安全为理由，立即派出日本海军陆战队约三百多人，自江湾移驻横滨路日本小学，对闸北的十九路军进行特别警戒，并组织日侨从闸北区域撤出。

日本人的单方面行动，让上海租界当局也觉察到事态的严重，靠近虹口公园的各商店、居民开始纷纷搬行李进入租界逃难。

战争硝烟弥漫，一触即发。

下午四时，上海联军总司令英国陆军司令佛平曼，根据盐泽通报的情报，宣布上海的公共租界下午四时起戒严，并饬令华籍捕员即日迁入租界，同时，将通向租界的路口，均安排陆军警戒。赵君迈所在的税警总团团部在徐家汇，因地处法租界以内，被增设电网，戒备森严。

就在盐泽发出最后通牒的同时，蔡廷锴等十九路军将领开始从司令部中走出来，检查整个闸北地区防务。蔡廷锴在各个扼要的路口都布置了重兵，他还特别吩咐在闸北办理交接的一五六旅第六团团长张君嵩说，在宪兵未办好接防前，十九路军要坚守好阵地，如敌来犯，即以全力歼灭之。[7] 此时，双方对峙的局面，已到了只隔着最后一张纸的地步，只要谁轻轻一触，战端即开。

就在这最后时刻，蔡廷锴突然接到龙华警备司令部的紧急报告说：日本已有大批军舰及海军陆战队抵沪。蔡廷锴一下来了精神，因为陈铭枢、蔡廷锴等人虽已下定决心在上海与日本人打一仗，但最后还得给南京政府和谷正伦的宪兵司令部有一个合理的解释，蔡马上向南京陈铭枢报告，如果十九路军正撤军时，日军进攻怎么办？谁来负责抵抗？谁来负责指挥？陈铭枢一听就明白此言的含义，他立即将上海的指挥权，全权交给了蒋光鼐和蔡廷锴。

1 月 28 日二十三时三十分，在日军分成五路向上海发起攻击时，十九路军第六团立即还击，原本是准备接防的齐学启所率的宪兵第六团，也立即投入战斗，变成十九路军的援兵，打响了震惊中外的“一·二八”淞沪抗战的第一枪。

1932 年 1 月 29 日凌晨，十九路军向全国发出抗日通电：

特急！暴日占我东三省，版图变色，国族垂亡。最近，更在上海杀人放火，浪人四出，极世界卑劣凶暴之举动，无所不至。而炮舰纷来，陆战队竟于二十八夜十二时，在上海闸北登岸，公然侵我防线，向我开火，业已接火。光鼐等份属军人，惟知正当防卫。捍患守土，是其天职，尺地寸草，不能放弃。为卫国守土而抵抗，虽牺牲至一卒一弹，决不退缩，以丧失中华民国军人之人格。此物此志，质天日而昭世界。炎黄祖宗在天之灵，实式凭之。

十九路总指挥蒋光鼐、十九路军军长蔡廷锴、淞沪警备司令戴戟叩。[8]

通电发出后，蒋光鼐、蔡廷锴、戴戟三人在真茹车站设立临时指挥部，依照原定计划，以电话命令赵君迈他们的税警总团和十九路军后方部队，迅速投入战斗。

天亮后，日本飞机出动助战，在闸北、南市一带滥施轰炸，战火一下子扩大，令十九路军区寿年的七十八师倍感压力，好在税警总团的重炮火力和齐学启的宪兵团都在第一时间加入了战斗，才将第一天的战局支撑下来。第二日，蒋光鼐紧急向南京何应钦致一封紧急电文：

昨晚十一时日军通牒吴市长，限本军撤退，尚未答复，突于十一时三十分以天通庵车站为根据，利用战车、机关枪掩护，自虬江路沿宝山路及横滨路、青云路，向我七十八师第六团防区猛袭，放火助势，极为凶猛。区师长当督率官兵奋力抵抗，将其击退。嗣宪兵团开到，乃令归区师长指挥。敌仍屡图猛攻，均经击退。至今晨四时，其步兵已不敢再进，惟以飞机四处活跃。似此蓄意破坏和平，责有攸归，尚乞知照友邦主持公道为事。[9]

从此信函可看出，总指挥蒋光鼐和军长蔡廷锴对战争前景缺乏信心，他们一方面加大社会舆论宣传，以造成的既定事实，获取全中国人民的支持；另一方面，又有“尚乞知照友邦主持公道为事”一说，实际并不希望战争持续下去太长时间。

但事情岂能按十九路军某个人的单方所愿，想战就战想停就停？

在淞沪抗日战火点燃之后，中国民众的抗日热情如火如荼，已成燎原之势。

1 月 29 日，已退职在野的蒋介石以个人名义向赵君迈等中国军界将领发出一道抗日通电：

东北事变，肇始迄今，中央为避免战祸、保全国脉起见，故不惜忍辱负重，保持和平，期以公理与正义促倭寇之觉悟。不意我愈忍让，彼愈横蛮。沪案发生，对他们的要求且已茹痛接受，而倭寇仍悍然相逼，一再向我上海防军突击，轰炸民房，掷弹街衢，同胞惨遭蹂躏，国亡即在目前，凡有血气，宁能再忍！我十九路军将士，既起而为忠勇之自卫，我全军革命将士，处此国亡种灭患迫燃眉之时，皆应为国家争人格，为民族求生存，为革命尽责任，抱宁为玉碎毋为瓦全之心，以此与破坏和平蔑弃信义之暴日相周旋。中正与诸同志久共患难，今身虽在野，犹愿与诸将士誓同生死，尽我天职。特本血诚，先行电告：务各踔厉奋发，敌忾同仇，勿作虚浮之豪气，保持牺牲之精神，枕戈待命，以救危亡。党国幸甚！[10]

蒋介石在淞沪战端一开之后，立即抛开成见，站在十九路军一方，表明严正的抗日立场，对稳定十九路军的军心起到了很重要的作用。

保护宋子文等政府要员

1月30日，淞沪战役打响后的两天内，与日军这一战怎么打，成了整个中国社会政府和民间最热议的问题。

当时，社会上大多数人都认为，日本现在是世界上头等强国，工业发达，拥有现代化的陆海空军，而我国连机枪大炮都不能造，一切要从外国买来；且我们国家也没有真正统一，各地方军阀口头上拥护中央，实际上各自为政，这样的国家，这样的形势，怎能同日本人打呢？

复杂的国内外局势，让新组建不到一个月的国民政府一筹莫展，束手无策。

这天下午三时，蒋介石通电在全国广播的第二天，中央陆军第八十七师二六一旅旅长宋希濂，代表全旅官兵到三牌楼军政部面见何应钦，请求率兵开往上海参战，何应钦笑着摇头，不置可否。在八十七师宋希濂旅向何应钦请战的同时，时任中央军校教育长的张治中，也在向蒋介石请战。只不过当时张治中的情况较宋而言，是多了几分个人的无奈。

张治中所面临的难题是军校给养困难，在那样特定的环境下，他知道只有打仗才能保证吃粮，这与一个穷困家庭首先得保证做事的主要劳力先吃上一口干饭的道理一样。摆在张治中面前的最大问题是，战死总比饿死强。张在这种军校难以为继的心境下，向蒋发了封不如让他带学生兵参战的请示报告。

蒋在接到张治中等人请战报告的时候还在朝野之外，所以，并未表态。倒是感到空前压力的十九路军总司令蒋光鼐，于2月1日，在军中将士间搞了份联名报告，托人找到宋子文，让宋通电蒋介石，敦请他站出来出任陆海空军总司令，以便统率全国军人一致对外。[11]当时，宋子文在战役打响后，已亲自颁布作战命令，调税警总团的第二、第三团和赵君迈第一主力团的梁思忠炮兵营，连人带炮支援十九路军全面参战。参战前，宋子文对参战的税警总团官兵说：面对列强，我们不靠天、不靠地，只能靠我们自己，全力抗击日军进攻。

宋接到蒋光鼐等人的联名信后，将此提议交给了蒋介石，但遭蒋拒绝。蒋在给宋的回电中说道："请转告蒋光鼐等，此时无设总司令之必要，否则，对内对外或生不利影响。"[12]蒋的意思是不愿高调地将事件无限扩大。

当夜，国民政府召开紧急会议，商讨应对办法。可商量来商量去，却是毫无办法，最后宋子文在会上提出，不如请蒋介石到南京主持中央政治会议，由蒋来统领全局，此建议在会上得到通过。林森、孙科迫于形势，表示愿辞去政府主席和行政院院长职务。

蒋介石回到南京后，任命汪精卫为行政院院长，宋子文出任行政院副院长兼财政部长。同时，成立军事委员会，由蒋介石、冯玉祥、何应钦、朱培德、李宗仁五人为常委，以应对眼前淞沪出现的严重军事问题。外交问题则交由宋子文负责，国民政府授权宋子文，所有在上海的政府文职行政人员统归其指挥调度，作为国民政府的特使，宋在此亡国亡家之际，被委以重任全权处理外交等文职事务。

在接下来淞沪血战的一个多月中，宋子文坐镇在徐家汇祁齐路的宋公馆里，按国民政府采取的"一面抵抗，一面交涉"的新策略，在上海的另一条战线，积极排兵布阵，寻求英、美等国家的支持。[13]而赵君迈所率的第一团主力，就被宋子文留在身边，担负起更重要的安保责任，保卫在上海的宋子文及中国政府一批重要文职官员的生命安全。由于日本在上海的特务机关活动很猖獗，此项工作的复杂程度，一点儿不比前线轻松。

当时，宋子文官邸是上海社交界大名鼎鼎的场所，从祁齐路正门踏入宋公馆的会客厅兼舞厅，有两扇大拉门依次分隔为几个独立房间，有为客人准备的起居室和餐室，餐室靠壁放置着一只北极牌冷气机 ，是一件极能体现身份的稀有产品。宋子文喜欢在晚宴时以西餐来待客，在宋子文等人不分昼夜地持续他们的外交话题时，他们的安全就是由赵君迈安排的专人在全程守护。

为安全起见，赵君迈不仅对徐家汇地区进行了严格而周密的布置，他还与宋子文商量，将宋公馆开在祁齐路的大门关闭不用，请客人们先通过一条弄堂后才进入到公馆门口，这样便于赵君迈对所有进入宋公馆的人员，留下观察的时间，以确保其安全。宋子文采纳了这一建议。但宋子文的活动如果只在官邸范围内还好办，可宋更多的时间是在外面，这就为赵君迈的安全工作增添了不少难度。比如说坐落在上海外滩白渡桥的英国领事馆，是中日双方进行谈判的主要场馆，除了双方外交代表进行和谈之外，另外还设了一个军事小组，讨论双方撤兵的可能，以及程序上怎样对双方进行约束等问题。由于上海的紧张局势，加大了各位政府留沪人员的危险系数，赵君迈特别安排了一个特务连，对宋子文等政府高层人员进行二十四小时的全面贴身保护。

除了对重要人物进行二十四小时的全面贴身保护外，赵君迈更重要的工作是防患于未然，也就是在事件发生前将其在摇篮里解决。为此，宋子文将他在上海公共租界九江路二号 C 大厦三楼的全国经济委员会驻沪办事处，交由赵君迈在那设一处办公室，联络租界各方人员。其实就是一个外交宣传与情报交流的临时机关，由赵君迈负责，与上海各种各样的帮派势力打交道。

民国二三十年，在上海的十里洋场上，日本、欧美的地下情报机构就不用说了，活动相当的频繁，而本土的青洪帮、斧头帮等社团势力也相当庞大。当年在上海还有一个特殊的地下组织，就是周恩来创立的中央特科，特科在这段时间正是潘汉年领导的时候。在那一段时间，赵君迈肩上承担着比前线更艰巨的维安重任，因为宋子文不仅是日本人的暗杀目标，也是国内一些右翼团体的暗杀目标。1931 年 7 月 23 日晨七时，宋子文偕机要秘书唐腴胪及六名卫士，由南京乘快车抵沪，下车后步行至车站候车大厅门前时，遭到多名暴徒抽出盒子枪猛射，宋的卫士亦拔枪还击，一时子弹横飞，烟雾弥漫，北站大厅忽然变成战场。当时正值旅客出站，闻声后四散惊走，秩序大乱，结果宋子文幸免于难，秘书唐腴胪则身中三弹，终因伤重殒命。[14]。

这事件不能不引起赵君迈的高度重视，在复杂的局势面前，赵君迈除了要时刻陪伴在宋子文身边以保障他们的安全外，还要了解上海各方随时可能发生的动态，以便在第一时间化解危机。好在赵君迈天生就有干特工的天分，他武功高强、身手敏捷，就是不用武器，一般四五个小青年，也不是他的对手，何况还熟悉各种枪械的使用，见过各种大场面，遇事冷静沉着，有一种敢于担当的精神。还有重要的一点是，他讲义气，这使得赵君迈在上海滩建立了非常广泛的社会关系，这种渗透各阶层的人脉关系为他与各帮派建立沟通渠道提供了便利，也就是从这时候起，赵君迈跟上海的共产党领导人潘汉年得以相识，并从此与他建立了几十年的超越党派的生死友谊。在上海工作的这段岁月，潘汉年也充分表现出了他的工作魄力与领导才能。他充分抓住了“一·二八”的有利时机，通过组织全上海人民支持抗战，使党组织在上海各界中的影响力日益扩大。潘汉年在上海工作时的助手茅盾，在回忆共产党在上海十多年的工作时，主张将左联的工作分前、后两个时期：第一个时期为前期，即 1930 年 3 月成立到 1931 年 11 月的“一·二八”前，这个时期左联的工作有些找不着北的感觉；第二个时期为后期，从 1931 年 11 月到 1936 年春左联解散，共产党利用“一·二八”后出现的新形势，使自己的队伍在上海迅速发展壮大，并成为中华民族在抗战时期的重要领导力量。[15]

注释：

［1］华振中，朱伯康．十九路军抗战血战史．上海：上海书店，1991

［2］［3］［9］蒋光鼐、蔡廷锴、戴戟回忆录．文史资料选辑．北京：中华书局，1981

［4］［7］贺朗．抗战名将蔡廷锴．广州：广东人民出版社，2005

［5］李敖．蒋介石研究．北京：华文出版社，1988

［6］陈公博．陈公博、周佛海回忆录合编．香港：春秋出版社，1971

［8］张治中．张治中回忆录．北京：文史资料出版社，1985

［10］国史馆 002090200005355．蒋中正电各总指挥，1932－01－30

［11］国史馆 002090200005359．陆文澜电蒋中正，1932－02－01

［12］国史馆 002090200005358．蒋中正电宋子文，1932－02－02

［13］李学通．翁文灏年谱．济南：山东教育出版社，2005

［14］王松．宋子文传．武汉：湖北人民出版社，2006

［15］夏衍．懒寻旧梦录．北京：三联书店，2006

中国军队第五军进入上海前线

玖 葛隆镇、娄塘战役

中日之间的战争，是一场旷日持久的马拉松式战争，谁能坚持到最后，谁才能是笑到最后的胜利者！

据张治中将军回忆，当他率第五军驰援上海时，总指挥蒋光鼐将第五军划为左翼，十九路军为右翼，税警总团的番号被临时改编为第五军八十七独立旅。赵君迈的税警总团第一团被命名为独立旅第一团，被张治中安排在与八十八师俞济时部的战役最前沿，担任由江湾北端经庙行镇、周家巷至蕴澡浜南岸防线，参加了庙行镇战斗。庙行镇大捷，是包括赵君迈在内的税警总团和上海所有的参战部队，整体协同作战的一次完美战役，蒋介石盛赞此役令我国军队的声誉在国际上顿增十倍。

后来在葛隆镇、娄塘战役中，又是赵君迈亲率独立旅第一团冒死救援，使八十七师二五九旅得以全身而退。赵君迈在最后一刻，将濒临危局中的淞沪保卫战，从死亡线上挽救出来。

莫雄使坏——税警总团的不抵抗风波

1932 年 2 月，蒋介石重回南京主政后，在他主持召开的一次军事会议上建议迁都洛阳，以备持久抗战。同日，蒋介石发电给上海的宋子文："如倭以两师以上陆军登陆参战，则应重定计划，令空军与陆军切实联络，协同动作。"[1]从此电可以得知，蒋之所以没在第一时间将陆军派往上海，是因为从日军初始在上海的兵力情况看，蒋认为还不到派出援兵的时候。

蒋介石带领政府撤到洛阳后的第二天，由洛阳到浦口，张治中前往迎接他时，再一次向蒋介石表示，愿领兵出征上海，蒋介石回答说："好的，好的。"[2]但并没有马上确定张治中率军参战，而是将张的报告转给了何应钦、朱孔阳，让他们考虑一下是否调动散驻在京沪、京杭两线上的第八十七、第八十八师前往参战。[3]何应钦他们接到蒋的提议后，直到 2 月 6 日，还在同蒋商讨："是否让张治中充任第八十七师师长，并给予军长之职以便指挥。"[4]蒋也一直在犹豫，张作为一名军校的教育长，并没有指挥大战的实际经验，但前方又已经打得不可开交，在他一时没有其他选择的情况下，蒋只能将第八十七、第八十八师加上中央军校教导团开往上海，和先期在上海参战的赵君迈他们，整合成一个军，交由张治中指挥。

张治中率部前往上海时，蒋介石为不至于把上海的战局扩大，他根据十九路军开战后有两个师的兵力，一个驻在苏州一个驻在沪杭线上的情况，命令张治中将这两个师派往上海参战，给外界造成十九路军的两个师在归还建制的错觉。但蒋介石的良苦用心却被人操弄，到最后，连他的名字在"一・二八"淞沪抗战中都没了，而附在第五军名义下的赵君迈所在的八十八师独立旅，更如同交易中的一个零头，给忽略不计了。

先是十九路军代表在面对媒体和市民时，乘机将大功独揽，否认有其他军队参战，后在确凿事实面前，蒋光鼐、蔡廷锴等人又对媒体称，税警总团之所以参加“一·二八”淞沪抗战，全因该团在上海“一·二八”淞沪战役打响后撤退无路，经宋子文请求，拨归十九路军指挥。好像是他们勉为其难，在危难中给了税警总团一条生路。面对这样的说法，赵君迈等人从大局着眼虽都没有辩驳，但这样的言论，无论从历史的角度、同胞间的情谊，还是中国传统的道德与道义，都是令人难以接受的。

从历史的角度说，整个“一·二八”战事发展过程始终都找不到任何税警总团撤退无路的情形。按当年税警总团的实力和特殊身份，不要说他们没有撤退无路之虞，就算真被日军包围，凭他们的实力和八国银行的背景，怎么样也不会轮到要由十九路军来解围。相反，倒是赵君迈的税警总团第一团，在战事最后的关键阶段，解了整个战役中中国军队面临的全军覆没之围。

从同胞间的情谊方面说，税警总团中古鼎华的第二团，张远南的第三团，大部分官兵都是广东子弟，第三团因为莫雄的关系，有多数官兵还是十九路军原班底第四军旧部，而第二团在龙华战役中为解十九路军之围，曾经让其一个整编营牺牲，战后十九路军的主要将领竟不承认他们的存在，是有违同胞情谊的。

从中国传统的道德与道义而言，十九路军对税警总团的不实之词，是典型的以怨报德。虽说中国有成大事者不拘小节之说，第十九路军尽可将全部功劳归为自己，但不能抹黑他人，尤其在战役中，十九路军甚至想缴了税警总团第三团张远南团的械。对自己人都想下手，把张远南的脑子彻底搞乱了，让他作出了遗憾终生的错事。

张远南，江西九江人，是宋子文妻子张乐怡的胞兄。其父张谋之，是江西九江的首富，在九江和庐山都有不少房产，张太太一共为他生了十一个孩子，六男五女，男孩的名字依次为：张远东、张远西、张远南、张远北、张远模、张远范；女孩的名字依次为：张安怡、张如怡、张乐怡、张德怡、张满怡。宋子文的夫人张乐怡是三女儿，张远南在男孩中也行三，兄妹感情很深。1927 年 10 月入日本士官学校第二十期工科，1929 年 7 月毕业回国，被宋子文委以税警总团第三团团长的重任。而张远南的两个哥哥张远东和张远西，还都毕业于英国剑桥大学，大哥张远东与赵君迈专业相同，学的是土木工程桥梁专业，而二哥张远西学的是金融专业，后在海州盐区还一度与赵君迈共事。

由于张远南特殊的身份背景和从小无拘束的成长经历，使他说话变得口无遮拦，在一群兵油子中间，给人以无能的形象。一个无能的人却揣着如此多珍宝，让他身边的很多人垂涎不已，这中间，便有十九路军的人。他们中有人开始打起了如意算盘。由于张远南一言不慎，让人抓了个现行，给他扣上了消极抗战的帽子，张远南不仅丢了官，误了自己的一生前程，还让税警总团包括宋子文、赵君迈等人的形象，都受到了严重损害。所谓税警总团第三团团长张远南的不抵抗风波，其实是有人早已精心布下的一道陷阱，张远南自己跳进了这个圈套，却被蒙在鼓里而已。

这事从开始到收场，宋子文妻兄张远南都未明白是怎么回事，倒是局外人赵君迈，心里头明镜似的。

“一·二八”事变前，闸北作为上海的一个防御重点，一直由张远南的税警总团第三团把守。闸北在上海其实是个很不错的地方。上海自1900年开埠之后，按照行政关系分成英租界、美租界、法租界与华界四大公共租界，四界之中只有华界这一块是由华人自己治理的，而闸北就是华界中非常重要的一块地盘，居住在闸北的商人成立了一个华人自治政府，与英租界隔河相望。由于闸北的居民多以工人、店员、职员为主，文化水平较高，社会阅历丰富，接受新事物也很快，该地区的繁荣程度也很高。

“一·二八”淞沪战役打响后，宋子文将税警总团交由十九路军指挥，十九路军的七十八师翁照垣旅，立即将他的前线指挥部，安到了闸北税警总团第三团张远南团部的太阳庙内。

太阳庙在闸北区太阳山路38号，旧名叫作太阳庙路，是旧上海的交通中心之一，这条路之所以取名叫太阳庙路，是因为这条路的上面有一座道家的小庙叫太阳庙而得名。据当地相关资料记载，太阳庙始建于清光绪二十二年（1896年），年头久远，庙内陈设不错。两支部队搅在一块，官佐与士兵之间，自然少不了相互攀比并闹些小纠纷。

老话说“人比人，气死人”是一点不错。这张远南团夹杂在十九路军这些兵油子中间，无异于是狼群中立着的一头羊，而且是一头肥羊。同样是军队，从双方的装备与供给情形来看，你税警总团的官兵吃肉，十九路军的官兵喝粥；大冬天的，你税警团的官兵棉衣棉裤，还有皮鞋穿，枪械就更不用说了，而十九路军的官兵有人却连草鞋都还穿不上，这让十九路的官兵很容易心里不痛快。于是，只要有机会，便半真半假不断地挑衅。

发生张远南不抵抗风波的那一天，张远南带领第三团官兵正筑着工事，第三团工事的后面，是一群十九路军的官兵。很显然，税警总团归十九路军指挥，他便被安在了比十九路军更接近敌人的前沿位置，要打起来，先得由税警总团的官兵顶着，这自然让张远南团中有很多人心理不平衡。

两支队伍相隔不远，大家边做着工事边互相打趣调侃，当时张远南手下有士兵向他报告，说十九路军有人说，要是日军来了，第三团在前边敢退的话，他们会立即缴了第三团的械。

“缴械?”张远南一听很气愤，这不是欺负人吗？再怎么说也是自己人啊！自己人缴自己人的械，这样的混蛋话也敢说！张一时给气糊涂了，可就在这时，又有人问张远南：“团长，要是日军真打过来怎么办？他们十九路军可都在我们第三团后面，我们该怎么办?”

怎么办？张远南一听此言更是气大了，本来十九路军中很多人常常恶搞张远南，张远南老受他们的气已是忍无可忍，加之张又是公子哥儿出身，信口开河惯了，当即发着牢骚对问话的人说：“若日本日本人从前面打来，你们就从太阳庙的墙洞中逃走，让他们十九路军自己打去。”

大家想想，这本不过是张远南一时的一句气话，而且是在自己的团部对内部人发的几句牢骚话，怎么这句话就搞得全世界的人都知道了？此言在当时复杂的政治环境中被放大后，立即成了一场税警总团的不抵抗风波。

说来真是可笑，张远南风波发生后，最先跳出来的一个人竟是莫雄。

在当时情况下，十九路军七十八师翁照垣旅虽有很多人也有抹黑张远南团的想法，但翁与张是同期进入日军士官学校第二十期的同级同学，翁照垣学的是骑兵科，张远南学的是工科，不说两人如此亲近的关系，单说翁照垣的人品，也还不至于到暗中使绊的地步。

莫雄这人则不然，他虽说起来是宋子文的朋友，也是赵君迈的朋友，但在中国历史上，朋友之间并不都是两肋插刀的那种关系，很多暗中使绊、陷人不义的事情，也多是朋友干的。

1931 年，莫雄听闻宋子文正在组建税警总团，就通过他原来的老旧部陆文澜安排，到上海晋见宋子文。一见面，莫雄就大谈早年一块追随导师孙中山的逸事，宋子文念旧，一听是他最崇敬的大姐夫之旧事，立即另眼相看，问他有什么要求，莫雄说希望能在税警总团求一职位。当时，税警总团主要的职位都已安排满了，像总团长王赓，第一团团长赵君迈，第二团团长古鼎华，都是相当优秀的军界人才。宋子文一时也很为难，知道莫雄正逢落难的处境后，便对他说："莫大哥，既然一时没有合适的职位，就暂时在我财政部里挂个名吧！"遂委任他为财政部视察，给他每月 800 元的薪俸。当年，这每月 800 元的薪俸在上海已经算是很多了，据陈存仁在《银元时代生活史》中介绍，上海"一·二八"时期，日本巴斯德研究院，聘请他与世界著名的植物学家、药物学家、化学家工作，给出的薪酬是每月 1200 元，这是那时国外顶级专家的待遇。莫雄怎会不知道，他认为这是很大的一笔数字，一时受宠若惊，[5]但很快，他就不满意了。因为他知道这笔薪酬数目，要与税警总团总团长每月特支费 10000 元，和赵君迈他们的月薪 2000 元比起来，显然是逊色了不少，这还不包括宋子文给赵君迈他们这些团长所配备的进口小车等其他补助，莫雄的胃口被彻底吊了起来。

张远南从日本留学归来后，宋子文让他来税警团组建第三团，因他缺乏实际操作经验，在操办过程中，有很多不周之处。虽说在赵君迈的帮助下架子是搭起来了，但终归不是长久之策。于是，处于闲职位置的莫雄向宋子文提出，要来辅佐张远南，还许愿能将税警总团第三团建成税警团中的模范团，宋子文很高兴，同意了。也就是宋子文这么心一软，为他的税警总团带出了多少事端。

莫雄一上手，就往张远南的第三团掺沙子。他先将原先的广东旧部都招集过来。莫雄是老粤军第四军的将领，算起来十九路军的前身就是第四军，所以，十九路军军中旧部不少，很多官佐都是他的旧相识。当时还有个特殊的天时，就是十九路军刚进入上海时，已是八个多月没有领到军饷，官兵们正处在水深火热之中，而税警总团每月的收入，无疑对中国的所有军人而言，都有很大的吸引力。莫雄借机将税警总团第三团大部分官佐，都换上了他的亲信。从那时开始，张远南第三团的指挥权，就无形地转移到了莫雄的手上。

张远南哪知道莫雄这老江湖之厉害，他自恃是宋子文的妻弟，认为没人敢把他怎么样，等后来张远南明白是被自己的手下告发时，已是欲哭无泪。

张远南说的那些气话，被身边的人第一时间报告莫雄后，莫立即让自己的亲信报告到市政府和媒体那边去了。等市政府和媒体方面接到消息后，又连夜带着他们的人来到宋子文的官邸，说这是影响极坏的事情，问宋子文如何处置。

当时，赵君迈就在宋子文的一旁站着，他深知这话的厉害，宋子文正处于风暴中心，他又是性情中人，此时的一言一行，都将对时局造成很大影响。果然，宋一怒之下要撤了张远南的职，任命莫雄为第三团团长，接替张远南的职务。

但令人疑惑的是，莫雄他不干。

为什么不干？不是不想干，而是在那一瞬间，莫雄还不知道宋子文是不是真心要撤了张远南，他们毕竟是一家人，如果他今天答应了，明天反悔怎么办。莫雄一时没敢接张远南的差，却以退为进地对宋子文说："张团长是部长的至戚，人所共知，当此抗日战事十分激烈的时候，突然撤他的职，他名誉扫地后，在社会上怎么见人！如果部长认为用得着我，我不在乎当不当团长，也不一定要当团长才能指挥部队作战，我可以在税警总团做个参议，若第三团有战事，可到那里指挥。平时就在王赓总团长身边帮下忙，做做幕僚吧，想来王总团长也会同意的！"[6]

莫雄此话一落，赵君迈刚想提出反对意见，王赓却很赞同，说这个意见很好，请部长就委任莫雄为总团部总参议吧！宋子文连声说："好，同意，同意。"见大家都这么说，赵君迈也就不便再说什么。

宋子文见大家都没意见，立即亲笔委任莫雄为税警总团总参议，命令他马上到任。

王赓本以为莫雄所说的参议只是一个虚职，这么一来既教训了目中无人的张远南，又架空了野心勃勃的莫雄，且方方面面都能说过去。可接着他自己也跟着出事，而且出的是更大的事，让宋子文都一时难保，莫雄抓住这机会顺杆往上爬，在淞沪抗战中末期，税警总团的指挥权就一下子到了莫雄的手上。

王赓泄密：轰动中国的大事件

关于税警总团总团长王赓泄密事件，虽是一则意外事件，但这事件的影响，却远远超过了张远南不抵抗风波，是一时轰动整个中国的大事件。

王赓，江苏无锡人，1895 年出生在一个官宦家庭里。少年家道衰落，因学业突出，被清华留美学堂公费选派到美国留学，1915 年从美国西点军校毕业回国后，任职于北洋陆军部。1919 年，以武官身份随陆徵祥参加巴黎和会，也就是在此时，王赓与上海的一位名媛一见钟情，不仅改变了他个人的命运，也改变了后来的税警总团的命运，这个女人就是陆小曼。

那天，赵君迈与王赓从宋子文办公室开完会回到税警团总部，王赓匆忙换上一套西装后，便独自驾了一辆三轮摩托车出去，说是到外白渡桥公共租界的美国大使馆办事。赵君迈与王赓在美国大使馆都有相识的同学，所以一点不足为奇，以为属正当的事务性交流。

王赓从美国大使馆办完事出来，又去了一趟英国人开的礼查饭店，找他的前妻陆小曼，估计是送些钱给她。“一·二八”淞沪战役打响后，陆小曼就一直住在礼查饭店。礼查饭店虽很安全，可费用却不低，凭陆小曼的经济状况，定是负担不起，所以，王赓给她送些钱去，也在情理之中。

问题是几天前，该饭店已为日本人接管，被辟为日军陆战队司令部，王赓一直在前线指挥打仗，他哪知道这消息？

王赓到日军陆战队司令部的时候，门口都换上了日本兵把守，住在里面的陆小曼已不知去向。很多人难以理解，这门口都是日本兵了，王赓干吗还要进去，傻啊？

王赓不是傻，而是“一·二八”淞沪战役时，上海的租界区并未开战，而租界区域内见到日本兵，尤其是在礼查饭店这样的地方，见到几个日本兵，根本不足为怪。有人帮他开脱，说王赓深度近视，才导致犯下如此错误，这更是不足为据，因为，他摩托车都能开，怎么会看不清楚近在面前的人。

王赓走进礼查饭店大堂，见里面全是日本兵时，才大吃一惊，有些不知所措，慌忙想从饭店的另一面门口退出，可已经晚了。日军认出这人与凡人不同，立即进行追捕，慌乱中，王赓被租界巡捕抓获，后日军陆战队士兵在与公共租界巡捕房交涉后，由公共租界的巡捕将王赓转交日军。当时，王赓随身所带的军用皮包中，有淞沪兵力的最新部署和战线火力配置图等重要文件，日军抓到王赓后，如获至宝。第二天，日军在他们的报刊上以特大号新闻公布：阵前俘虏国民党将军王赓！并将王赓的相片登在报上。

王赓被抓后，宋子文为此大发雷霆，冷静下来后，宋子文还是通过各国外交使团斡旋，把王赓弄了回来，但鉴于事态严重，国防部军事法庭将王赓收监入狱。

王赓被抓事件发生后，税警总团的总团长一职成了军中人士关注的焦点，那位在税警总团挂着虚职的莫雄，在王赓出事后的第一时间，就连续甩出了一整套的组合拳。莫雄先让十九路军以代理税警总团长的名义，点名给他发通知，让他代表税警总团参加在十九路军总指挥部的军事会议，接着，莫雄又派蒋汉槎到宋子文处游说，蒋汉槎是税警总团的参谋长，也是广东人，曾经是莫雄的下属，经过这两方面胁迫，宋子文为了顺应战时各方的合作要求，同意让莫雄暂时代理税警总团的总团长一职。

莫雄坐上总团代理总团长位置后，立即将所有重要部门都安排上他的旧部，连张远南的税警总团第三团团长一职，也安排他的心腹刘天绍接任。

援军晚来一步，十九路军就将向日军服软

2月16日，“一·二八”淞沪抗战进入第十九天后，十九路军已经无力支撑。这天清晨，蒋光鼐、蔡廷锴再一次致电南京陈铭枢，称：

我军连战皆捷，然非主力战，死伤已达二千，纪家桥一役，知敌亦不可轻。确报，敌到

沪兵力已有三万余人，和议无望，敌只效占锦州故智，我退彼进，永图占据，稍一让步，闸北南市均非我有。大战在即，兵贵万全。沪战如大胜，可为我民族复兴之转机，败则将陷国家前途于万劫。万恳速请介公、敬之务在最近期内调二三师开来前线，预备急用，方能先为敌之不可胜，以待敌之可胜。至江北部队可在浦口上下游偷渡，镇江有保安队维持，八十八师之团可调归建制，如办不到，宜速定和议，不容犹疑也。[7]

在这封求救电中，蒋光鼐、蔡廷锴向陈铭枢报告了以下几个问题：第一，十九路军尚未与日军主力交锋，就死伤已达二千，纪家桥一役后，方知敌人不可小看；第二，日军在他们发电报之时，到沪的兵力已有三万余人，可谓是大战在即。本来，“一·二八”淞沪战役第一阶段，日军驻沪部队司令官盐泽过高地估计了自己的力量，以为中国军队一击即溃，只以海军陆战队的四五千人，加上日本侨民所组成的武装三四千人，共有八九千人在他的统一指挥下发起攻击，不料十九路军的后面还有赵君迈他们实力强硬的税警团支撑，所以，第一阶段日军进攻十余日未果。为挽回他们的声誉，第二阶段乃派出其正规军第九师团，另加一个混成旅团陆续开抵上海。这便对十九路军构成了很大压力。第三，在目前情况下，如果十九路军兵败，则将国家前途陷于万劫之地，所以，务必请陈铭枢恳请蒋介石速调两、三个师开来上海前线，方能不让敌人胜利；第四，如果蒋不派援兵支援的话，就迅速安排与日本人议和。这一句话，也是最重要的话，蒋光鼐、蔡廷锴是第二次向长官陈铭枢建议，准备向日本人服软。

其实，十九路军的这种行为，在当夜就被宋子文、赵君迈知晓。因为，在蒋光鼐、蔡廷锴发出求救电报的同时，已单方派出议和代表，也就是十九路军的参谋长，撇开中央政府单独与日本人接洽，讨论双方撤兵与停战方案。[8]宋将此消息报告蒋时，蒋大吃一惊，急令张治中率军速往上海。同时，宋子文也置自己的安危于不顾，让赵君迈率第一团奔赴前线。就在蒋光鼐、蔡廷锴向日军寻求妥协的第二日，第五军八十七师开进上海南翔，而两天前，俞济时所率领的第五军八十八师，也已在上海郊区黄渡集结候命。第五军的到来，避免了十九路军在国人面前丢脸的尴尬。

为给十九路军面子，就在赵君迈率税警第一团和张治中率第五军进入上海前线后，蒋介石还专门发电告诫张治中、俞济时、赵君迈等人，增援淞沪之军队，均须绝对服从蒋光鼐指挥，与第十九路军共同进退。[9]

据张治中将军回忆，当他率第五军进入上海后，与蒋光鼐一道，立即将整个上海的兵力和防区进行了重新部署。赵君迈的税警总团第一团，被张治中安在了江湾北端经庙行镇、周家巷至蕴藻浜南岸防线，赵君迈团随左翼第五军官兵进入阵地后，即与日军展开了全面接触，打响了淞沪抗战以来最大的庙行战役。

此次日军向赵君迈他们发起的两次进攻，备有大炮一百三十尊，坦克车和铁甲车共有十余辆，飞机三十余架，陆军兵力一万余人，在第九师团长植田谦吉指挥下，分三路向上海进攻。正面，从江湾镇东北方开始；左翼，在江湾车站东面，包括复旦大学；右翼，在庙行和孟家宅一带。

日军先以飞机十余架轮番向庙行镇一带猛施轰炸，同时以重炮野炮向庙行一带阵地集中射击，另以一部分炮火向纪家桥、曹家桥一带轰击，日军在进攻以前，对外宣称在20日必须占领江湾，21日进占大场，22日进占庙行。

前两日，日军如愿以偿。但日军在庙行镇进攻时，正面遇到了第五军八十八师和赵君迈税警团的全力抵抗。

22日清晨三时，日军第九师团及第十二师团一混成旅，由植田谦吉率领，对庙行发起正式攻击，先以重、野炮五六十门，向庙行镇一带阵地连续轰击四五个小时，许多工事被摧毁。日军此次进攻，特别注重选择我守军在江湾、吴淞间的阵地。植田到上海后，策划了一个“中央突破”的计划，他认为庙行在江湾的西北，与江湾及吴淞形成一个锐角三角形，我守军依靠此铁三角从事抵御。而日军则利用黄浦江运兵之便，想重点向庙行镇南端地区突破，通过庙行把我守军的防地突破，使我守军首尾失去联络，则吴淞及江湾闸北不攻自破。

上午九时左右，敌步兵数千人在飞机大炮掩护下，重点向庙行镇以南的大小麦家宅一带发起猛烈进攻。守备该处的八十八师五二七团伤亡甚大，我军因兵力不足，在上午十时曾被日军冲过庙行之南的塘东宅。军长张治中命八十七师的二五九旅旅长孙元良，率部向庙行以南地区增援，同时令赵君迈率第一团和中央军校教导总队前往八十八师指挥所策应。[10]重新调整兵力后，赵君迈率第一团从小路包抄到日军后面，向敌方之右侧施行有力的袭击，于十二时许，恢复塘东宅原防。下午五时许，我第五军另一路由塘东宅水车头推进，再兵分两路，一路由北沈宅抄袭敌之后方，再一路由杨焕桥向庙行镇正面反击，将敌包围。

22日将近黄昏，张治中在左翼军指挥部接到一封俞济时转来的蒋介石命令，称：

沪上地形复杂，敌方可能会舍正面攻击，而向我侧背着眼。我军阵地附近河流纵横，便于扼守，日军若取攻势，其牺牲非有一与十之比，决难奏效。希张与十九路军蒋、蔡两同志，共同一致，团结奋斗，对于蒋光鼐总指挥命令，尤当切实服从，万不可稍有隔膜。吾人若不于此处表现民族革命精神，决意牺牲，更待何时？可将此意转告全体将士，努力保持本军光荣之历史为要。

蒋介石认为此役，中国军队与日军的牺牲会达到十比一的比例，换言之，是十个中国军人可换一个日本兵的命，这在当时看来是一个很划算的买卖，而实际情况是蒋高估了我方的战力，因为战略部署与实际发生的战斗完全不是一回事。

由于战斗中的各种不可控因素太多，加之参战的中国军队良莠不齐，缺乏磨合，蒋介石向张治中、俞济时、赵君迈等强调“尤当切实服从蒋光鼐总指挥命令，万不可稍有隔膜，哪怕是付出极大的牺牲，也不可有丝毫的犹豫”，“抗日攸关民族存亡，第十九路军荣誉，即我军全体荣誉”。[11]蒋介石根据国内外形势，令张治中、赵君迈等人在率第五军参战时，不仅对外打的是第十九路军的旗号，而且一再嘱咐张治中、赵君迈等人，要将战役外的东西都置之度外，是希望上海守军能拧成一股绳，步调一致地对日作战，这对“一·二八”的全局而言，是很重要的。在接下来的战斗中，整个上海守军全线出击。

战斗异常激烈，双方进行了肉搏战。往庙行镇及以南地区进攻的日军，在正面遭受八十八师及八十七师的坚决抵抗后，而其左右两侧，也受到十九路军毛维寿的六十一师出击部队及宋希濂旅的猛烈攻击。据宋希濂回忆：第五军的两个师，这一天全部加入了战斗，赵君迈带领的八十八师独立旅，也全程参加了此次战斗。

这一天战斗之激烈，实为自 1 月 28 日战争爆发以来所未有。[12]赵君迈的第一团伤亡很大，而古鼎华的第二团一个营的官兵全部在庙行镇牺牲，仅排长以上官佐尚可查证的阵亡者就达十六名。

巨大的牺牲换来了巨大的胜利，日军在我守军的全面夹击之下，不得不停止进攻，植田谦吉组织的第二次中央突破计划，至此完全落空了。此役日军死伤三千余人，大败而退。我守军不仅夺回 22 日前的防线，还击毙了日军第九师团某联队长百海实男及小队长西尾，并夺获三八式步枪一千余支，机关枪十余架，钢盔子弹等无数。

2 月 26 日，蒋介石给赵君迈等守军官兵发来贺电，称："自经 22 日庙行镇一役，我国军声誉在国际上顿增十倍，连日各国舆论莫不称颂我军精勇无敌，而倭寇军誉则一落千丈也。望鼓励官兵，奋斗努力。"[13]

庙行镇大捷，极大地消减了日军的锐气。日军第二次进攻受挫后，日军统帅部随即派出陆军大将白川义则来上海担任最高指挥官，并加派第十四师团及十一师团的大部，前往上海增援，至此，日军增兵总数达到十万人以上。

血战葛隆镇、娄塘，率团解主力之围

2 月 28 日凌晨六时三十分，日军的第三次总攻打响。

此次白川义则总结前两次从正面进攻所付出的沉重代价，采取让大军在上海左侧背面的浏河附近登陆，集中其全部的陆空部队，希望以强势的攻击，取得整个战局的主动。

战斗打响后，十九路军、第五军和赵君迈所在的税警团独立旅，分别在闸北、江湾、庙行经蕴藻浜北岸至吴淞一线，与日军展开激战，各部队都有相当大的伤亡。29 日，张治中命令赵君迈的独立旅第一团，接替八十七师宋希濂旅所担任庙行镇防务区域的防守任务，因考虑一团接替一旅所肩负的任务艰巨，张治中将教导总队第三营划拨出来归赵君迈指挥。[14]宋希濂旅从一线撤下后，集结于庙行镇左后方之唐乔田湾附近，作为左翼军总预备队使用。

赵君迈率团刚进入新的位置，战斗就立即打响。日军凭借着其武器方面的巨大优势，先是以海、空军轮番向赵君迈团所在阵地轰炸，接着又以各类火炮密集轰击。一时间，大小炮弹密如雨点般地向赵君迈团阵地飞来。日军炮轰几小时后，地面陆军在其坦克的掩护下，开始向赵君迈团坚守的阵地发起冲锋。已经准备好的赵君迈团临危不惧，虽阵地被毁严重，但不动声色，待敌军进至一二百米以内或窜到阵地前沿时，全团出其不意，集中步枪、机关枪、手榴弹一起开火，将敌人的进攻打了下去。

3月1日上午9时，随着战事全面铺开，情况对我军越来越不利。在浏河，第十九路军一部坚守的阵地，在此前经过一个多小时的抵抗后失守。几小时后，在庙行镇附近的第八十七、八十八师的防御阵地，也被强大的日军突破。接着，日本舰队对吴淞方面的十九路军守军进行猛烈炮击，蒋光鼐派一个团前往增援，但官兵一上去便退了下来。

总指挥蒋光鼐为保存实力，决心转移阵地，他在南翔总部下达命令：命令赵君迈所在的左翼军，派一部在胡家庄、杨家行占领阵地，主力于本日午后十一时向嘉定、太仓一线撤退，利用嘉定城、太仓城为据点抢筑工事，阻击日军，同时下令派出第五军八十七师孙元良部除留一团断后外，其余主力二五九旅之一部，于罗店及浏河附近，对浏河方向警戒，以掩护大军撤退。

3月2日晨，蒋光鼐给蒋介石发电，称撤退原因是中央地区俞济时师正面的庙行镇以南被敌突破，伤亡极大，我军迫不得已，开始撤退。[15]蒋光鼐将撤退之责全部归于八十八师俞济时部。

九时三十分，张治中在刘家行军部，下达左翼军变换阵地的命令，规定八十八师由马桥宅退集嘉定城，八十七师二五九旅孙元良除留一团断后外，其余主力由唐桥退集娄塘镇，宋希濂旅及教导总队由浏河退集太仓，赵君迈的独立旅第一团退集蓬阆镇，古鼎华的第二团集结钱门塘，刘天绍的第三团与七十八师翁照垣旅也集结于嘉定。[16]

赵君迈与各部队长官得令后，都按时分途撤退，陆续到达指定地点。赵君迈率独立旅第一团退到蓬阆镇，立即下令部队构筑新的防御阵地。仅用一天的时间，赵君迈的第一团各部在蓬阆镇构筑的坚固据点便全部完成。

晚上，赵君迈与辛劳一天的全团官兵刚进入梦乡，便被一阵密集的枪炮声吵醒，他连忙进入观察哨，看见远处火光冲天，经派员联系，查明是八十七师二五九旅五一七团，在葛隆镇附近的娄塘一带与日军展开了一场极惨烈的战斗。

3月3日凌晨1时，负责断后警戒浏河附近日军的八十七师二五九旅五一七团，见主力全部撤离之后，也在夜色的掩护下，开始由庙行镇左翼位置撤出。当部队到达距浏河仅十五里的娄塘、朱家桥附近时，团长下令在此扎营，并布置了一道新的警戒线。当夜，日军千余人从浏河沿线尾随而来，突然向在娄塘的五一七团发动夜袭，五一七团官兵连忙奋起抵抗。战斗两小时，日军越来越多，火力越来越猛，五一七团前哨线逐个被围，所幸官兵死战不退，仍把敌人阻击在娄塘附近。

八时，天光大亮，日军又增加主力四千余人，向守军阵地突击，并另有一股日军向五一七团右翼包围。眼看这股日军已冲到朱家桥北岸的五一七团团部门前，五一七团危在旦夕，阵地情势极其危急。此时，五一七团担负的是全军后撤时的警戒任务，五一七团阵地失守，将导致上海守军全面陷入日军包围之中。

据二五九旅参谋长钟彬回忆，上午十时，他和二五九旅旅长孙元良接到五一七团阵地出现危机的消息后，两人急忙赶赴五一七团团部。在五一七团团部，孙元良督令五一七团所剩官兵必须死守，后退者格杀勿论，同时，向第五军军长、左翼指挥官张治中发出紧急求救电报。

张治中在此危难时刻，第一个想到的就是赵君迈的独立旅第一团，他紧急命令驻防在蓬阆镇的赵君迈，迅速率领独立旅第一团增援二五九旅。[17]

赵君迈接到命令后，立即率独立旅第一团全体官兵，向处在枪林弹雨中的葛隆镇娄塘方向前进。

此时，日军已增到七八千人，分布于葛隆镇、娄塘一带，日军除了向我五一七团守军加强了密集火力外，又分出一部向驰援的赵君迈独立旅第一团袭来，日军的目的，是希望分而歼之。

这时候，总指挥蒋光鼐发现已面临上海守军同时被围歼的危险，急忙向杭州卫戍部队上官云相师求援，希望上官部能即刻投入左翼，驱逐日方登陆部队，以使上海正面战线仍能维持。但上官部以未接到南京方面命令为由，按兵不动未予理睬，这让蒋光鼐大为恼火。

而在葛隆镇孙元良的二五九旅旅部，孙正率部与日军激战中，接到娄塘五一七团团长失踪，弹药也将告罄的消息，以为大势已去，对前方战况已是束手无策。匆忙中，他亲笔修书一封，派通讯兵急奔钱塘门军部向张治中紧急报告：一、第五一七团现受包围覆没，团长失踪；二、职拟准备在葛隆镇殉职；三、钱塘门将有危险，请军长迁移。

这真是牵一发而动全局的关键一战。当时，孙元良二五九旅那一道防线如被敌突破，将令张治中的军部门户大开，所以，孙元良旅这道防线一定不能失守。

张治中接到孙元良这个报告的时候，登陆日军已进占浮桥，正想切断守军退路，张治中接到这消息后，让他后背顿生一股凉气。他当时能寄望的只能是赵君迈的独立旅第一团了，但赵君迈的第一团能不能冒死冲上去，张治中心里也没底。危急中，张治中已顾不了许多，先让通讯兵告诉孙元良旅长两点：一、赵君迈的独立旅第一团即刻可以到达；二、如赵君迈团未到，五一七团于日落时可从葛隆镇撤退，放弃原有阵地。

回复一毕，张治中马上通知赵君迈，要他无论如何一定率独立旅第一团突破日军封锁线，立即到达葛隆镇。[18]

当时的情形是，赵君迈所率领的独立旅第一团正被强敌所困，赵君迈接到张治中通知后，知道一刻也不能再耽误。赵君迈以必死之心对众将士说道：“弟兄们，关键时刻到了，我赵某如果后退一步，你们任何人都可以开枪将我打死，我赵某如果没有后退，你们任何人都不能后退一步。”说完，赵君迈带领独立旅第一团官兵冒着敌人的枪林弹雨，以不可阻挡之势，拼死直向日军阵地扑去。

这时，正孤军奋战的孙元良二五九旅，已拼死相持到了最后的十几分钟，赵君迈率领独立旅第一团向日军发起猛烈攻击，使日军在葛隆镇的防线顿时松懈。

午后四时，赵君迈率领独立旅第一团攻进被日军包围的葛隆镇，先解了孙元良旅旅部之困，来不及安慰受惊的孙元良，赵君迈当即部署独立旅第一团留下一部在葛隆镇做最后的坚守，又部署主力向前线娄塘的五一七团增援。

在娄塘的八十七师二五九旅五一七团，已是危在旦夕，其左翼朱家桥已被敌突破，团长张世希以为到了最后关头，正准备率剩余官兵向葛隆镇方向的蒋家村进行突围。在准备冲出阵地的那一刻，张世希看到赵君迈率领的独立旅第一团杀声震野，全力杀入敌阵。五一七团官兵如见亲人一般，士气大增，各官兵持枪向赵君迈第一团的方向冲出，一时间，日军枪弹如雨，我守军前仆后继顶死冒进，直扑日军阵地。日军受了这一次前后玩命的夹击，才向后退去，娄塘重围遂解。

此次葛隆镇、娄塘战役，由于赵君迈亲率独立旅第一团冒死救援，使八十七师二五九旅得以全身而退，赵君迈在最后一刻，将濒临危局中的淞沪保卫战，从死亡线上挽救出来。事后分析，赵君迈血战葛隆镇、娄塘一役，对“一·二八”战役全局的影响极大，因为日军的企图是在突破我嘉、太中间地区，直下铁路，截我守军后路，实行分割包围，再逐一歼之。如果不是赵君迈带领的独立旅第一团以不可阻挡之势解葛隆镇之围，在上海近郊的第五军和第十九路军的后路就断了，这将使十九路军主力和尚在危险中的第五军军部，同时陷入日军的包围之中，那样，很可能造成“一·二八”战役我守军官兵全军覆没的结果。这样的后果对整个中日关系，乃至于世界局势所产生的不良影响，是不能想象的。

事后，直接参与葛隆镇、娄塘之战的将领张治中、孙元良、钟彬都有详细回忆，对此次战斗中赵君迈所率领的独立旅第一团在葛隆镇、娄塘战役立下的奇功予以明确肯定。孙元良、钟彬在回忆录中将解围部队明确称为赵君迈的独立旅第一团，而张治中的回忆中，之所以将赵君迈的独立旅第一团称之为莫团，是因为莫雄当时刚代理税警总团总团长职位，为尊重他起见而如此称呼，但葛隆镇、娄塘之战跟莫雄没有关系。莫雄是位有三分事要说七分话的人，庙行镇之战他参加了，战后他在有关一部“一·二八”淞沪战役的纪录片中，还特地补拍了一段他身骑高头大马，腰佩将军剑，在火光冲天的庙行镇战场指挥杀敌的场面。在他所有的回忆录中，对“一·二八”的记录除了有对庙行镇之战的介绍外，对葛隆镇、娄塘战役只字未提，这与几位参与者的回忆是吻合的。

独立旅第一团之良好军纪

赵君迈率领的独立旅第一团解了葛隆镇、娄塘之围，让大家都松了口气。当日，经宋子文等中国政府官员的外交努力，驻上海的国际联盟开会决定，要求中日双方立即停战，这给上海守军又提供了一次卸下重担的机会。

晚上八时，蒋光鼐召集刚从险境中生还的蔡廷锴、张治中、莫雄、戴戟、赵君迈等人到南翔总指挥部协商后路。大家一见面，一个个都拉长个脸相顾无言。蒋光鼐是总指挥，他首先打破沉默，很绝望地对大家说：“现在城区防线开始全线动摇，十九路军也将援绝兵尽，很难再坚持下去，现在中央政府方面希望十九路军终战，想听听大家意见，下一步是打还是撤。”

蒋光鼐的话刚一说完，蔡廷锴就怒目圆睁地拍起了桌子，骂中央对十九路军不给予支持和帮助，说上官云相他们见死不救，骂完一阵后，他发现自己什么办法也没有说。

蒋光鼐问张治中有何意见，张治中表情沉痛，坐在那里一言不发，不住地吸烟。

沉默中，戴戟突然一脚把身边的坐椅踢翻，大叫一声："难道老天真要灭绝我们十九路军吗？"说完，蒙头在一旁悲痛欲绝地大哭。

赵君迈心情复杂，本想说几句，但在这样的场合，也实在不便再说什么。最后，蒋光鼐打着圆场道："事已至此，如果诸位没有更好的办法，那就还是顺从国际联盟的停火决议吧，先将上海的十九路军全部撤出上海再说。"

当晚十一时，十九路军向嘉定、黄渡一线撤退，至第二天下午，张治中的第五军也全部撤出了上海。

3 月 6 日，在英、美、法、意等国的斡旋下，第十九路军总指挥蒋光鼐电令全线停火，中日双方代表开始举行停战谈判。

在中日政府进行外交谈判的这段时间，赵君迈的独立旅第一团随第五军军部进驻到常熟东塘市，[19]开始进行新一轮的战前准备。

常熟东塘，自古为上海市的粮仓，其盛产的阳澄湖大闸蟹天下闻名。现代京剧《沙家浜》中那段脍炙人口的唱词"朝霞映在阳澄湖上，芦花放，稻谷香，岸柳成……"，就是唱当年苏虞交界一带地区军民，浴血抗日的动人场景。赵君迈率领独立旅第一团进驻常熟的时候，一面要构筑新的工事，为谈判破裂做准备，另一方面加紧部队休整，以便官兵们有更充足的精力投入新的战斗。在赵君迈团停留在常熟一线的一个月时间里，因其超凡的战斗力和不畏艰险的牺牲精神而名扬中外，这也吸引了大批中外人士前来慰劳，在这些络绎不绝的慰问者中，还包括廖仲恺先生的夫人何香凝女士。何香凝女士在慰问时慷慨赋诗一首：

> 倭寇侵略，野心未死，既据我东北三省，又占我申江土地，叹我大好河山，今非昔比。焚毁我多少城市，惨杀我多少同胞，强奸我多少妇女，耻！你等是血性军人，怎咽下得这点气？

当时，何香凝女士所组织的慰问团中，有不少媒体记者，赵君迈团在常熟一线驻军期间的良好军纪，给媒体记者留下了深刻印象。他们亲眼目睹赵君迈团所发生的一切，简直有些不敢相信，这与十九路军的军纪完全是天壤之别。军人仪容整洁，晨必训话，晚必点名，各项条规如有违反，则军棍重杖毫不姑息。在赵君迈的军中，军人留长发和长指甲、未戴军帽和军容不整，都要被严肃处理。有记者感怀不已，回去写成报道，发于上海媒体，新闻的标题为《独立旅第一团之良好军纪》，报导的内容中还特别提到团长赵君迈带兵给他们留下深刻印象的几件事。

第一件是独立旅第一团作息时间严格、规范。比如说在部队的早操与晚修时间，赵君迈团长都要穿着整齐军装，带领各营营长出来检查，一旦发现有违法乱纪或衣着不整或未按时作息者，立即让执法处根据条例，严厉责罚军棍若干。

第二件是独立旅第一团爱民如子，不侵害百姓一丝一毫的利益。一次记者亲眼所见，附近一农妇前来第一团团部向赵君迈告状，说第一团有人将她家放在河边的旧水车拿去做柴火。赵君迈立即将当事人找来，查明属实后，当场赔给农妇四十块钱，并责罚肇事者炊事班某人六十军棍。还有一次，第一团十几人在野外训练时，损毁农民菜地的蔬菜若干，农民找上门来索赔，赵君迈赔给农民二十元钱，并责罚肇事者每人四十军棍。

第三件事情是重视教育。赵君迈团刚来时，曾被地方负责人安排借住在一所县立小学内，赵君迈知道营房是小学的课室后，立即命令全部人员撤出，并一再要求校长，早日复课。

在记者采访中，独立旅第一团给记者们留下深刻印象的事情，还有官兵们的极高素质。记者在赵君迈的独立旅第一团采访时，还特地找到了赵君迈手下的爱将，第一营上校营长梁思忠。毕业于美国西点军校的梁思忠在记者们面前更像是一位年轻儒雅的大男孩，让他们一时很难将这位带领第一团炮兵营，在战火中击退强大日军的武将相联系。像这样文武兼备的将领在赵君迈团还有很多，《大公报》记者曹聚仁在采访过赵君迈等从火线上下来的将领后才知道，军人不一定是武人，就好像真正气血方刚的男人，不一定要长着满脸的络腮胡子一样。像赵君迈他们这群能在战场上与日军拼刺刀见红的将领，在战场下，比很多文人还文气，他们不是酸文人，没有陈腐学究气，他们上马是战士，可以与死神面对，下马是儒士，可以做学问著文章。[20]这也正是赵君迈、孙立人等人，能够将税警总团最终打造成一块金字招牌的原因。

4 月 24 日，在上海举行的中日谈判触礁受挫，战争硝烟顿起。南京政府向第五军发来修正阵地防线的电令，命令第五军迅速占领自后塘湖经常熟、迄福山镇、鹿苑镇一线。

军长张治中接令后，即刻调整了新的战区防御计划，将八十七师孙元良旅附军校教导总队，占领自后塘湖北岸至昆城湖南岸一线；八十七师宋希濂旅，占领自昆城湖北岸至忠国庙一线；赵君迈的独立旅第一团和古鼎华的第二团，被一块置于莫城赵家镇附近。

命令下达后，赵君迈率领部队进驻莫城赵家镇，开始抢构防空工事枕戈待命。几天后，一座全新的战略工事构筑完毕。正当赵君迈率团在全神贯注地注视着前方战局的时候，上海市区发生了一件针对日本人的震撼性炸弹事件——“天长节”爆炸案。

苏州纪念大会

4 月 29 日，是日本天皇诞辰日，日本人称之为“天长节”。按照习俗，这一天日本人要举行庆祝活动，适值十九路军撤退至第二防线，日本人认为是个大胜利，要在北四川路的虹口公园举行一个庆祝胜利大会。当天参加这个大会的人，都是日本驻华的顶级人物，如日军的白川大将、植田司令和重光葵外交大使等人，他们为这个庆祝会作出了最严密的保安措施，并规定中国人不允许接近会场，但就是这样，还是弄出了一个很大的事件来。

那天，日本人最担心的是中国人搞破坏，所有的精力都用在防范中国人身上，倒是对在中国的朝鲜人很放松，可以接近并参与大会。那时在上海的朝鲜人有两类，一类是中国人见着就觉得头痛的二鬼子，在上海淞沪战役时期，日本军人的翻译很多是朝鲜人，他们常常仗着日本人的势力为非作歹，比如说走私贩毒，租界上多次破获的吗啡案、红丸案都是这些朝鲜人干的。但每当警察捉到人后，第二天就由日本领事馆出面将他们担保出去，使他们变本加厉，这类朝鲜人给上海市民的印象很坏。另一类是居留在上海的朝鲜本土人，还崇尚中国汉唐遗风，有谦谦君子的风度与和蔼可亲的民族性，这类行为举止良好的朝鲜人是在日本并吞朝鲜之时大批流亡到中国的。许多朝鲜志士聚集在上海法租界，组织了一个复国党，干着朝鲜的复国工作，这个复国党的核心人物有四五十人，负责人是赵君迈的留美同学李承晚。此次日本人在虹口公园庆祝天长节并举行祝捷大会，规定只准日本人和朝鲜人进入公园参加，朝鲜复国党人尹奉吉和同党安昌浩、金开山三人，奉命采取爆炸行动。

天长节那天，日本人在虹口公园高空中放出一个很大的气球，并在球的尾巴上拖着“庆祝大捷”的条幅。会场上为便于识别，所有日籍居民都发给一条白色绸织的签条，上面写着各人的姓名，并且规定由正门的东边进，西边出。

会场内，日军也已经布置好区域，主席台左边是日本的空军、陆军、海军，右边是日本在华居留民团，民团后面才轮到朝鲜人。就在日本人一个个沉浸在胜利的欢庆中时，尹奉吉等三人身着西装，外披风雨衣，头戴礼帽，随同参加大会的朝鲜人一齐混入虹口公园。

庆祝大会开始时，下起了小雨，人群有些骚动，白川大将和野村、植田、重光葵等站在主席台上没有移动。可随着雨越下越大，有人开始离开会场。尹奉吉趁着会场混乱的时机，将炸弹向白川大将站立的主席台扔了过去。

白川大将被巨大的爆炸气流抛上半空，摔下来时，已不能动弹。重光葵被炸断一条腿，痛苦地倒在血泊中，植田司令的一只眼被“植入”了一块金属碎片。事情发生当晚，上海《大美晚报》刊登了朝鲜革命党人尹奉吉的一张照片，他两手各拿一颗手榴弹，胸前挂了一块牌，上面写着五个大字“为革命而牺牲”，背面是一面朝鲜的太极图国旗。

“天长节”爆炸案如同一盆冰冷的凉水，泼在了中日间正在复燃的战火上。5 月 5 日，经社会各方的努力，上海休战协定终于签字。这一天，蒋介石给赵君迈等将领通电，告知上海停战撤兵协定正式签字的消息。至此，坚持了几个月的上海淞沪抗战落下帷幕。

“一·二八”淞沪抗战结束后，以前名不见经传的十九路军名震中外，全中国四万万同胞中的一大半人，只知中国军队有十九路军，而不知有赵君迈他们的税警总团。十九路军总指挥蒋光鼐和军长蔡廷锴一夜间成了民族英雄。5 月 28 日，在上海休战协定签字后的第三天，他们邀请海外与全中国的所有媒体、社会各界知名人士，在苏州城中的公共体育场举行了一场隆重的纪念大会，会议中，光接送媒体记者的小车就达数十辆，只要是参会的媒体记者，统一车接车送，吃住全包，真正做到海内外耳有听，目有视。[21] 开会的那一天，全市下半旗，停止娱乐，以表达对淞沪抗战中殉国的忠烈将士最崇高的敬意与哀悼，所有参战的营级以上军官都应邀参加了大会，赵君迈与古鼎华等税警总团的抗日军官，依然是以第五军独立旅的名分出席。[22]当蒋光鼐、张治中、蔡廷锴、赵君迈、翁照垣等十几个名将步入会场时，会场掌声如雷，历时十多分钟不息，待到会议开始，哀乐一奏，无数人情绪激动，失声痛哭。

张治中代表国民革命军第五军全体将士，准备了一篇长篇祭文，敬谨致祭淞沪抗日阵亡将士。[23]

在这次“一·二八”淞沪战役中，包括税警总团在内的第五军，共计官长阵亡 83 名，受伤 242 名，失踪 26 名；士兵阵亡 1533 名，受伤 2897 名，失踪 599 名；合计伤亡 5380 名。

会议后，中国军队全部从上海撤离，治安交由上海保安团及警察维持。齐学启所率的宪兵第六团被改编为上海市保安总团第二团，卫戍上海市中心区。赵君迈与税警总团的所有官兵，则都转移到了上海郊外的海州基地。

“一·二八”战役启示录

“一·二八”淞沪战役终于结束了。

战前，没有谁会怀疑中日必有一战，但这一战在时间上越是往后延迟，就越能对中国政府和人民有利，却是不争之事实。

战后的闸北，被炮火摧毁的民居达百分之八十，《时事新报》一位战地记者经实地察访后写道：“由宝山路而至永兴路，几如身涉乱砾丛中，极目四望，但见一片残垣断壁，闸北全区数万幢房屋，完好者竟寻不到一所，其有未经全烧者，亦门户洞开，物件劫掠一空。”当时，闸北有一家在上海都数得上号的图书馆叫“东方图书馆”，在“一·二八”战役中尽数被毁，日军侵沪司令盐泽在“一·二八”事变后曾言：“烧毁闸北几条街，一年半年就可恢复，只有把商务印书馆、东方图书馆这个中国最重要文化机关焚毁了，它则永远不能恢复……”大火将东方图书馆藏书燃烧后，数周不息。

战后，上海在接下来的一年多时间里，市面全面衰落，一片肃杀，工商业陷入了历史的最低谷。这年年末，有位作家在《上海大年夜》一文中，描述了上海普通市民民不聊生的生活惨状：大年夜的那天上午，南京路上的商店，至少有四五十家过不了年关。拉他的车夫说，年景不好，过年的东西，只好一点不买。这在中国百姓的风俗里实属罕见，大年三十一点东西都不买，还像是过年吗？[24]

是啊！年三十在中国就是最偏僻的农村，也要称上几斤肉打上两壶酒吧，可我国最繁华的都市上海的市民，在这一年大年夜，却什么也买不起。纵观“一·二八”战争的结果，虽说是中华民族与日本侵略者之间一场区域间的局部战争，但此场战争让中国政府和人民认清了中日之间的战争形势。

此次中国政府经受了“一·二八”大灾难后，国民政府在 1932 年 11 月 1 日，秘密成立国防设计委员会，蒋介石开始在意战略资源的累积。该机构是国民政府参谋本部所属的非公开机构，它也是后来国家资源委员会的前身，对外号称南京三元巷二号，蒋介石亲任委员长，翁文灏为秘书长，赵君迈的同学何浩若参与了该委员会的核心工作，出任物质局局长。

1934 年 9 月 10 日，蒋介石不再兼任参谋总长时，还特地呈请国民政府修改了国防设计委员会组织条例，将国防设计委员会由参谋本部管辖，改由他亲任委员长的军事委员会直辖。后来，资源委员会通过与德国易货贸易的方式，获得了大量的工业设备、军火与资金，为未来的对日战争，起到了很重要的物质积累作用。[25]

注释：

［1］国史馆 002090200005322. 蒋中正电宋子文，1932－02－05

［2］［12］［14］［16］［17］［18］［19］［22］张治中. 张治中回忆录. 北京：文史资料出版社，1985

［3］国史馆 002090200005362. 蒋中正电张治中，1932－02－03

［4］国史馆 002020200015023. 何应钦电蒋中正，1932－02－06

［5］［7］莫雄. 莫雄回忆录. 广州：广东人民出版社，2007

［6］［21］陈存仁. 银元时代生活史. 桂林：广西师范大学出版社，2007

［8］国史馆 002090200005174. 宋子文电蒋中正，1932－02－16

［9］国史馆 002060100045010. 蒋中正电俞济时，1932－02－10

［10］蒋光鼐、蔡廷锴、戴戟回忆录. 文史资料选辑. 北京：中华书局，1981

［11］国史馆 002020200015058. 蒋中正电张治中、俞济时，1932－02－18

［13］国史馆 002020200015071. 蒋中正电张治中，1932－02－26

［15］国史馆 002060100046002. 蒋中正电蒋光鼐，1932－03－02

［20］大汉公报. 民国二十一年五月二十日

［23］曹聚仁. 采访本记. 北京：三联书店，2008

［24］茅盾. 茅盾选集. 济南：山东文艺出版社，2003

［25］李学通. 翁文灏年谱. 济南：山东教育出版社，2005

第五章

税警总团在海州执行战斗任务

拾 海州灭匪

我们参加税警团的主要目的，不是来抓走私的盐贩子，而是善练战技，打倒日本帝国主义！

——孙立人

“一·二八”淞沪保卫战结束以后，税警总团奉财政部命令调往海州。

赵君迈率税警总团第一团进驻海州后，发现盐匪猖獗。两淮地区的盐枭由于财力雄厚，他们在装备上比一般的中央军都要强大很多，而且，盐枭的社会关系也极为复杂，不仅与上海的青洪帮有密切往来，还与国民党的一些上层人物有密切联系。赵君迈不信这个邪，为还两淮地区百姓一个干净公平的盐业市场，他对这群无法无天的盐枭们发起了一场全面围剿。

淮盐白如雪，枭徒多如毛

宋子文改组财政部以来，盐税是国民政府的重要收入来源，而淮盐是中国最重要的官盐产地，海州则是淮盐的产销中心。由于出产著名的淮盐，官府和黑道历来都很看重这块肥沃之地。

赵君迈率税警第一团进驻海州后，当地政府官员向赵君迈介绍海州的情况时说：海州古城有2000多年的历史，早在公元前212年，秦始皇统一中国后便在海州立石阙，作为秦朝的东大门，公元549年，北魏武帝时期，定名海州。

海州由于私盐的利润丰厚，盐匪的力量也相当强大。当地诗人屠倬在一首《枭徒横》的诗里，这样描绘当地的盐枭：“淮盐白于雪，枭徒多如毛!”由于食盐在中国的历代王朝中，都是最主要的财政收入来源，于是，各朝官府为了确保盐税收入，与盐枭之间展开的斗智、斗勇、斗狠的行动，从来没有终止过。

春秋时，齐国首订私盐禁例，卖私盐的人被捉，要在左腿铸上六斤重的铁锁，没收其工具，取消煮盐谋生权利。

汉代时政府颁布盐法，敢私铸铁器煮盐者，断右趾，没收器物。

清朝时官府规定，两淮凡兴贩私盐者，杖八十，其盐斤、银钱、牲口、车辆等物入官，巡缉员役不行缉，拿者治罪。

曾主政两淮盐务的李鸿章也曾对盐枭之事没少费心力，在他手上经办的盐案，已有数百起之多。[1]这些清末的小股盐匪，经过了清末民初政府真空时代的发展，到民国以后，渐渐发展成为贩卖私盐的武装力量。这些盐枭的武装势力极大，经常是几百条盐船在一千多盐枭的武装保护下，就敢浩浩荡荡地开过海关卡口，把淮徐一带的盐税规章破坏殆尽。

就在几年前，国民革命军独立第六师在两淮地区负责盐税，第六师师长叫王若周，保定陆军军官学校第一期步兵科毕业。辛亥革命时期，曾任浙江光复军中的团长，随陈其美、蒋介石等在上海发动起义，是蒋介石北伐时期的功臣。北伐结束后被蒋介石派驻海州，算是给他一个肥美的差事，以作嘉奖。

但王若周带着他的国民革命军独立第六师兴冲冲地进到海州后，竟然没看住这个盐场，不仅没从中收获大笔财富，还损失了不少人马。有一次，他们独立第六师在检查一群要通过海关的运盐船只时，停船接受检查的盐枭船队竟然敢用轻重机枪向他们猛烈扫射，独立第六师被打后还不敢还击，师长王若周吓得躲在屋内，大气都不敢出。

那一次盐枭的行动让独立第六师颜面尽失，王若周没有想到，盐枭竟敢猖獗到明目张胆的地步了。事后，王若周慑于盐枭的黑势力太强，他又不愿意同流合污，于是，经慎重考虑后将该师撤出海州。

赵君迈从王若周的事件中发现了两个重要问题：第一，盐枭上面有人，据赵君迈了解，自海州成立盐运中心以来，官匪勾结的事情，就没有停止过，地方政府官员与盐枭勾结大干走私贩私的事由来已久，盐枭不仅与上海的青洪帮有密切来往，而且还与国民党的一些上层人物有联系，正因为他们上面有人，他们才会为所欲为无所顾忌；第二，盐枭财力雄厚，武器装备很先进，又有各种各样的社会关系，使他们在武器装备与人员训练上，比一般的部队要强大很多。

盐枭的行为无异于在政府穷得可怜的饭碗里争食物，为还两淮地区百姓一个干净公平的盐业市场，赵君迈发誓要好好教训这群无法无天的盐枭。

吃着碗里看着锅里，莫雄私下向蒋要官

1932 年 7 月，赵君迈向宋子文报告海州匪患严重的情况，并提出由税警一团出面剿灭盐枭。宋子文之前对盐枭的事情也有所耳闻，只是复杂的内外事务让他无暇顾及。现在，听赵君迈和当地官员介绍盐匪如此嚣张、胡作非为，内心岂能容忍，宋子文立即同意赵君迈的请求，让赵君迈先拿出方案，等可行性方案出台后，再交税警总团统一执行。

赵君迈凭着在美国多年的系统军事训练和在国内险恶战争环境中历练的经验，加之在上海期间对情报工作的心得，深知孙子兵法中知己知彼百战不殆的重要，对战役的第一手情报非常重视。赵君迈在制订方案前，先将全团几十名训练有素的连级以上军官都派出去，让他们以便衣的身份，分散到海州的各个地区，去侦探盐枭的基本组织情况和活动规律。

这是一个繁杂而重要的工作。因为淮盐的运销方式主要是水运，水运占到淮盐运输里程的75%，水运中又以河运为主，这就注定了赵君迈的剿匪工作，所牵涉范围有两个特性：一是地形复杂，二是面积太大。

地形复杂到什么程度？《清·盐法志》中有记载：“淮南二十场食盐船，自盐厂出场入运盐河，或由射阳湖，或仇湖、孙庄、于溪俱抵泰坝，过坝经谢家铺、襄河，过湾头闸，至北桥掣所，直抵仪征天池泊候，装江船泊集，然后开江分销各地。”这些地名估计很多人还没看完，头已经晕了。还有这距离，淮盐自仪征入长江，抵达江西南昌府进入西岸，里程为 1400 里，如再转运至建昌府，则为 1820 里，转运至吉安府、袁州府等地，全程都在 2000 里。淮盐运至鄂岸湖北汉口，从仪征出长江算起，里程达 1600 里，如再中转至湘岸湖南和湖南边远

各府州，里程在2000余里。

这么复杂的地形，这么远的距离，这么暴利的诱惑，注定了匪情的复杂性与危险性都非同一般。

赵君迈带领全团骨干经过一个多月的准备，查明两淮地区的盐枭约有两万余人，他们的山寨居然碉堡林立，枪炮齐全，所有匪徒中最大的一股是白宝山团伙。白宝山因是老军阀出身，他的军事设施不仅专业，也更为坚固。

赵君迈在充分掌握了盐枭的据点、设施、人员与装备等战斗力情况后，与总团的幕僚们一道，制订了详细严密的剿匪计划。可让人想不到的是，在剿灭盐匪的战斗打响前，莫雄除将税警总团赵君迈等人收集的海州盐枭情报，拿去向蒋介石报告邀功不说，还吃着碗里的盯着锅里的，撇开宋子文、赵君迈他们，私自向蒋介石要官。

在税警总团的人都知道，宋子文是税警总团的老板。税警总团是宋子文利用财政部资源创建并掌握的一支独立于中央军以外的武装部队，税警总团内的一切编制、装备、人事，都是由宋子文说了算。宋子文给税警总团官兵的待遇，也非常丰厚，这点，连莫雄也承认。但莫雄拿到赵君迈等人收集的海州盐枭情报后，却私自去向蒋介石做了报告，光报告些情况就算了，莫雄还向蒋介石编造了一个谎言，说宋子文是拒绝剿灭盐匪的，因为这样会导致税警总团产生重大损失，而他莫雄要剿，但他苦恼的是若大张旗鼓地进剿，必受“越权”的责难，恳请委座特准他为淮徐地区剿匪总司令！这样，既名正言顺，又避开了他人责难。

据莫雄自己说，蒋介石批准了他的请求，蒋为什么不批准呢？他不需要投入一兵一卒，一枪一弹，就拥有了一支两万多人的剿匪队伍。但莫雄这么做，也就是背着宋子文将税警总团的隶属性质做了变更，将税警总团从财政部宋子文的手中，变成了军事委员会蒋介石下辖的剿匪总队，税警总团经莫雄这一弄，从性质到隶属关系全变了，莫雄成了蒋介石的属下，淮徐地区剿匪总司令也就能游离于宋子文的掌控之外，名正言顺地将税警总团牢牢地控制在自己的手中。

这事搁谁都会恼火，宋子文也不例外，一听这消息，差点没将办公桌上的东西全砸碎。

莫雄很得意，这件事要换别人，他借刀杀人的计划，也许就大功告成了，但他的对手是宋子文。宋子文不仅是蒋介石的大舅子，还是掌管全国财经命脉的财神爷。就在几天前，蒋介石还在委托宋子文为他速购高射炮三十门，以组建一个全新的高炮旅。[2]10月，蒋、汪分野后，蒋又让宋子文出任行政院院长，在当时之中国，敢当面对蒋介石说不的人没几个，宋子文是其中之一，所以，莫雄最后只是空欢喜一场。

经过这件事后，宋子文将剿匪之事彻底委托赵君迈办理，赵君迈接到任务后，开始排兵布阵，进行大举围剿当地武装盐枭的战役。

不要小看了盐枭的实力，赵君迈他们凭借税警总团优良的装备与训练有素的强大战斗力，还是用了三个多月的时间，才完成此次剿匪任务。此次战役，共捕获大小盐匪首恶八十余人，除盐枭中的匪首白宝山逃脱外，海州的匪患全部肃清。关于白宝山出逃一事，赵君迈本觉得蹊跷，他是前北洋军阀的一个师长，与莫雄有很不错的交情，就在赵君迈率团围剿前的那一刻，白宝山莫名其妙地逃脱了。这本是一个问题，但白宝山既已逃脱，赵君迈也就不再说什么。

赵君迈率团将盐枭们抓回来以后，关于对他们如何进行处置，代总团长莫雄又站了出来。

莫雄这人最大的特点，是有很重的江湖习气。任代总团长时，他安插的亲信，军需处处长就曾经诱劝他说，司令部每月有几百万的大洋过手，让他趁机捞一把。[3]莫雄是老军阀出身，北伐后曾脱离军队拉杆子占山头当过一阵土匪，身上沾满了军阀习气，家中三妻四妾一大堆子人指着他吃饭，按老规矩，他是不会放过眼前这赚钱机会的，但他却回绝了军需处长的好意。为什么？除了宋子文本身疾恶如仇，在位高权重的宋面前他不敢造次外，还有就是他在此位置上有更多的赚大钱机会。

比如此次剿灭盐枭行动，在赵君迈将两淮的盐枭都关在税警总团后，莫雄将这一个个重要的盐枭都当成了发大财的肉票处置，希望从每一个盐枭的人头上大捞一把。他按照当土匪时的办法，先放出风去，说捉来的八十多个匪首全部要近日在海州问斩，此言一出，不久就引来了匪首家属抬着几万元、几十万元的大洋前来求情保释。这中间除了花钱消灾的人，还引来了一些重要的政府要人，像前行政院长孙科及上海青洪帮老大杜月笙。杜月笙说情要保的这人叫颜秀五，人称颜老二，为青帮在海州的大头目，是杜月笙姨妹程玉兰的丈夫。结果，莫就私自将颜给放了，这种做法令赵君迈等人很反感，他们将情况向宋子文作了汇报。宋子文不管那么多，他亲自督促赵君迈率部将这批恶贯满盈的匪首全部杀掉，才断了莫雄私下交易的发财图谋。

炒了莫雄的鱿鱼

赵君迈率军剿灭两淮地区的这批盐枭后，两淮地区民心大快，从此地方太平安宁。本来，海州杀的这一批盐匪，是宋子文、赵君迈等税警总团所有参战人员的功劳，但莫雄这家伙居然敢将此功，归于他自己一人，还自导自演了一场好戏，令手下之人，找了一群不明真相的老百姓，给他们一些钱后，让他们找石匠雕刻了一座很大的石碑，敲锣打鼓地立在海州，碑上除了刻着他莫雄个人大大的名号外，还在上面专门对他个人的功绩著文加以称颂。[4]莫雄在剿灭盐枭的战役中所做的这两件事情，宋子文对他非常不满，尤其是树碑这事，让宋子文与赵君迈他们听闻后，都有些哭笑不得，对莫雄产生了很大反感。宋子文认为莫雄贪功，于是下决心炒莫雄的鱿鱼。

宋子文亲自来到海州，将莫雄叫到办公室对他说："税警总团以后与美国人打交道越来越多，你不懂英文，也不了解美国人的性格，对现代化军事装备和现代化的军事战争，都一点不了解，像你这样还打绑脚、穿布鞋的军人已经落后了。"莫雄一听宋子文的话就知道他的好日子完了。但宋子文跟莫雄所说的"税警总团以后与美国人打交道越来越多"的话，倒是没有骗他，而是确有其事的。

税警总团在“一·二八”淞沪抗战和海州剿灭盐枭的战役中，让英美等国的一些重要政治人物，见识了中国在黄埔系之外还存在着另一支武装力量，这也鼓舞了八国银行的信心。因此，在财力上，税警总团比先前的底气更加充足。

当时，美国对税警总团有着很特殊的感情，因为税警总团半数以上的将领都是毕业于美国军事院校，美国军方为了加强与宋子文这支武装力量的合作，从各方面开始大力装备这支部队。这期间，美国曾一次性运给税警总团足够三个团驻扎的新型活动木板房、地毯、电话诸物，这些宝贝在那时的中国军队里是见不到的，但这些东西对税警总团来说，还只是大餐前的开胃小菜，接下来，美国应允宋子文，准备配售给税警总团500架最先进的战斗机。[5]

这可不是痴人说梦的事，为迎接这批美国的战斗机，宋子文还特地让赵君迈他们在淮北云台山以西附近地区，破土动工修建大型飞机场，赵君迈他们连建筑飞机场的一切必需用料，都已从美国购买并源源运到，飞机场的建设也初具规模。此外，宋子文还让赵君迈等人设计，从捷克、法国等地购回了一批装甲车，来组建一支装甲师，此计划令蒋介石也非常兴奋，并直接督促此项目的进展。

踌躇满志的宋子文在宏图大展之时发现，税警总团的现代化建设中还略显美中不足的问题是，缺人和缺人才，这两个大的问题又开始困扰着宋子文。

说税警总团缺人，是因为税警总团在“一·二八”战役中，牺牲了很多优秀官兵，像赵君迈的第一团、古鼎华的第二团伤亡都不小，队伍需要补充一批优秀的青年兵员。而税警总团缺人才，则是莫雄代理税警总团总团长期间，安插了太多的平庸之辈，税警总团队伍中的部分官兵受十九路军和莫雄等影响，染上了很多坏的军阀习气。两个问题其实是一件事，人才！宋子文在毫不留情地将莫雄的代理总团长一职撤了的同时也明白，税警总团急需新的人才，才能将此风气扭转。

关于人才问题，宋子文也找赵君迈谈过，希望了解赵君迈对人才的意见。赵君迈给宋子文的建议是，税警总团能不能成为一支当代一流的现代化军队，除了要具备良好的武器装备之外，更重要的是要有一批经过系统军事训练、思想解放、作风硬朗、德才兼备的优秀将官。

宋子文认同赵君迈的观点。最初，他是拿古鼎华做标准，来衡量赵君迈的能力。在税警总团的发展过程中，赵君迈所带的第一团无疑从各方面看能力更为突出，通过古鼎华团，让宋子文看到赵君迈所带队伍的优势，因为从税警总团进入海州开始，宋其实就已经对赵君迈这样的海派军事人才更为倚重。在炒了莫雄鱿鱼之后，宋子文经过各方面权衡，将税警总团团长一职，交由美国西点军校毕业的温应星担任。

温应星是宋子文的老熟人，也是前总团长王赓在西点军校的学长，比王赓还大几届，据说是美国著名将领巴顿将军的同班同学，回国后，曾任东北讲武堂教官。1923年，宋子文被孙中山任命为中央银行副行长和两广盐务缉核所经理后，温应星接替宋子文任孙中山先生的英文秘书，是宋子文早年北伐时的同事。孙中山在北平逝世后，温应星被奉系军阀张作霖派往清华大学任第五任校长，但干了两个月后因奉系撤离而前往上海，被国民政府任命为上海市公安局局长兼保安处处长。上海“一·二八”淞沪战役前后，温应星为蒋介石、宋子文等人做了很多事情，赵君迈与他也有过很多次的交往，总体感觉是位书卷气很重的将军。

令赵君迈有些意外的是，温应星接替莫雄出任税警总团总团长后，将他在东北讲武堂时期的一大批学生，都安插进了税警总团，尤其在赵君迈的第一团中，中下级官佐全都安插了这群东北讲武堂的学生兵。这为赵君迈与温应星之间，或者说是为赵君迈在税警总团未来的工作中，埋下了巨大的隐患。

孙立人加盟税警总团

在传统中国军队的建设中，将官的作用太过于重要，由于军队建设所面临的问题都主要集中在将官身上，而将官的自身素质本身又有高低之分，有的是有德无才，有的是有才无德，有的是无德无能。这就直接影响到一支队伍的质量。赵君迈强调的是有才有德的人才，他对温应星带兵的有些做法是不敢苟同的，因为温应星带兵走的依旧是中国传统的老路，赵君迈不希望将税警总团训练成另一支变异的东北军。他慎重地向宋子文举荐了他的留美同学孙立人，[6]说孙立人既经过严格的西方现代军事理论训练，又有多年实战操作经验，且人很正直，如让孙立人这样优秀的将领来训练税警总团新招募的军官，就能为税警总团训练出最优秀的队伍来。当时，孙立人正怀才不遇赋闲在家，自从美国维吉利亚军校毕业回国后，他可以说是一直不顺，没遇到赏识他的伯乐。孙立人这人有个最大的特点是遇事太较真，任何事情他都要做到不苟且，这使他与一般的世俗人物很难交往。不久前，他与所在的海陆空军司令部侍卫总队的长官闹意见，自己撂挑子不干了，也就在这个时候，赵君迈想到了他。

宋子文对赵君迈所提出的建议，素来十分重视，尤其是他所极力推荐的人。这首先是赵君迈不轻易举荐人，其次说得难听一点，赵君迈举荐之人即使是能力差一点的话，也一定不会比赵君迈差太远。宋子文需要的正是像赵君迈这样的人，这种既能训练队伍又能指挥打仗，来之能战，战之能胜的将才。宋子文当即让赵君迈安排，与孙立人见上一面。

正在家闷闷不乐的孙立人接到赵君迈拍来的电报，约他去海州税警团总部与宋子文见面。真是喜从天降，因为宋子文的慷慨与大度在圈内是出了名的。他欣赏一个人时，可以为得到他而不惜代价，这对孙立人来说，总算是找到了用武之地，他做足功课后如约前往。

1932 年 10 月 5 日，赵君迈将孙立人带到了宋子文的办公室，令赵君迈高兴的是，孙立人与宋子文一见如故，这也许就是天意。宋子文的税警总团完全就是为他度身订制一样，孙立人也像是为税警总团而来。两人相谈甚欢，十几分钟过后，宋子文就拿出任命书来，任命孙立人为税警总团特科兵团团长。特科兵团相当于军队中训练特殊兵种和中下级官佐的教练团，孙立人欣然接受了任命。

税警总团有了赵君迈的好友孙立人加盟后，如虎添翼。本来在宋子文的眼中，赵君迈是税警总团的左翼，现在孙立人的加盟，像是给税警总团添加了右翼，税警总团从此才算是真正地走向了强大。

孙立人出任税警总团特科兵团上校团长后，手下无兵无将，一切还得从头开始，这时候自然少不了朋友赵君迈的帮助。赵君迈和孙立人两人都深谙建部队得先选干部，再补充士兵的道理。在孙立人进入税警总团之前，赵君迈与税警总团的德国顾问，已先行在海州办了一个军官总队和一个军士总队，轮番训练中下级军官，所以，特科兵团的中下级军官已有一定的基础或是选择余地。而在新兵的征集上，孙立人对湖南兵情有独钟，他欣赏湖南兵的主要原因是湖南人打仗时敢打敢拼，而平常却守纪律、讲义气，不乱来。

当时，税警总团在湖南招新兵正好有一个很有利的条件：由于长江发大水，湖南、湖北等地在遭受水灾之后，很多青年正苦于谋生无路。赵君迈陪同孙立人带人分赴湖南、湖北招募新兵，这正是雪中送炭一般，当地青年纷纷应召。到初冬，全团编组完成，开始在海州整训。

海州良好的外部环境，为孙立人训练税警总团新兵提供了施展能力的大舞台。新兵进驻海州后，第一个就是要解决住的问题。刚好，美国提供的军营活动板房材料已到达海州。孙立人与赵君迈一样，是学土木工程的工程师出身，懂设计施工，建一座具有现代气息的军营营房对他来说，是小菜一碟。孙立人对他的营房就像布置他的新家一样，对选址、建筑、环境等细节，都是亲力亲为一丝不苟。他先在海州赵君迈团东城营房的南面，选了一侧靠山面海的丘陵区中的一块宽阔平地，利用美国板房材料，建造了一个一次能容纳五千多人的大营房，营房建成后，孙立人将它命名为南城营房，南城营房距离海州城 20 多里，是理想的练兵之地。

特科兵团进行正式训练的第一天，孙立人集合新招募的官兵讲话，没说别的，就一个意思，日本人正在侵占中国的领土，我们要决心抗日，我们参加税警总团的主要目的，不是抓走私盐贩子，虽然走私盐贩子要打击，但更主要的是善练苦练战技，为打倒日本帝国主义而努力！孙立人将宋子文、赵君迈一直在做而没说出来的话说了出来。

自有了赵君迈团和孙立人团后，整个海州都热闹了起来。孙立人带领全团五千多官兵，以南城营房为家，每日与东城的赵君迈团一样，闻鸡起舞，希望将该团刻苦磨炼成一支全新的军队。

就在大家热火朝天地苦练杀敌本领时，北方山海关危机爆发，宋子文放弃了他的特科兵计划，下令将孙立人的特科兵团改扩为税警总团第四分团，孙立人任第四分团团长，税警总团自此由三个分团扩充到了四个分团。有些资料上说“一·二八”淞沪战役前，税警总团就有孙立人的第四分团，这显然与事实有出入。

宝剑锋从磨砺出

赵君迈介绍孙立人进入税警团，对宋子文来说是将遇良才，对孙立人来说是蛟龙归海，对赵君迈来说是酒逢知己。三人说来也是缘分，就说赵君迈与孙立人，两人无论从性格、年龄、学业到家庭背景、成长经历，都很相当，不仅在学业上是同学，感情上亲如兄弟，在事业上是默契的搭档，就连两人带兵的风格，也有很多共同之处。

赵君迈带兵，严格与规范是出了名的，尤其是赵君迈从上海参加“一·二八”回到海州后，他知道他们很快又将会与日本这个强大的对手见面，所以对部队的训练不敢有丝毫松懈。赵君迈抓第一团的部队训练，是以团为家，每天早晨四点半钟就用冲锋号将官兵唤醒，五分钟时间用来起床、叠被后，各营、连的士兵，都由连值星官带领做早操。早操完结后，即由排、连、营长在训练场将队伍展开，开始训练。作为团长兼教官，赵君迈先将当日安排的练习课目布置给各营排以上军官。赵君迈在布置工作时，采用他学习武术的方法，一面讲解一面示范，让军官们充分掌握了动作要领后，再复述一些在某些要领处要特别注意的小细节。军官们实施时，由军官当列兵，强调以身作则，赵君迈在一旁巡视检查，如发现一个列兵在小细节上出现问题，立即上前纠正，绝不马虎。

赵君迈在夜以继日地对部队官兵进行严格训练的同时，也讲究松弛有度的恢复训练方法，在官兵们大运动量的训练结束以后，将紧张严肃的训练与游戏、娱乐式的锻炼相结合。比如每天早上，赵君迈带领官兵坚持跑步锻炼，要求风雨无阻。当时从海州到新浦有十几里地，赵君迈要求官兵们每天跑一个来回，跑步回来后再带领官兵下海进行游泳训练。游泳时，赵君迈还在海上常搞些游泳比赛，对成绩优异者给予奖励。赵君迈是有名的浪里白条，每次比赛他都跟官兵一起参与，这样既强化了部队在严酷环境下的作战能力，又活跃了气氛，官兵们都很愿意参加这些活动。

训练完毕回到营房，吃饭也很有讲究。官兵们整齐地坐在饭堂内，六人一组坐成一圈，中间是几大盆饭、菜，吃饭时不许有人说话，不许浪费一粒粮食，并且，要求他们必须在五分钟内吃完。刚开始很多人不明白，这吃饭不许说话，不许浪费粮食，都还好理解，可是，要五分钟全部吃完，感觉有些吹毛求疵。

赵君迈告诉他们，在战场上时间就是生命，敌人是不会考虑你吃饱了饭没有的，而且这不是几个人的问题，是几千、几万人的事，必须要讲求效率。这吃饭里面还有浪费粮食的问题，赵君迈认为这不单单是几个钱的问题，是中国百姓对待老天的态度，粮食就是我们百姓的天，官兵们对天要心存敬畏，发现有官兵浪费粮食者，罚洗军营一天的碗筷。从上述赵君迈的练兵风格中可以看到，他既有严酷严厉的一面，也有人文关怀的一面。

孙立人练兵，对官兵要求同样严格，也讲究训练与生活结合，与赵君迈的人文气息相比，孙立人更讲究严格规范，讲求军队精神面貌的培养，这种面貌就是他常说的一种气，一种士气。古人云：“欲求身体之强健在守元气，欲保国之强盛在守士气。”士气盛则民族盛，民族盛则国之兴。孙立人对军队建设最大的长处，是他所带的队伍有一股浓郁而强烈的士气。

每天早餐后，孙立人都带领全团官兵在宽大的操场上训练，他怒目圆瞪地站在指挥台上，监督各连连长或值星官向士兵讲课，如发现连长或值星官示范动作欠准确时，孙立人会走过去大声斥责，并亲自示范。在训练场上，孙立人绝不跟任何下属讲情面。据他的下属李鸿回忆，李任连长时，有一次示范动作欠准确，孙立人上前大发脾气，将李鸿骂了一通后，亲自示范，接着要求李鸿他们再接着练，直到练到他满意为止。

在部队野外演习时，孙立人要求他下属的各营、连、排、班的官长，无论什么情况下都做到不离队、不离兵，以身作则，与官兵同甘共苦。孙立人从军以来，有一个过硬的本领，就是他能叫得出全团官兵每一个人的名字，甚至，他能根据背影分辨出每个士兵。

此举令赵君迈都着实敬佩，赵君迈记忆力也不错，他也天天跟士兵在一起，但他做不到这一点。赵君迈后来才知道，孙立人在训练新兵上有个很独特的方法，就是作为团长的孙立人，对身边卫兵的使用从来不用老兵，他用的卫兵都是从新兵中轮流选派，十天一轮换，孙立人跟赵君迈交流经验时说，他这么做的目的有两个：一个是要让每一个新兵都在他苛刻的眼皮底下，接受他最专业的严格训练，不合格的回去训练后还得再回来，两次不合格就要立即淘汰，领遣散费回家；第二个目的是让每一个进税警团的新兵，都有与他亲近的机会，孙立人希望通过这种方式，熟悉团里的每一个战士，同时，也让每一个战士了解他。

从结果上看，赵君迈、孙立人所训练的队伍都很优秀。赵君迈自税警总团到海州后，觉得在第一团时常举行的一些跑步、游泳比赛很有意义，因此，赵君迈向宋子文提议，在税警总团内部，每年举办一届运动会，运动会分田径、武术、射击、游泳、篮球等项目，这样既提高了官兵素质，又活跃了军营气氛，宋子文很赞同此提议，批准当年便进行。宋子文不仅每届税警总团所举办的运动会都亲自到场，还请专人为运动会设计了金、银、铜等奖牌，对重要的获奖选手，他都亲自出面颁发奖牌。

本来，这些项目都是赵君迈、孙立人他们以前在欧美军事院校中经常玩的常规项目，年轻人都喜欢，一经推出，很受税警总团官兵欢迎。赵君迈将税警总团每年一度的运动会搞起来后，还借鉴国外的经验，在军中创立军队文化，与孙立人等找人创作了一首税警总团自己的军歌：

吾军欲发扬，精诚团结无欺罔，矢志救国亡，猛士力能守四方，不怕刀和枪，誓把敌人降，亲上死长，效命疆场，才算好儿郎。

第一体要壮，筋骨锻如百炼钢，暑雨无怨伤，寒冬不畏冰雪霜，劳苦是顾常，饥咽秕与糠，卧薪何妨，胆亦能尝，齐学勾践王。

道德要提倡，礼义廉耻四维张，谁给我们饷，百姓脂膏公家粮，步步自提防，骄纵与贪赃，长官榜样，军国规章，时刻不可忘。

大任一身当，当仁于师亦不让，七尺何昂昂，常将天职记心上，爱国国必强，爱民民自康，为民保障，为国栋梁，即为本军先。

当年，税警总团不仅有自己的军歌，赵君迈还结合国家形势，组织专人在税警总团办了一份很有名的内部刊物，叫《海棠周报》。《海棠周报》除了报道税警总团自己军中的各种信息外，还有专人每天收听世界各地方的广播电台，从世界各地的新闻事件中，选取重要的内容，报告给广大官兵。[7]

《海棠周报》推出后，很受官兵们欢迎。从此以后，赵君迈无论是在湘岸盐务处工作，还是衡阳、长春出任政府主要行政官员，都会在当地创办一份有影响力的刊物。他认为这对于各种社会阶层的沟通，能起到非常好的效果。

在海州的税警总团经过赵君迈、孙立人这么严格、规范的治理，体能、纪律、凝聚力和士气都达到了一个新的高度。

注释：

［1］梁启超. 李鸿章传. 西安：陕西师范大学出版社，2009

［2］国史馆 002010200071024. 蒋中正电请宋子文速购高射炮三十，1932－09－16

［3］［4］［5］莫雄. 莫雄回忆录. 广州：广东人民出版社，2007

［6］沈克勤. 孙立人传. 台北：学生书局，1998

［7］谭玉岐，阎志军. 口述淞沪抗战. 上海：上海人民出版社，2007

《塘沽协定》签署现场

拾壹 华北危机：北上山海关

我要做人，而不是做一条狗！

——宋子文

1933 年 3 月，日本进军山海关。赵君迈率税警总团奉宋子文之命从海州进入热河，本希望联合张学良的东北军就地抵抗，但因违背了蒋介石的战略意图，税警总团被劝返回原地。不久，热河陷落，张学良、宋子文相继辞职。接着，中日双方代表在塘沽会晤，签订了《塘沽协定》，中国军队随即撤退至延庆、昌平、高丽营、顺义、通县、香河所连一线以西、以南地区。

中国军队撤离后，日军开始在华北大量增兵，将战争前锋直逼平津。

华北联手，进军山海关

1932 年秋，日本帝国主义在东北建立了伪满政权以后，又进一步占领了锦州，进而进兵热河的门户北票，欲谋取热河。热河状况一时成为全国朝野焦点，在这民族存亡之秋，省主席汤玉麟给南京的蒋介石、宋子文、何应钦发了道加急电报，称："热河饥军无饷无械，如何作为平津屏障？请迅拨大洋以为辅助饷械之需。"[1]

汤玉麟的算盘，是欲借此危机大捞一把，如不是这样，怎么算起来汤玉麟手中的军队也不至于会是无饷无械的"饥军"。汤玉麟在热河统治了八年，百姓给他取了个绰号叫"汤大虎"，之所以叫他汤大虎，是因为汤家除了大虎外，还有二虎、三虎、四虎。一门四虎，说明汤家兄弟都爱虎，且爱虎竟爱到了痴迷的地步。就说汤玉麟，他在客厅里摆着一只真的猛虎标本，墙上挂着一幅他手持机关枪骑在虎背上的照片，他坐着的椅子上蒙着张硕大虎皮，连他坐的姿势，都是学着老虎的样子，两手紧握双拳前扑于桌上，瞪大双眼目视前方，以示虎威。如此生猛的"老虎"，怎么也不会饿着，何况在热河，汤玉麟除了有省主席的职务外，自己还兼任三十六师师长，他用他的三弟玉山作该师五十八团团长。四弟玉铭任师属炮兵团团长，五弟玉书任师属骑兵团团长。另外，他又安排大儿子佐荣任禁烟局局长，二儿子佐辅任省政府委员兼财政厅厅长，将一省之军权、财权牢牢地控制在手中，实现军政一家。

遗憾的是，汤家一家子在热河除了祸害百姓外，其实都只是纸老虎，他们有老虎头脑简单、性情粗暴的特点，对虎的本事倒是一点没有学到。

就在汤玉麟向蒋发出拨款电文不久，日军进占了北票。小鬼子用伪满洲国的名义，通知汤玉麟派代表到北票开会，当时热河的省会在承德，汤玉麟接到日军要求派代表到北票开会的通知后不敢怠慢，马上派热河公安管理处处长张舜卿前往参加。

会上，日方代表有外交官武部六堂，外加关东军参谋长和锦州日本驻军代表各一人。日方要求张舜卿向热河汤玉麟转告三条要求：第一，说汤玉麟是满洲国委任的热河省长兼军区司令，热河必须派代表常驻长春，加强联络。当时，长春已是日本关东军的司令部所在地；第二，为加强满、热一体的关系，要汤玉麟同意把北方铁路由北票延长修建到热河的省会承德；第三，为加强彼此联系，要汤玉麟同意日本军部在承德设无线电台。[2]张舜卿一听兹事体大，连忙将这三条电告了汤玉麟。为保险起见，也一并直接电告了在北平的张学良，张学良一听，立即复电令张舜卿，让他断然拒绝。但汤玉麟未表态，让局势变得风云诡谲。

此时，日寇图谋热河和汤玉麟不可靠的情形天天登载在报上，惊动了海内外的爱国人士。美国纽约中华华商总会致电蒋介石称：闻政府与日方交涉，侨情激愤，认此为卖国行为，请即速下决心出兵收复失地。而在上海，以黄炎培为首的上海民主人士和穆藕初、刘鸿生、钱永铭等上海企业界代表，力推当时代理行政院长兼财政部长的宋子文，要他设法挽救热河和华北危局。

11 月 24 日，军事委员会北平分会会长张学良，上南京向蒋介石述职。张学良在报告华北最新动态时，呼吁南京当局增强华北地区的防御力量，以应付日本对我咄咄逼人的进犯，张学良的想法与宋子文不谋而合。宋子文在国民党中央执行委员会上提议，鉴于中国又一次遭到日本的武装入侵，有必要将中国军队集中于热河、察哈尔地区，一可以抵抗向中国内地进犯的日军，另外如有机会，还可以收回东北失地。但此提案没被蒋介石采纳，蒋介石的重兵都放在了江西，收兵不易，他给张学良的指示是，让他将华北的宋元哲部和张作相部编成两个方面军，就地应战。

张学良的一副热脸贴在了蒋的冷屁股上，很不高兴。虽不满意，但也一时无话可说，便私下找宋子文喝酒，两人就此话题又议起来。令张学良意外的是，宋子文愿意全力支持张学良抗日，他不仅承诺为张学良的东北军筹集巨额的军援，还决定将赵君迈他们的税警总团全部调集北上，归张学良指挥。张学良一听宋子文这话，高兴得半天没合上嘴，没说的，喝完酒立即回北平去加以准备。

1933 年 1 月 5 日，新年将至，张学良给蒋介石发电，请蒋迅速拨军费四五百万元，以备战时之需。[3]蒋一听要钱头就大，将张的军费请求转给宋子文，让他无论如何设法筹款一二百万元，给张学良他们东北军以救急。[4]虽说一二百万在蒋那儿已经打了个对折，宋子文也没那么容易拿得出，因为蒋在江西的军事行动已经占用了大量资金，蒋刚刚还跟宋抱怨说，前方各军仅领得七万临时军费，根本不够用，让宋再想办法。但既然北方局势已经相当危急，宋子文也不敢推辞，他对蒋介石说，北方财政散漫，准备亲赴北平协助布置财政。[5]

2 月 4 日，汤玉麟又向蒋介石报告，说日军进逼热河在即，但苦于兵多民困，给养困难，导致乱象四起，到处都是拉杆子的义勇军，请政府速派员莅热改编。[6]

2 月 11 日，宋子文、赵君迈及随员朱庆澜、黄炎培等人，乘专车前往北平，此次赵君迈是以税警总团高级将领和安全督导的身份，陪同宋子文华北之行，其目的主要是针对日本进犯热河的态势，与张学良和社会各界代表商议热河防守的落实问题。[7]

宋子文到达北平后，高调全力支持抗日，他在向北平各界发表演说时称：

“日军如攻热河，中国政府即召还驻日公使。”从政府的角度而言，这意味着向敌国宣战。

除了将政府的政治意愿明确以外，宋子文还向热河各军界高层表示，政府将于财政与物资上全力援助，并且，中央已拨调两个师成立总预备队，准备近日北上。为了证明此言非虚，宋子文一面先将赵君迈他们财政部税警总团四个团的兵力调集北上，[8]另一面又当即拿出一笔专款，拨予晋军阎锡山部和东北军张作相部，令他们开往前线，以向各将领表示中央抵抗日军侵犯热河之决心。[9]

宋子文的行动点燃了整个北方的抗日热情，消息传到南昌的蒋介石那儿，蒋怕宋生米煮成熟饭，扰乱他的战略大局。2月16日，给宋子文连发两封电报，劝阻宋子文不要盲目冒进。[10]但此时，北平爱国人士的热情已无法阻止，当日下午，东北热河抗日后援协进会在北平成立，他们在东城外交大楼举行成立大会，邀请宋子文、张学良、胡适、赵君迈等六十多人出席，会议当日便筹集到部分现金与物资。第二日晨四时许，宋子文、张学良、赵君迈与随员朱庆澜、黄炎培等社会知名人士一行数十人，分乘汽车、卡车三十余辆，上热河慰问并考察。

这支浩浩荡荡向热河进发的车队，着实将闻讯后的汤玉麟吓出了一身冷汗，也怪他平日做的恶事太多，他以为政府钦差宋子文与张学良他们搞出那么大动静，是派队伍收拾他来了，便大骂张学良：“这小六子是不是勾结宋子文来打我的主意?”怕宋子文他们前来是对他不利，准备躲避不见，后听属下说，宋子文是前来慰问送钱来的，汤玉麟让心腹前去确认无误后，才高兴地出面相迎。

18日中午，宋子文、张学良、赵君迈等人抵达热河，热河全省各县农工商团体，都派出了代表前来欢迎。大家都知道宋子文是代表国民政府前来疏解民困的，所以，人流将热河附近的几十里路，都填塞得满满当当。

一入热河省府，汤玉麟就为宋子文、赵君迈他们举行了一次欢迎会。宋子文也不含糊，在会上表态：“本人代表中央政府向诸位保证，吾人绝不放弃东北，吾人绝不放弃热河，纵使敌方占领我首都，亦无人肯做城下之盟。”[11]欢迎会结束后，宋子文、张学良召集众将领在承德清宫清音阁召开了一次联合军事会议，当晚到会的有赵君迈、万福麟、宋哲元、商震等将领十数人。会议上，一个关键的问题就是经费的划拨，张学良在晚年口述自传中曾说，宋子文要张学良他们出兵固守热河，张学良与汤玉麟向宋子文要五百万军费，还要求行政院每月筹助热河三百万元。时值“一·二八”战役刚打完，而蒋介石在江西的剿共行动正酣，国民财政可谓是民穷财尽，宋子文哪有那么多钱能津贴热河？但宋子文为给各位守军将领打气，并没有拒绝各位将领的要求，他在会后以抗日军费的名义，通过平津银行界向全国发行爱国公债一千万元，解决了北方军队的抗战之需。[12]宋子文的沉稳大气让当时在场的各位都松了口气。

晚八时，张学良开始分配热河地区的防务，大家屏住呼吸，见张学良将热河地图平铺在酱猪肝色的木地板上，手执红蓝铅笔俯伏在地上布置防地。他首先仰面向北平政府主席宋哲元说：“明轩，你可把守长城、冷口、喜峰口一线。”

“不行!”张话音未落便遭反对，宋哲元是西北军将领，几年前还与张学良的东北军打过内战，旧怨未消，一点没给张学良面子，闻言后厉声拒绝说：“我的兵力太薄，装备又差，怎能担当得了这么一个大场面？”

张学良听了宋这样不客气的回答，脸沉在地图上，几分钟没有抬起来。大家都不知张学良会作出怎样的回答，好在张学良最后只是小声说了一句：“那就再商量吧！”[13]将这页轻描淡写地翻了过去。

最后，张学良、宋子文与各位将军们商定，将东北、华北的军队整合起来成立两个集团军，第一集团军由张学良任总司令，宋哲元为副总司令，第二集团军张作相任总司令，汤玉麟任副总司令。张作相原是吉林省的省主席，他指挥的部队按编制应有六七万人，两个集团军放在这儿，加上赵君迈他们的税警总团二万多人，大家估计，热河怎么也可以支持三个月。

会后大家发表了两份联合声明。一份是宋子文、张学良两人联合署名致日内瓦中国驻国际联盟代表团的，声明中明确指出中国政府和人民决心抵抗日寇的侵略，现集中兵力保卫热河，请中国驻国际联盟代表向国联和全世界发表抗日声明。另一份由张学良、张作相、汤玉麟、万福麟、宋哲元等 27 名守卫热河的将领向南京及全国通电，表示决心抗战，呼吁全国一致支援。[14]

抗日声明一发，赵君迈率领的税警总团便即刻展开了行动。

2 月 22 日，赵君迈率税警总团从海州出发，两日后到达郑州，当赵君迈他们正准备开赴北平前线与张学良部一道收回失掉的热河时，情况出现了令人意想不到的变化。

蒋、宋、张夜会长辛店

说来也应该是意料之中的事情。在内忧外患的非常时期，一股这么大的部队在河南省主席刘峙的眼皮子底下运动，他却什么也不知道，这本身就极不正常。刘峙是蒋介石的嫡系门生，他在了解到税警总团的意图后，立即向蒋报告。

此时，税警总团在郑州尚未离开。

在江西的蒋介石闻讯大怒，他一方面即刻电令温应星与赵君迈等人，没有军委会的命令，任何部队不得私自调动。接着，他又急电刘峙和时任铁道部部长的钱宗泽：“税警总团所运列车，非有委员长之令，不得移动。”[15]这就将赵君迈他们彻底给冻结了。

几小时后，蒋介石又通知刘峙，让他转达军委会命令，让赵君迈他们的税警总团开往江苏徐州待命，在刘峙转达通知后，蒋还不放心，又让鄂豫皖“剿总”右路军指挥官徐庭瑶即刻赴徐州督察，看税警总团是否在徐州候令。[16]第二天，在赵君迈他们到达徐州后，蒋介石甚至缴了宋子文在税警总团的兵权，通知温应星、赵君迈接防蚌埠、徐州及津浦南段，统归刘峙节制。[17]这件事最后让宋子文和蒋介石之间很不快，也打击了北方军队的士气。

2 月 25 日，负责国民党情报收集的陈立夫向蒋介石报告说，日军已开始进攻热河，我军指挥官张学良态度犹豫，致战事堪虑。[18]但这未引起蒋的重视。

3 月 2 日，承德失陷的当夜，张学良向蒋介石报告，承德失守并不是全因日军猛攻导致，而是与当地人的反动有关，请派宋子文前来北平代为主持政局，以恩威并施，消弭隐患。[19]张的提议同样被蒋拒绝。直到社会名流翁文灏、胡适、丁文江等人联名给他发去加急电报后，在南昌前线“剿共”的蒋介石才意识到北方问题已相当严重，他当时接到的电文称：“热河危机，绝非汉卿所能支持，不战再失一省，对内对外，中央必难逃责。”

蒋次日复电：“即日北上。”[20]

蒋介石先从南昌飞抵汉口，再从汉口乘车前往石家庄。

3 月 7 日，热河失守，全国民怨沸腾，纷纷指责政府无能。蒋、宋、张不得不将个人恩怨放一放，张学良当日还拿出一种姿态，他给蒋介石、杨森各发一封电报，表示：“东北失陷热河生变，均有负职守，请准免本兼各职以示惩儆，并派军事大员接替以提振军心，克复失地。”

张不过是作出一种姿态，并未真心想退出，因为 3 月 8 日蒋介石约宋子文和他在保定会晤时，张由西便门登上专车后，还面露喜色地对幕僚说，若是中央有决心抗日，应向日本宣战，动员全国力量与日本一拼。张学良甚至还希望向蒋开出一些条件，要求中央必须给东北军补充一批枪炮弹药，比如补充一两千挺轻重机枪和两三百门迫击炮，还有就是充足的弹药，能加些高射炮更好。[21]当时，张学良什么都想到了，就是没有想到蒋会让他立即下野。

3 月 9 日晨五时，张学良到达保定，但原约定同时到达的蒋、宋都尚未到来，这让张学良隐隐感到一丝不妙。十时，宋子文的专车进入保定，张学良登上宋子文专车与他面谈时，话题已经转移。宋子文已不再谈反攻热河之事，而是面色阴沉地告诉张学良，蒋先生认为热河失守，受到全国人民的攻击，你张学良守土有责，首当其冲。张学良一听这话就明白了，自己两天前所提出的辞职报告已经生效，两人谈了二三十分钟，张学良面色苍白地从宋子文的专车下车离去。

下午四点，蒋介石的专车进入保定。车停后，张学良与宋子文登上蒋的专车。一见面，蒋不待张开言，首先很庄重地向张说：“我接到你的辞职电报，很知道你的诚意，现在全国舆论沸腾，攻击我们两人，我与你同舟共命，若不先下去一人，以息全国愤怒的浪潮，难免同遭灭顶，所以我决定同意你辞职，待机会再起。子文传达你慷慨同意，这是好的，好的！一切善后问题，可按照你的意见办理，有什么问题与子文商量，他可以代表我。”

张学良悻悻地表态说：“我感谢委员长的苦心，我身体不好，精神萎靡，东北丢失，我早就想引咎辞职，这次热河之变，我更是责无旁贷，免去我的本兼各职，正可以伸张纪律，振奋人心，我想日军必很快进攻华北，以遂其并吞整个中国的阴谋，国联列强各怀心事，决不可靠，我看委员长应考虑动员全国与日本宣战，目前应急调中央劲旅与东北军配合反攻热河，以阻止日军前进。”

“是的，是的。”蒋介石听张学良还在惦记着反攻热河的事情，连说几个是的，但只是表面应酬，张看蒋似不愿多谈，就告退了。

张学良退回自己的专车约有五分钟，蒋介石偕同宋子文来到张的专车回拜，蒋说了很多好话安慰张学良，劝他次日即飞上海，到上海后赶快出洋治病，出洋名义和手续，交由宋子文妥为安排。三人谈了约有十来分钟，蒋介石先行告辞。蒋介石握着张学良的手说："汉卿，再见吧，再见吧。"蒋介石意思很明确地告诉张和宋，热河的事情你们就都别再管了。[22]

蒋介石的专车离去后，宋子文来到张学良的专车，两人长时间相顾无言。沉默中，张学良问宋，下一步怎么办？宋子文一脸茫然，心有戚戚焉，刚入北方时的那股豪情，已如秋后霜打过的茄子，软塌塌地失去了神采。

宋子文走后，张学良的专车继续向北平进发。据胡适日记中记载，张学良面色阴沉地回到官邸，已是很晚的时候，胡应邀上张学良官邸，在张学良的办公室门前，看见一位高大而皮肤黝黑的广东军官，他就是十九路军的翁照垣将军，胡适说那时张学良甚至已与十九路军代表进行了秘密接触，决定买通十九路军北上协助抗战。当胡适从张办公室出来的时候已是深夜，见翁照垣将军还在门外会客室外孤零零地候着。[23]

3 月 13 日，张学良抵达上海，经宋子文安排，张学良决定去意大利等欧洲国家疗养，在上海下榻处等候出国游轮时，张每天都遭遇许多反对他并骂他卖国的激昂声浪，令他心情极为低落。不得已，宋子文经与蒋介石商量后，将张转移到庐山候船启行。[24]

《新秦桧论》与《塘沽协定》

张学良走后，赵君迈他们的税警总团被蒋安排到海州至安徽砀山一线防务。宋子文趁此时机去了趟美国，寻求借款抗日的问题。他这次到美国的行程异常顺利，也许是美国农业刚获得空前大丰收的缘故，便以棉花、小麦等实物作价五亿美元，借款给中国，史称"棉麦借款"。宋子文春风得意地回到国内，便被蒋电招到庐山，说有重要军情商议。到了庐山才知道，蒋正调集军队，准备对江西红军进行更彻底的围剿，现正急需大笔军费，让宋子文赶紧提供解决，以增强部队战斗力。这让宋子文很郁闷，本来他四处筹款是准备用来抗战的，现在却变成了"剿匪"，宋子文希望携手张学良反攻热河的抗战计划彻底失败，这也使得宋与蒋之间的矛盾开始变得公开化。

4 月 10 日，宋子文与蒋介石在财政拨款问题上，是向抗战还是向"剿共"倾斜，因意见不合发生了一次大争吵，吵到激烈处，宋子文在蒋面前激动地摔了杯子，而蒋介石也毫不客气地给了宋两记耳光。[25]两记耳光让宋子文非常懊恼，两天后，宋子文给蒋写信决定辞职，信中称："自惭无补时艰，故提出辞呈，特请三妹代为送达，恳请俯允，但彼此至亲休戚相关，且北伐讨桂讨冯诸役，皆同其患难生死。弟虽辞职，吾兄无论有何驱使，当竭诚尽愚以赴之。如国外有可效劳者，尤为所愿。谨布衷悃，敬乞谅察。肃颂崇绥。弟子文上。十，廿四。"[26]

从宋子文的辞职信内容看，宋虽然有再一次离蒋而去的想法，但也不过是一种姿态，在宋的辞职信中，他的措辞还是为二人间留下了很宽的余地，如"彼此至亲休戚相关，且北伐讨桂讨冯诸役，皆同其患难生死"，"弟虽辞职，吾兄无论有何驱使，当竭诚尽愚以赴之。如国外有可效劳者，尤为所愿”等，希望蒋和中央政府的某些重要成员能加以慰留，但直至五月初宋子文出访欧美前，都未得到蒋和他人的任何回复。好在当时宋子文有一个非常好的出国机会，就是即将在英国伦敦召开的世界经济大会，已给宋子文发出了邀请函，宋子文正好借机撂一下挑子。就在他放下手头所有工作出国不久，中日危机再次升级。

1933 年初夏，日寇关东军长驱进入山海关，侵占冀东、察哈尔、热河一带后，平津告急，此次危机爆发很明显的缘由是，北方群龙无首，这使得北平的军政首脑宋哲元等人态度犹疑不定。而此前，东北军中一批重要将领先后与日本人合作，在这样的情况下，中日两国是和是战，情况变得很不明朗。

5 月 14 日，在伦敦开完世界经济大会后的宋子文，给蒋介石发去了一封急电，表明如日军进攻北平，我军应决心抗战，请勿因恐地方糜烂而轻易放弃。“恐地方糜烂”是赵君迈大哥赵恒惕早年的一句名言，在此被宋巧妙地引述，宋在给蒋打气时还说，现在中国经济方面已有很大进步。[27]

毋庸讳言，国难当前，宋子文、赵君迈等人都是主战派。但蒋的另一位老朋友，时闲居在上海的辛亥革命元老黄郛，在这个时候突然在媒体上发表了一篇与抗战相左的言论《新秦桧论》，旗帜鲜明地主张议和。一时间，两派截然不同的声音相互碰撞。

黄郛，号膺白，浙江嘉兴人，留学日本时学的是陆军测量科。说起来也是位老革命，当年赵君迈的兄长赵恒惕他们成立的铁血丈夫团，黄是重要的组织者之一。光复时，陈其美为沪军都督，黄任参谋长，张群任副官长，黄荐蒋介石为参谋，这便是蒋介石从日本归国后的第一个工作岗位，蒋感恩识拔，称黄为师。黄在北洋军阀混战时期，一度做过外交总长，有一定的外交常识与经验，黄郛此次抛出的文章中称：“秦桧是千百年来尽人皆知的卖国通敌的汉奸，我独不然。秦桧是爱国爱民的，他不是奸臣而且是一个大忠臣，一个伟大的政治外交家，秦桧宁愿受万世的唾骂，无非顾全大局，忍辱负重，保国卫民，迹其本心，当然不计一切毁誉，这就是大政治家的风格，自古赴汤蹈火，为着弱国求和，苦心曲线救国。如今风云变色，千钧一发，国难临头，我将以秦桧为楷模，投入火坑，舍身救国，与敌人周旋，谈判最后的和平。”

黄郛的文章见报后，一石激起千层浪，社会上褒贬不一，但文中言论甚得蒋介石之欢心，这其实也正是黄的本意，黄此时站出来的目的，就是要为蒋担当骂名，蒋怎会不明白黄的用心。蒋立即投桃报李，成全了黄的美意，让南京行政院马上特别任命黄郛为华北政务委员会委员长，驻节北平，主持对日和议，蒋在此时已经彻底放弃了抵抗的想法。

5 月 30 日，中日双方在塘沽会晤，中方代表除黄郛外，蒋介石还特意安排了一名首席谈判，参谋本部厅长熊斌。有人说，将谈判首席设为熊斌是蒋介石不忍把黄郛抛到第一线，其实这话未必全然，这个做法更主要是强调外交间的对等。日方首席代表为关东军副参谋长冈村宁次，以谈判中日方的首席代表身份看，中方安排参谋本部厅长熊斌出任首席，似更贴切。

31 日上午九时半，停战谈判正式举行。双方在相谈十小时五十分，离签字的最后时限只有十分钟时，中方代表熊斌在日方提案上签字。《塘沽协定》如下：

一、中国军即撤退至延庆、昌平、高丽营、顺义、通县、香河、宝坻、林亭口、宁河、芦台所连之线以西、以南之地区。以后不许越该线而前进，不许一切挑战扰乱之行为。

二、日本军为确认第一项之实行情形，随时用飞机及其他方法，以行视察，中国方面对之应加保护及予以各种便利。

三、日本军如确认第一项所示规定，中国军业已遵守时，即不再越该线追击，且自动归还于长城之线。

四、长城线以南，及第一项所示之线以北、以东地域内之治安维持，以中国警察机关任之。上述警察机关不可用刺激日本感情之武力团体。

五、本协定盖印之后，发生效力，以此为证据。

所谓弱国无外交，正是指这样的形势。消息传出，使赵君迈与孙立人这样有着强烈民族自尊心的军人，受到了极大的侮辱。《塘沽协定》签署后，日军势力侵入长城，中国的平津一线，成为中华民族抗日的最前沿，蒋介石也得以腾出手来，再次全力“剿共”。5 月 1 日，蒋介石将国军编组为赣、粤、闽、湘、鄂剿匪总指挥部，令刘峙、何键、陈济棠分任北路军、西路军、南路军总司令，开始新一轮“围剿”红军主力的大战。

弄假成真，宋子文离开税警总团

蒋介石的行为，令宋子文彻底失望。宋子文此次辞职，开始只是赌一时之气，却正中了蒋介石之下怀，最终弄假成真。宋子文连对税警总团的指挥权都失去了，赵君迈他们的税警总团，行动上开始向军委会靠拢。

6 月 22 日，蒋介石令税警各团包括赵君迈手中的迫击炮营，携带弹药全数抽调至江西南昌候命。[28] 在这之前，赵君迈团随总团司令部及直属机关驻苏州，而税警总团另三个团也被蒋介石安排到新防区，一个团被派驻昆山，一个团驻江阴，[29] 孙立人团驻海州。

6 月 25 日，蒋介石在庐山创设军官训练团，训练中央军所属各部队中下级军官，7 月 19 日，蒋介石给赵君迈他们发电，请税警总团各团团长至连长等各级官长，到庐山军演，相当于表演赛，供学员军官们观摩。

赵君迈与孙立人等人到庐山时才发现，庐山已成为一个大课堂，军官训练团的第一期学员有 1840 人。蒋介石为让这群国民党军官们打破“怕匪之心理”，除一再向全体学员发表《剿匪军官须知》的长篇讲话外，最直接的方法，就是让赵君迈他们这样有实战经验，又有战术头脑的学生兵，现身说法。赵君迈在浙江教导团时，就以骁勇好战闻名，“一·二八”淞沪抗战中，又有非常良好的表现，给蒋留下了深刻的印象。此次请赵君迈他们来军演，一方面固然是给训练团的新学员们做实战演示，另一方面也是给税警总团的军官们洗脑。蒋介石嘱咐赵君迈这批税警总团军官们，每日须在早晚举行升旗和降旗礼仪，并全体高唱国旗歌、党歌，以拉近距离为己所用。[30]庐山演习完毕后，蒋介石亲自给赵君迈他们讲《军官训练团训练的要旨和训练的方法》，明确告知赵君迈他们，军训团唯一的目的就是“消灭赤匪”，要用曾国藩、胡林翼打太平军的战术对付红军。

赵君迈明白了，蒋是要把税警总团变成江西剿共的主力，将他们的力量全部拉上去，借助他们的力量加快剿匪速度。赵君迈对所谓的“剿匪”没有兴趣，他在牯岭发电给宋子文，希望宋能改变税警总团的命运。

宋子文在欧洲得知要税警总团全部拉去剿匪之后，也很忧虑。虽说宋子文此时的身份有些尴尬，但考虑到他将税警总团带到现在这一步实属不易，就像在他手中诞生的孩子一样，倾注了他太多的心血，它跟中央军一点关系都没有，完全隶属于财政部。这次宋子文令赵君迈等人率税警总团北上抗日，本来是希望为民族做点事，哪知抗日受挫，宋子文本考虑蒋不同意他们去抗日，让他将税警总团领回去就是，他原来想将总团开往长芦盐区协助缉私，并让蒋安排铁路局调车，[31]但蒋不许铁路局安排，从那时起宋子文已深感回天无力，让蒋介石在他进退维谷之际，将他亲手打造的税警总团活生生地夺去。

7 月 29 日，宋子文退求其次，再次致电蒋介石，请蒋兼顾盐税，准留一团驻原防协助盐税征收。[32]蒋仍置之不理。9 月 1 日，蒋介石命令浙江省主席熊式辉和江西省主席贺国光，让他们限期内，为税警团代为招足转运迫击炮营的挑夫，将原赵君迈手下的高炮营全数开往江西。[33]

宋子文闻之后立即回国，与蒋在税警总团的问题上，又发生了一场不小的争执。蒋介石似乎也认识到了盐税的重要，同意了宋的请求，9 月 24 日，下令将赵君迈的税警总团第一主力团，留在京沪路沿线，保护盐路畅通，其余孙立人他们的三个团，维持原计划，限期全部开往九江集中，听从军事委员会参谋总长朱培德的安排。[34]

10 月 30 日，国民党中央会议正式批准了宋子文请辞财政部长及行政院院长之职的决议，由孔祥熙接任。[35]蒋介石给赵君迈等税警总团高层解释宋辞职的原因时说，宋辞职是由于长期难以解决的财政状况，让宋不堪重负，身心健康产生问题，故欲求去。蒋的这些说法令宋子文非常愤怒，他在当日举办的记者招待会上公开站出来说，任何健康状况不佳的报道都是错误的，他不准备用东亚病夫的名义作为辞职的托词。宋曾私下对赵君迈说，我当财政部长无异于做蒋介石的走狗，从现在起我要做人而不是做一条狗。

宋子文辞去财政部长与行政院长职务后，他苦心经营的税警总团被蒋介石收走，赵君迈他们一下子成了没娘的孩子。随即税警总团被迫卷进了更大的时代漩涡，渐渐地向漩涡中心奔去。

注释：

[1] 国史馆 002090200009008. 汤玉麟电蒋中正、宋子文、何应钦，1932－08－31

[2] [12] [13] [22] 王卓然. 日军侵热和张学良下野. 文史资料选辑. 北京：中华书局，1981

［3］国史馆 002090200013387．张学良电蒋中正，1933－01－05
［4］国史馆 002090200013385．蒋中正电宋子文，1933－01－06
［5］国史馆 002090200010310．宋子文电蒋中正，1933－02－01
［6］国史馆 002090200011112．汤玉麟电蒋中正，1933－02－04
［7］［14］［26］吴景平，郭岱君．宋子文和他的时代．上海：复旦大学出版社，2008
［8］国史馆 002090200007253．宋子文电蒋中正起讫，1933－02－14
［9］国史馆 002090200013032．蒋作宾电蒋中正，1933－02－14
［10］国史馆 002080200412054．蒋中正电宋子文，1933－02－16
［11］［25］王松．宋子文传．武汉：湖北人民出版社，2006
［15］国史馆 002010200078032．蒋中正急电钱宗泽，1933－02－24
［16］国史馆 002010200078033．蒋中正电令徐庭瑶，1933－02－24
［17］国史馆 002080200412073．蒋中正电宋子文、刘峙、温应星，1933－02－2
［18］国史馆 002090200010155．陈立夫电蒋中正，1933－02－25
［19］国史馆 002090200010305．张学良电蒋中正，1933－03－03
［20］李学通．翁文灏年谱．济南：山东教育出版社，2005
［21］国史馆 002090200007147．张学良电林森，1933－03－07
［23］胡适．胡适日记（1931—1937）．合肥：安徽教育出版社，2001
［24］国史馆 002090200013153．宋子文电蒋中正，1933－03－14
［27］国史馆 002090200008285．宋子文电蒋中正，1933－05－14
［28］国史馆 002010200086019．蒋中正电温应星，1933－06－22
［29］国史馆 002080200085085．温应星电蒋中正，1933－05－12
［30］国史馆 002020200017008．蒋中正电温应星，1933－07－19
［31］国史馆 002080200072158．宋子文电蒋中正，1933－03－16
［32］国史馆 002080200110039．宋子文电蒋中正，1933－07－29
［33］国史馆 002010200093005．蒋中正电熊式辉、贺国光，1933－09－01
［34］国史馆 002010200094028．蒋中正电朱培德，1933－09－24
［35］国史馆 002010200096050．蒋中正电告温应星安心剿匪，1933－10－3

七君子上街号召大家联合起来，建立民族统一战线

拾贰 赤色危机，险陷囹圄

只有人民自己首先联合起来，才能促进国内各党派的联合，形成全国全民的抗日民族统一战线。

蒋介石接管税警总团后，将税警总团分拆为两部分，赵君迈的主力第一团留给了财政部，被独立成两淮缉私大队，全部留在了两淮和京沪线上，护卫地方的安全。而孙立人他们的二、三、四团，则被军委会统一编为一个整编独立师，奉军委会命令进入江西参与剿共，接受第六路军节制。

就在赵君迈率领两淮缉私大队将两淮的匪患平定后，赵君迈个人的政治生涯出现了一次重大的变故，险些身陷囹圄。

缉私大队两淮缉私

孔祥熙接手财政部后，令赵君迈团进驻海州，孔希望赵君迈能安心于盐区剿匪，在报经蒋介石同意后，将赵君迈团改为两淮缉私大队，赵君迈成为缉私大队大队长。孔祥熙希望赵君迈率领两淮缉私大队，能迅速恢复两淮地区的社会秩序，确保盐区市场安全。

这工作说来是一句话，要真做起来，可不是一般人能胜任的工作。

20 世纪 30 年代初，处于苏、皖两省的江淮地区，除了盐枭活动频繁以外，匪患更为严重。这土匪和盐枭还不一样，盐枭只是围绕走私贩私上，干些巧取豪夺、强买强卖的勾当，而土匪则不然，很多中国人受传统小说《水浒传》的影响，都误以为这些占山为王，啸聚山林的匪众是些所谓侠义之士，试想想几万甚至几十万之众的匪徒，从不干活却要大口喝酒大碗吃肉，钱从何来，肉从何来，粮食从何来？而这些东西对百姓来说，是他们赖以活命的救命之物，怎肯轻易拿出来。于是乎，匪徒就要将人性中最恐怖、最残忍的手段，从视觉到心理都运用到极致，那是几千年来，中国民间最黑暗的一面。

匪徒不仅敢大白天到四乡任意奸污妇女，将百姓家的牲畜全部捉去杀光吃光，还四处抓人绑票，他们给肉票定下赎金后，如无人如期来赎回肉票，则要撕票，这些土匪因为要在死人身上作出震慑活人的文章来，便少不了上些手段，搞出些毫无人性的花样来。

比如撕票前先过堂，过堂时，扒下肉票的衣服，用成束的铁丝抽打背脊，称为“刷鸭子毛”。接着，在大庭广众之下，匪徒用巨石砸人质脑壳，谓之“砸鳖”。还有更无人性的“五马分尸”或是“毛竹撕”，“五马分尸”是秦始皇时期用过的招，很有些年头，匪徒谓之“马撕”；而“毛竹撕”则是将两株相对的毛竹扳弯，然后将肉票的两腿分别缚在两株毛竹的梢头处，待匪徒手一松，两株毛竹向相反方向弹开，每支毛竹梢上便悬挂着半片血淋淋的尸体，以震慑肉票家属。

当时，赵君迈要面对的这群凶残且毫无人性的匪徒，达五六万之众，这些土匪组织有大有小，有明有暗，有公开、半公开和不公开的匪首，令人防不胜防。1933 年下半年，赵君迈在苏北泰县兴化桥镇上，破获一起牵涉好几个市县的大匪案，其匪首是当地的知名士绅，人称“顾二老爷”，隐蔽得很深。

赵君迈和他的缉私大队在这样的狼群包围之中，要是没有很强的战斗力，不仅自己的性命保不住，连各位士兵手中的枪械，都将变成土匪手中的武器。在有枪就是草头王的年代，枪是多么贵重的资源呀，尤其是赵君迈他们缉私大队手中的家伙，都是些最先进的进口货，这无形中会引来多少土匪那发绿的眼光。

因为土匪玩的是命，所以没一个是好捏的软柿子。就说两淮地区最大的两股武装力量：一股是匪首刘桂堂的队伍，有土匪三万多人，杀人放火，无恶不作；还有一股是李明扬、李长江的队伍，两万多人，黑白两道都吃，杀起人来，比刘桂堂还黑。

先说这刘桂堂，外号刘黑七，本是个羊倌出身。父亲名叫刘相云，因家境贫寒，家中仅有两间破房，直至 32 岁时才找上邻村一寡妇为妻，生下了刘黑七。为了养家糊口，刘黑七八岁那年，便成为本村地主孙安常家的小羊倌。1915 年，刘黑七走出家门，聚众为匪占山为王。当时正是兵荒马乱的年代，百姓难觅活路，附近一些无业游民纷纷投奔刘黑七。十多年的工夫，便发展到三万多人马，活动范围达方圆几百公里，成为两淮地区最大的匪患之一。

1933 年春季，海州东北部的赣榆县县长派人来赵君迈处告急求救，说该县县城被大股匪徒包围。赵君迈闻警报，迅速率军队前去围剿，双方激战达数小时之久。刘黑七带领众匪将该县县长俘去，赵君迈闻讯后，率缉私大队从赣榆一直追到沙河，直至将刘黑七部追剿得放出县长，逃出两淮境地。

刘黑七退出两淮后，对于赵君迈而言，土匪退出管辖境地，也就与他相安无事，但赵君迈考虑到土匪人枪俱在，窜往他乡仍旧为害，而且，也可能随时打回来，杀个回马枪，便立即向军委会报告说，刘黑七部土匪钻进大别山区，向湖北应城方向逃去。

3 月 9 日，蒋介石接到赵君迈的报告后，急令湖北省主席何成濬速赴襄樊指挥各部，围剿刘桂堂部土匪。[1]

3 月 20 日，蒋介石又电令山东的韩复榘、河南刘峙、安徽刘镇华、江苏王均，让四省的国民党军队全力协同，联合进剿刘黑七鼠窜之匪部。[2]4 月 2 日，被赵君迈赶出地界的刘黑七成了过街老鼠，被杀得元气大伤，又率一部南窜至赣榆县境内，县长急电赵君迈救援，赵君迈率军从新浦海州出发，将刘匪从赣榆西北一带一直追杀到新安镇。[3]刘黑七将残部分成三股，分三路突围，他自己亲率三百余众，向南串至石桥村。赵君迈令第一营贾幼慧守住盐区通道，以先确保盐区安全，再令第二营郭希文和独立营李上珍部，分头追击。[4]在最后围歼的关键时刻，杀出了一群日本人。在当时的环境下，日本人是个烫手山芋，很敏感，此时，他们有意介入事端，赵君迈懂日文，前去和他们交涉，知道这群日本人中间，领头的两人一个叫落合，一个叫和田，都是日军的现役军官，说他们正组团在此地游历。赵君迈在请示军事委员会和蒋介石后，蒋介石让外交部派人出面，将这群日军军官阻止在省区之外，[5]但刘黑七从此销声匿迹，“七七”事变后，他成了汉奸。

赵君迈率军将刘黑七的队伍刚剿灭完，又一支土匪队伍杀了出来。这群武装与刘黑七那无组织无纪律的纯土匪比起来，其复杂程度就大了很多。他们号称苏鲁皖游击军，领头的两人并称为泰州二李。

泰州二李，一个为游击军司令李明扬，一个为泰州土匪头目李长江。

淞沪抗战爆发后，苏南、苏北土匪乘乱纷起，二李打着抗日的旗号，自封司令，浑水摸鱼。他们忽黑忽白，忽人忽鬼，既杀人放火打家劫舍，又与国民党和共产党的高层来往，既明修栈道赞同抗日，又暗度陈仓与日本鬼子拉扯不清。就说这个游击军司令李明扬，他可不是什么简单的匪，与赵君迈还有一段很深的渊源。

李明扬于德国柏林大学毕业，早年与赵君迈的哥哥一样，是中国同盟会会员，1912 年任江西陆军步兵十团团长兼湖口要塞司令，是赵恒惕老战友李烈钧的部下。二次革命失败后赵恒惕被俘，李明扬被李烈钧安排去了日本，回国后参加过北伐战争，任北伐军东路先遣军司令，曾经在赵恒惕手中借道湖南。1930 年赵君迈任浙江省保安处教导团团长的时候，李明扬出任江苏省政府委员兼保安处处长，1933 年不知何故与蒋介石闹翻，跟泰州的土匪李长江走到了一块，联合成立了一支苏鲁皖游击军，李明扬为游击军总指挥，李长江为副总指挥。二李的队伍最多时有三万多人，他们将队伍编为十一个纵队，分别部署在泰州及海州附近地区。这对两淮地区的盐业市场，是一个极大威胁，也给赵君迈出了一个很大的难题，就是对这二李如何定性，如何处置。

刘黑七这股纯粹的匪好办，他们之间比的是谁的拳头硬，谁硬谁赢。但如何处理二李是一个很棘手的问题，让人不好对付。后蒋介石向赵君迈过问二李问题时，赵君迈报告已率缉私大队将二李的队伍赶退到湘赣边境，才算相安无事。[6]

这上面说的还只是江淮地区几股大的匪患情况，大股匪患肃清了，不等于匪患就清了，各县的小股匪徒却依然此起彼伏，让赵君迈他们的两淮缉私大队防不胜防，难以应付。

1934 年，在赵君迈给国民党军事委员会的一系列电文中，很多都是关于地方各种小股土匪的。

如 7 月 11 日，赵君迈电军事委员会："匪王大标、徐兆生于大伊山南乡扰乱，已令该镇第二缉私部队奋战解决。"[7]

7 月 16 日，赵君迈电军事委员会："有股匪由太湖进扰陇海路，经李上珍星夜往剿，刻已平静。"[8]李上珍是原齐学启宪兵团第一营营长，"一·二八"淞沪战役后，为赵君迈缉私大队独立营营长。

同日，赵君迈电军事委员会："蔡能志匪部一股窜南新安镇，业经属队击溃。"[9]

7 月 29 日，赵君迈电军事委员会："股匪刘大和意图破坏陇海路，经李上珍进剿，计毙八十余人，获械四十。"[10]

五日后，陇海路河湖站又有股匪进扰，赵君迈电军事委员会："经派李上珍驰剿，计毙匪六十，获械四十。"[11]

以上是部分赵君迈给军事委员会的匪情电文，还有各县给他和各县给军事委员会请赵君迈出兵增援的电报。

像7月17日，江苏涟水县党部等电蒋介石："本县股匪张志高等，啸聚凌虐，进逼县城，请迅饬税警队限期剿灭。"[12]

9月29日，江苏省江浦县县政府商会电军事委员会："含山张大鼻子股匪四百人，突来乌江镇掳掠，扬言扰乱，请迅派军水陆分途进剿之。"[13]

在与这些小股匪徒交过手后赵君迈发现，这些小股散匪的隐蔽性更强，他们中很多人本来就是当地的农民和小手艺人，像赵君迈曾清剿过的什么邢大木匠、刘小辫子、解五呆子和张大鼻子等人。

就说这匪首张大鼻子，他原名叫张聚五，张大鼻子是他的诨号，农民出身，曾在芜湖当过码头工人，有一身蛮力。1933年9月，张大鼻子带几百号人，从长江上游数十公里处的安徽境内，窜入赵君迈管辖的两淮地区四处作案。9月27日，张大鼻子带领股匪四五百人占领和县香泉街之后，又进攻江苏乌江镇，将公安局、特税处的枪支尽数夺去，又在当地地痞流氓的指引下，抢劫了镇上的盐税稽查处和镇上大户人家。由于出手顺利，有部分土匪开始沿河道前进，准备进攻和县县城，吓得县长谢守和下令紧闭城门，同时派人向赵君迈请求，让赵火速派兵前来救援，后赵君迈率军赶到后，将张大鼻子的队伍全数歼灭。

由于赵君迈率领的两淮缉私总队尽职尽责，加之前一段对盐枭的全面围剿，在赵君迈主抓治安的这段时间里，整个两淮地区的盐业市场秩序井然，没有出现过任何大的意外事件。

湖南大旱，兄弟赈灾

1934年初夏以后，江淮流域及华北发生严重旱灾，苏、浙、皖、赣、湘、鄂、豫、冀、甘、黔、晋等11省389县受灾，受灾田亩约在一亿三千余万亩。[14]这中间湖南灾情尤重，报纸称："自6月7日断雨后，延至8月7日，亢阳当空，尚无甘露一滴。县属东、南、北各山乡，红光万顷，焦土一片，山裂村红，竹萎草枯，池塘沙飞，湖荡干涸。"[15]

到秋天，整个湖南全省全面歉收，史称"甲戌大荒"。

据当年湖南省旱灾委员会勘灾调查的报告显示："全省75县竟有69县受灾，为六十年来所未有。其中农作物受灾成数8成多的1县，7成多的9县，6成多的8县，5成多的14县，4成多的16县，3成多的12县，2成多的4县，因故未受影响的县仅有6家。"[16]

消息传到海州，赵君迈一时寝食难安。这时，赵君迈的大哥赵恒惕正通过各种关系，四处为家乡募集救灾款物，赵君迈在公务繁忙之余赶到上海。除了兄弟俩自己捐出一大笔钱物外，赵君迈还通过孔祥熙部长的关系，向孔主持的"上海筹募各省旱灾义赈会"，筹集到救济经费15万元，由大哥赵恒惕带往湖南，并由赵恒惕在地方协助湖南旱灾救济会主持救灾事宜。[17]等赵君迈兄弟完成了家乡救灾的这件大事后，这年 11 月，赵君迈接到孙立人来信，听说税警总团二、三、四团在江西已经完成了“剿共”任务，而且还介绍税警总团的战斗力非同一般，孙立人的第四团曾以一团兵力接替刘勘八十三师一个师在七琴地区的防区，他们一个团就迫使整个红军放弃了进攻七琴的计划。[18]赵君迈是在江西有过战斗经历的军人，孙立人信上所说的人、事、物他都很清楚。

赵君迈考虑到既然孙立人他们在江西的任务已经完成，不如向蒋介石提请，准调税警总团回海州协助各省盐区剿灭匪枭，这也正好可以缓解他身边人手不足的压力，于是向上司孔祥熙建议。孔祥熙早就想将税警总团撤回来，一听说江西那边的事完了，立即向蒋提出了申请。[19]蒋也没有理由再留住税警总团，因为要再留住他们的话，连军饷供给都很成问题，不如同意他们回海州并恢复税警总团原来的称号与编制。

税警总团回到海州后，赵君迈的缉私总队并没有马上回到税警总团的建制中，而是两派人马各司其职，这让赵君迈与温应星之间的矛盾，来了个总爆发。

1935 年春夏之间，赵君迈迎来了他人生的一个大坎。他险些掉进被人挖好的沟里面，没再站起来。

蒋密令戴笠、孔祥熙彻查赵君迈

1935 年 4 月，在南京的蒋介石接到海州两淮缉私大队全体官佐联名控告赵君迈的报告，[20]告赵君迈克扣军饷，打骂士兵，甚至有私通“共匪”逆迹。

本来下级官佐告赵君迈之事不足为奇，当年社会风气比较民主，学校、军队和各社会团体，但凡下属对上级某人、某事有所不满，都会联名向政府举报，政府也不敢怠慢，怕事态蔓延。令人称奇的是罪名最后一条，用了“逆迹”两字，让蒋非常重视，连下两道密函，要求彻查。

4 月 27 日，蒋介石密令戴笠：“立即详查两淮缉私大队全体官佐呈控赵君迈案，并具报原委。”[21]

第二天，蒋觉得只叫戴笠去查还不够，又给孔祥熙下了一道密函：让他“速派员严查两淮缉私大队大队长赵君迈的违法实情”[22]。两日之内，由蒋介石亲自连下两道密函，且动用级别之高，时间之紧迫，足见此事件非同小可，但查到最后，不仅赵君迈没事，还查出了一个清官。

首先查的是赵君迈有没有虐待官佐的问题。关于这点，事实清楚，而且是摆在明面上的。

赵君迈是从连长一直打上来的高级将领，是税警总团的创始元老，自带兵以来，就以治军严格闻名。赵君迈认为一名战士与一名武士一样，士兵没有经过严格训练就让他走向战场，这等于是在断送士兵的生命，是对士兵的犯罪，所以要求士兵们战前多流汗，战时少流血。正是因为赵君迈懂兵、爱兵，所以严格是他对属下官兵们的大爱，才使得赵君迈所带的军队军容整齐，战斗力很强，曾立下过无数战功，所以，连蒋介石和宋子文都很欣赏。

老话说得好，严师出高徒，棍棒之下出孝子。赵君迈治军历来是以严苛闻名的，他在军中设有类似于宪兵的执法队，违者以军棍论处，什么情况受罚多少军棍，都有明确的军规。每当犯错官兵被叫到执法处，被执法官喝令执行多少军棍时，犯错官佐都被要求自动卸下外裤，趴在坚硬的木条凳上露着宽臀，接受一番肉体与心灵的煎熬。这种责罚在让赵君迈取得了优良治军成效的同时，也埋下了很多仇恨的种子，尤其是温应星当总团长后，情况则更是急遽改变。

在中国的门第传统中，学界和军界是最讲门第和派系的地方。就拿蒋介石来说，其毕生统领全国军队，都没能跳出他的黄埔门系，而黄埔的门生也只唯他马首是瞻，外人休想染指一步。这点，温应星怎不会懂得？他是东北讲武堂出来的，在税警总团一上任，便将中下级官佐都换上了东北讲武堂毕业的学生军官，就是为了更好地控制这支队伍。

东北讲武堂的前身是清末在奉天设置的东三省讲武堂。1906 年由时任盛京将军的赵尔巽筹设，张作霖主政东北后，他在东三省讲武堂原址上重新开办讲武堂，校名定为东三省陆军讲武堂，张学良就毕业于东三省讲武堂。说实话，东北兵打内战马马虎虎，毛病不少，不仅吃不了苦，组织纪律性很差，还染上了很多军阀的不良习气，比如说喜欢扰民，这可不冤枉他们，当时各处乡绅告到孔祥熙甚至蒋介石那儿的诉状都有。严重的是，有一次一名士兵竟然强奸了一名民妇，百姓找到团部来告状，把团长赵君迈气得不行。赵君迈非常重视这些细节问题，在税警总团，他哪容得下这等事情。当即就叫人把那士兵绑了，要将他枪毙。士兵一看团长动了杀气，连忙跪在赵君迈面前，希望团长再给他一次机会，地方百姓也跟着求情，说毕竟是年轻人，必要的惩罚是必须的，但真要杀了他倒还不至于。

赵君迈这人其实没什么城府，认准的事情很难去转过弯来，在事实面前他只认法，因为法不容情。他认为如果今天容忍了这样的行为，那他的部队和土匪有什么两样。赵君迈希望通过此件活生生的事例，对全团官兵思想进行一次强化教育，所以他毫不留情地根据军法条例，将该士兵军法从事。

赵君迈的行为获得了两淮百姓的赞誉，也从此得罪了他手下的那帮东北军官佐。对他们而言，赵君迈那一套是完全不能接受的，他们凑在一块先是到温应星那儿去告状。温应星虽是总团长，但在税警总团，他对赵君迈也不能怎么样，于是，蛊惑这些中下级官佐联名到蒋介石那儿去告状，希望利用这一矛盾，将赵君迈挤出税警总团，后来经调查证实，赵君迈虐待官佐的问题不能成立。

第二是查赵君迈有没有受贿放私，克扣军饷的事情。

赵君迈担任两淮缉私大队大队长以来，是唯一一个控制着全国盐业流通线命脉的人，照市面的流行说法，是最肥的肥缺之一。正所谓“天下熙熙、皆为利来，天下攘攘、皆为利往”，赵君迈每天都跟社会上最有钱的盐商打交道，而盐商很多都富可敌国。这中间，龙蛇混杂，什么样的人都躲进了这染缸中，各方势力都在极力渗透，赵君迈如果要发财的话，简直是易如反掌，但赵君迈从来没动过为个人捞取不义之财的念头，这点可以从他历年岁入岁出的决算及团属各项经费收支报表的银钱出纳、资金调拨等文件中得到证明。另一方面，赵君迈个人和他家人的家庭生活状况也可以证明，无论是抗战前，还是抗战后，就是赵君迈当上所谓的政府接收大员后，也没见他和他的家人有什么改变，都还是普普通通的一般市民，住一般的房子，吃普通的饭食，没有任何的绯闻，没有过多的积蓄。如果说赵君迈要有什么错的话，是没有将本团的财物支出明细公开而已，这成了他的一个教训，在赵君迈后来的治军过程中，他都很注意这一点，就是财务公开，不仅是自己做，还提醒孙立人他们都应该坚持这么做。

严查赵君迈案最为严重的一点，是他有没有跟共产党或是当时的国家主义分子搞到一起。

赵君迈当年所处的时代，正是近代中华民族面临危亡的关键时刻，任何社会名流要置身事外，成为对政治毫不关心的人几乎是不可能的。因为政治从来就不是一个空洞的名词，它是一个时代颇具代表性的、由社会杰出人士所玩的高级智力游戏，各方政治力量你中有我，我中有你，犬牙交错，相互争夺。虽说赵君迈生来对政治就不甚关心，但在美国读书时，赵君迈就深受罗隆基等人的影响。1928 年回国后，他一度与著名的国家主义者曾琦、左舜生等人来往，曾琦在那时还是青年党党魁，被政府一度查禁。而中共方面，自 1932 年“一·二八”淞沪战役始，由于工作需要，他与在上海的中共人士李立三、潘汉年等人有很多接触。

1933 年 7 月，蒋介石将税警总团各团连长以上官佐调往庐山军演前夕，温应星向蒋介石告发，税警总团长芦税警大队队长郭希文，与国家主义派有勾结嫌疑，希望抓来讯问法办。[23] 国家主义派是青年党的政治主张，青年党在上海创办了机关报《醒狮》周报，大肆鼓吹国家主义的“真意义”、“真精神”、“真趋向”。声称国家主义不赞成任何阶级的专制，这与蒋提出的“一个国家，一个主义，一个领袖”的原则相悖，被列为清查之列。

赵君迈显然不同意温应星这么做，他认为温应星之所以要急于将郭希文铲除，实际包含了他个人的某些私心，赵君迈这么认为是有他自己的依据的。

在当时，长芦盐区是两淮地区最重要的优质盐产区，也是当地最重要财政收入地区。长芦盐务局局长和长芦税警大队长这两个肥差，一直都是由国家重臣和财阀亲信来担任，比如说长芦盐务局局长，是张远南的弟弟张远西，宋子文的妻弟在担任，温应星动不了，就算要动，他只能将这个长芦税警大队队长动一动。问题是你内部动动他的位置也就罢了，非要搞出一个这么大动静，想一棍子将郭希文整死，也就是因为这样，赵君迈站了出来。

赵君迈站出来的另一个原因，是他了解郭希文，认为郭是人才。赵君迈不仅在蒋介石面前保住了郭希文，还任命郭希文为两淮缉私大队独立营营长，将他放在身边。郭希文也确实是一员虎将，不仅精于战术，对地方环境也很熟悉，成为赵君迈手中最得力的干将之一。

此事后来成了赵君迈的大问题，因为郭希文后来失踪了，还带走了税警总团的一批人和枪械，有人说是投奔了共产党，这便让赵君迈有了私通“共匪”的嫌疑，被手下那批东北籍官佐，联名到蒋介石那儿参他一本。

对赵君迈案的调查，明的、暗的进行了几个月，好在身正不怕影子斜，戴笠和孔祥熙都是何等的人物，他们能动用的人力和社会资源正可谓上可通天下能入地，赵君迈要真有问题，是谁都救不了他的。因为这是蒋介石亲自钦点督办的大案，但戴、孔二人从各种角度进行了三个月的摸底排查，将赵君迈上上下下、里里外外查了个底朝天，事实证明赵君迈是清白的。赵君迈后来能和蒋经国成为挚友，就是一个最好的证明，如果赵君迈的人格与道德出了问题，蒋介石不会允许他与自己儿子之间有如此密切的交往，更不会批准他到衡阳或是外交部再到后来的长春去任什么长春市市长。

6月，对赵君迈的审查彻底完结，两淮缉私大队也恢复了税警总团第一团称号，依然保留税警总团第一主力团的位置。赵君迈因财政部业务上需要，被孔祥熙任命为财政部税警视察长，仍兼第一团团长。赵君迈出任财政部税警视察长后，在上海的时间又多了起来，这期间，常被朋友邀请去参加一些重要的社会活动，经过这次人生变故后，赵君迈在处理复杂的社交事务时，变得更加成熟。

全国社会各界救国联合会

上世纪30年代，上海是中国名流云集之地，荟萃了一大批留学欧美归来的政要、学者。赵君迈在上海的时候，曾与罗隆基、梁实秋、何浩若等人创办了上海欧美同学聚餐会，是北京欧美同学会的分支。

1913年，中国最早一批留学欧美的同学梁敦彦、王正廷、顾维钧、詹天佑等人从欧美学成归国后，为加强彼此间的交流，发起创立欧美同学会。同学会成立之初，以“修学、游艺、敦谊、励行”为宗旨，定期召开各类问题的讨论会，开展学术性、交际性会务活动。

赵君迈与在上海的这一批欧美同学，比北京欧美同学会的那些老学长晚了十多年，但他们思想更活跃，他们中像何浩若、罗隆基、王造时等在海外留学时，就建立了自己的社团。由于他们特殊的教育背景和人生经历，决定了他们在相当长一段时间内，懂得彼此联谊沟通的必要性，同学间的聚餐几乎成了他们生活的共同习惯。旧上海酒肆食馆特别繁荣，不仅小酒馆到处都是，还能提供不同档次的服务，客人可进包间雅座慢慢饮用，也可站在大堂酒柜旁现点现饮，还能将酒食打包回家。酒的品种也各式各样，有美、英各国的洋酒，还有各省市的优质白酒、黄酒、葡萄酒、啤酒，甚至还有酒店自己泡的各种养生酒。在这种氛围下，上海欧美同学聚餐会便成了一个时代的社会风情画，上海社交场合开始流行各种各样的聚餐会，什么医师、律师、银行、企业都能找到属于自己小圈子的聚餐会。这正应了中国“物以类聚，人以群分”的那句老话。

名人们在哪里跟什么人吃了餐什么饭，宴席上吃什么菜、喝什么酒，这些本属于生活的内容，后来很多都被一个个钩沉出来，比如说翁文灏、胡适、鲁迅、梁实秋等人，都对欧美同学聚餐会有生动的描述。当时，留日的鲁迅是上海欧美同学聚餐会的重要成员，[24]而他笔战的对头梁实秋在青岛大学任教时，仍保留了这一传统。

梁实秋在《酒中八仙》中说，他们几位留学欧美的同学杨振生、闻一多、赵太侔、陈季超、刘康甫、邓仲存和方令孺，每星期六校务会议之后照例要一块聚餐，只不过这群偏居一隅的文人，仿的是晋代竹林七贤的名士派头，以痛饮酒，饱读《离骚》为人生大乐。聚餐的地点不是顺兴楼，就是厚德福。菜可将就，酒一定要好，每饮前必当场开绍兴老酒一坛，一坛三十斤，轮番品尝之后，不甜不酸，然后开怀畅饮，坛罄乃止。[25]

赵君迈喝酒没这样的潇洒与福气，他是时代的愤青，遇事太较真，他哪有心情品出什么酒味来。赵君迈与罗隆基和王造时等同学见面餐叙的时候，谈的都是国事与军情。据赵君迈的朋友高理文先生回忆，他由香港返沪，通过欧美同学聚餐会，结识了不少新的朋友，这中间就有时任税警团第一团团长的赵君迈，抗日七君子之中的王造时、章乃器、罗隆基等人，并与他们建立了很好的关系。

高理文本名素明，字理文，跟赵君迈一样，名与字倒着用，1907 年生于湖北，比赵君迈小六岁，是蒋经国在苏联留学时的同学，也是蒋经国的重要幕僚之一。

从高理文的回忆中可以看出，赵君迈在上海时的活动相当密切，而且那时候，罗隆基、王造时都正成为民族运动的领袖，赵君迈他们创办的上海欧美同学聚餐会，在联谊上海社会各界的精英上，起着很特殊的作用。当时正是日本在华北大量增兵，华北五省名存实亡的时候，形势的发展迫切需要将各地的救国力量团结起来，建立一个全国统一的救国联合阵线，以进一步推进抗日救国运动。1936 年上半年，上海各界相继成立了不同社团的救国会，赵君迈因长期从事救国工作，又是上海军界经验丰富的实力人物，与上海各救国会都很熟悉，便与大家一块商议，把上海的各行业救国会整合成一个大的救国会，便于宣传管理和组织。

当时，罗隆基和王造时正与宋庆龄、沈钧儒、章乃器等人在筹备全国各界救国联合会，赵君迈自然成了一个重要的参与者。经过宋庆龄、沈钧儒、罗隆基、王造时和赵君迈等人的积极奔走呼吁，为抗日民族统一战线而建立的上海各界救国联合会，于5 月 31 日至6 月 1 日在上海圆明园路中华基督教青年会成立。全国各界救国联合会召开成立大会当天，赵君迈和华北、华南、华中及长江流域20 余省市60 多个救亡团体代表共70 余人，出席了成立大会。会上，大家选举宋庆龄、何香凝、沈钧儒、罗隆基、王造时和赵君迈等四十余人为执行委员和候补执行委员，讨论并通过了全国各界救国联合会的宣言和政治纲领，提出中国人民唯一救亡图存的要道，就是要从速团结起来，一致对外。全国各界救国联合会的成立，引起国内各方面强烈的反响。

这年秋冬，全国各界救国联合会刚成立不久，还操办了鲁迅先生的葬礼。

当时，中共上海办事处主任潘汉年接到冯雪峰的电话，知道鲁迅突然去世的消息，由于身份的限制，他不便亲自出面，鲁迅的丧仪便全部委托给全国救国联合会去办。

10 月 22 日下午，赵君迈与救国会代表王造时、李公朴等人，将一面由沈钧儒亲笔手书的白底黑字“民族魂”旗帜，覆盖在鲁迅的棺木上。

二十年后，潘汉年做上海副市长时，亲自指挥将鲁迅的灵柩从万国公墓迁葬上海虹口公园，并请毛泽东主席为鲁迅的座像亲笔题写了“鲁迅先生之墓”六个大字。

黄杰受命接管税警总团

赵君迈在上海的这段时间，还经历了件不小的事情。1935 年 11 月，日军一水兵在上海街头被暗杀，日本人借机开始在中国频频挑起事端，后赵君迈查到暗杀一事是朝鲜人所为，便向军委会报告。日本人其实也已查悉真相，[26] 只不过假装不知，依然不依不饶，摆出不惜一战的架势。

12 月 9 日，北平学生为反击日本人的嚣张气焰，要求政府一致对外抗日，发起一场大规模的游行示威活动，史称“一二・九”运动。“一二・九”运动的爆发，不仅激起了全国各地高校的支持与响应，也掀起了全国抗日救国运动的新高潮。为顺应此时的民意，蒋介石发表了一篇中国对外关系的重要讲话，其中提出了两句最具历史性的宣言：“和平未到完全绝望时期，绝不放弃和平；牺牲未到最后关头，亦绝不轻言牺牲。”

蒋介石鉴于将来对日作战的需要，开始做积极的准备。12 月 20 日，蒋介石征求陈诚对税警总团改编为师和师长的人选意见[27]。

1936 年 3 月，税警总团总团长温应星奉军委命令，上南京高级将官训练班培训，培训班尚未结束，温应星突然被宣布另任他职，不再担任税警总团总团长职务。军委会将温应星调出税警总团后，蒋介石决定正式改组税警总团，将税警总团完全接管，蒋命令中央陆军第二师师长黄杰任税警总团总团长，令黄杰彻底改革税警总团。[28]

黄杰，字达云，长沙人，1902 年生，比赵君迈小一岁。他能深得蒋介石信任，除了他是黄埔军校一期毕业的正统身份，更多的是他个人加倍努力的结果。

说黄杰这人在事业上付出过加倍努力，这不假。他在黄埔军校一期学习的时候，习惯别人休息的时候，他不休息，给自己加练。据他说，有一天正值中午学员休息的时候，蒋介石在校园内巡视学校的警卫情况。烈日炎炎下，蒋介石在校园里转了一圈，几处岗位的情况都不能让他满意，士兵不是衣着不整，就是无精打采，有的干脆离开岗位躲在阴凉处休息。当蒋介石走到学校大门前时，才眼前一亮，他眼前一名正在轮值的第三队学员黄杰，直挺地就像标枪一般立在阳光下。

蒋介石是军人出身，他需要的就是这样的军人作风，不管怎样辛苦，室外太阳有多毒辣，军人都要像面对真正的战场那样，守住自己的阵地。

蒋介石向黄杰走近，他注意到黄杰的军裤外侧有一片血渍，黄杰给校长行了一个标准的军礼，动作有力而干净，眼神坚定而清澈，蒋介石走上前去拉过黄杰的手，摊开一看，竟发现指缝间藏着一枚图钉。

蒋介石问他腿上为什么出血，黄杰说他担心站岗时中暑误事，所以头晕时就用图钉扎大腿，以保持清醒。

蒋介石听了此言，大为感动："好！好！你的这种精神很好，是我们这个学校要大力提倡和发扬的。"蒋介石拿笔记下了黄杰的名字，从此对黄杰有了特别的印象。有人说，成大事者不拘小节，但蒋介石是个特别注重细节的人，黄杰的表现，说明了此人有韧性、有责任、有毅力，加以磨炼，必堪大用。

1928 年 5 月 1 日，北伐主力先锋湘军贺耀祖带领部队攻占济南时，与日军在济南城发生冲突，双方将济南城搞得乱翻了天。危急间，蒋介石的北伐军总司令部正设在山东济南城的都督府内，在日军近乎疯狂的血腥屠杀面前，贺耀祖让属下黄杰，率领一团精兵赶去护驾。

黄杰护送蒋介石出了济南城，在济南城外的党家庄歇了一夜。那一夜，为让蒋介石睡一个安稳觉，身为团长的黄杰亲自持枪为蒋介石站了一宿岗。这事让蒋介石知道后，念其一片忠心，从此将黄杰视为亲信。回到南京不久，蒋介石升任黄杰为第二师师长，这在当时对黄杰是一个天大的荣耀，因为中央军嫡系一、二、三师部队，都是由黄埔的老底子组成的。

黄杰也没让蒋介石失望，他带领中央军第二师，在 1933 年的长城抗战后，驻扎北平。1935 年 6 月 11 日，国民政府与日本达成"何梅协定"，日方要求中央军第二师、第二十五师撤出北平。6 月 20 日，黄杰率第二师撤离北平，奉命驻防徐州，黄杰兼任徐海警备司令。1936 年 3 月 15 日，黄杰正式受命接管税警总团，兼任税警总团团长一职。

黄杰接任税警总团后，孔祥熙对赵君迈他们明确表示，税警总团名义上隶属财政部，实质上仍为国防武力之单位，一切听命于军事委员会。也就是说，此时税警总团的一切人事调度，都是由军委会在安排，只不过税警总团的一切军费开支，依然由财政部全部提供。所以，孔祥熙还能保留在上海的税警团总部，如有特殊情况发生，税警总团还要担当全国盐税安全的护航重任。

军委会接管税警总团后，将原来税警总团多出的六个步兵营改编为两个步兵团，即第五、第六团，合在一块是两个正规师的编制。新增编的两个团团长由军委会直接委派，分别为丘之纪和钟宝胜，他们两人都是来自中央军校桂永清的教导总队，丘之纪团长后来在"八·一三"淞沪会战中壮烈殉国。

税警总团被军委会编为六个团的编制后，第一团团长依然是赵君迈，第二团团长是宋卓愈，第三团团长是刘天绍，第四团团长是孙立人，第五团团长丘之纪，第六团团长钟宝胜。

黄杰上任总团长之职后，才发现税警总团比中央军更具发展优势。他将第二师中的一批心腹干部，都抽调出来，充实到税警总团各部门去参与管理，比如在赵君迈的税警总团第一团，黄杰就将自己手下的爱将龚贤湘，调来赵君迈团做副团长。"八·一三"淞沪会战后期，赵君迈被第四十四师升为旅长时，龚贤湘接替赵君迈做了一阵第一团团长。

税警总团改组全面完成后，军委会组织赵君迈他们构筑国防工事，要求总团利用军中得天独厚的人才与器械，在徐海一带构筑密集的大型国防战略防御工事。在此期间，赵君迈和孙立人还利用在美国学到的土木工程知识，与江苏省共同修建了徐海公路。[29] 由于税警总团有赵君迈、孙立人这样的具有良好军事工程专业素质的将领，税警总团在海州、徐州一带构筑的防御工事，经军委会的多次验收，均给予很高的评价。9 月，黄杰向蒋介石报告，称税警总团无论战斗能力、防御能力、官兵精神面貌都已大为改观。[30] 蒋介石虽然听后很高兴，但心里面对税警总团的作战效果到底怎样却没有底，他让军委会何应钦、桂永清等人为税警总团组织一次秋季实战军演，主要目的是检验税警总团在未来的战争中，是否有能力阻止日军在东南沿海抢滩登陆，军委会派出了参谋总长程潜为统监的将校巡视团，亲临现场考察。

9 月 11 日，程潜等一行到徐州后，才将要考察的具体内容交代给赵君迈他们：一是考察京浦铁路南段和陇海铁路东段的护路措施；二是检验海岸范围防卫作战的能力，其他诸如城市防空、紧急疏散、治安维护、通讯维持等等均在考察之列。这其实是想通过这次军事演习来重点检查税警总团他们在徐海地区的防御能力及措施。很快，大家就见识到这支不是中央军，却有着比中央军装备更精良，战斗力更强的奇异部队。军演前，赵君迈代表税警总团演习部队，先将海州与徐海地区海岸的整体防御计划，向巡视团的各位将官做了详细汇报。在随后的演习中，赵君迈随同税警总团的官兵，进行了徐海地区的防空、京浦铁路和陇海铁路的护路执勤及防护、铁路桥梁抢修、海岸反登陆作战等全方位演练。最终税警总团的表现，让巡视团的各位将官非常满意，在演习结束的总结会上，税警总团获得了军委会给予的集体嘉奖。

西安事变，蒋介石性命危局

1936 年 12 月 12 日，在中国西安发生了一件震惊中外的大事。那天所发生的事情，对过去和现在的中国人来说，都不是一个陌生的事件。当时蒋介石正在睡眠中，从 12 日凌晨二时许开始，西安城内忽然传来的枪声将他惊醒，他还不知道城内张学良、杨虎城部已开始兵变。

凌晨五时半，蒋介石醒来后，又忽闻行辕大门前有枪声，感觉不对，立即命令侍卫前往探视，可士兵去后不见归报。接着，第二阵枪声又连续响起，蒋介石再派第二人前往探视，又未见有人回报，反倒是枪声继续不止，蒋介石后来才明白是东北军叛变了。[31]

关于西安事变发动的内因，后来的史学界有很多种说法，其中一种主流的说法叫逼蒋抗日。当时，中国正处于严重的内忧外患之中，一方面，面临日本的步步进逼，中国加速了亡国危险；另一方面，国内动荡的政治局势，使中国处于内战的边缘。《中国通史》中指出，12 月 12 日张、杨发动的西安事变，是蒋介石违背历史潮流而遭到的严厉惩罚，[32] 并指出，西安事变的和平解决，成为扭转时局的关键，中共逼蒋抗日的目标初步实现。

客观地分析西安事变的内因，上述论断都是不争的事实，但真正导致西安事变的药引子，却还要从蒋、张的个人恩怨说起。从蒋介石和张学良个人的私谊和事件全局看，两人有过多次的翻脸，也有过多次短暂的蜜月。

以热河事件而言，张学良在热河事件中担当了全部责任，辞去本兼各职出国疗养，直至1935年秋从海外回国，都是唯蒋的旨意而马首是瞻。

在张学良归国途中路过香港时，胡汉民曾力劝张学良暂时停留香港，其目的就是要联张反蒋，但被张学良拒绝；到广东后，陈济棠又组织人马欢迎张学良入粤，还是同一目的，也被张学良拒绝。在西安事变前，张学良只认蒋介石是中国唯一的领袖。

在上海停留几日后，蒋介石邀请张学良上南京见面，蒋考虑此次对张重新启用，希望先听听张学良自己的打算。张学良很低调地回答说：希望在蒋介石身边做一名侍从室主任。

蒋问张学良为什么会有这想法。张学良很诚恳地回答："良从未作过任何人部下，未有过任何长官，愿在蒋公左右学习学习，既可加深彼此之认识，又可同中央诸同志多有接触，以便在将来对日作战时易于共处。"

两人坦诚地交换了各自的心中所想后，蒋介石提供了两个职位任张学良选择：一是领兵剿讨鄂苏皖地区的土匪刘桂堂；另一个是到西北三省边区"剿共"。当时，中国共产党领导的中央红军三万多人，[33]正从湘江之战的厄运中走出，突破蒋介石布下的五道封锁线，到达陕北地区。

张学良毅然表示愿担任上述两项任务中困难较大的"剿共"任务，出任陕甘宁三省剿匪副总司令一职。蒋介石听后很高兴，还夸张学良士别三日，思想境界竟会发生如此大变化。[34]

张学良走马上任后，蒋介石将原在华北的东北军指挥权，全数交还给了张学良。张学良十分兴奋，因为这正合张学良之意，他可为将来的抗日做准备工作。张学良初到陕北后干劲很大，拿出了自己的血本大兴土木，在陕北修建医院，建设卫生材料厂，在平凉购地，为部队军官眷属建新村，在西安兴建东北大学，开设训练机构。他希望将陕西作为抗日后方根据地，为全民族抗日做准备。

按张学良的本来预想，短期间内将红军肃清，不是什么大问题，因为就在半年前，宁夏马鸿逵部剿灭了红军一万多人，这马鸿逵的队伍的装备和素质，与张学良的东北军相比，就如同草鞋与布鞋的区别，所以，他便计划着消灭红军后就可以用全部兵力投入抗日。这本来是他个人的良好心愿，但世上之事诡谲莫测，岂能尽如人愿？张学良将自己带入了进退不是、欲罢不能的泥淖。

1936年10月2日，蒋介石令陕甘宁剿匪司令部迁到西安，改名为"西北剿匪总司令部"，蒋介石自任司令，张学良为副司令。此时，西北剿匪总部所指挥的兵力是陕、甘、宁、青四省的部队，张学良部约二十万人，杨虎城部约四万人，宁夏马鸿逵部约两万人，青海马步芳部约一万余人，还有其他零星部队约一万人，总计约二十八万余人，另有胡宗南部驻甘肃的中央军三万余人，归蒋介石直接指挥。

10月9日，蒋介石、张学良命杨虎城以所部主力在洛川一线设防，以阻止红军向南发展，同时，张学良令东北军第六十七军一一〇师进兵陕北。

可不曾想，一一〇师何立中师长率部自延安回防甘泉途中，在大小崂山遭到红军第十五军团徐海东部伏击，全军覆没，师长何立中被当场击毙。当时，张学良在南京正出席重要活动，接到此消息后立即结束南京行程，返回西北剿总司令部。

返回剿总司令部后，张学良认为此次败仗是麻痹轻敌所致，便召开会议重新调整兵力。为提醒部属都卖把子力气努力剿匪，他自己先立下军令状，说东北军要如此无能，他当引咎辞职。

11 月，张学良再次命令东北军第五十七军一〇九师牛元峰部，向陕北红军主力发起进攻。一〇九师本希望剿完红军后回家过年，哪知在陕北直罗镇受到红军围攻，让张学良的嫡系部队变成了红军的运输大队长，5300 人被俘，缴枪 3500 余支，一个师十几天的粮草都成了孝敬红军的过节礼，还搭上了师长牛元峰的一条命。

短短两个月不到，张学良的东北军一下子就失去了两个师的编制，而且，还是堪称东北军的两支精锐劲旅，两位师长也都是东北军将领中之佼佼者。张学良突然觉得再这样打几仗，他的东北军就如同北伐初期的湘军一样，还没等到抗日，队伍就没了。

张学良开始茶饭不思，私底下，他曾向在西安剿匪总部的一位重要伙伴——第十七路军总指挥兼陕西省政府主席、西安绥靖公署主任杨虎城问计。

根据张学良所写的《西安事变反省录》中透露，在事变前，杨虎城已对“剿共”持消极态度，并两次向张学良进言，希望张对蒋介石有所行动。

11 月末，蒋介石在洛阳主持召开“剿共”军事会议。张学良于 12 月 2 日，专程向蒋介石进言，希望停止内战一致抗日。但蒋告诉张学良：“匪不剿完，决不抗日。”

蒋的顽固态度使张学良彻底绝望。

12 月 9 日，西安天降大雪。那天是北平学生“一二·九”运动一周年纪念日，西安的青年学生举行大规模的集体游行请愿，要求蒋介石抗日。

学生们先到西北剿匪总部，见蒋不在那儿，又冒着凛冽的寒风，由总部沿西安向临潼前进，行进到半路十里铺，被张学良挡住。张向学生们说，你们不要去找委员长，我是副司令，可以代表委员长考虑你们的要求。

学生们不要张的保证，他们必须得到蒋委员长亲自答复，方能相信。张据实以告：“同学们，我是国家的军人，我不是蒋某人的走狗，如果逾期欺骗你们，我张学良愿意你们群众在任何地方，把我处死。你们可以相信我吧!”学生们听见张学良如此恳挚的表示，也不再坚持，一起率队回城。这时，天已近黑。

据张学良的卫队长孙铭九在《张学良临潼扣蒋记》中回忆，9 日晚间，张学良与蒋介石在华清池发生了一次大的争论，张把学生的意见说了一遍，蒋气得脸都变成了猪肝色，他隐忍着自己的怒火问张学良：“你是代表国家官员的身份对学生说话呢，还是代表学生对政府说话?”

张说，当然是代表国家官员替政府说话。蒋说：“那好，你是政府官员，但你不懂拥护领袖的道理，有人侮辱领袖，你应当与他拼命。”

蒋与张那晚见面之后，蒋介石开始在华清池频频召集各军中将领见面，蒋好像又在有意冷落张、杨二人，这使张、杨由疑问开始恐惧，如果蒋真的把他们的权力给废了，怎么办？

张从蒋处出来后，杨向张提出了强谏劫持之谋。

于是两人一拍即合，共同实施了震惊世界的西安事变。

西安事变改变了中国，也改变了世界

西安事变发生时，赵君迈在宋子文上海的寓所内，正和宋子文、宋美龄兄妹等人，讨论改组全国航空建设委员会事宜。宋子文是中国空军之父，在中国政府官员中，可以说他是首个倡导建立中国空军的人。[35] 1932 年上海淞沪战役爆发前，宋子文就跟赵君迈探讨过唯有建立一支强大的空军力量，才能解除日本海军对我沿海的军事威胁的设想。之后，他让赵君迈帮他联系美国的空军人才，赵君迈通过他在美国的关系，帮宋子文引荐了杰克·爵埃特上校等二十多位美国空军军官。宋子文与他们见面后，聘请他们为税警总团的空军顾问，开始向美国订购一批教练机和战斗机，以及航空汽油和必需的航空装备。[36]从那时开始，赵君迈参与了在海州的空军机场及其空军基地建设，[37]此事后来由于宋子文与蒋介石的政治分歧而搁浅。蒋宋矛盾导致中国航空丧失了一次最佳的发展机会，也使得赵君迈的前期工作前功尽弃。

令外界所不知的是，当年宋子文的辞职风波在宋家引起轩然大波。宋母对蒋的做法十分不满，大骂蒋这人无情无义。宋美龄也不同意蒋的这种做法，为向蒋表明立场，还赌气搬到娘家去住，逼得蒋介石无奈，只得亲自上门妥协，直到重新任命宋子文为全国经济委员会主席，才将此事平息。宋子文成为全国经济委员会主席后，手中的行政资源已大不如从前，于是，便向妹妹宋美龄建议，由她来牵头发展中国空军。当时，宋美龄手中也有很多此类资源，兄妹俩一拍即合，共同组织成立了全国航空建设委员会，宋美龄出任主席，宋子文为常务委员，赵君迈因在税警总团中就是相关空军事项的参与者，便被邀请参与其中操持具体事务。

那天夜晚，赵君迈与宋子文、宋美龄兄妹正在开会商谈中国空军建设事宜，突然接到孔祥熙的电话说："西安发生兵变，委员长消息不明。"宋子文兄妹闻讯后，立即停止了手头的所有工作，开始研究对策，并四处打听西安究竟发生了什么事情。

而就在这天晚上的南京，国民党中央常务委员会和中央政治委员会也立即召开了紧急会议。会议中，很多国民党元老和军队中的高级将领，都主张为维护国民政府威信，应立即对张、杨进行讨伐，摆出不惜血战的态势，在这次会议上，与会代表对张、杨事件作出六项决定：

一、张学良应先剥夺其本兼各职，交军事委员会严办，所部军队归军事委员会直接指挥。

二、张学良背党叛国，送中央监察委员会议处。

三、行政院交副院长孔祥熙负责。

四、军事委员会常务委员改为5至7人，并加推何应钦、程潜、李烈钧、朱培德、唐生智、陈绍宽为该会常务委员。

五、军事委员会由副委员长及常务委员负责。

六、关于指挥调动军队归军事委员会常务委员兼军政部长何应钦负责。

会后，何应钦自任讨逆军总司令，向全军发布了对张、杨的讨伐令，声称要督率三军即日北上。

宋美龄深感问题严重，马上打电话给蒋介石，报告南京的动向，蒋介石接电话后，派蒋鼎文坐专机前往南京，给何应钦带来一封亲笔信，让何应钦停止军事行动三天，看看这三天情况再定。就是在这三天的时间内，经过力争，宋子文得以以私人身份抵达西安。

在宋子文乘飞机抵达西安的同时，包括黄杰、赵君迈、孙立人在内的全国军事将领275人，联名向张学良发去了一封措辞严厉的通电："万一执迷不悟，使委座稍有差池，则誓必不顾一切，悉力以赴，决不与执事及执事有关之任何个人，共戴天日于世，海枯石烂，此志不渝。"

接着，赵君迈率第一团与税警总团其他各团一道，停止了原已在进行的实战演习，乘火车向陕西潼关开进。到潼关后，赵君迈等税警总团官兵迅速在西安周围展开布防，实行一级战时戒备。

12月25日，在宋子文兄妹的全力斡旋下，经过中共代表周恩来的努力说服，张学良、杨虎城同意放蒋，张学良还亲自护送蒋介石返回南京。很多人都认为张学良是随蒋介石到南京负荆请罪去了，担心他的安全，周恩来甚至都追到了西安机场。事后，张学良解释他为什么要这么做时说："领袖就是个泥菩萨，蒋这尊泥菩萨是我推倒的，我要自己将他扶起来。"

其实，张只是说明了其中的一个目的，张学良之所以要陪蒋上南京，还有一个更大的目的，就是要亲自督促蒋改组政府，这个目的在蒋介石回到南京第二天的日记中，记录得非常分明："晓见汉卿，彼欲强余以实行改组政府，而毫无悔过之心，余乃以善言慰之，并实告以军法会审后，特赦并予以戴罪图功之意，彼乃昂昂然而去。"[38]

从蒋的观察中可以看出，张学良之所以敢如此大胆，且不担心蒋对他的生命构成威胁，理由之一首先是宋子文、宋美龄兄妹的人格担保；第二是他在西安事变时，与杨虎城和中共方面所成立的西北军事委员会还未解散，他离开西安时曾给杨虎城留言，等他三天，三天不归则军队由杨掌握，这便给杨留下了更多的想象空间。

蒋介石、宋子文他们离开西安以后，黄杰、赵君迈他们驻扎在西安附近的税警总团，本该就撤防了。但由于张学良亲自陪同并护送蒋介石返回南京后，东北军群龙无首，杨虎城借此机会希望将东北军、西北军与中共军队全攥在自己手上，想由他来进行重新整合。

1937年1月1日，杨虎城联合东北军将领于学忠等人，在西安搞了个元旦阅兵，向南京政府示威。随后，杨虎城派代表赴南京，要求南京政府将边区政府特殊化。

南京国民政府以统一之国土何来边区政府之理由，予以拒绝，并成立西安行辕，处理西北军政事务，国民政府军政部要求杨虎城、于学忠等人，对另立政府的行为自请处分。杨虎城不仅不服从南京政府的决定，还随即调动部队作抗命准备，红军所部也积极配合。

1 月 6 日，国民政府将刚刚才撤销八天，原为对付西安事变而临时成立的讨逆军总司令部重新恢复，任命税警总团总团长黄杰，为讨逆军中央纵队指挥官兼潼关警备司令。于是，赵君迈他们所在的税警总团，又被安排布防于陕西华县及渭河南岸，进入全面的戒备状态。

1 月 13 日，杨虎城自命联军总司令，任命孙蔚如、廖瀓流、王以哲、于学忠等人为第一至第六集团军总司令，准备向赵君迈他们的税警总团发起总攻。

1 月 16 日，军委会将税警总团六个团编制做了变更，分拆成两个独立支队，即税警总团第一及第二支队，两个支队长一个为何绍周，另一个为王公亮，[39] 以应付战时之需。

何绍周是军委会何应钦的侄儿，与黄杰同是黄埔军校第一期毕业生，毕业后还曾经到日本炮兵学校和中国陆军大学第十期学习，资格比较老；王公亮是中央军校教导总队桂永清的亲信。军委会为两名支队长各增设了支队长办事处，办事处设有参谋室、副官室，还有一个直属的警卫连和一个通信排，每个支队长各负责指挥三个团，但赵君迈所在的第一团直属税警总团司令部，由黄杰总团长直辖。

税警总团编制调整后，各团纷纷集结调动，准备全面迎战，一时间，战争阴云又起。

面对西北军杨虎城等人的哗变，全国各地出现了各种不同的反应。在华北，冀察绥靖的代表宋哲元向全国发出了《告同志书》，发出了保卫主权、剿匪剿共的声明；在西南，四川刘湘电请蒋委员长早日返京主持大计；而桂系李宗仁、白崇禧通电入陕的黄杰、赵君迈部队，让其停止西进；宁夏、青海的马鸿逵、马步芳、马鸿宾则电告南京，拥护中央讨伐杨虎城；而人在武汉的汪精卫却在电台发表了怎样救亡图存的广播演说。

本来，中国大地就如同是一个大戏台，各地方割据势力就是在这戏台中的主角，你方唱罢他登场，他们长期在自我倾轧中起起伏伏本不足为怪，问题是，台面下不只是有百姓组成的无助看客，还有一帮虎视眈眈的日军。日军豺狼般的本性，注定他们不会放过如此良机，他们开始频频在华北、青岛等地滋事，让南京政府自顾不暇。在此情形下，赵君迈率领税警总团与中央军各路纵队，发起强大攻势，先后占领渭南、零口等处。杨虎城所部的杨渠统、王劲哉、沈玺亭等部，面对赵君迈他们税警总团的强大攻势，突然倒戈宣布服从中央，杨虎城见大势已去，不得不也宣布接受中央命令，退入指定防区。

1937 年 2 月，陕西局势彻底稳定后，赵君迈率税警总团所部，才从严寒中的西北奉令回到海州，西安事变得以和平解决。

西安事变后，全中国的政治生态得到彻底改变，中国迎来了全民族抗战的新局面。历史学家唐德刚说："没有西安事变，中国同日本的抗战，可能再拖两年。"两年，对中国意味着什么，中国抗战若能再拖两年不打，世界第二次世界大战就将全面爆发，而在德国进攻苏联的时候，日本对苏联会作出何等应对，将改写历史。退一步说，日本要不是过早地陷入中国全面抗战的泥淖，苏联又怎么有可能去全力应对德国单方面的进攻？而如果斯大林格勒战役中苏联被德国打败了，那么，"二战"中世界反法西斯的战争历史，又将是怎样一个结果？

注释：

[1] 国史馆 002010200108008．蒋中正电何成濬速赴襄樊，1934－03－09

[2] 国史馆 002010200109019．蒋中正电韩复榘、刘峙、刘镇华、王均，1934－03－20

[3] 国史馆 002090300073195．陈果夫电蒋中正，1934－04－03

[4] 国史馆 002090300078098．孔祥熙电蒋中正，1934－04－21

[5] 国史馆 002080200159035．朱培德、唐生智电蒋中正，1934－04－07

[6] 国史馆 002090300026330．赵君迈电蒋中正

[7] 国史馆 002090300075320．赵君迈电军事委员会，1934－07－01

[8] 国史馆 002090300075328．赵君迈电军事委员会，1934－07－16

[9] 国史馆 002090300075329．赵君迈电军事委员会，1934－07－16

[10] 国史馆 002090300075341．赵君迈电军事委员会，1934－07－29

[11] 国史馆 002090300075345．赵君迈电军事委员会，1934－08－03

[12] 国史馆 002090300082048．江苏涟水县党部电蒋中正，1934－07－17

[13] 国史馆 002090300057290．江苏江浦县党部电蒋中正，1933－09－29

[14] 申报，1934－10－28

[15] 杨鹏程．1934 年湖南旱灾研究．船山学刊，2001（4）

[16] 杨鹏程．从 1934 年湖南赈务看民国时期荒政近代化的趋向，湖南科技大学学报，2005（3）

[17] 湖南档案馆．二十世纪湖南人物

[18] 国史馆 002090300063318．康泽电蒋中正，1933－11－26

[19] 国史馆 002080200194066．孔祥熙电蒋中正，1934－11－27

[20] 国史馆 002080200450095．两淮缉私大队电蒋中正，1935－04－16

[21] 国史馆 002080200221094．蒋中正电戴笠，1935－04－27

[22] 国史馆 002080200221121．蒋中正电孔祥熙，1935－04－28

[23] 国史馆 002080200101070．温应星电蒋中正，1933－07－02

[24] 倪墨炎．鲁迅年谱．北京：人民文学出版社，2007

[25] 梁实秋．雅舍忆旧．天津：天津教育出版社，2006

[26] 国史馆 002090200015420．孔祥熙电蒋中正，1935－11－11

[27] 国史馆 002010200149015．蒋中正电询陈诚，1935－12－20

[28] 国史馆 002080200419081．蒋中正电黄杰，1936－03－16

[29] 国史馆 002090102002392．黄杰电刘光，1936－11－13

[30] 国史馆 002080200470141. 黄杰电蒋中正，1936 - 05 - 01
[31] 韩刚. 史事探幽. 上海：上海辞书出版社，2005
[32] 白寿彝. 中国通史（第 21 卷）. 上海：上海人民出版社，1999
[33] 石仲泉. 惨烈的湘江之战. 百年潮，2003（7）
[34] 西安事变忏悔录摘要.（台湾）希望，1964（创刊号）
[35] [36] 陈纳德. 陈纳德将军与中国. 台北：传记文学出版社，1978
[37] 莫雄. 莫雄回忆录. 广州：广东人民出版社，2007
[38] 蒋介石日记. 胡佛研究院藏
[39] 国史馆 002080200479009. 孔祥熙电蒋中正，1937 - 01 - 16

参加“八·一三”淞沪抗战的中国军队

拾叁 “八·一三”血战淞沪

任何对战争的夸耀与赞美，都是对人类生命和良知的亵渎。

中国自近代以来，就不断地吃外国人的苦，挨外国列强的打，饱受列强的侵略，但中国却一次次地选择了忍让。但这次不一样了，“七七”事变，在中华民族生死存亡的最危急关口，我们选择了抵抗，在全世界都不看好中国的时候，我们选择了全民族独自抗争。

上海“八·一三”抗战，是中华民族集全国之力所展现出来的一次最具团结意义的军事抗争，战事爆发后，蒋介石陆续调集全国军队共计六十多万人，分左翼、中翼和右翼三路大军迎战日军。

赵君迈率领第一团和税警总团官兵一道参与战斗，整个税警总团两个整编师三万多人，在“八·一三”上海淞沪抗战中伤亡殆尽，其中，第五团团长丘之纪阵亡，第四团团长孙立人重伤。

中华民族最危险的时候

1937 年 2 月初，日本海军陆战队一万五千余众突然登陆青岛，趁此机会，来自朝鲜的一批浪人也在胶东大肆走私胡闹，青岛市市长沈鸿烈急电中央请求援助。蒋介石考虑到中日关系已经相当敏感，如果公开派兵进驻可能会导致战事升级，不如以缉私为由，派驻兵潼关尚未撤离的税警总团增兵青岛，则令日本人无话可说。2 月 27 日，蒋令黄杰与青岛市市长沈鸿烈联络，派税警团中战斗力最强的第一团，也就是赵君迈团前往青岛。[1]

赵君迈得知这一情况后，正求之不得，希望有机会再与日军较量较量。当赵君迈要率军出兵青岛之时，出了一个不大不小的问题，就是时任山东省主席的韩复榘不同意，这家伙在地方上有如土皇帝般霸道，声明未经过他的同意，任何重兵过境都可能引发擦枪走火。这事要在平常根本不是个事，韩复榘要敢冒天下之大不韪如此霸道，不要说中央不会放过他，就是赵君迈他们的税警总团也不会放过他。但这是在非常时期，蒋介石不可能也不允许中国内部再闹出什么内讧。蒋让黄杰、沈鸿烈去与韩复榘商量，要求派税警总团移驻青岛之事，可随时听命沈市长的指挥，但须事前详细商量，勿使韩复榘误会。[2]

根据蒋的这一指示，黄杰与沈鸿烈、赵君迈一道，亲自上门拜会了韩复榘，经韩主席的同意之后，由他钦点丘之纪的第五分团出兵青岛，以防止日军从海上登陆，总团又抽调刘天绍的第三团在日照接应，[3] 此事才得以圆满解决。

3 月 30 日，赵君迈率税警总团开始由潼关向海州转移。[4] 经过六天的列车输送，赵君迈带领税警总团从西北回到海州，驻扎在海州城的关庙巷，赵君迈的团部设在关庙巷一家乡绅的大四合院里，与黄杰的税警总团总部在一块。

赵君迈率团回到海州后，未经太多修整，就根据军委会参谋本部指令开始积极备战。

5月2日，军委会主动找上黄杰，让他必须在中央军第二师师长和税警总团总团长之间作出抉择。当时，黄杰由于身兼第二师师长和税警总团总团长二职，自觉任务繁重难以胜任，在接任税警总团之初，曾向军委会军政部递交过请辞第二师师长的报告，并保举第二师副师长郑洞国接任师长，但请辞报告一直未获军委会允准。

此次黄杰还是毫不犹豫地选择了留任税警总团，依旧将第二师师长一职，交由副师长郑洞国接任。这个决定让很多人都不解，黄杰怎么会选择放弃第二师，那可是蒋介石的嫡系部队，就连黄杰的老长官顾祝同都不能理解，他认为黄杰应就任中央军第二师师长而卸去税警总团团长一职，但黄杰却对顾祝同的疑惑笑而不答。这中央军第二师师长与税警总团总团长的分量孰重孰轻，在外人的眼中也许不明白，黄杰却是哑巴吃豆，心里有数。在当时所有的中国军队中，无论从哪一方面来说，税警总团都是最有魅力的军队，很多人都不理解税警总团究竟有什么好，这中间的好又岂是一般人能够品出来的？除赵君迈、孙立人等圈内之人外，数黄杰最清楚。就在黄杰成为专职税警总团总团长后，北平卢沟桥地区爆发震惊中外的“七七”事变。“七七”事变是日本蓄谋已久的、希望达到全面吞并中国的目的的侵略行为。

事前，日军已将在华之陆军主力集中布置于华北大平原，企图首先击破我平津地区的第二十九集团军。这样一来，既与东北三省连成一片，彻底解决了华北问题，又打通了通往南方的门户，为日军挥师南下，扫清障碍。

而蒋介石则电令驻守北平的第二十九集团军宋哲元：守土应具必死决战之决心与积极准备之精神，务须不丧失丝毫主权为原则，加以应对。

在稳住宋哲元的同时，蒋介石又令第二十六路军孙连仲部北上河北保定、石家庄地区，以增援二十九军。

6月28日，蒋介石眼看着中国军队的血肉之躯已无法有效阻止日军机械化部队的进攻，想起不久前宋子文、赵君迈在海州引进的几辆美式装甲车，令何应钦立即以税警总团为基础，重新筹划中国装甲师的建设。[5]

“七七”事变爆发后，7月14日，赵君迈与总团长黄杰经过商议，拿出了成立中国装甲师的翔实计划与经费预算，向蒋介石请示，蒋见到此方案很高兴，正准备全面推动落实，但两日后，由于日军向华北发动大规模进攻，计划不得不又一次搁置。

16日，日军集结了在华北的陆军五个师团，总计十万以上的兵力，并配有数百架飞机和大量坦克战车，希望一举荡平华北、平津地区的中国守军。

中国守军宋哲元的第二十九集团军各部，同日军在华北展开了殊死搏斗。由于武器装备太落后，守军各部伤亡极为惨重，第二十九军副军长佟麟阁将军，第一三二师师长赵登禹将军在战场上壮烈殉国。在短短不到十天之内，北平、天津相继失守，华北前线守军吃紧的战报不断传到南京蒋介石的统帅部。

17日，蒋介石急令中央军汤恩伯的第十三军和卫立煌的第十四集团军驰援华北。同日，蒋介石在庐山发表了中华民族到了最后关头的演讲。赵君迈、孙立人等将领在海州收听到蒋的讲话后，内心受到深深的震撼。在中国东北失守，平津失守，华北地区即将全面失守的中华民族最危险的时刻，蒋介石的讲话，代表了中国政府、中国军队和人民的一种态度。

蒋介石在演讲中说："如果战端一开，那就是地无分南北，年无分老幼，无论何人，皆有守土抗战之责，皆应抱定牺牲一切之决心。"

蒋介石在讲话后，决定调集全中国的一百个师于华北第一线作战，另以八十个师的兵力为预备军，决心不惜一切代价，在北方同日军决战。

28 日，税警总团接到参谋本部命令，总团随军眷属于近日内全部疏散，开始做开拔前线的准备。赵君迈将家眷从上海转移到香港。当时上海一大批名流，包括赵君迈的老长官宋子文家族，都已迁徙香港。

赵君迈将家事料理妥当之后，31 日，收到了一封蒋介石亲自题写的《告抗战全体将士书》，书中称：中国政府在这几年来的忍耐，骂了不还口，打了不还手，我们为的是什么？实在为的是要安定内部，完成统一，充实国力。现在，和平既然绝望，那就只有抗战到底，必须不惜牺牲来和倭寇进行死拼。

8 月初，汤恩伯率领第十三军突然出现在八达岭、南口一带，对正欲从北平地区南下作战的日军主力的背后形成威胁。日军驻中国军司令官香月清司立即命令两个师团的兵力，攻击南口的汤恩伯军。在北方战争全面爆发后，日本驻上海海军，为呼应北方战局，也在积极加紧进行着战争的准备，他们频频挑起事端，意在制造新的战争借口，将战争引向中国全境。

上海局势的突变，倒是开启了中国最高军事当局的另一种战略思维。这就是为阻止日军从南北京广通道直插中国内陆腹地的图谋，蒋介石决定引日军到东面上海江浙一线进行会战，利用上海江浙河川纵横，地域宽广之地利优势，以空间换时间。

实业界的敦刻尔克大撤退

上海的战争危机早在 7 月 9 日，也就是"七七"事变的第三天就已经开始显现，那天两艘日舰进入长江口江面，向上海黄浦江江岸先后发炮四十余发。

24 日，日本驻沪海军陆战队以所谓日方一名水兵为华人掳去为由，向齐学启所在的上海市警察局提出交涉，未待中方答复，陆战队即以搜查为名，派出水兵多名，并带有坦克车，至天通庵、横滨路方面设立临时步哨，搜查行人，俨似戒严状况。

8 月 9 日，日军军官大山勇夫在虹桥飞机场与我守军冲突被杀，日本将在长江一带的侨民 29230 人全部撤退至上海租界地域，集中于虹口、杨树浦地区。

日驻沪军队借此机会除了一次接着一次挑起事端外，还加紧在上海构筑永久性工事，频繁地进行军事演习。据淞沪警备司令部向海州税警总团赵君迈他们通报的消息称：日本在上海区构筑的具有军事性质之处所，计有一百一十余处之多，其较重要者，亦不下八十余处，大部分系钢骨水泥军事设备，日军已为在上海与中国军队进行新的战争，做好了充分准备。

在战争全面爆发之时，国民政府军事委员会吸取了以前的教训，开始重视战区内工厂的内迁工作。

8 月 11 日，南京政府在上海成立了上海工厂迁移监督委员会，负责组织市内的工厂迁移工作。[6]

12 日早晨，上海有史以来最大的民营工厂大内迁，开始紧张实施。由上海机器厂、新民机器厂、新中工程公司、大鑫钢铁厂、中华铁工厂、华生电器厂、康元制罐厂、中新工厂、大隆机器厂、万昌机器厂、中国制钉厂等企业负责人，联合成立了上海工厂联合迁移委员会，由颜耀秋为主任委员，胡厥文、支秉渊为副主任委员，在政府迁移监委会领导下，具体进行工厂内迁的资金、协商、联络、协调等事项。

日本人闻讯后，派出便衣侦探数名在北站附近进行侦察，被中国警察当场逮捕。下午，日军公然在黄浦江内集结了舰艇二十七艘，并派出海军陆战队员 1400 名，在黄浦江日商码头登陆，分别进驻北四川路和平凉路兵营，并有一部日军，在宝山路和北站的中国保安部队对面，构筑作战工事和防线。

日军将工事构筑完毕后，还将作战物资和武器装备每日数批，从沿江日商码头分送至日军驻地。

从日军备战的层级看，上海战争已一触即发，在所难免。此次中国全面战争的来临，给成长中的中国工业带来了致命性的打击，在中国工业摇篮之地的上海，损失更是难以想象。

赵君迈在 1932 年参加上海“一·二八”淞沪抗战时，上海有工厂 1235 家，占整个中国工厂的三成半，资本额近一亿五千万元，占全国工业总资本的半壁江山。“一·二八”淞沪战役时，由于国民政府对战争的灾难性估计不足，战前没有对企业采取任何保护行动，导致许多工厂在战火中毁于一旦，从此一蹶不振。此次作战对中国民族工业的保护而言，也并没有得到根本好转，虽战前成立了上海工厂迁移监督委员会，但由于中国军事最高当局低估了日军的军事能力，导致政府相关人员对企业内迁工作重视程度不够，行动迟缓。在 8 月 13 日日本联合舰队突然向上海发起进攻时，短短一天时间内，要求迁移的工厂一下子暴增数十倍，上海工厂联合迁移委员会的负责人这才慌了手脚，前期制订的迁移计划被彻底打乱。

当时能选择的交通线路，最便捷的便是水路。从长江水路的角度看，上海工厂联合迁移委员会负责人认为，武汉离上海前线较远，而且长江水路也比较安全，因此最初在选定工厂内迁目的地时，明确武昌为上海工厂迁移目的地，经过各方的协调，武昌也做好了全面接收的准备。

从 8 月 13 日上海开战到 11 月 12 日上海沦陷，整个上海至武昌的长江江面，虽在日军飞机大炮的轮番轰炸下，船毁人亡的情况不断发生，但内迁工厂的队伍就如同一长串搬家的蚂蚁，依然川流不息地在缓缓移动，中国企业家们所展现的爱国、爱厂、爱家的宏大场面，被时人喻之为中国实业界的敦刻尔克大撤退，后经统计，上海通过长江水道共迁出工厂 148 家，工人 2100 多名，机件物资 12400

吨，动用木船299艘。

此次中国实业界的敦刻尔克大撤退，不仅使中国稀缺的工业血脉得以延续，也使得重要的工业设备，有机会在内地得以普及，并无形中造成了一种全国经济文化的大融合。在上海“八·一三”抗战之后，中国中部的城市武汉，一度成为战时全国政治、经济、军事和文化的中心。

打！上海这仗一定要打！

淞沪战役打响以前，围绕着上海这场战役怎么打，还没有形成固定的方案。

时任淞沪警备区司令的张治中在战役打响前，曾给军委会发过一份计划，预定在8月13日拂晓，以一个扫荡的态势，乘敌措手不及之时，一举将敌主力击溃，把上海一次性地整个拿下！可他的作战计划交到南京蒋介石手中时已到深夜，至蒋介石正式批准时，已错过了最佳时机。[7]对此，张后来一直耿耿于怀，说错过了一次对敌人实施先发制人的打击机会。从当时的实情看，这其实不过是张治中的一相情愿罢了。

8月13日上午9时，日本海军陆战队在闸北虬江路首先向齐学启的上海保安团开枪，保安团官兵还击后，日军跨越铁路，向我军发动了进攻，我军奋起抗击。

赵君迈记得很清楚，那天是礼拜五，他正在南京蒋介石官邸，参加蒋介石、宋美龄组织召开的军事会议，讨论组建中国装甲师和中国空军的一些具体问题。参会的还有刚到中国不久的陈纳德将军。会议开了一半，蒋正在发言，秘书将一封电报送交蒋的手中，蒋拆开阅读后，沉默片刻，随即转给身边的夫人宋美龄，自己继续会议前面的话题。蒋夫人接过电文在一旁看着看着，表情开始发生极大变化，身体也像是极度痛苦，抑制不住地抽搐、哽咽。这种极度伤悲的情形，如同听闻她母亲去世时的消息一般，对于赵君迈来说，是从未见过的，因为蒋夫人算得上是见过大场面的人，一般的情况不可能会导致她如此失态，赵君迈料定有大事情发生。

果然，宋美龄痛苦的哽咽声越来越大，以至于影响到会场所有的人，连在一旁的蒋也停止发言转身来安慰她，蒋的话音很小，但宋美龄突然带着哭腔大声地喊道：“他们在炮轰我们的上海市中心呢。他们在屠杀我们的百姓，屠杀我们的人民。”说完，泪如雨下，像一位无助的孩子。整个会场死一般寂静，那一刻，作为军人的赵君迈，心像是被刀锋触动了一样。

蒋拿出手绢递给夫人时问道：“你想怎么样？”

宋美龄拭去眼泪把头一扬，盯着蒋的眼睛毫不犹豫地大声回答说：“我们要打！”[8]

我们要打！这句令人发聩的声音令赵君迈心头为之一震。虽然蒋介石和中国政府军事委员会在当时还并未对上海战役有任何明确的战略计划，但赵君迈心里已经知道，宋的这一句话，为上海“八·一三”淞沪会战的全面展开，定下了基调。

8 月 14 日，蒋介石代表国民政府向全世界发表了《自卫抗战声明书》，声明中称："日本者竟派遣大批战舰、陆军以及其他武装队伍来沪，并提出种种要求，以图解除或减少中国自卫力量。日本空军并在上海、杭州、宁波以及其他苏浙沿海口岸，任意飞行威胁，其为军事发动，已无疑义。迨至昨日 13 日以来，日军竟向我上海市中心区发动猛烈进攻……"

自卫声明下达的第二天，军政部政务次长陈诚在江西接到蒋介石从南京发来的急电，令其速往南京，制定抗战方略。陈诚从庐山飞抵南京后，蒋介石与陈诚商量下一步战略时，陈诚还一头雾水，什么具体情况也不知道，他缓过神来后向蒋介石建议，让他先到上海看看情形再说，蒋同意了他的要求，并让他偕熊式辉一块赴上海。两人就各自的观察，各向蒋提出一份上海战略报告。

8 月 16 日，陈、熊两人在沪上各地转了一圈后回到南京，提出了两份意见截然不同的报告，熊式辉的意见是：上海不能打。陈诚的报告是：不是能不能打，而是怎么打的问题。

陈诚对蒋介石说："北方战场业已摆开，汤恩伯、卫立煌等部占领八达岭、南口一带，给南下之敌侧背插上一把利刃，可日军肯定是要南下的，因此，南口重地是日军所必夺之地，而于我军却是必守。现在华北战事的扩大已无法避免，问题是华北一马平川，千里大平原，利于日军机械化部队快速推进，若日军在华北得势，长驱直入，沿平汉路南犯，即可直趋武汉，如武汉不守，则中国战场从此将断开为二，中国军队亦陷入了南北两面作战的不利境地，于我大为不利，这样，我华东部队将被日军切断后路，有被敌人围而歼之的危险。"

蒋介石也考虑到了这一点，关键是有何良策能一改这被动局面。陈诚向蒋建议，不如索性将计就计，扩大淞沪战事，将日军主力从华北调动到华东来，诱敌至淞沪作战，将南北战略，转为东西战略，利用我华东广大地区江河纵横，水网泽国的地利优势，阻挡日军机械化部队展开，使敌之锋芒顿挫，而我军则尽可发挥其优势，达到以空间换时间之目的。[9]

当时在场的南京军事委员会管理部代部长姚琮，将淞沪作战对中国方面的便利条件概括成五条，向蒋介石解释：指挥便利一也；集中容易二也；补给较便三也；江南多港湾不利于敌四也；易动列强感官而得多助五也。

关于易动列强感官的问题，是指上海会战前，中国驻英国大使郭泰祺曾对英国外相艾登说过这么一句话："上海是英国在华利益的中心，如果中国在这里战败，日本将控制整个中国市场，因此中国作战不只是为了自己，也是为了英国。"英国政府认同了这一说法。

蒋介石听了二人所陈述的理由后，站在地图前凝视良久，两眼突然一亮，一拳砸在地图中的上海："打！上海这个地方，一定要打！"[10]蒋介石决定在上海打一场大仗后，以南京政府的名义向全国发布命令，实行全国总动员，政府转入战时体制，以大本营取代军委会，大本营最高首脑为陆、海、空军大元帅，由蒋介石担任。蒋最初的想法是不打则已，一打则必拼尽全力，给对手以致命的狠狠一击，令对手知道中国人的厉害。

总动员令下达后，全国人民的抗日积极性一下子被激发出来。大街上，学生们高唱宁为玉碎，不为瓦全的歌词；报纸上也全是怒吼者的声音，起来！起来抵抗！不再妥协！全国各地的各种抗日捐款活动，也雨后春笋般地迅速开展。

民众的热情让各行其是的地方诸侯，一个个都坐不住了。在这样的氛围下，桂系李宗仁、白崇禧，云南龙云，山西阎锡山，广东余汉谋，山东韩复榘，湖南何键，四川刘湘，还有西北元老冯玉祥等人，纷纷齐聚南京共商大计，并且是要兵出兵、要钱出钱，不讲代价，这种局面连赵君迈都深感惊奇，中国的所有地方诸侯什么时候像这样步调一致，纷纷在蒋介石面前发誓："将以军人的忠诚保证，作战到底。"[11]这种空前的团结合作精神，令南京总统府的灯光比往日明显亮堂了许多，蒋介石满面春风地坐镇在办公室内，下达着一个个战前命令，这种畅快的感觉自民国以来就从未有过，他任命冯玉祥为战区司令长官，顾祝同为副司令长官，张发奎为右翼军指挥，张治中为左翼军指挥，淞沪会战的参战部队与指挥系统，很快便组建起来。

蒋介石在淞沪会战一开始，向上海投放的兵力就达三十万人，而且是将他的中央精锐部队全部调动。蒋之所以要以中央军主力为基础，一个是要证明他的公平，虽然各地方诸侯参战的积极性很高，但蒋要使各诸侯不至于产生中央军在保存实力，而将他们地方军当炮灰使的错觉；第二也是想通过此役，向全国人民证明他老蒋不仅是最有决心抗日的，还是最有能力抗战的。他不想让这次表演赛有别的明星出场，抢去了他们中央军的风头。

蒋介石如此信心满满的原因，是基于他两个不太准确的前提判断。

第一个前提是来自上海第一战场张治中发给他的报告。在"八·一三"战役打响的前四天，张治中给蒋介石发了一封密电报告称：日军驻上海的海军陆战队官兵约5000人，兵舰合计12艘，各舰可随时登陆之水兵，共计约3000人。日军在陆上还配备有各种轻重口径炮约30余门、高射炮8门、战车及装甲汽车各约20余辆。此外，在上海的日本侨民中，有业经组织健全之在乡军人约3000人、壮丁义勇队3500人。[12]也就是说，日军在上海全部加起来的人数，也不过是15000人左右。这数据不仅让张治中产生了先发制人的勇气，也导致了蒋的轻敌思想。张治中不过是区区淞沪警备区司令，他有多少兵力，竟敢想着向日本人主动发起攻击，[13]让蒋认为日军在上海的人员与装备，实无足为虑。

第二个前提是五年前的上海"一·二八"淞沪保卫战，十九路军加上第五军和赵君迈他们的税警总团不过六七万人，在那样的装备条件下，也与日军打了三个多月，并最终打成了平手。蒋虽然考虑了日军的增兵因素，但蒋一下子出手的可是三十万中央军精锐，是以十敌一的规模。蒋固然希望通过对日本的猛烈一击，快速给敌人一点颜色，替中国百姓好好出一口心中的恶气，这中间还有一个更主要的目的，是蒋介石希望达到以战促和、以战孤敌的战略，打消日本政府妄图威逼中国当局接受城下之盟的念头，同时，也唤起国际社会对日本侵华行动的关注，扩大日本与英、美、苏等国之间的矛盾，进而孤立日本。

所以，蒋的信心不是没有理由，他现在派出的三十万中央军精锐，难道抵不上几年前连军容都不整的十九路军？

8 月 16 日，赵君迈他们的税警总团被参谋本部列为中央军之列，组建成第八军，蒋介石任命税警总团总团长黄杰为军长，隶属张治中的第九集团军参战。[14] 税警总团改编为第八军以后，成了南京军事大本营在淞沪会战的预备队，在淞沪战役的第一阶段，南京军事大本营并没有考虑使用税警总团参战。

应该说，蒋的这一切计划都是经过深思熟虑的，但这项计划有几处重要的硬伤。第一个是他过分依赖了战前张治中所提供的情报，而战场上如果前方的任何一点情报出现差错，都将导致战役中人员与物质的巨大牺牲，这种牺牲差点没将整个战争拖入深渊。比如日军在上海兵力的增补速度之快，远远超出南京军事大本营的想象。

在"八·一三"战役打响后，日军立即向华东增兵，仅十天之内，日本派遣松井石根率两个师团及炮兵、航空兵一部，在长江方面川沙口强行登陆。接着，陆续的援兵先后杀到上海，至 9 月中旬，日军在上海的兵力达十万人以上，重炮三百多门，坦克战车二百多辆，飞机三百余架，大小舰只七十余艘，以陆海空军协同的方式，在上海与中国军队摆开了立体决战的架势。而战场上对手这一重要的兵力变化，蒋介石是到了十几天后才发觉，可等发觉之时，上海的局势已从先前的战略主动，瞬间转为了处处挨打的被动。

整个淞沪战场出现失控局面的另一个原因是指挥失控。战争期间，尽管蒋介石一再提醒张治中、张发奎，应每日早晚两次向战区司令冯玉祥报告请示，[15] 但冯玉祥、张治中、张发奎、顾祝同等临时拼凑在一块的指挥官，本身就缺乏默契，又都没见过现代化战场海、陆、空立体协同作战的场面，他们对一场小规模的战役尚能勉强应付，在面对这种兵团式的海、陆、空立体战役时，便都变得手足无措，从战役一打响，整个阵营就乱成了一锅粥。

张治中作为前线左翼指挥官，面对这样的局面，不是在前线赶紧积极地调整，适应新变化，而是将重点放在应付媒体上，不断跑到记者面前单方面发布消息，这让冯和蒋都非常愤怒，蒋介石在给张治中的电文中，一再批评张不遵守禁令，在前方向新闻界随意发表意见，并责令张不许再乱向外发通电。[16] 张以将在外君命有所不受为由，置之不理。据张治中在他回忆录中介绍：8 月 23 日，在日军增兵的这一天，他就感到明显顶不住了，他从前线坐上车冒着被敌机轰炸的危险，到嘉定找罗卓英，希望到罗那儿透口气，可见面后，罗卓英却很奇怪地问他："张总司令为什么会跑到我们这里来？"[17] 张治中很纳闷，罗军长的十八军本来就归他指挥，他来下属的军中看看是很应该的，罗军长为什么会有此一问？后一打听才明白，自蕴藻浜以北地区的防务，几日前已统归第十五集团军的陈诚指挥了。张治中很生气。他这个左翼指挥官连下属一个军改变了归属都不知道，他当然生气。他又跑到苏州去找第三战区副司令长官顾祝同理论，顾祝同不管这事，让张治中给蒋委员长打电话。不料，蒋一接张的电话就大怒，厉声地问他："你在哪里？"

张治中回答："在苏州。"

蒋一听更生气了，问他："为什么到苏州？"因为张治中的指挥所根本不在苏州，而是在上海的战场上，一个指挥员在打仗时不在自己的位置，下面的军队不大乱才怪，这是天大的理由也说不过去的事情。何况总指挥蒋介石两天都找不到他，等找到他时发现他跑到后方去了，这不能不让蒋生气。蒋不听张治中解释，只是严厉地责问张一句话："为什么到苏州？为什么到苏州?"蒋说这话时已很克制自己了，因为略懂一点军事常识的人都会明白，这性质再往下追究，就是临阵脱逃，后果很严重!

张也开始意识到这问题，蒋的连续责问令张很有些下不来台，两人在电话里的声音越来越大，后来张治中也发了脾气，问蒋："委员长究竟想怎么样?"

蒋没好气地回了一句："你究竟想怎么样？还问我想怎样?"一气之下把电话挂了。[18]

蒋放下电话后还一时怒气难消，张治中在前线的行为对蒋而言，是不能谅解的，不说他是临阵脱逃，至少也是指挥缺位，一气之下，蒋介石将张治中左翼军司令的职务给撤了。

被安排去后方休息的张治中也很伤心，感到受到了莫大的污辱，作为一场战争中的左翼军司令官的他，既不知道自己手下有多少部队多少兵，也不知道属下部队在什么位置，连战略目标与任务也不知道，这仗还怎么打！总感觉被人耍了一般。

8 月 23 日，上海淞沪抗战由战略进攻，开始转向了战略防御，税警总团在青岛的第五团被全部秘密调回海州，以稳固京浦线的海防。[19]此时，由于战争主动权渐渐失去，赵君迈他们所驻扎的海州都已经开始成为日军飞机轮番攻击的目标。据赵君迈介绍，当时的空袭记录，仅 9 月 5 日，就有六架日军飞机空袭他的东城营房，后孙立人在南城的营房也遭到五枚炸弹的轰炸，导致十余间营房被毁，附近一居民死亡。[20]9 月 19 日，日军飞机又一次由徐州平山附近的航空母舰起飞，轰炸海州税警总团赵君迈在城外的炮兵营营房，损失惨重。[21]

迫于局势，蒋介石在南京重新调整部署上海指挥系统，将第三战区司令长官冯玉祥调去华北组建第六战区长官部，并不惜代价再次向上海增加兵力，将上海战区划分为左、中、右三个作战集团，蒋介石亲任司令长官（兼），顾祝同为副司令长官，其他三个战区的兵力分布如下：

左翼作战军总司令：陈诚
第十五集团军：罗卓英
第四军：吴奇伟
第十八军：罗卓英（兼）
第三十九军：刘和鼎
第五十四军：霍揆彰
第七十三军：王东原
第七十四军：俞济时
第四十四师：萧之楚
第七十七师：罗霖
第十九集团军：薛岳

第二军：李延年
第二十军：杨森
第二十五军：万耀煌
第六十六军：叶肇
第六十九军：阮肇昌
第七十五军：周磊
第十五军团：刘兴（兼）
第五十七军：缪征流
第十一军团：上官云相
第十二军团：张钫
第四十三军：郭汝栋

中路作战军总司令：朱绍良
第九集团军：朱绍良（兼）
税警总团：黄杰
第八军：黄杰（兼）
第七十一军：王敬久
第七十二军：孙元良
第八十八师：孙元良（兼）
第七十八军：宋希濂
淞沪警备司令部：杨虎
上海保安总队：吉章简
第二十一集团军：廖磊
第七军：周祖晃
第四十八军：韦云淞
第十六师：彭松龄
第十七军团：胡宗南
第一军：胡宗南（兼）
第十九师：李觉
第三十二师：王修身

右翼作战军总司令：张发奎
第八集团军：张发奎（兼）
第二十八军：陶广
第六十七军：吴克仁
第五十五师：李崧山
第七十九师：陈安宝
独立第四十五旅：张銮基
炮兵第二旅：蔡忠笏

中央军校教导总队：桂永清

第十集团军：刘建绪

第四十五师：戴民权

第四十六师：戴嗣夏

第五十二师：卢兴荣

预备第十一师：胡达

新编第三十四师：顾家齐

至“八·一三”战役打响后的第二阶段，蒋介石在淞沪战场已集结兵力达四十余万，[22]赵君迈他们的税警总团在此时也被迫提前上阵。

税警总团临危受命，前往上海参战

9月20日，赵君迈所在的税警总团接到南京军事大本营参谋本部的命令，要求他们参加淞沪的对日作战。上阵时，黄杰为指挥方便，仍然保留了税警总团第一、第二支队司令部的编制，何绍周、王公亮的每个支队各辖三个团，赵君迈的第一团被分在第一支队，孙立人的第四团被分在第二支队。

临上战场时，赵君迈手下有一个中尉排长，叫肖国汉，湖南衡山人，二十八九岁，本来赵君迈已经批准了他一个月的婚假，让他回家结婚，结果在他要回家的时候命令来了。按理说，他回家也可，赵君迈也没反对，但他跑去和赵君迈说，为了上海抗战，他不回去了。令赵君迈很受感动，那时的官兵心思都特别单纯，跟赵君迈一样，心里想的都是不把日本鬼子赶走，决不罢休。

24号，赵君迈团一切准备工作完毕。赵君迈集合全团官兵给大家作最后的战前动员，当讲到全团马上要到上海打日本鬼子参加抗日时，官兵们群情激奋、同仇敌忾，士气非常高昂。

25日，税警总团分兵两路，第一路以一支队赵君迈的一团、宋卓愈的二团和刘天绍的第三团为先锋，从江苏的东海车站集中出发；第二路以总团部和第二支队孙立人的第四团、丘之纪的第五团和钟宝胜的第六团，从海州附近的新浦车站紧随其后，分别乘火车开赴上海参战。赵君迈在由东海车站出发前，为了防止日军飞机袭击，组织官兵对列车进行了伪装。所有车厢上面都贴上了树叶和草皮。

由于税警总团人数众多，光是一个支队就有一万五千多人，还有马匹、大炮、粮草等，团与团间分别出发，这使各团间在到达上海的时间上相差很大，赵君迈的先头部队于9月28日深夜到达南翔下车，并开始在上海作战时，断后的第六团仍在赶往上海的铁运之中。

赵君迈率领税警总团第一团乘坐第一趟列车，由东海车站出发，[23]一路上，他们受到了沿途群众的热烈欢送，每到一站停留时，都会有当地抗日后援会组织的人员，携带继光饼等大批慰劳品上车送给赵君迈他们，百姓的热情极大地鼓舞了税警总团官兵的抗日斗志。

赵君迈他们乘坐的列车由于时走时停，在第三天深夜才到达苏州。根据南京参谋本部的命令，赵君迈所在的税警一团乘车到达苏州后，去第三战区长官部联系，受领战斗任务。

列车停在苏州车站后，赵君迈立即前往第三战区长官部指挥所掩蔽部联系，第三战区指挥所高级参谋向赵君迈传达指示，让赵君迈团将列车开到上海南翔车站后，向南翔车站朱绍良的中路军长官部受领任务。

于是，赵君迈又回到乘坐的列车，于深夜由苏州站启行，向上海南翔驶去。当赵君迈团乘坐的列车转到从苏州到上海的铁路时，发现通往上海的各条铁路都已拥挤不堪，由于敌机轰炸频繁，列车不得不改变了行进的方式。在白天，列车按照铁道指挥部指定的地点，停车隐蔽，傍晚天黑后加速行驶，赵君迈团就这样走走停停，火车到达南翔车站时，天尚未大亮。赵君迈从车上往下看，只见车站一片混乱景象，车站站房已被炸毁，到处是一片瓦砾，火车站的月台与一部分枕木、铁轨，都是被日机炸毁后刚刚修复的。车站附近停留着大批刚从前线撤下来的伤兵和正等着搬运前线军用物资的工人，一辆列车停稳后，急急忙忙的搬运工和撤往后方的伤员都涌动起来，手电筒时明时灭，让一张张忙碌而惊恐的面孔，瞬间地显现出来，又迅速地陷入黑暗中。

车站的混乱程度令赵君迈吃惊，由于前方作战部队的伤亡重大，前线各部队的建制都混成一锅粥，很多部队为求得援兵和补给，就直接派专人在车站等候，只要有新到队伍抵达，就往自己的部队拉。

据税警总团第一团的书记官李镇亚回忆，赵君迈率领第一团进驻上海后，被随机调拨给了四十四师，被编入陆军四十四师二三五团。[24]陆军四十四师是冯玉祥的西北军嫡系萧之楚的部队，萧之楚跟赵君迈的哥哥赵恒惕一样，属旧式军阀，资格很老，北伐战争时，还亲自率兵打败过北军张宗昌。他的第四十四师也是从淞沪战役的第二阶段才开往战场，被列为左翼作战。史书中多处均将该师列为重要参战师序列，如 9 月 21 日，总司令蒋介石致黄绍竑电称：第四十四师除留大场与真茹各一团构筑工事外，其余应配置于苏州河两岸。赵君迈后来回忆说，他带的第一团是在淞沪抗战打到最激烈的时候，被安排在了左翼作战。

10 月 2 日，赵君迈的第一团各部进入防御位置后，被安排在马桥一线。赵君迈马上分头组织构筑工事，官兵们从附近运来钢轨沙包等材料，重新构筑新掩体，并安排好各营间通信联络设施。在赵君迈他们全团构筑好工事的第三天，即与进攻的日军展开激战。

5 日，日军在攻陷罗店后，大场、蕴藻浜一带就成了继罗店之后新的主战场，中国军队的作战位置，也就变成了以蕴藻浜两岸为前沿，以大场为中心，以苏州河两岸为第三道防线，摆下了淞沪战役南北走向的战役格局。赵君迈带领税警第一团，在蕴藻浜战役打响后，立即进入了战斗。

11、12 日这两天，是整个蕴藻浜战斗最激烈的时候。本来，蕴藻浜地区全系水网地带，日军坦克难以有用武之地，但日军采用白天进攻的战术，以飞机、重炮轮番轰炸的方式，掩护步兵前进。

11 号那天，在蕴藻浜的阵地上，赵君迈他们坚守的阵地既被日军夺去过，又被赵团收回来过。凡日军夺过去了的阵地，赵君迈都重新组织力量把阵地夺回来，到了下午，日军打得更厉害，那天正好是晴天，经飞机来轰炸多次以后，赵君迈团的那片阵地差不多都被炸塌了。

由于蕴藻浜地区本来就无险可守，当自构的一些简易阵地被炸后，使得蕴藻浜地区的作战异常艰苦。赵君迈他们的税警总团在蕴藻浜一带的防线，都处于残酷的拉锯战中，经过几天激烈的战斗后，部队牺牲惨重，税警总团几乎全线崩溃。当时，孙立人都已经带着第四团退守到二线苦苦支撑，而他右边的丘之纪第五团阵地也被多处突破，赵君迈见他率的第一团防线阵地又有多处被日军突破，部分官兵见此情况出现动摇，有的开始向后退却时，他拿着一把机枪冲到阵地前，向空中鸣枪警告道："司令官蒋介石正在前线指挥，他亲自下达死命令，丢失阵地者，一律按军法论处。"后退官兵见赵君迈带领警卫连亲自坚守在一线阵地，又纷纷回到原阵地。

赵君迈为将日军攻占的阵地夺回来，组织敢死队在阵地上对突进来的日军展开白刃战，经过来回厮杀，许多阵地失而复得，但第一团的官兵伤亡很重。据税警总团第二团的一名军医彭司湘回忆说，那才是真正的惨烈呢，你只能眼睁睁地看着身边一个又一个鲜活的生命，一个又一个战友相继牺牲在战场上，更不用提原本担负救死扶伤任务的他们，在此时却无法救活战友的矛盾心情。

当前线阵地稳定稍许后，为保存有生力量，赵君迈在前沿阵地中，对全团战术进行了调整。他让各营官兵在日军炮火轰击时，只安排几个人监视敌情，其余都进入掩体，当发现敌炮火转移、日军步兵开始前进时，全团立即进入阵地，以猛烈火力对接近的日军予以沉重的打击，此战术取得了非常良好的效果。

10 月 15 日，陈诚向蒋介石、何应钦报告说，马桥税警总团阵地与塘北宅七十八师阵地，受敌猛攻并飞机炮轰，仍屹立未动。[25]

赵君迈率领第一团在蕴藻浜与日军血战了十五天，日军虽然在制空权及武器装备上优于我军，但我军旗帜始终在蕴藻浜上空阵地飘扬。

21 日起，由于大场、江湾和闸北等阵地陷落，日军开始向苏州河阵地发起进攻，淞沪战局形势出现骤变。

战区司令长官蒋介石为解除中路军朱绍良部作战集团侧面所受威胁，决定对全线进行重大调整，实行局部性的战略撤退。

26 日午夜，顾祝同、陈诚先后下达命令，中路和左翼两大作战集团将小南翔以东阵地逐次转移于苏州河南岸。

赵君迈的税警总团，也根据中路和左翼两大集团实施的撤退计划，迅速向苏州河南岸转移。

苏州河阻击战，孙立人倒在战火中

苏州河历史上曾经是上海一条波澜壮阔的大河，随着岁月的变迁，到抗战时，已是一条宽仅四五十米左右的小河，东段在英、法公共租界内，西段就成了沪西地区的唯一屏障，苏州河南岸是赵君迈团退兵进驻后与日军战斗最激烈的地方，也是税警总团官兵牺牲最多的地方。

26 日晚，赵君迈团随中路作战集团主力和左翼集团一部，南撤至沪西苏州河以南至江桥镇、小南翔一线，好在南下的日军也因连续作战，兵员与武器耗损甚大，已无力发起强大的追击，要不然那晚的情况还真不好说。

放弃阵地的当夜，顾祝同致电蒋介石，我四十四师正面李九房之敌，逐渐向北梅宅增加，并在该处构筑工事。这时，退至苏州河南岸的赵君迈他们所在部队的战斗力，都空前低下。以税警总团为例，由于人员、武器补充困难，每个团都只剩下原有的二分之一的人员，各团名为一个团，实际已不足两个营，所以，尽管税警总团退守到苏州河以后，防线得以缩短，日军舰炮威力也已减弱，但中国军队要守住苏州河南岸的防线，还是有相当的难度。

首先，是防御工事的简陋，从沪西的法华镇、曹家渡、沪杭铁路上海西站一带，经北新泾西到姚家渡，沿苏州河北至江桥镇的所有防御点，都是在非常仓促的情况下构筑起来的，经不起几枚炮弹的攻击。

其次，从苏州河往南翔以东至沪西这一段都是无险可守，整个市郊一片旷野，既无地形可作屏障，也无建筑物可以依托，唯一可资阻敌的障碍只有苏州河。这段河面虽较阔，约一百米的河幅，但愈向西愈狭窄，周家桥、姚家渡一带只有三四十米。由于中国军队在南岸的工事简单粗陋，敌方空军与大炮又是重要的杀伤性武器，所以，苏州河南岸阻击战，是一场极为艰苦的战斗。

27 日黎明，天刚一放亮，日军南下的先头部队渡过虬江，苏州河畔的阻击战随之展开，日军向苏州河以南发动攻势，以税警总团所在的周家桥战斗最为激烈。赵君迈与黄杰、孙立人等税警总团将领，都亲赴第一线指挥，连续打退日军七次强渡。

据税警总团参战的军医彭司湘回忆：在打仗的时候，我们每天只吃两餐，还没天亮的时候吃一餐，天黑的时候吃一餐。而且来的时候，上海这里正下雨，炊事员做饭也不怎么方便，湿漉漉的柴火好不容易点燃，又没有什么蒸炉。[26]赵君迈他们就是在这样恶劣的环境下，进行着顽强的抵抗。

当日上午，日军先头部队四五十人趁着涨潮和晨雾，用事先连接好的小型橡皮舟作浮桥，从北岸偷渡到南岸，日军躲进一个储煤洞，被第四团孙立人的手下发现。孙立人得到报告，带人飞奔而来，先指挥两名班长在河岸边竖起四块厚钢板当护墙，再组织人马向日军的橡皮舟浮桥，连续投了一百多枚手榴弹，直至将浮桥炸断才罢手。接着，又点燃浸过汽油的十几捆棉花包，推到岸边的储煤洞里，将过河的日军四五十人烧死，日军先头部队的图谋被粉碎。

29 日，日军援军到达后，开始发起强渡苏州河之战。日军集结地面部队约五万人，在苏州河北岸摆开阵势，同时，日军前线作战指挥官松井石根，亲自对强渡苏州河战斗作出计划部署：主攻地点选择在北新泾至陈家桥公路两侧地区，以第三、第九师团为渡河的一线部队，限三日内完成渡河。日军第一〇一师团集结在上海西北侧，准备继第三师团渡河成功后立即跟进。

此时，日军的第三、第九两个师团重点攻击北新泾及其东、西两面，在北新泾以东，着重进攻刘家宅和周家桥；在北新泾以西，则以主力猛攻姚家渡和姚家宝。

30日晨，日军在光复西路向苏州河南岸孙立人所在的第八十八师防地发动进攻，企图强突过河，但被孙立人带领守军击退。

日军又集中猛烈的炮火，向赵君迈团所在的苏州河南岸丰田纱厂、北新泾镇、屈家桥等地实施轰击。中午十二时，日军主力借炮兵的弹幕及烟幕掩护，强行渡过苏州河，这一下，令在苏州河南岸的赵君迈团面临腹背受袭的压力。

苏州河南岸的周家桥村，因地形利于敌兵隐蔽，被敌乘隙攻入，与驻守在此的税警总团第一团发生激战。赵君迈第一团作为一支装备精良的部队，加之官兵们表现都十分英勇，经数度冲杀，逐屋争夺，双方死伤惨重，日军未有任何进展。

当夜，顾祝同致蒋介石电云：第二十一集团军30日晚派一师支援四十四师作战。综上所述，赵君迈带领第一团配属第四十四师参战，面临了极大的压力。

31日上午，进攻日军将渡河地点改到税警总团第五团的防地上，原来攻击孙立人第四团阵地的另一股敌人，也同时向刘家宅税警总团第五团丘之纪阵地发起猛攻，在日军源源不断的增援下，日军小股部队突破了第五团阵地，刘家宅最终失守。

下午，日军又攻入周家桥村，黄昏时，日军在八十八师与税警总团两部阵线之间的苏州河上，建立了两个坚固的桥头堡，并准备在苏州河上架起浮桥。

孙立人急忙去五团查探战况，发现第五团团长丘之纪居然跑到上海市租界区喝酒应酬去了，这令孙立人大怒。按当时军纪，丢失阵地者，军法从事，更何况丘之纪在丢失阵地后还在外面应酬，居然连日军渗透了他的阵地他都不知道，这是多严重的错误。孙立人立即安排人去市区将丘之纪找回来，等丘之纪回到团部后，才知道情况的严重。

第二日晨六时，蒋介石得知税警总团方面阵地丢失的消息后，亲自打电话给税警总团总团长黄杰，命他速组织人员将入侵南岸之敌歼灭。蒋介石还答应派三十六师一部前来增援，协同税警总团，反攻刘家宅。

这时，税警总团原有的六个团，从进入淞沪战场到十月底，仅一个多月时间，已伤亡三分之二，光在苏州河阵地上，就牺牲了近千人。但无论遭受到怎样的牺牲，战场上军令如山，是没什么好讲的。税警总团总团长黄杰为重整士气，组织力量再次与日军争夺刘家宅、周家桥地区，他当场宣布免去作战不力的税警总团第一支队司令何绍周第二支队司令王公亮的职务，同时提升孙立人为第二支队少将支队司令，并命令他务必于第二天天亮前夺回全部失去的阵地。

孙立人接任第二支队队长后，立即组织队伍逆袭，当时黄杰安排第一支队的赵君迈团和刘天绍团增援第二支队，准备夺回苏州河以南阵地，不料刘天绍的第三团在增援路上被日军击败溃散，只剩下赵君迈的第一团前往支援。在赵君迈团和孙立人团的共同努力下，南岸大部分失去的阵地都已夺回，最后只剩下刘家宅等一两处阵地尚在敌手中。

11 月 2 日，税警总团第五团团长丘之纪，为夺回自己的第五团失去的刘家宅阵地，亲自率部冲向敌阵，逐屋逐宅与日军拼搏，展开白刃战，战斗空前激烈。在激战中，丘之纪不幸中弹，壮烈牺牲。丘之纪第五团的官兵们见长官牺牲，个个都打红了眼，与日军拼命的厮杀声、怒吼声响彻云霄。

在激战的关键时刻，孙立人带六名卫士冒着枪林弹雨，亲自到第五团前线督战，当他察看到敌我两军在阵地相持的形势，立即命令自己第四团的一营战士，增援第五团。[27]多年后，孙立人手下一名叫郑殿起的作战参谋，在回忆孙立人的作战特点时说道，孙将军打仗的特点是在任何情况下，他手中都要掌握一部分预备队，以增援战况最紧急的地方。经过第四团一营与五团官兵合力向日军展开拼杀，终于把占据五团阵地的日军据点悉数扫除，收回了刘家宅阵地。

下午 6 时，从税警总团总部传来命令，命令孙立人将第二支队的防御阵地，交由胡宗南的三十六师接替，限当晚九时以前交接完毕。

本来，孙立人的使命算是告一段落了，但第二支队官兵在交接前清点战场时发现，周家桥西端有一座小红楼仍被日军占领着，小红楼旁架起的一座浮桥也未能破坏。

孙立人听到这消息后，指着小红楼厉声对参谋人员说："立即转告胡司令，等我们消灭了小红楼里的敌人，再把阵地交给三十六师！"

当时，由于各团已严重缺员，孙立人只能从自己的第四团和赵君迈的第一团中，亲自挑选出一组敢死队员，赵君迈团的上尉连长陈鸣人与第一连的十几名战士加入了敢死队。[28]后据陈鸣人回忆，孙立人率领他们这一组敢死队，用厚钢板作掩护，与桥头堡小红楼上的日军展开激战，战斗激烈时，孙立人与敌方碉堡相隔仅仅九十米远，手下贴身卫士被流弹击中脑部牺牲，经过税警总团战士几番努力攻击都失利后，孙立人于子夜零点，命赵君迈团第一连连长陈鸣人率部向敌桥头堡发起强攻，经过殊死拼搏，陈鸣人等攻下了南岸的桥头堡小红楼。

而此时，孙立人就在离桥头堡三百米处指挥，正当陈鸣人等官兵在破坏敌架在河上的浮桥时，日军一阵密集的炮火向南岸射来，一发炮弹在孙立人身旁爆炸，孙立人当场被敌炮掀起，埋在土堆里。

赵君迈在不远处亲眼见到孙立人倒下，立即带着总团军医冲上去抢救，等军医给孙立人稍稍包扎后，赵君迈马上安排专人送孙立人到上海租界宋子文的临时驻地。当时，宋子文作为中国政府驻上海的发言人代表，[29]正在积极配合着战争的发展，做着外交斡旋与劳军的工作。十天前，他妹妹宋美龄在赴上海前线慰劳将士时，遭遇日本飞机临空轰炸，身体被炸得血肉模糊，在忍痛将物品分发到士兵手中后，被送到了他所创办的临时医院，到医院后发现，宋美龄身上的肋骨折断好几条。

这次孙立人的情况比他妹妹宋美龄还要严重，赵君迈将孙立人抬到宋子文面前的时候，他已是一个被黑血包裹的半死之人，全身除头部外，有十三处弹片伤痕，最危险的一处弹片，将他的肺部都击穿了，幸而没有伤及心脏。

宋子文来不及详细听取赵君迈的报告，连夜驾车将孙立人送往他主办的临时医院救治，并亲自批一条子贴于孙立人病房门上：孙将军伤重，任何人不得探望，让他安心治疗。[30]

孙立人、赵君迈等人冒死将苏州河南岸的日军清除后，没过一天，危机又起。南京政府为再次争取国联对中国的支持，拒绝将大军后撤至苏州与嘉兴等已预设的国防线，而是力主在上海苏州河南岸和浏河至嘉定与南翔一线坚守，以配合外交战略的需要，通过外交途径，干预日本侵华战争。

此方案从战争的全局上说，也许有一定道理，但对前线赵君迈他们而言，则被放在了被动挨打的防守之中，每天要依靠付出大量的生命代价，来换取这短暂的宝贵时间。

第三战区司令部为加强此计划的可操作性，将淞沪前线的正面作战范围进一步缩小，决定撤销中路作战集团，改为左、右两个作战集团。

左翼作战集团辖第十五、第十九、第二十一等三个集团军，主要担任沪宁线方向作战，由陈诚统率；右翼作战集团辖第八、第九、第十等三个集团军，担任上海市区、浦东和沪杭线方向的作战，由张发奎统率；同时，将淞沪前线的炮兵部队，集中统一使用，并将长江在江阴以东的江防、杭州湾南北两岸及太湖的水上警备，统一纳入上海防御作战的体系。

11 月 4 日，正式组成左、右两大作战集团后，赵君迈的第一团依然在左路军四十四师辖下，而税警总团其余部队则被分在右翼，一部在右翼孙元良七十二军的八十八师。[31] 由于战役第二阶段仅二十多天内，整个淞沪的参战部队就两次变更隶属，使整个淞沪会战的指挥系统和所有参战部队，均出现异常紊乱的局面，这加剧了中国军队在后期牺牲的惨烈程度。

11 月 7 日，由于上海市郊重镇大场失守，同时日军增援部队的两个师团在金山卫登陆，迅速占领了松江，并向青浦方向进犯。我上海守军面临被日军分割包围的态势，南京大本营迫于如此严峻的形势，决定下令全线撤退。

8 日夜，赵君迈接到了宋子文转来的蒋介石亲自下达的撤退命令，[32] 还有一份蒋介石对赵君迈等参战军人的四点讲话：

一、此次淞沪战争已给日人绝大之打击，充分表示我们军人为国家决死抗敌的精神。

二、纪念光荣战死之官兵，就要继续他们牺牲的精神，完成他们的遗志。

三、高级将领应加倍勤劳，认真研究改进部队的缺点，讲求有效的战术，以减少官兵的伤亡，增大战斗的力量。

四、此次上海阵地转移，我们移至沪战最后一线，大家应抱定牺牲的决心，誓死固守，与上海共存亡。

撤退令对于参战的赵君迈他们而言，本来已是悲痛不已，因为巨大的付出并没有迎来巨大的回报，但临到撤退时，赵君迈才发现，一个更大的牺牲在等着他们。

整个大撤退的局面，是那样的混乱不堪。由于上级指挥官之慌乱，使几十万军队的撤退秩序，彻底被打乱，赵君迈团与税警总团的其他各团，一时失去了联系。

据右路军总指挥张发奎在口述自传中回忆，在淞沪会战撤退时，他身为右翼地区总司令，竟不知前线部队已奉命撤退。当十七军团胡宗南麾下的俞济时部，经过他的司令部门前时，还惊奇他作为前敌总司令，竟不知军队已下达了撤退令，导致前线各参战部队接到撤退命令的时间，出现了太大的时差，这使得右翼张发奎部全乱了套。

在全军乱成一锅粥的时候，赵君迈发现孙元良正坐着吉普车在后方四处巡视。他在昆山见第三战区左翼军总司令陈诚只带了几个勤务兵，藏在一座远离公路的宝塔中，正掐着手指头数着路上从上海撤出来的部队，看还有什么部队忘了通知到，孙元良还嘲笑陈诚之所以出此下策，是害怕人多会招惹日机轰炸，才临时决定令司令部人员分散行动，自己只带几个勤务兵躲在孤零零的宝塔里，指挥千军万马。

孙元良问陈诚："中央大军几十个师退却，被后面的日军追赶和飞机炮轰，为什么前敌总司令忘了指派部队掩护？"这时，陈诚才顺水推舟地想起让孙元良部安排断后。

这命令让孙元良心里非常不平，他想陈诚自己手下的心腹部队罗卓英、霍揆彰部就在他身边，他不拿来使用，却要将他的右翼部队拿来替他断后，暗地里大骂陈诚这种自私自利的恶劣作风，实为败坏与分裂国军的始作俑者！[33]

但孙元良骂陈诚不拿自己的心腹部队出来使用，他自己又何尝不是这样，孙元良以八十八师的名义领到掩护大军撤退的命令后，他同样是将自己的八十八师子弟兵不用，而将掩护大军退却的任务交给了税警总团的孙立人部。

孙元良不仅让税警总团的官兵断后，还将税警总团中被打散后剩下的官兵，直接补充到他的七十二军各部队中去，参加下面的南京保卫战。他自己则利用手中的几十辆汽车、火轮，以掩护部队撤离的名义，到处劫掠物资。因为兵败如山，整个上海无论是企业、军队甚至百姓遗弃的武器、工业设备、原材料遍地都是，孙元良自己是捞得盆满钵满，但税警总团经他这么一折腾，几乎丧失殆尽。

后来宋子文之所以与孙元良翻脸，执意要将他送上军事法庭，就是基于这个原因。

"八·一三"淞沪会战得失

淞沪会战，中国参战军队达到八十五个师六十多万人，死伤达三十多万人。[34]战争中，先后有数十位少将与中将阵亡，蒋介石的中央军嫡系在淞沪会战中损失惨重。由此，淞沪会战对中国的全民族抗战，产生了两个重要影响。

第一个重要影响，是促使真正意义上的全民族统一抗战局面的形成。在淞沪会战以前，中国虽为一党训政之国家，然而党外有党，党内有派，各党派间各行其是，让蒋介石及其政府非常头痛。但淞沪会战打响后，中国军队真正实现了五湖四海大统一，从开始的中央精锐，到后来调派的西南、西北的杂牌部队，无不是招之即来，来之能战，还是自带粮草，不讲一点价钱，像川军，当年还是手撑雨伞，脚穿草鞋参战，这让蒋介石无形中完成了中国军事的统一，并在军事统一的前提之下，完成了他政治统一的理想。当时，美国罗斯福总统的特使、海军陆战队上尉埃文思·卡尔逊在上海“八·一三”时期，给罗斯福总统的信里这样介绍他眼中的中国：“我简直难以相信，中国人在这样危急的时刻是那样齐心协力，就我在中国将近十年的观察，我从未见过中国人像今天这样团结，为共同的事业奋斗。”

“八·一三”淞沪抗战对中国产生的另一个重要影响，是彻底打破了日本吹嘘的三个月占领中国的神话，这不仅增强了中国人民的抗日信心，也扩大了中国在世界的影响力。淞沪会战战事之初，国际人士普遍认为，中国人选择抗战简直是发疯，这无异于以卵击石。后来的事实证明，中华民族选择独自的抗战，赢得了整个国际社会尊重，中国军队恰恰通过这样不计代价的牺牲，改变了整个国际社会对全体中国人的看法。

11 月 28 日，国际最大的新闻社英国伦敦路透社发布新闻称：中国军队在沪抵抗日军攻击之战绩，实为历史中最英勇光荣的一页。沪地中国军队之忠勇抗战，当可感动参加九国公约之诸代表，为维护国际法起见，同取均势之坚决立场，各国有较中国所有更强之武器，力能发起对日之国际抵制，此举可使日本早日屈膝，而迫令放弃侵略之狂暴行为。[35]

同日，英国最著名的报纸《泰晤士报》发表社论，对淞沪战事之最近一幕发表评论。评论前，《泰晤士报》先对本次上海作战的中国部队之英勇牺牲精神，表示最大敬意，接着分析说：日军的最大目的，在于彻底摧毁中国之陆军，使中国军队从此不再有坚强有效的战斗力，如果没有达到此目的，则土地纵有所得，亦无多大关系。[36]日军虽然杀死中国兵甚多，而且称上海战事以后不必再延长，但是，真实的状况则未必如是，上海十周血战，将有一日证明，中国军队现已从滑稽故事之迷雾中脱颖而出。目前，虽中国军队大部分还训练未足，武装未齐备，并因无力量购置雨衣，还携雨伞前来参战，虽如此，还能抵抗现代化武器，并作有秩序之撤退，此种精神将在各处发生影响。

这就是赵君迈他们所参与上海“八·一三”淞沪抗战的代价与成果，蒋介石以三个月的时间和三十多万同胞的血肉之躯，总算是换来了国家政令的统一与国际的一点赞誉和同情，这也让国内人民受伤的情绪，得到了一丝安慰。但如此沉重的代价，对赵君迈等留美多年的军界精英来说，是一种内心的巨大伤痛。

注释：

[1] 国史馆 002080200276084. 蒋中正电黄杰，1937 - 02 - 27

[2] 国史馆 002060100121052. 蒋中正电黄杰请与沈鸿烈联络，1937 - 02 - 27

[3] 丘岱安. 有人点名丘之纪率税警团进入青岛. 青岛日报，2008 - 01 - 11

[4] 国史馆 002090300005068. 顾祝同电蒋中正，1937 - 03 - 30

[5] 国史馆 002010200177054. 蒋中正电何应钦黄杰，1937 - 06 - 28

[6] 刘志英. 林继庸与抗战初期的工厂内迁. 档案史料与研究，2001 (1)

[7] [12] [14] [17] [18] 张治中. 张治中回忆录. 北京：文史资料出版社，1985

[8] [11] 陈纳德. 陈纳德将军与中国. 台北：传记文学出版社，1978

[9] [10] 陈诚. 陈诚回忆录. 台北：国史馆，2005

[13] 国史馆 002010300003008. 蒋中正电令杨虎、张治中，1937-08-14

[15] 国史馆 002010300003078. 蒋中正电示张治中、张发奎，1937-08-25

[16] 国史馆 002010300003090. 蒋中正电责张治中不遵禁令，1937-08-29

[19] 国史馆 002010300003102. 蒋中正电沈鸿烈，1937-08-30

[20] 国史馆 002090200032299. 黄杰电蒋中正，1937-09-05

[21] 国史馆 002090200033034. 黄杰电蒋中正，1937-09-19

[22] [31] [34] 余子道，张云. 八一三淞沪抗战. 上海：上海人民出版社，2000

[23] [26] 谭玉岐，阎志军. 口述淞沪抗战. 上海：上海人民出版社，2007

[24] 曾和民. 访赣州书坛寿星李振亚. 赣州晚报，2005-06-10

[25] 国史馆 002090200026008. 陈诚电蒋中正、何应钦，1937-10-15

[27] [29] [30] 沈克勤. 孙立人传. 台北：学生书局，1998

[28] 国史馆 002020300009067. 蒋中正电顾祝同以宋子文为我军驻沪代表之发言人，1937-09-01

[32] 国史馆 002020300009143. 蒋中正电宋子文，1937-11-08

[33] 孙元良. 亿万光年的一瞬——孙元良回忆录. 台北：时英出版社，2008

[35] [36] 白崇禧. 回忆"八·一三"淞沪抗战. 中报月刊，1980 (8)

第六章

税警总团的炮兵营在准备战斗

拾 肆　重建缉私总队

淞沪会战后期，赵君迈的第三旅为税警总团保留了近六千人的血脉，战后在此基础上，缉私总队得以新建。

税警总团从“八·一三”淞沪会战中撤出上海后，一部被孙元良编入八十八师战斗序列，进入南京参加南京保卫战，一部被黄杰的第八军收编，还有一部由赵君迈带领，被胡宗南的第四十四师安排驻防河南归德。赵君迈在四十四师第三旅，为税警团保留了近六千人马。

1938 年 2 月底，赵君迈找到伤愈后的孙立人，提出要在此基础上重建税警总团，得到孙立人和他们的老上司宋子文、孔祥熙的支持。3 月，孔祥熙以中华民国政府财政部的名义，正式委任孙立人为财政部缉私总队中将总队长，赵君迈为中将副总队长，重建缉私总队。

从少将旅长到中将副总队长

“八·一三”淞沪抗战结束后，税警总团的编制被彻底打散。赵君迈刚从上海退出，就立即被胡宗南的第四十四师封为少将旅长，安排他带着税警总团第一团的残兵剩勇，进入河南归德驻防。[1]而其他的税警总团主力，则经蒋介石授意，于 1938 年 2 月 2 日，在何应钦、顾祝同等人安排下，编进陆军第十七集团军第八军四十师，[2]黄杰兼师长，后黄杰率该部参加兰封战役，大败后伤亡惨重。而尚在香港医院接受治疗的税警总团第二支队司令孙立人，也被军委会调往孙元良刚组建的第一军，出任中将参谋长，同时被孙元良带走的，还有孙立人第二支队的税警总团官兵，孙元良将税警总团的第二支队主力编入到第一军八十八师战斗序列，掩护主力撤退，后八十八师进入南京参加南京保卫战。孙元良在南京保卫战中最关键的时刻，撇下城中浴血奋战的官兵，自己化装成难民从南京城逃出来。

孙元良逃回武汉后，跑到宋子文处要钱，让宋子文大为光火，两人吵了一架。据孙元良回忆：“‘八·一三’淞沪会战后，我到宋子文办公室，宋子文曾向我追问税警总团的下落，他埋怨我没有照顾好他的亲兵。我当时年少气盛，率直说税警总团不归我指挥，我管不了他们，还说黄杰部给养困难时，我曾送去大批干粮，我已经尽了友军的义务了。后来，宋子文还跟我喋喋不休，我勃然大怒，冲出了他的门。”[3]

听孙元良的口气，宋子文确实是找他要过人，还动了肝火，但宋子文为什么要找孙元良要他的税警总团，而且不惜和他翻脸，后来还将他告到军事委员会，最后军事委员会将孙元良交由军事法庭处理。显然，税警总团与孙元良之间，确实发生过很大的过节。从各方面反映情况看，孙元良在军界的口碑不是很好。本来他是黄埔军校第一期毕业，又是上海“一·二八”事件发生时，国民党军队中少数在抗战爆发前，就参加了与日军正面作战的将领，职务也不低，“一·二八”战役时，孙元良就已经担任国民党第八十八师二五九旅旅长，那时候，宋子文对他印象还不错。

上海“八·一三”淞沪战役刚打响，张治中调孙元良带着八十八师赴上海前线时，宋子文对他相当友好。为了加强八十八师的前线防御能力，宋子文主动从他的经济委员会中，专门给八十八师拨付了二十六万元的国防工事费，让他构筑工事。

淞沪会战时，地方百姓对于军队所表现的慷慨与热情，达到令人难以想象的地步。据白崇禧回忆：“凡部队所需要的无论食物，或是防御用品如麻袋、沙包、铁丝等都是无条件贡献，这种爱国热诚无形中鼓舞士气不少，至今犹令我深为感动。”[4]但这种善良的感情也有被利用的时候，孙元良就是利用了这一点，让手下就地取材修筑工事。当时，上海城内除了百姓的捐赠物质外，闸北有的是工厂、仓库以及老百姓逃亡后留下的空屋，钢铁、木材都不缺，孙元良收到宋子文的所拨经费后，分文未花，将工事简单应付了事。但这种因陋就简的工事虽能糊弄宋子文，却糊弄不了日本人的炮弹。

一轮日军的炮火打击后，这种街垒式的劣质工事，很快就被炮火的气浪震塌，以致八十八师一部分守军还未见日寇一面，就兵败如山倒。

在“八·一三”战役的第二阶段以后，税警总团开进上海，宋子文点名要将孙立人的第四团配属给孙元良的八十八师调度。但一匹好马交到孙元良手上，他却当骡子使，什么累活危险活都交他们干，大撤退的时候，孙元良大包大揽地要为部队断后，转手就将命令交到税警总团，而且是死命令，完不成命令提头来见，他自己竟在国难当头的时候，干起了向上海百姓卖通行证的发财勾当。

最终，身为中将军长的孙元良，还是上了军事法庭。

3 月 29 日，蒋介石亲自下令军法执行总监部：“查办孙元良在淞沪作战期间之贪污暨克扣军饷等事情。”[5]

虽说孙元良受到了应有的责罚，但令宋子文、赵君迈等税警总团创始元老痛心不已的事情并没有得到丝毫的改变。因为在孙元良事件发生的同时，黄杰率领第四十师的税警总团旧部参加了兰封战役，由于兰封战役失利，黄杰不仅职务被撤，也被军法处追究责任，吃上了官司。

赵君迈闻知这一消息后，立即赶到兰封，新老部属大家一见面，赵君迈的心中是悲喜交集。所有的残部集中起来只有六千多人，以往被人视为军中宝贝的税警总团，现在只剩下这些残兵败将，没人再争着要了，在军饷粮食都很吃紧的岁月，谁还会愿意白养活他们。赵君迈将这些税警总团的剩余人员组织起来，准备东山再起。

赵君迈将残部安置好后，立即转道香港，去看望自己的老朋友孙立人。自孙立人受伤到香港治疗后，赵君迈还没有得到过孙立人的任何消息，在税警总团生死存亡的关键时刻，赵君迈希望跟老朋友商量，一块儿来重建税警总团。同时，赵君迈到香港的另一个目的，是抽空看望自己的家眷，他们从上海“八·一三”战役打响到现在，是生是死都不知道，赵君迈得跟他们见上一面，相互报个平安。

赵君迈到香港后，好不容易找到了自己的亲人。赵君迈的大哥赵恒惕带着母亲、妻子与三个儿女一个保姆，和赵君迈的妻子沈承玲及三个孩子一个保姆，两户人家合租一套三层楼的连体别墅，一层为客厅兼厨房，上面两层各住一户，条件相当艰苦。令赵君迈与家人都相当欣慰的是，在这战乱的年代，一家人能彼此团聚而平安无事，已是菩萨保佑。

赵君迈看到家人都平安后，心中的一块石头落了地。他立即赶往医院去看望孙立人，两位生死弟兄一见面都很高兴。赵君迈见孙立人的伤口已经愈合得差不多了，便将税警总团的现状和他重建税警总团的想法，跟孙立人交流了一下，税警总团现在仍然保留了近六千人的血脉，赵君迈希望能在此基础上，将其他旧部重新召集过来，组建一支新的税警总团。

赵君迈的想法一说出来，就得到了孙立人的赞同。孙立人对蒋介石所训练的中央陆军历来不以为然，他跟赵君迈一样，只在意他们的税警总团。两人一合计，决定一块儿上武汉去找到他们的老上司宋子文。上武汉途中，赵君迈先陪同孙立人去了一趟长沙，让孙立人见到自己的妻儿老小后，两人再一同赶到汉口，找到了宋子文。

宋子文刚与孙元良大闹一场，心情正在郁闷之时，与赵君迈、孙立人一见面，如同见到了亲人一般，大家一样，对税警总团都有很浓厚的感情。当宋听到赵君迈与孙立人二人有重建税警总团的计划时，一扫心中往日的阴霾，像是找回了他失去已久的珍物。宋子文非常清楚，在这个时候要想保住或者重建税警总团，唯一的希望还得依靠财政部出面。因为财政部既有让蒋介石无法拒绝他们存在的充分理由，也有供给税警总团军费的充分实力。只不过那时的财政部部长已是孔祥熙，宋子文跟他虽是连襟，同时也是对手，考虑再三，宋子文还是决定让赵君迈、孙立人先上财政部找孔祥熙，听听他的意见再说。

说起来孔祥熙跟赵君迈与孙立人都不是外人，他既是二人多年的老领导，也是多年的老朋友。在执掌财政部后，孔祥熙非常明白税警总团对于财税征收的重要性，财政部如果没有一支自己的武装，很多重要的财政收入便无法完成。现在，税警总团已在淞沪会战中损耗殆尽，而财政部要确保政府财政税收的稳定，又不能没有一支专门的武装力量来保驾护航，此正是孔祥熙的苦恼之事。

赵君迈、孙立人在他面前将重建税警总团的方案一说，孔祥熙毫不犹豫地批准了他们的这个请求。孔祥熙之所以如此爽快，还有一个特定的原因，就是他手中刚有一批原税警总团从德国购入的军火武器，存在汉口财政部仓库内，这批最新式的军火足可装备一个加强师。从这个角度来说，孔祥熙比赵君迈、孙立人更关心税警总团的存亡。

孔将这批军火的消息告诉赵君迈、孙立人时，两人高兴得像是六月天跳进了冰池里，浑身上下叫一个爽，而孔也庆幸自己能将这批武器交到赵君迈、孙立人手中，这是最为妥当的选择。双方进一步讨论后，孔祥熙要求将财政部税警总团这个原来的名称，改为财政部缉私总队。他不希望再沿袭什么军呀、师呀的编制，期望这次能将缉私总队掌控在他的手中。

这年 3 月，孔祥熙以财政部的名义委任孙立人为财政部缉私总队总队长，授中将军衔；赵君迈为副总队长，授中将军衔，正式聘用两人来重新组建缉私武装。[6]从孔祥熙投入的资金与装备看，他希望组建的是一个军的规模。

孙立人与赵君迈得到宋子文和孔祥熙的支持后，把两人的好友齐学启也从溃散的上海保安总团中拉过来，请他做缉私总队的参谋长。三人一搭上伙后，立即从武汉返回长沙，选长沙为重建队伍的基地，开始重整税警总团。

赵君迈、孙立人之所以选择在长沙岳麓山组建缉私总队，有特定的几个原因：第一当然是大势所趋，抗战的中心正由武汉向南转移，北方各大机关、学校都已开始南迁或是正准备南迁；第二是赵君迈、孙立人都认为湖南兵好用，机智勇敢，坚韧善战，缉私总队驻长沙可多吸收湖南青年入伍；第三是长沙岳麓山适于练兵，岳麓山位于湘江西岸，与长沙隔江相望，是练兵的好地方。

三人来到岳麓山时，发现此处正好有清华大学留下的一片空校舍，适于大量驻兵。大家仔细一打听，原来这校舍是北平沦陷后，国民政府命清华大学、北京大学、南开大学在湖南长沙合组临时大学时，清华校长梅贻琦于 1937 年 8、9 月间，在长沙成立清华办事处，为农学院建的十几栋二层楼教室。后因战火临近，他临时租借了韭菜园的圣经学校和涵德女校及附近原湘军四十九标的营房作教室、办公室及宿舍。1938 年 2 月临时大学第一学期结束后，便接到新的指令，全体师生启程南下昆明。在清华大学南迁的时候，该栋新校舍刚好建成却没来得及住，被闲置在岳麓山下，像是专门为赵君迈他们缉私总队建的一样。

赵君迈、孙立人和清华的领导商量暂借此楼一用，大家一聊，原来是一家人，孙立人是清华大学毕业生，赵君迈也算半个清华人。没说的，中国的事情只要是人脉顺则万事顺，清华校方领导很爽快地同意借给赵君迈他们这批新校舍。[7]缉私总队便在岳麓山扎下营来，开始招兵买马。

缉私总队成立的消息一放出去，便吸引了无数青年，而许多原税警总团的弟兄，听说税警总团又重新成立，纷纷奔走相告，一时间，大批老友和旧部都从四方而来，再投孙立人、赵君迈麾下。这中间有赵君迈手下炮兵营营长贾幼慧，税警总团第一团参谋陈鸣人；有孙立人手下原第四团第一营营长葛南杉，第四团第二营营副唐守治，第一营机枪连连长李鸿，他们都先后脱离原编制来到长沙报到。缉私总队的四个主力团，很快就在赵君迈保留的六千多人的基础上，一下子搭建起来。

重新集结的财政部缉私总队，任命第一团上校团长为贾幼慧，第二团上校团长为唐守治，第三团上校团长为葛南杉，第四团上校团长为李鸿。从此，赵君迈、孙立人拉起的这支队伍，在湖南岳麓山下开始了严格的实战军事练兵行动。

这次，赵君迈吸取了以往的带兵教训，训练开始前，赵君迈先宣布治军方针，缉私总队在经济、人事问题上实行两公开，即“经济公开，人事公开”。对总队所有干部的选拔，始终坚持唯才是举，做到公正、公开、透明。而在培养、训练官兵的问题上，强调“训练严格，管理严格”的原则。由于赵君迈、孙立人对队伍进行了严格的系统训练，没过太长时间，缉私总队便有模有样地发展起来。

8 月 25 日晨，中日战争形势又出现了新的变化。武汉保卫战在经历了短暂抵抗后，蒋介石为保存实力，下令撤守武汉迁都重庆。

蒋介石宣布迁都前，代表国民政府发表迁都声明，称将在武汉外围，利用有利地形，极力消耗并消灭、疲惫日军，乘机予敌人以局部歼灭。同日，蒋介石率军政人员离开武汉抵达湖南。

蒋介石到湖南后，见到赵君迈、孙立人刚组建不久的缉私总队，很高兴，命令他们内迁去贵州都匀。这样，一方面可以再继续训练，另一方面可以在国军薄弱的防地，设下一道坚固的防线。赵君迈正准备随缉私总队内迁时，被孔祥熙召见，向他提出了一个新的问题。

告别生死弟兄，主持湘岸盐务办事处工作

孔祥熙向赵君迈提出的新问题，是全国异常严峻的盐业形势。

1938 年秋，随着华中大都市武汉的沦陷，两淮、江浙、福建、两广等全国最主要的盐产区，先后沦于敌手，中国大后方的两至三亿人，不得不仰赖于川盐和湘赣等盐产区。而内地的盐场产量，不到平时的三成，这不仅使得全国盐业的供需情况异常紧张，还直接导致政府的财政收入大为减少。

抗战时期，盐税收入是国家财政的重要税收来源。而中国三百万抗日军队，都只能倚仗赣、湘、滇、川、黔等几个省的财政收入来供养。这些省份由于长期工商业落后，盐业占了很大的比重，所以财政部为了适应战时经济体制，保证全国食盐供应与税收征收，必须要有一批优秀干部来统一管理国统区盐业的产运销事务。基于这样的形势，孔祥熙跟赵君迈商量，希望他留下来，转入地方的盐政工作。

赵君迈没有推辞的理由。他因工作需要不得不离开了倾注了无数情感的缉私总队，离开了伴随他多年的生死弟兄，被财政部安排留在湖南，出任湘岸盐务办事处处长。赵君迈离开缉私总队时，从总队留下了 500 名士兵，其他人马全部交由孙立人、齐学启带往贵州都匀、独山。赵君迈离开缉私总队后，齐学启由总队参谋长升任为总队副总队长。

湘岸盐务办事处绝不是狭义上的湖南办事处，它是从全国最大产盐区淮北和淮南的专属区域划分而来的。据《清史稿》记载，至清末，全国主要有十三个产盐区，分别负责全国的食盐供应，这中间，数两淮产盐规模最大。淮盐素以色白、粒大、干爽著称，盐质最好，所以两淮盐又分若干个专属区。比如说淮北盐，只能行销到苏北、皖北及河南、山东部分地区。而淮南盐，则只许行销湘、鄂、西（江西）、皖四岸地区。这两淮四岸又简称扬子四岸，是淮盐行销距离最远、销量最大的销售区。

赵君迈接掌湘岸盐务处工作时，正值抗日战争时期湖南食盐资源最为紧张的时候。由于日军已兵临城下，长江盐运受阻，从 1936 年始，淮南的盐就已经很少能到达湘岸。到 1938 年末赵君迈上任时，湖北鄂岸盐务办事处都迁往长沙，湖南、湖北两岸盐业机构合并为湘鄂盐务办事处，接着，岳阳分处因被日军占

据，四十多名员工也到达长沙。所以，赵君迈在盐业之外还有一摊子麻烦的人事，要想在此情势下平抑盐价，缓解湘岸百姓的食盐压力，有着相当大的难度。

赵君迈在湖南的盐务工作刚一开展，便遇见了两件颇令他震惊的大事。第一件事是武汉失守的消息传到长沙时，当地的一名老人自杀殉国。殉国的这位老人姓邓名炳蔚，是前清时的一名邑庠生。了解赵君迈经历的人都知道，赵君迈的父亲赵甓庸也是前清邑庠生，邓炳蔚老人在武汉保卫战打响时，叹自己年老不能上前线杀敌解恨，曾对身边人发下重誓："如敌人侵入武汉，即跳湘江自尽，以激励子孙，矢志报国。"蒋介石等人放弃武汉退到长沙时，邓炳蔚老人果然履行诺言，手书遗嘱赴水而死。老人忠义慷慨之举，令赵君迈和整个长沙市民都大为感动。

第二件事是日军进攻湘北，引发长沙大火，长沙大火让千年古都变成一片焦土。大火是 11 月 13 日凌晨二点骤起，因放火的日子电报代码称为"文日"，且大火又发生在朝夕之间，史称长沙文夕大火。

那天真是巧得很，赵君迈正于 12 日夜间，随省政府的相关部门离开长沙到沅陵。刚出长沙城不远，突然看见沿途公路上拥塞着逃难的人群，拖儿带女，扛箱抬柜，哭的，叫的，骂的，裹着被条的，背着老年人的，负着伤的，挺着大肚怀着胎的，士兵难民，男女老少杂乱成一片，赵君迈的司机不断地鸣响喇叭，但效果甚微。由于人太多，车子不时地与车外的板车和行人贴身而过，赵君迈推开车窗一打听，方知整个长沙城都在燃烧。

当时，长沙城火光冲天，顷刻间就变成了一片火海。大火发生时，整个城市的空气弥漫着一股被烧的尸体、粮食和其他混合物的焦臭味。从梦中惊醒的长沙市民，只见街道上到处都是火海，到处都是人潮，在湘江边，那些跑到湘江希望渡江逃生的百姓，由于人多船少，被挤到江里淹死的不计其数。

因为这场大火是在政府精心的布置下所为，事前赵君迈也知道，并未感到意外。赵君迈还以为肯定是日本人进攻长沙了，因为按蒋介石对湖南省主席张治中所下达的命令，是要求在日军到达前，纵火将长沙城全部烧毁，实施焦土战略。

后来赵君迈才知道，日本人未到，是张治中等人对日军"到达长沙前"的理解出现了严重偏差所导致的乌龙案。

那天凌晨两点，张治中等人接到属下报告，说日军攻陷岳阳，便认为这就是蒋所说的日军"到达长沙前"。张匆促下达命令，属下立即在长沙南门口先引燃大火，紧接着，整个长沙城开始四处起火，天亮时，大火没有一点要熄灭的迹象，长沙大火足足燃烧了五天五夜，将一座有着近三千年历史的古城，连同它的大部分财富化为一片灰烬。整个城内大街小巷随处可见的是一片焦炭瓦砾和长沙市民痛哭哀嚎的凄凉景象。

政府造成如此巨大的惨案，却连日本人的鬼影子都没见到，这不能不引起全国人民的愤怒。

14 日，蒋介石接到此消息后也下不来台，气愤地责问张治中，何人焚市？要求严查并将革职者捉拿法办。[8]张一听蒋的口气也不免紧张起来，开始算计并推卸责任。第二天，当蒋介石从衡阳亲抵长沙，登上长沙天心阁察看到整个长沙被烧得焦土一片、片瓦无存时，蒋介石面红耳赤、筋络暴起，哪还听得见张治中等人的解释？蒋介石要求张先将直接相关责任人长沙警备区司令酆悌、长沙警察局长文重孚和长沙警备二团团长徐昆三人抓了起来，下令军法分监局立即会审，限两天结案。

18 日上午七点审讯开始。审讯中，徐昆、文重孚两人都咬定一切行动都是执行警备司令部的命令，而酆悌则供认，大火是由于他在布置工作时的疏忽所引起，当时确实是接到岳阳失陷的情报，你说岳阳是不是湖南的一部？而且是在向张治中主席请示后下达的命令，事就是这么个事，愿受国法最严厉的处分。

大家听到这个解释都不好办，最后，交由蒋介石定夺。蒋知道这件事影响太坏，将一座城市都烧了不说，还给全世界造成了政府仓皇失措的形象，不杀不足以平民愤。蒋介石在三人的卷宗上批示了三句话：酆悌玩忽职守，殃及群众，着即枪毙；文重孚擅离职守，逃离长沙，着即枪毙；徐昆玩忽职守，着即枪毙。

20 日，长沙警备区司令酆悌、长沙警备二团团长徐昆和长沙警察局局长文重孚三人，被政府特别军事法庭判处死刑，执行了枪决。

事后，赵君迈对身边人说，这三人不过是替蒋介石、张治中当了替罪羊而已，因为长沙大火根本不是所谓的意外。在大火的前一天，省政府和长沙城已经开始疏散，而纵火的当天，长沙的北门岳阳失守，在岳阳失守的十多个小时后，张治中下达纵火令并不出于事件的逻辑之外。后来长沙百姓以张治中三字写了副对子，上联：治绩何存，两个方案一把火；下联：中心安忍，三颗人头万古冤。横批：张皇失措。

南岳授课，结缘周恩来与叶剑英

1938 年 11 月 13 日，赵君迈带着湘岸盐务处一行人经过几天的长途颠簸，到达了湖南的西部沅陵。

古城沅陵过去又称古辰州，是湘西的一个重镇，有两千多年的悠久历史，是长江中下游地区进入大西南的主要通道，自古以来就有“辰安则楚安，楚安则天下安”的说法，因此，不管在哪个朝代，沅陵始终都是兵家必争之地。早在春秋战国时代，它就是楚国黔中郡的郡城，到了汉朝，汉高祖刘邦在这里设置沅陵县，隋朝时候，朝廷为强化对五溪以及整个西南地区少数民族的统治，在沅陵县设置辰州府，管辖湘西十多个县。以后没有什么变化。

由于久藏于深山，这里山清水秀的景色与外面抗战时期到处出现的喧闹相较，仿佛真的步入了传说中的世外桃源。

苍翠的山峦如同是一位刚起来梳妆的处子，宁静而美丽，绿肥红瘦的山涧与城下环绕的沅水，沿着古城池的一侧无声逝去，而沿着城门洞子展开的，是临河街的一排奇异的各色小铺面，在各自卖着不同而有趣的物件，稠密的人流就如同下面的河水一般，缓缓地在人们的眼前流淌。

这便是湖南省政府在战时的临时所在地。赵君迈的湘岸盐务处也随着国民政府的一大批重要机关、学校，搬迁到了这里。赵君迈在沅陵将盐务处的工作全面铺开后，还兼任了很多盐务以外的社会职务，如国民党中央军校教官一职。

据周立波回忆，当时，中央军校武汉分校迁往湖南武冈，改为中央军校第二分校，分校负责人李明灏是赵君迈在日本时期的旧相识，在上海的两次保卫战中，他对赵君迈的军事才能非常欣赏，于是，聘请赵君迈为军校教官。赵君迈不仅是第二军校的教官，后来还被国共联合创办的南岳抗日游击干部训练班聘请担任教官。

南岳抗日游击干部训练班，是国民党军事委员会在南岳召开军事会议时确定的国共合作项目。11 月 25 日，赵君迈作为湖南地方行政长官之一，与第三、第四、第七、第九战区的高级将领共二百余人出席了此次会议，中共方面八路军的参会代表则是周恩来、叶剑英。会议开始时，由国民政府军事委员会委员长蒋介石主持，蒋介石先检讨了中国抗战从“七七”卢沟桥事变，到岳阳沦陷的第一期得失。蒋介石认为中国第一期抗战就一时进退看，表面上是失败了，但从整个战局上说，则已依预定的战略，陷日军于不能自拔的地位。

会议讨论了如何夺取第二期抗战胜利的问题。蒋介石认为第二期抗战是转守为攻，转败为胜的时期，会议提出整顿军队的任务，一是一年内完成全国军队整训，二是要善于运用游击战。关于游击战的提出，最早是武汉沦陷前夕，蒋介石在武汉召开的军队高级将领紧急军事会议上先提出的。当时，参会的八路军代表周恩来与朱德在会上听到蒋的这个讲话后，立即提交了一份国共两党举办游击战干部培训班的建议，蒋介石接受了这个建议，并要求二人拟订出游击战干部培训班的详细计划，提交会议讨论决定。会议最终确定以衡山南岳为训练大本营，以国民政府军事委员会的名义创办中国抗日游击干部训练班。

1939 年 2 月，由国共合作开办的抗日游击干部训练班在南岳衡山开班。赵君迈被聘请到训练班担任教官，从此与中共高层周恩来、叶剑英等领导人有了非常密切的合作与联系。当时，开办训练班的主要目的，是培养军队中的中高端一线的作战人员，学员以黄埔军校和南京中央军校的毕业生为主，主要是各战区部队营职以上的军官和高级司令部的中级幕僚人员，希望通过对这批有作战经验的军官进行训练，让他们毕业后回原部队再分别办连、排、班等基层军事骨干训练班，达到以点带面的效果。所以，训练班中的教官都是军中精英中的精英。训练班中国共产党代表团团长是叶剑英，而国民党方面的负责人是汤恩伯。汤也是抗日游击干部训练班的教育长，负责实际教学工作。叶剑英任副教育长，负责教学之外的思想工作。李默庵、赵君迈为国民党方面的教官之一。由于训练班的目的很明确，第一期的学员就有 1046 名，其中有女学员 110 人。

抗日游击干部训练班开设精神训练、政治训练和军事训练三大类课程，以灵活多变的游击战术训练为主要内容。对游击战争概论、游击战争理论基础、游击队的政治工作、游击战术科学教练、游击战的破坏工作、游击队通讯术、游击战的化装术、情报原理、游击战实习等八个方面从理论到实际操作，进行系统的训练。

游击干部训练班开班以后，整个南岳群山成了游击战难得的最佳训练场，学员上课时的大课堂，就在南岳大山之中。游击干部训练班第一期毕业前夕，学员进行了一次近似实战的野外军事演习，国民政府军事委员会军训处专员看了这次演习后的视察报告说：游击战术一课之实地演习情况，决非纸上谈兵可比，该班训练之切实，当可想见。[9]

作为游击干部训练班主要教官的赵君迈，因教学方面的业务需要，常被副教育长叶剑英邀请到他在南岳山脚下的桔盈圃中做客。桔盈圃为中式风格的旧房屋，周围筑有土墙，院内橘树在秋天飘出阵阵果香。

有一次，周恩来到南岳看望游击干部训练班学员，赵君迈还多次到桔盈圃与周恩来长谈，三人在园中建立了很密切的私人情谊。周恩来离开前，还专门为南岳祝圣寺的和尚们题词“上马杀贼，下马学佛”，给赵君迈留下了深刻印象。

长沙会战，破了日军的一个先例

1939 年入秋以后，日军在岳阳以北经过半年多的准备，很快就将铁蹄踏向了湖南的省会长沙。

当时，日军侵华司令冈村宁次集中了第六、第三十三、第一〇一、第三、第十三等五个师团，及长江上的舰艇三百余艘，海军陆战队一个联队，飞机百余架，化学部队若干，总计约十八万之众，准备从赣北、鄂南、湘北三个方向集中围歼湘北的第九战区中央军精锐，并计划于 9 月 30 日以前占领长沙城。

面对日军志在必得地希望占领长沙以求速战速决的嚣张气焰，是在湘北沿线战略性地迟滞日军，还是就地与日军再次展开大规模会战，在中国政界和军界，都有几种截然不同的态度。当时，蒋介石与中华民国政府都已经退守到西南重庆，主战最坚决的是新上任的湖南省主席、第九战区司令长官薛岳。

薛岳，字伯陵，广东省乐昌县人，1896 年出生，比赵君迈年长五岁。据薛岳跟赵君迈聊天的时候说，他原名叫薛仰岳，因为他出生时，正值中日《马关条约》签订的第二年，国土台湾沦丧，民族危机空前，他父亲为他取名仰岳，是取义效法民族英雄岳飞之意。成年后，薛岳以岳飞自喻，去仰字，单名岳。

薛岳在军中资历很深，早年孙中山在广州就任非常大总统，发动第二次护法运动时，薛岳就已任大总统警卫团第一营营长。1937 年 8 月 13 日淞沪会战爆发，薛岳被任命为第十九集团军总司令，与赵君迈一样，被编入当年所在的左翼军，两人一块投入淞沪战场，打过小日本。

而此次长沙会战不一样，薛岳除了是湖南省主席外，还是被蒋介石新近任命的第九战区司令长官。他上任初始，心中一直有个阴影让他难以释怀，就是他曾经因南昌失守，受到过蒋介石的严厉斥责。蒋介石训斥部属是毫不留情面的，对于失守南昌一事，薛岳觉得有失自己作为主将的自尊心，所以，决心在长沙好好表现一下，以雪丢失南昌之耻。

在冈村宁次要进攻长沙的时候，薛岳专门组织赵君迈等一帮重要幕僚，在长沙城潜心研究了本次战役的各方关联因素。赵君迈作为薛岳的下属，他的责任与义务主要是在战争的后勤与财政上给薛岳以支持。大家就湘北地区的地理环境特点，日军的目的企图，敌我双方兵力、战力、武器、装备等情况，进行了非常细密的分析后，对日军进攻长沙的兵力部署作出了两点判断：第一，日军将以主力从岳阳、通城方向南进，直取长沙城；第二，日军将以主力之一部，从南昌方向西进，以策应湘北主战场。薛岳基于以上判断，提出以长沙为中心，与日军展开决战。但此方案报到重庆时，被蒋介石否定。

9月中旬，蒋介石为应对湘北局势，令陈诚和白崇禧也各做了一个方案，两人根据湘北战情，拟订了死守长沙和主动放弃长沙两个作战方案，送呈蒋介石抉择。蒋介石在决策时想到南昌会战时的情况，那次他也是亲自下了死守南昌和拼死夺回南昌的方案，结果，硬拼之后不但南昌没有守住，中央军在南昌的前线部队，却牺牲了五六万人。如果长沙像南昌一样，也再损失个五六万人，作为中国战区指挥官的蒋介石，他是不敢想象此后果的。有鉴于此，蒋介石决定取放弃长沙方案。

蒋介石劝远在湖南前线的指挥官薛岳，少安毋躁，静待时机。并指示薛岳：切不可轻举妄动，不要贸然行事。命令薛岳在湘北避免与日军硬打硬拼，保存实力，相机歼敌。

薛岳接到蒋介石的命令后很不甘心。其实，两军交锋之时，军力的强弱固然是决定胜败的一个重要因素，但战胜对方的信念与勇气，更是在某种情况下起着决定性作用。不仅是薛岳不甘心，整个湖南人民对于日寇长驱直入地侵占中国领土，早已心怀极大的不满。

据薛岳的侄儿薛维城回忆说："那一段时间薛岳为了争取蒋介石的'对日寇迎头痛击'军令，几乎每天都要与蒋通话，表达自己坚决抗敌，死而后已的决心。后来蒋介石看到说服不了薛岳，就干脆不接他的电话了。"这让一心想大干一场的薛岳，急得像热锅上的蚂蚁。9月末，眼看日军就要向长沙发起第一次大规模进攻，可薛岳还没有接到蒋介石的迎战命令，薛岳不死心，他直接打电话去找蒋夫人宋美龄，对宋美龄说："请转告委员长，敌人再敢向我长沙逼近一步，我就要立即开打了！"情急之下，薛岳想来个先斩后奏。

宋美龄将此话转告蒋介石后，蒋急忙向薛打电话回复，可薛岳却避而不接听电话，让参谋人员回话说："薛长官上前沿阵地了，不知道何时能回来。"

湘北战役打响后，日军倾全力向长沙方向发动猛攻，第九战区各路大军，好像防不胜防，各处都在节节后退。

长沙城，仿佛已危在旦夕！这战况令蒋介石十分着急，他担心九战区不仅要丢了长沙，还会将自己的精锐在长沙城下与敌拼光打完，如果是这样，薛岳就是地道的败家子了。

当时，赵君迈作为薛岳的下属，也着实为薛岳捏着一把汗，此次战役薛岳是在公然违抗统帅部命令的情况下，擅自做主而进行的，这仗打赢了还好说，至少可以将功补过。要是打输了，掉脑袋也是可能的。

晚上，军委会陈诚、白崇禧连续给薛岳打了九次电话，严令他立即执行蒋委员长的命令，马上把湘北守军从长沙撤出，其他部队也尽快作转移。

在危机的最后关头，薛岳在电话中回答道："湖南所处战略地位，关系国家民族的生死存亡巨大，作为军人，我们应该抒发良心血性，誓死保卫它！我已下定决心，第九战区誓与湘省共存亡！誓与长沙共存亡！"由于薛岳坚持，第一次长沙会战经过几天几夜的激战，日军在伤亡四万余人后，不得不退回原来的营地。

此次会战，是日军在向中国实行全面进攻以来，所受到的最大挫折。在此之前，日军像这样以十几万兵力，向中国一个城市发起进攻的战斗，还没有失败的先例。

注释：

[1] 国史馆 002010300007048. 蒋中正手令税警团，1937－12－01

[2] 国史馆 002060100125002. 蒋中正手谕何应钦，1938－02－02

[3] [7] 孙元良. 亿万光年的一瞬——孙元良回忆录. 台北：时英出版社，2008

[4] 白崇禧. 回忆"八·一三"淞沪抗战. 中报月刊，1980（8）

[5] 国史馆 002060100126029. 蒋中正手令军法执行总监部查办孙元良，1938－03－29

[6] 范国平. 抗战劲旅税警总团. 炎黄春秋，2005（6）

[8] 国史馆 002070100045078. 蒋中正电张治中彻查何人焚市，1938－11－14

[9] 黄禹康. 百年潮，2005（6）

战时的挤兑风潮

拾伍 湘岸盐务办事处岁月

政治问题其实就是民生问题，如果不能解决民众的民生问题，什么政治也都失去了基础，而无从谈起。

赵君迈接掌湘岸盐务后，因其特殊的背景和身份，很受中共的重视，是八路军办事处负责人徐特立同志亲自抓的一个统战对象。赵君迈为中共八路军办事处提供了很多切实帮助与物质支援。

在此期间，为增加政府税收，缓解湖南盐业的紧张局面，赵君迈还采取了一系列政策与措施，比如将“盐商专卖”改为政府统购销，在全省实行计口售盐，定量配售，比如在衡阳黄泥塘主持召开了国统区湘、赣、川、桂、滇、黔六省盐粮会议。也就在此次会议中，赵君迈认识了他一生中的另一位重要人物——蒋经国。

受蒋经国新赣南建设影响，赵君迈开始从军界步入政坛。

湘岸盐务办事处三年

赵君迈在湘岸盐务办事处的位置上，一干就是三年。他上任时全国的食盐供应都相当紧张，要想平抑湘岸盐价，面临诸多问题。

首先是盐务专商引岸制模式，通俗说法就是“盐商专卖”制度。政府根据各地产量大小、销地远近和运输难易程度等，划定产、销专属区，由商人负责承销。盐商在向政府下一定金额的税金后，政府将某一区域盐的生产、运输、销售权，全部交由盐商之手操控，盐商在区与区之间，各有地盘。甲区的百姓只准食甲商由某地运来的盐，乙区的百姓，只准食乙商由某地运来的盐，丙丁各地亦如此，如果有某一区百姓购买邻区的盐，虽是已经完了税，亦谓之私盐，格杀勿论。[1]

盐商专卖制度虽能保障政府一定数额的税收，但流弊很多，比如私盐充斥。由于盐商所定的盐价太高利润太大，使得一般贩私者铤而走险，又因其价格稍廉，百姓乐于购用，使私盐所占比重愈来愈大。

据赵君迈当时的估计，中国每年所销的私盐数量与官盐相等。而私盐的来源又分三种：一种为盐枭贩私，这就是赵君迈在税警总团时长期打击的那种；第二是产盐区的百姓习惯性地走售私盐，这种靠山吃山的行为暂不置论；第三就是盐商们自己售私，就以淮南四岸中赵君迈管辖的湘岸而言，由于距离最远达2400余里，用木帆船运送食盐，单程就需一个半月至二个月，这中间各种能玩的花样就多了去了。

盐商由淮南十二圩起运斤盐上船时，便在每票公盐之外携带很多私盐，这些多出的盐除沿途私售外，运销到目的地后，政府允许每票余五百包可不以私盐论，这叫“鏀耗”。这与过去历代知县在为朝廷收取官粮和官银时，朝廷允许各知县个人有百分之一提留，谓之“鼠耗”与“火耗”一样，是朝廷奖励下层官员工作积极性的重要调控手段，也是三年清知府能收获十万雪花银的原因。盐商的“鏀耗”也是这样，政府允许盐商在运销的每百包官盐中，有一点二包的“鏀耗”，这种行规在民国的盐政中，也得以保留。以每票官盐四千包计，实际到岸为四千五百包，盐商只交四千包的税，而五百包不在纳税之列，事实上这种合法的私盐已占官盐的四分之一，而不合法的私盐尤为难估。[2]私盐充斥，缉私困难，这是赵君迈面临的第一个问题。

赵君迈面临的第二个问题是产品奇缺，产销严重失衡。

赵君迈接管湘岸盐务时，正值武汉沦陷后，由于淮盐入口的阻断，湖南盐业市场雪上加霜，盐价日益飙升，当时农村的老百姓视盐如命。在湖南乡间，连闺女嫁出后首次回门，娘家都以食盐馈赠为荣，如果娘家能赠以淮盐，则是很有面子的事情。很多乡民在高昂的价格下，不得不以口粮换盐。旧时盐斤交易，无论数量大小，本是一手钱一手货，但很多百姓没钱，便用最原始的以物易物方式交易，即用粮盐交换，而市面价格一般是一斗米换一斤盐，最贵的达到一担谷才能换一斤盐，如此沉重的代价逼得很多湖南百姓只得少食或以土硝盐代之。

第三个问题是盐质不良。由于盐价过高，利润太大，食盐经层层转卖后，部分盐商开始任意掺杂泥沙、硝石，以补足盐运、仓耗损失的斤两，这令百姓最终高价购到手中的食盐质量大打折扣。在当时的环境下，私盐泛滥不仅推高了盐价，加重了百姓负担，也减少了政府的财政收入，摆在赵君迈面前的，除了改革盐税制度，确实没有更好的路可走。

1939 年，赵君迈通过财政部与湖南省政府联合下文的方式，在湖南颁布《食盐专卖制条例》与《湖南省计口购盐暂行办法》，将食盐销售权收归政府统一支配，并开始对省内人口实行计口购盐，定量配售，以一乡一镇为售盐据点，凭证认购，每人每月划定半斤盐的指标。

自古以来，改革可不是件轻松之事，要冒很大的风险，尤其是赵君迈这次改的是百姓都非常关注的食盐问题。这事情弄得不好，不单是百姓骂娘的问题，惹出杀身之祸也不是没有可能的。但事物也有辩证的两面，事物越是复杂，越是难以解决，就越能证明事情的重要和当事人解决问题的能力。

赵君迈推出的改革首先是通过正当而有效的程序，先将湖南的盐业市场从“盐商专卖”改为“官运官销”，以立法的形式维护各方利益。

其次，赵君迈并不认为立法后万事大吉，就可以强势推行，而是非常巧妙地从四县市官销试点开始，由各地殷实、守法商民及合作社承办，接受湘岸盐务机关监督，先摸索出一套完整经验，再推广。

在推行试点的第一年，赵君迈还将他亲自负责的点，衡山县官销所定为模范示范所，供其他县市学习参观，等老百姓都从中获得利益，尝到甜头后，再将经验扩展到七市县。据赵君迈本人所写的《湖南盐政三年》一书中记载：“湖南食盐改官运官销，由政府设机构直接售盐，先在宁乡、泸溪试办，为湖南食盐专卖之始。”赵君迈在书中非常明确地说明，中国食盐市场从“盐商专卖制”改为“官运官销”是从他手中开始的，并且是先从宁乡、泸溪、湘乡、湘潭、衡山、长沙、津市等七县开始。待七县市成熟后，再逐步扩大到全省范围。至 1942 年赵君迈离开时，全省全部县市都推行了食盐官收官运官销，没出现任何过激反应。

赵君迈在湖南推行《食盐专卖制条例》和《湖南省计口购盐暂行办法》的改革，在僧多粥少的情况下，有效地杜绝了盐商囤积居奇的炒买炒卖现象，加强了食盐的控制与管理，也控制了全省食盐的消费总量，这对缓解整个湖南市场的盐业需求起到了重要作用。但眼前的这一步，还不是赵君迈所要达到的全部目的，赵君迈要达到的真正目的，是要彻底解决湖南盐业的供销问题。这个问题也只能通过加强食盐的生产才能解决，唯有增加食盐的供应量，才是解决百姓吃盐问题的根本之道，为此事，赵君迈没少花心思。

自执掌湘岸盐务处后，赵君迈听说湖南湘潭有盐矿能生产一种膏盐，为石膏矿的副产品，过去仅由地方政府征收营业税，但其产销却没有按照相应的盐务制度办理。一些富商获准在湖南湘潭开采盐矿，以民营股份的方式在私自经营，这些能获得开采盐矿的富商老板，当然不是等闲之辈，像湘潭膏盐厂的董事长王沅德，还是辛亥革命的领袖之一秋瑾之子。

王沅德1897年6月27日生于湖南湘潭由义巷，他相貌酷似其母秋瑾，自幼为秋瑾钟爱。1904年，不甘幽闭深闺的秋瑾受新思潮影响，离开在京城任户部主事的丈夫王廷钧，赴日本留学，7岁的王沅德随父留居北京。秋瑾出事后，王廷钧辞官回乡，王沅德又随父回湖南老家，就读于长沙岳麓书院。其父病逝后，王沅德作为王家唯一的儿子，继承了丰厚家产，在湖南从事工商业，先后任湘潭电灯公司董事长、湘潭膏盐矿董事长，还开办了湘潭十六总“棉纱油盐号”，是当地富甲一方的大户。而另几个股东也都是湖南的金融大鳄，如银行家伍芷清，为长沙钱业四大金刚之一的裕顺长钱庄老板，伍芷清在长沙坡子街，也就是为马日事变祭旗的叶德辉家那条街上，修建的伍厚德堂公馆，是整个长沙城的民居中最奢华的代表性建筑。董事张铭西也有来头，是湖南著名的实业家。

但赵君迈不管这许多，他顶住各方的压力，让湘岸盐务办事处参股湘潭膏盐厂，并使湘岸盐务办事处成为膏盐厂的最大股东，仅保留原股东少量股权，从而全面接管了膏盐厂的生产、管理、流通的各环节。赵君迈之所以要这么做是基于两方面考虑：一是私盐的生产与销售已严重冲击官盐市场，造成政府税收流失；二是私营企业规模小，加之管理不善，效率低产量少，导致全省食盐更加匮乏，加剧了盐价攀升。

将湖南膏盐的产制与运销，全部纳入南京国民政府财政的统一管理之中后，赵君迈通过新的设备与技术改造，不仅大幅度增加了产能，也大大提高了政府税收，缓解了湖南盐业紧张的局面。在次年市场供需实现平衡后，赵君迈还将湖南省辖区内每人斤盐的定额从半斤增至七两半，而湘潭膏盐厂的一些老股东如王沅德、张铭西等人与赵君迈打上交道后，也都与赵君迈成了朋友。这中间还有个故事，就是赵君迈用诚意打动张铭西，让张忍痛戒掉了十多年抽进口雪茄烟的习惯。

张铭西的奢华在湖南是出了名的，进口雪茄在当地是难得一见的名烟，每支的价格高达五元，但张铭西就喜欢吸这种进口雪茄，而且每天要吸十支以上，一天光雪茄的消费就高达五十元。五十元相当于普通百姓几十人一星期的生活费，这在全民抗战的物质匮乏时期，称得上是穷奢极欲的生活方式，很容易招来民愤。赵君迈也是出于个人的好意，劝张铭西不要太过张扬，张口头答应，私下却照抽不误。

以后，赵君迈每当见到张铭西吸雪茄时，他便拿出一张五元的法币，点火柴烧掉，并对张铭西说："你吸一支雪茄，我烧掉五元法币，你看我们每天都烧去五十元，你难道不动心吗？"

张铭西后来便不再吸雪茄，改吸市面流行的普通香烟了。有一次他诚恳地感谢赵君迈说："我嗜雪茄十多年，它是我的生活伙伴，过去也曾戒过，但戒不了几天。后来，我也不想戒了，不是你，我是戒不掉雪茄的。"[3]赵君迈听说张铭西戒掉了雪茄，非常高兴。他之所以能说服身边的富商，是因为他的人格魅力起了关键的表率作用。赵君迈在财政部主管盐业事务多年，手中拥有外人难以想象的稀缺资源，与之交往的朋友也是非富即贵，他个人在复杂环境下却能洁身自好，一生保持了不抽烟、不赌博、不喝花酒几个良好习惯。当年不仅抽烟是交际中的一种时尚，而喝花酒更是陈独秀、胡适等文人雅士都乐此不疲的事情，但赵君迈一生都洁身自好，不沾惹这些事情，不仅他自己不沾惹，对他的属下也是这么要求。赵君迈用自己最朴实的行动，感染了身边的人。

支持八路军驻湘通讯处的工作

赵君迈在湘工作期间，曾给予共产党和八路军驻湘通讯处很多的支持与帮助。抗日战争爆发后，随着上海、武汉、广州的相继沦陷，湖南成了抗日的最前沿。各派政治团体，也先后进入长沙。这中间，包括以徐特立为代表的八路军驻湘通讯处。当时徐特立受中共中央委派，以国民革命军第八路军高级参议、驻湘代表的身份，从延安到长沙建立八路军驻湘通讯处。通讯处的主要任务是三个：一是向世界宣传中共的抗日主张；二是开展对上层社会的统一战线工作，争取社会各界对延安更多的同情与支持；三是介绍进步青年奔赴延安参加八路军、新四军，扩大自己的革命阵营。

徐特立到湘后，利用国共合作的有利条件，以八路军驻湘通讯处负责人的身份，积极开展对社会上层人士的统战工作。在当时徐特立所统战的国民党军政要员中，有两个重要的人物就是赵恒惕、赵君迈兄弟。[4]

赵恒惕为湖南军事参议会参议长，对于湖南的军政大计，有很权威的话语权。而赵君迈在长沙虽不像他哥哥那样具有指标性的示范作用，但他特殊的背景和身份，也很受中共的重视。兄弟俩都是八路军办事处负责人徐特立同志亲自抓的统战对象，徐老对赵君迈兄弟的统战做了不少工作。赵氏兄弟虽感情甚笃，但在政治倾向上，大哥赵恒惕趋于保守，而赵君迈则更显开放。

1938 年 9 月，徐特立在湖南武冈县创办了塘田战时讲学院，为八路军、新四军培训干部。为加大影响，他让赵恒惕挂了个董事长的虚名。赵欣然接受，后徐又通过赵恒惕的名头，将湖南省主席张治中也拉了进来，任名誉董事，张见赵恒惕的名头在上面，也就没有拒绝。最后，赵君迈也被邀请为特聘教官，讲学院历时七个多月，为八路军、新四军培训了两期共250余名学员，被中共人士誉为南方的抗大。[5]

长沙大火前后，旧湖南省政府迁往湘西沅陵，八路军驻湘通讯处的生存出现困难。赵君迈在离开长沙去沅陵时，徐特立特地找到赵君迈，希望赵君迈能给中共八路军湖南办事处一些支援，赵君迈没讲任何条件便答应下来，并给予了切实帮助。

当时中共在长沙办了份《抗战日报》，本来在长沙大火前，它还能依靠报社办的一家有声电影院的收入来支撑，但也只能是维系报社开销的最低底限，报社的员工没有工资，连负责人周立波生了病，都没有钱看病吃药。大火后，电影院被烧，连这一点起码的收入都没有了，《抗战日报》在长沙时的一切开支都已经断了来源。《抗战日报》就很难再支持下去，要没有其他的办法，就准备停刊了。

赵君迈了解到这个情况后，让徐特立将《抗战日报》迁往沅陵，并同意八路军办事处派人到沅陵去指导工作。当时，赵君迈正要在那里办一份《时事动态》周刊。考虑到沅陵地处湘西边陲，文化闭塞，他可以容纳一批中共的文化人去他那里工作，这实际上就是用《抗战日报》的人，来办《时事动态》周刊。这样既解决了《抗战日报》人员的个人生计问题，又为报社发展提供了运作资金，还可以利用《时事动态》周刊的纸张和印刷设备，印刷出版《抗战日报》。

徐特立一听赵君迈的说法非常高兴，称这是件好事，立即将赵君迈要与他合作办期刊的事情通报了中共中央。中共对此事非常重视，马上将他们在长沙的市委书记丁务淳派遣到赵君迈的盐务处工作。丁务淳一口气带着二十几名党员骨干，随赵君迈一同到了沅陵。[6]

赵君迈带丁务淳等人到沅陵后，任命他为《时事动态》周刊的总编辑，这等于完全放手将那份刊物交给了中共《抗战日报》的人去办。这样一来，八路军驻湘办事处不仅将《抗战日报》办活了，还多了一份带有抗战进步色彩的杂志，向民众表白他们的抗日主张。

《时事动态》最终成了共产党宣传抗日主张的喉舌，因为赵君迈后台硬胆子大，连中共在《抗战日报》上都不敢登的文章，他都敢上。比如这中间《时事动态》发了很多中共领导人周恩来的文章，这都是赵君迈个人冒了很大的政治风险，拍板决定下来的事情。

汉奸，我是刀架脖子死也不会当的

赵君迈到沅陵时，日军攻陷了湘北岳阳，这一下加快了省政府的西迁速度，让从湘北逃往沅陵避难的人群暴增。短短十几天内，古城沅陵到处都是全国各地迁来的单位和团体，不但城区人口爆满，就连城区以外的乡镇都挤满了人。沅陵以一县之域，城区的人口一下突破了二十万，这让生活在沅陵县城的人们难以承载如此重的负荷。于是，难民与伤兵之间，流浪学生与市民之间，为粮食，为住房，为其他种种生活物品，经常发生争抢甚至械斗。沅陵社会的治安问题，一时成为社会关注的焦点。

在沅陵湘岸盐务处的赵君迈感觉到这样下去不行，得立即拉起一支队伍来，维护沅陵的社会秩序。于是，赵君迈拿出一笔资金，在他原来500名税警的基础上，从社会上那些流浪的学生中，又补充了几百名新鲜血液，组成一个盐务警训队，简称盐警队，有八百多号人，按一个营的人员编制设计。盐警队成立后，赵君迈每天都组织这群新战士在湘岸盐务局的大院内，进行强化训练，不仅对他们进行军事上的业务训练，还对他们进行思想政治训练，由于技术与作风过硬，赵君迈训练的盐警队无形之中成了沅陵街头的一道风景。

中共八路军湖南办事处了解这一情况后，希望让他们的一批同志也加入到盐警队中来。按中共长沙市委书记丁务淳的说法，这样做一来能吃饱饭，二来还有待遇不菲的收入，三能在赵君迈这儿学到真本事。

赵君迈很清楚共产党人的目的，他与中共人士的交往也不是近期才有的事，所以他对丁务淳推荐的人从不拒绝，最后连盐警队队长都让中共的地下党员担任。

1939年1月17日，由于长沙大火的影响，国民政府行政院通过了湖南省改组方案，同意撤销张治中省主席一职，由薛岳主湘。

张治中的去职，令中共八路军湖南办事处的代表们感到不安，因为他们知道薛岳对中共的态度很强硬。薛岳到任后，湖南的反共摩擦事件不断增多并升级，中共湖南省委根据中央“隐蔽精干、长期埋伏、积蓄力量、等待时机”的十六字方针，开始将人员转入秘密状态，并分批撤离已暴露了身份的党员干部，同时精简组织，把工作重心转移到农村。

赵君迈并不知道这中间有如此复杂的政治较量，他依然一如既往地支持中共的工作，但由于大的趋势使然，赵君迈也只能尊重中共人士的选择。在撤离前，中共还特地派负责统战工作的周立波来做赵君迈的思想工作，周立波骨子里其实是一个文人，他在当时的那个年龄还没见过什么大的世面。当他到赵君迈办公室以后，局促地将一大通书面语言，像背书一般，硬邦邦地向赵君迈转达了共产党的抗日主张以及对抗战形势的分析，并结合社会上的种种异常现象，指出国民党中的一些顽固派，正在积极打算步汪精卫的后尘，走出卖国家、出卖人民的投降道路，这些顽固派，他们要着两面派手法，口头上高喊着抗战，实际上干的尽是反共的勾当。

周的话令赵君迈有些不知所云，倒是最后一句，赵君迈算是听明白了。周立波请赵君迈在这关键的时刻，一定不能去做汉奸，要明辨是非，分清忠奸善恶，坚持抗战立场，千万不要一失足成千古恨。

赵君迈知道周立波之所以会有此一说，是因为他与他哥赵恒惕一样，都有留学日本多年的背景，不仅对日本文化相当了解，而且精通日文。赵恒惕还是湖南省临时参议会参议长，日本人一直在打着他们兄弟俩的主意，想利用他们兄弟在武汉另组伪政府。不久前，日本人还将他们家乡的一位赵姓族人，从上海派到湖南来打探他们兄弟的意思，被他哥赵恒惕差点抓去送政府严办，吓得这位族人再也不敢在他们兄弟前露面。

本来，周立波说话的时候，赵君迈都一直面带笑容仔细倾听，但听到这话后立即严肃起来，他认真地对中共代表周立波回答了两句话："一、贵党可以放一百二十个心，汉奸，我赵某是刀架脖子，死也不会当的；二、抗战这条路，我是下了决心要一个劲儿地走到底的。"这是赵君迈做人的原则。对他而言，国共纷争是兄弟间的家事，只要是有利于国家民族的事，赵君迈不会去管什么国民党、共产党，都会认真地去做；而对日本人则不然，那是民族间的矛盾，是泾渭分明的敌我矛盾，他不可能与他们发生任何关系。

周立波与赵君迈谈话不久，新上任的湖南省主席薛岳，要求湖南省政府从沅陵搬迁到南岳，赵君迈根据业务的需要，将湘岸盐务办事处迁到南岳以南的衡阳近郊黄泥冲。

赵君迈之所以要将湘岸盐务办事处迁到衡阳近郊的黄泥冲，除了工作方便外，最重要的一点，是避免敌机轰炸。赵君迈在为抗日游击干部训练班学员授课的时候，就不时见到几十里外的衡阳城，多次遭到日军轰炸的情景，这让赵君迈多了个心眼，在选择盐务处新的办公地址时，融入了他作为军人的战略眼光，特地将办事处设在衡阳郊区的黄泥冲。

1939 年秋，由于战线的收缩，国统区人口急剧上升，市面上的盐和粮食，开始成为政府和百姓关注的热点。由于信息闭塞，湘、赣、川、桂、滇、黔等地的盐与粮食，无论是市场的收购价格还是销售价格，都出现很大的偏差。这加剧了民间黑市交易的蓬勃发展，也推高了各地方的市场物价，减少了政府的财政收入。赵君迈根据业务需要，为统一各地市场的盐、粮价格，向财政部建议召开湘、赣、川、桂、滇、黔等省盐粮相关负责人会议，以便统一国统区的盐粮市场价格，财政部很快批准了赵君迈的提议，并将会议交给赵君迈所属的湘岸盐务办事处承办。

10 月初，由财政部主办的六省盐、粮会议在衡阳召开，会议的主题是讨论战争时期盐、粮的市场规范问题。作为这次会议的秘书长，赵君迈负责本次会议的一切会务筹备与接待工作，在这次会议的人员接待中，除了有孔祥熙等政府部门要员出席外，赵君迈还认识了他生命中的另一个重要人物——蒋经国。

黄泥冲初识蒋经国

蒋经国，1910 年出生于浙江奉化溪口镇，与赵君迈不仅年龄相仿，而且都有多年留学国外的经历。

蒋经国到苏联留学之初，先是进入莫斯科孙逸仙大学学习，由于思想比较"左倾"与激进，他在学校时还加入了共产党。据《蒋经国在莫斯科》记载，蒋经国在苏联时期，因受家庭出身影响，1931 年 2 月被派到一家叫狄拿马的电汽工厂做学徒，后又被下放到莫斯科附近的石可夫农村劳动，因表现较好，曾被选为村苏维埃副主席。1933 年 1 月，蒋经国被调到埃尔他金矿场，主编当地的《工人日报》，同年十月调到斯夫洛斯克乌拉重型机械厂，任副厂长。就是在工厂期间，蒋经国与苏联铁路工人的女儿，乌拉厂的一位普通女工费纳结婚。两年后，共产国际中共负责人召蒋经国到莫斯科，要他发表谴责蒋介石的公开信，蒋经国在信中毫不犹豫地与父亲决裂。[7]

1936 年，西安事变后，国共两党开始第二次合作。蒋介石再一次以个人名义向苏联提出，让蒋经国回国，终于得到苏方的同意。1937 年 3 月，蒋经国携妻及一子一女回到上海。

蒋经国回国后，立即到杭州谒见蒋介石。父子俩广州一别，一晃就是十二年，当年的懵懂少年，已经转眼成了两个孩子的父亲，父子深情，一切尽在不言中。为让蒋经国多学习一点中国的传统文化，以便了解中国的国情，蒋介石为蒋经国专门开列了一个读书清单，让他回到奉化溪口去，静下心来多读读国学古籍。在那里，蒋经国与张学良不期而遇，二人一同在雪窦寺读书、反省，竟成了后来的一桩快事。

武汉沦陷后，国民政府迁都重庆，蒋经国结束了在故乡的读书生活，与蒋介石同机飞抵重庆。到重庆不久，江西省政府主席熊式辉向蒋介石提出要蒋经国到江西工作，蒋介石认为这个方案甚好，于是，蒋经国开始了在江西新兵督练处的训练新兵生涯。

赵君迈刚开始也与很多人一样，认为蒋经国夫妇从苏联回国不久，就被江西省主席熊式辉聘请为江西省保安处少将副处长，让他负责江西新兵督练处工作，[8]不过是熊式辉讨好蒋介石和宋美龄之举。因为蒋经国历来与后母宋美龄的关系不那么和谐，他到重庆以后，难免有礼数不周的时候，熊式辉将蒋经国要走，不仅还了蒋介石与宋美龄眼前的清静，也让蒋经国多了个历练的机会。

但此说法不过是想当然而已。如果再作些深入了解就会发现，真实的情况远比这复杂。

从江西实际的情况来看，南昌已在薛岳的手中沦陷，江西省府已移到了泰和的上田村。当时江西省政府考虑，如果日军继续溯江而上，泰和肯定不能固守，势必要退居平州。

在这个时候，赣州却出了件大事。赣州专员刘已达在赣州被四个新编保安团的人闹饷打了一顿，刘已达在住院治疗后撂了挑子，江西政府内正没人敢来接替，而这第十九团、二十团、二十一团、二十二团四个新编保安团，也因当地政府久拖军饷，准备投广东军阀余汉谋而去。在这种情势下，江西省主席熊式辉下了一着妙棋，就是请太子蒋经国来当少将保安副司令，这样既向蒋介石邀了功，让蒋经国有了一方用武之地，大家都欢喜，另一方面，又解了江西的人事困局。

蒋经国到江西后，熊式辉将这四个新编保安团的烫手山芋交蒋经国的新兵督练处整训，这四个保安团交与蒋经国后，被调教得有模有样。1939 年 6 月，蒋经国被升任赣州行政督察专员后，才将这四个保安团编为预备第六师，交给第九集团军吴奇伟，蒋经国得以将全部精力，放到新赣南建设上去，安心当他的全职行政专员了。

正是在这个时候，赵君迈在财政部搞盐税改革，操办湘、赣、川、桂、滇、黔等省盐粮相关负责人会议。而江西熊式辉的手上，正有个湘、赣、闽、浙四省盐运督办的职位。熊式辉对盐业没多大兴趣，见蒋经国经常往来江西与重庆之间，而从江西上重庆无论是飞机或火车，都要在衡阳中转，考虑到蒋经国在衡阳行走方便，熊式辉便让蒋经国兼任湘、赣、闽、浙四省盐运督办。于是，蒋经国以四省督办的身份，参加财政部在衡阳召开的此次六省会议。蒋经国到衡阳那天，是赵君迈亲自开车到车站接的，在去黄泥冲的路上，由于性格与志趣相投，两人相见甚欢。

蒋经国虽是赵君迈的同事和上司，但蒋经国刚从国外回来不久，对中国的盐税业务很不熟悉，而赵君迈恰巧是这方面的专家，对如何统一管理江南六省食盐的产、运、销、囤，或在桂林设立江南六省盐务特派员办事处，赵君迈都跟蒋经国娓娓道来，见解独到精辟。两人从盐粮问题谈到个人经历，再谈到事业理想，谈到高兴处，都有种惺惺相惜之感。蒋经国在衡阳的时候，发现赵君迈原来还是位很会带兵的将军。虽然赵君迈现在的盐警队在人数与规模上，与以往的税警总团已不可同日而语，但架势却非常不俗。

蒋经国到黄泥冲住下的那几天，湘中的气候还相当的寒冷，可每天早晨，黄泥冲盐务处的院子里却是一派勃勃生机的景象。他见这么大早的天，一大群青年士兵都赤裸着上身，分成几个小方队在进行早操训练，很高兴。仔细一问才知道，赵君迈虽然工作繁忙，对训练自己的盐警队士兵从来都是抓得很紧，他是用中国功夫的冬练三九，夏练三伏的刻苦精神，来对盐务处警训的官兵进行管理和训练的。赵君迈向蒋经国介绍自己的训练心得，赵君迈说：军人首先要学会跟环境打交道，尤其是跟恶劣环境打交道，才能锻炼出军人钢铁般的身体和意志。

蒋经国对赵君迈所说的跟环境打交道深有体会，他在温泉练兵的时候也是这么要求的。蒋经国将跟环境打交道称之为与自然交朋友，他曾对他的新兵团新兵说："我们要与身边最熟悉的自然界交朋友，像阳光、空气、水都是我们的朋友，我们与自然交朋友的最简单办法，就是要学会与自然这个朋友去对话，用我们的身体去亲近它。"大冷天把上衣脱了打赤脚跑步、洗冷水浴等，都成了蒋经国训练新兵的方法，蒋经国没想到赵君迈这个在美国受过最专业训练的军事专家，也采用这样的方法训练新兵。本来，在训练新兵方面，蒋经国个人并未接受过军事院校的系统专业课程学习，也未进行过正规的军事训练，但蒋经国能将人性化的先进思想融入他的训练体系中来。

比如，蒋经国上任后所做的第一件事，就是在新兵团中倡导连队要做到经济公开，赏罚公开，不准打骂士兵，不准克扣士兵伙食，注意改善士兵生活等一系列有利于士兵的新举措。接着，他深入连队，在军中推行以康乐活动为主题的训练方式，他亲自与官兵一道训练，这样做既调动了官兵苦练基本功的积极性，又活跃了军队中朝气蓬勃的精神气象的训练方式，与赵君迈的海州模式有异曲同工之妙。

蒋经国把他这一段督练新兵的过程，编了一本书叫《温泉练兵实纪》。由于成绩显著，蒋介石还指示一些部队派人到新兵督练处参观。所以，赵蒋两人光从训练新军的角度，就有说不完的话题。

自打黄泥冲六省盐粮会议以后，赵君迈成了蒋经国在湖南最重要的一个联系人，两人的关系从此密切起来。蒋经国每年多次往返于赣南和重庆时，都免不了要在衡阳作短暂停留，蒋经国在衡阳期间，向赵君迈介绍了他建设新赣南的一些做法和思路。也怪，赵君迈这个对政治没有任何兴趣的“臭武侠”，无论宋子文、罗隆基、何浩若等人如何影响，都激发不出他的任何兴趣，倒是蒋经国的“新赣南建设”，那种造福一方百姓的行为，一下点燃了赵君迈的从政热情。为亲眼见到这传说般的景象，赵君迈还专门到赣南去实地学习考察多次。

1941 年 12 月，江西南部遇见历史上少有的严寒，但赵君迈在赣州见到每个人脸上所表露出来的那种如同沐浴着春天阳光的状态，给他留下了极其深刻的印象。

蒋经国向赵君迈介绍他的“新赣南建设”的五大目标：人人有工作；人人有饭吃；人人有衣穿；人人有屋住；人人有书读。[9] 这些简单通俗的话语，让赵君迈一下子明白了什么是政治。政治问题其实就是民生问题，民生问题的关键在民众，一切政治问题如果不能解决民众的民生问题，就失去了基础，便都无从谈起。这些话说来容易，但要真正实施起来却很难，哪怕是一件小事，都会有相当的阻力，这种阻力很可能使全盘计划夭折。

就说蒋经国在推动“新赣南建设”之初，他提出“除暴安良”的口号，向当地黑恶势力宣战，立马就遇到了很大阻力。只不过蒋经国敢于碰硬，敢于采取强硬手段对付邪恶的人和事，短短的时间就让赣南这地方的局面一下子为之改观。这不仅打击了地方恶霸、地痞的嚣张气焰，也树立了一个新的公正廉洁政府的权威，恢复了地方纯朴的民风。因此，蒋经国在赣南博得了“蒋青天”的称号。接着，蒋经国提出严惩贪污，整饬吏治，提倡公仆精神，采取禁烟、禁赌、禁娼等方式改良社会风气，待将地方的社会秩序维护好后，再水到渠成地进行工业、农业改革。

蒋经国在赣南三年建设计划中，建设完成了一批标志性建筑物，像新赣南大礼堂、虎岗中学、招待所、博物馆等，还为地方上发展了一批钢铁、机器、电力等基础重工业和促进农业机械化的工厂与一批新修建的水利工程。虽然蒋经国后来的很多目标计划，因条件不成熟并没有实施，但这一切在赵君迈的眼中，都已是一个崭新的世界，从这时他才恍然大悟，原来政治不仅仅只有灰色的理论，它还能为百姓造出如此炫目的多彩生活。

受蒋经国影响，赵君迈决心步入政坛。他希望在他的家乡衡阳，也创造出一个“新赣南”来。

国民参政会赵君迈参政员

1942 年 7 月 27 日，赵君迈被重庆政府聘为全国第三届国民参政会参政员。参政员这身份在当时可是一种很高的政治责任和荣誉。

国民参政会是中国抗日战争的产物。1937 年上海“八·一三”全面抗战爆发后不久，国民政府为在抗战期间集思广益，团结全国各民族力量一致对外，在翌年 3 月召开的中国国民党临时全国代表大会上，全体会议代表作出了一个决议案，即在非常时期，应设一国民参政会，其职权及组织方法，由中央执行委员会详细讨论后，制定出妥善法规。后来法规规定，在抗战期间，政府对内对外之所有重要的施政方针，在实施前，都应提交国民参政会决议，也就是说参政会对政府所有决策有决议、建议、询问、调查四种权限。

1939 年春，中国国民党临时党代会决定，全国第一届参政会第一次大会，于 7 月 1 日至 5 日在汉口召开。国民参政员的产生，最初时完全出自遴选，后来逐渐发展到除一部分代表为遴选外，其余大部分均由民选。参政会的一个重要议题，就是对于国家的政治体制、重点民生问题，进行提议与监督。比如说在国民参政会第一届第四次会议上，湖南代表左舜生参政员代表青年党与第三党参政员章伯钧等人，提出《请结束党治，立施宪政，安定人心，发扬民力而利抗战案》的议案，[10]而赵君迈的留美同学参政员王造时代表救国会，也要求国民党政府“立即结束党治，实行宪政”。

1940 年 4 月，在国民参政会一届五次大会上，赵君迈的一些朋友如国民参政员罗隆基、黄炎培、张君劢等，提交《中华民国宪法修正案》交会议讨论，这些议案都得到了政府的高度重视与肯定。

赵君迈参加的全国第三届国民参政会，由 240 名代表组成，与赵君迈同时选为国民参政会参政员的湖南省代表，还有左舜生等社会知名人士。[11]1945 年，左舜生和黄炎培等六名参政员代表，曾受毛泽东邀请到延安访问。也就是那一次，留下了黄炎培与毛泽东关于政权周期律的对话：一家、一党、一团体、一国家，都有一个衰亡的周期律。毛泽东当时信心满满地对黄炎培等人说，我们中国共产党已经找到了破解这个衰亡周期律的方法，那就是民主，让全国的人民来监督我们，我们党就永远不会衰亡。

第三届第一次国民参政会原定于 1942 年 4 月 1 日召开，后因种种原因，一再推迟，延至秋天 10 月 22 日，国民参政会才得以开幕。开会时计出席参政员 218 名，占全体人数 90% 以上。赵君迈与二百多名参政员，在重庆军事委员会大礼堂出席大会。蒋介石在开幕式致辞中说：“抗战到了现阶段，一切人力、物力的动员以及战时经济的实施，实与前方作战同等重要。”[12]会上，蒋介石提了政府今后的四项主要工作：第一，改进风气；第二，平抑物价；第三，集中财力；第四，动员人力。

会议通过了政府提交的《关于加强管制物价方案之决议》等提案。参会期间，赵君迈还与宋子文等人，对战时的中国经济问题进行了沟通。会议 10 月 31 日闭幕。

第三届国民参政大会第二次会议，是在第二年的 9 月 18 日开幕的。开会那天恰逢“九·一八”事变十二周年，国仇家恨令赵君迈等参政员都情绪激动，与会代表在重庆集会十日，参政员们围绕原已通过的国民参政会经济建设策进会组织纲要，分别制定了组织大纲及组织规程两项文件，会议还讨论了由参政会组织访英代表团的组织事项，当时，有参政员提出，自从太平洋战事发生以来，中、英、美三个盟国比肩作战后，英国曾派出国会上、下两院议员五人，于1942年组成国会访华团，专程对我国朝野进行考察，并对我中国人民表示友谊与敬意，但我政府尚未礼尚往来。于是，会议决定当年冬日间，即大会于9月27日闭会后，即考虑以中华民国国民参政会参政员为主体，于11月18日由重庆出发，到达英国首都伦敦访问。[13]赵君迈本来是准备报名参加的，但当赵君迈从重庆开完国民参政会议回到衡阳时，内地的抗战形势又出现了新的变化。

随着长沙经过三次保卫战后，武汉、长沙、广州都已经失去了作为全国商业重镇的基本条件，而此时的衡阳却畸形繁荣。由于衡阳流入了大量的各色难民，加之管理不善，导致社会秩序极其混乱。1939年，曾在衡阳做过短暂停留的蒋介石，对当地军政人员的失职所导致的地方风气败坏极为不满，下令时任衡阳警备司令的陈明仁严办失职者，[14]而陈明仁并未准备在衡阳停留太久，对地方治安及其秩序也就并不关心，陈明仁离开后，衡阳秩序更乱。

从当时复杂的抗战局势来看，衡阳非得有一位既熟悉经济，又通晓军事的铁腕人物去领导，方可稳定当地危乱局面。在那种异常险恶的环境下，湖南省主席薛岳，力邀赵君迈一肩挑起衡阳党、政、军一体之重担。赵君迈因受蒋经国建设新赣南的影响，正想有这么一个机会，来打造一个新衡阳以回报家乡人民，于是接受了薛岳的建议。

11月27日，湖南省政府委员会第355次常委会议，全票选举赵君迈为中国南方古城衡阳市的政府市长兼警备区司令。也就是从那一刻起，赵君迈和生于斯、长于斯、聚族于斯的家乡人民，一起经历了中华民族八年抗战中最黑暗也最辉煌的一段岁月。

注释：

[1][2] 东方杂志，1935（10）

[3] 伏笑雨. 赵君迈妙劝戒雪茄. 世纪，2007（5）

[4] 夏远生. 抗日救亡中坚强的老战士徐特立. 红岩春秋，2009（2）

[5][6] 中国共产党新闻网（ccpe. people. com. cn），2009-05-06

[7] 彭哲愚，严农. 蒋经国在莫斯科. 香港：中原出版社，1987

[8][9] 陈朗. 蒋经国及其新赣南建设. 广州文史资料存稿选编. 北京：中国文史出版社，2000

[10][11][12][13] 王云五. 岫庐八十自述. 台北：台湾商务印书馆，1967

[14] 国史馆002010300021057. 蒋中正电责陈明仁等，1939-03-31

第七章

政府在衡阳为救助难民设立的粥厂

拾陆 建设新衡阳

抗战到了现阶段，一切人力、物力的动员以及战时经济的实施，实与前方作战同等重要。

赵君迈将事业投向政治，绝不是一时的头脑发热，而是长期的学识与经验积累，迫使他在民族危亡的关头不容有其他任何多余的考虑。当时，抗日战争已进入相持阶段，经济与民生问题已与前方作战一样，摆在了同等重要的位置。赵君迈从政比他人的高明之处，在于他宽广的城市发展视野和与财经高层直接而紧密的人脉关系。他长期思考所形成的一整套新衡阳建设方案，为他在主政衡阳期间，提供了高标准的发展起点。从整个效果看，赵君迈从政期间所推出的围绕国防、经济和民生等大事所展开的项目，无不都是开风气之先的新潮之举，也都取得了巨大的成功。赵君迈的经济思想与全局性战略眼光，在当时实不多见。

这正如他所言："所谓新潮，不就是新崛起力量对传统势力发起的挑战吗?"

民国三十二年，以脏乱出名的衡阳，变成了全国闻名的小南京，户籍人口数增长为346883人，加上流动人口，总数超过50万，注册工商户4856户，财税收入列入国民政府第二位，[1]仅次于重庆。

这里就是我们的玫瑰园

衡阳，地处湖南中部，古称三湘大地。它的上段湘江上游，湘水向东北流去，与向西北流来的漓水交汇称漓湘；而湘水中游蜿蜒流入湖南零陵，与潇水汇合后为潇湘；湘水下游与蒸水合流向长江奔去，人称蒸湘。数千年来，衡阳这片三江汇流之地，一直是沃野千里水美粮丰，三江四海通达天下。但自从日本人侵略中国以后，从上海、汉口、广州等城市流入的大批企业与难民导致衡阳物质匮乏、失业率居高不下，而衡阳本地官员面临如此危局，一时束手无策，社会治安问题相当严重。不仅如此，在贫病困扰着衡阳每一位市民之际，衡阳的文武官员却生活腐化，纪律散漫，行政效率低下。当时，严重的社会安定问题令莅临衡阳的蒋介石非常震怒，[2]向湖南省主席薛岳下令："切实整顿衡阳文武官员生活行为，安定社会。"[3]

1942年冬，当赵君迈不计个人前程，来到衡阳市就任衡阳市市长兼衡阳警备区司令时，他个人最大的希望，是能对衡阳人民的民生福祉有一个大的作为。上任之前，他也做足了功课，可真当他站在市长这个位置来观察衡阳的一切时，才发现这个城市的气氛有些不对。呈现在他眼前的，是一幅大厦将倾的危乱时局。

街道上，难民、小偷、各种小商小贩、搬运工等将沿途拥堵得乱哄哄、臭烘烘、闹哄哄的。

湘江码头岸边，堆积如山的从北边迁来的工厂设备，就这么露天堆放在那儿，长时间日晒雨淋，锈坏了也无人问津。

在市政府办公室里，留守的公务人员有人在喝茶看报纸，有人在发牢骚大骂前市长的刻薄与无能，有人在起劲地玩着当地的土字牌游戏，堂堂的市政府庙堂之中，竟然被弄得乌烟瘴气。

赵君迈铁青着脸站在办公室内，他很奇怪怎么会这样，按他在军队中的脾气，差不多要拉他们出去关禁闭了。没等他开口问，留守的市政府前办公室主任，毫不客气地将办公室的钥匙和各部门负责人的名单、联系电话，一齐交给了赵君迈，说要没什么问题就准备马上离开了。

“离开?”赵君迈问那位前主任，“为什么会有这样的想法?”

主任回答说，他们对衡阳市主要政府官员的这种候鸟似制度，很不认同。两年之间，竟然换了三任市长，这哪里能做什么事，大家都感到在这里工作没有意义，是在浪费时间。

赵君迈一听是这么回事，绷紧的表情舒展开来，接着问了一句：“有什么比这里更好的打算吗?”

回答说是久慕江西新赣南的名声，那边正推行新人、新政，他们几个同志都准备办了交接手续，一起上赣南去。

赵君迈一听到这儿，高兴地笑了，连连点头说：“好极了，真的是好极了!经国是我的好朋友，经国先生在赣南做的事情正是我赵某在衡阳要做的，你们了解新赣南的情况吗?”

这下轮到那些留守的政府人员一脸茫然。

“我刚从赣南回来”，说着赵君迈伸出五个手指头，一个个地掰开来解释经国先生在新赣南的计划中，要在三年内争取实现的五大目标，解释完后告诉大家，经国先生的目标也正是我赵某人的理想。

赵君迈认真地告诉他们，追求理想并不一定要去那么远的地方，因为这里就是玫瑰园，这里具备超常规发展的天时、地利、人和等一切有利因素。在上海、武汉、广州等工业城市陷落后，衡阳在大后方的城市中，已有机会成为仅次于重庆的工业中心城市。目前，上海、武汉等沿海城市的先进设备与优秀人才正迅速地向衡阳聚集，再加上衡阳正在迅速发展的金融市场，这就是衡阳发展的最佳天时。

而地利方面，衡阳不仅有连接东西、横亘南北的重要铁路、陆路与水上交通，还拥有特殊战略地理位置的航空机场，衡阳机场还是整个东南与大西南空军基地的中转联络站。这样重要的战略地理位置，使衡阳在中国的地缘战略中，既担负着湖南九战区、五战区与西南的连通和屏障作用，又对国统区起着连接皖、浙、赣三战区的物质聚集与分散作用，其立体的水、陆、空码头，是衡阳发展的最佳地利。

再说衡阳发展之人和，衡阳有丰富的物产与人口资源，正与上海、北平、武汉和广州等城市南迁到此的各专业人才，形成历史性大融合。在这样的大背景下，赵君迈的理想，就是用不了多久，衡阳既可能成为中国上海之第二，又不难成为中国重庆之第二。

赵君迈对衡阳发展大势的分析，让原本无精打采的留守官员一下子焕发出新的活力。从这一刻开始，一场从官场悄然而至的革命开始迅速地推向整个社会。

新市长来了，新市长赵君迈来了！新市长上任的消息不胫而走，衡阳市的各种渠道都开始异常忙碌。

赵君迈上任的第二天，衡阳市社会各界代表和前市政府主要官员，在市政府招待所为衡阳市新选出的市长赵君迈举行一个盛大的欢迎联谊会。[4]在联谊会上，赵君迈向衡阳的父老乡亲作出庄严承诺：我赵君迈要做一个清廉之官，如果我赵某妄贪衡阳人民一钱，妄为不利衡阳人民一事，任何衡阳人民都可对我赵某得而诛之。

赵君迈先开门见山地表明自己的廉政决心后，才进一步向各界阐明了他的施政纲要。一句话，就是要把衡阳人民的民生问题作为建设新衡阳的第一要务。赵君迈之所以要这么做，是中国进入抗战时期以来，他切身感到中国百姓都生活得太苦了。

赵君迈上任前，省主席薛岳曾对赵君迈提出了要让湖南人民“安、便、足”的施政要求。赵君迈在薛岳的“安、便、足”基础上做了进一步的发挥，赵君迈在现场告诉大家，安，就是要让生活在衡阳的每一户百姓家庭，安居、安业、安心；便，就是衡阳政府的一切措施，都是为了在这个非常时期，达成便民、便国、便战之要求；足，即是要使衡阳成为足食、足兵、足智的富饶之地。他认为一个负责任的政府领导，如果对地方的老者和病人不能照顾，对青壮年不能提供工作机会，对少年儿童不能解决基本的教育问题，而听任无保障的阴影笼罩每个家庭，那作为市长的赵君迈就是一个彻底的失败者，他所领导的地方政府就是一个失败的政府，是一个不应该存在下去的政府。

对联谊会上赵君迈的表态，很多士绅乡贤都以为，新市长不过是在说些官场的套话，图个口头痛快而已，先姑妄听之。但接下来，当赵君迈具体明确地说明，他上任后将重点狠抓城市三化问题时，现场的嘈杂声突然静了下来。

赵君迈在日本、美国求学时期，曾系统地深究过其政府的富民强国之道。他认为欲求民生福祉之有效，必先实现城市基础设施之三化，那就是城市发展的公路化、工业化、电灯化。公路化，它是任何一座城市繁盛的基础，要想富先修路，衡阳的地缘地位本不在全国其他大城市以下，如交通得以扩展，于其商业发展，不异于如虎添翼；工业化，则是强国富民之本，要提高衡阳人民的生活品质，工业是不可缺失的重要前提；而电灯化是城市文明与现代化程度的重要指标，是振兴衡阳工业，确保人民生活幸福的重要基石。赵君迈在和衡阳市社会各界代表的交流中，将自己毫无保留地推向了舆论的靶心，表明他不准备给自己留有后路的决心。

事实证明，赵君迈不遗余力推动的衡阳城市三化发展，不仅为衡阳在战争时期的工业发展解决了交通、能源、电力之基本需求，也让地方百姓享受到了短暂的繁荣。

联手财政部，成立银钱放款委员会

赵君迈上任之初，是整个中国百姓的生活面临最严重威胁的时候。

在北方，汤恩伯部在黄河花园口炸开堤坝以阻碍日军前进，造成近百万百姓的死亡和连续数年的灾荒。1942 年和 1943 年，由于汤恩伯部在河南扰民过度，当地民谚将之称为水、旱、蝗、汤四害，汤，即指其汤部。水灾过后，北方的大饥荒又饿死数百万人民，这导致北方敌占区的百姓开始出现人吃人的现象，也逼迫着大量当地百姓向南方迁徙。

而在南方，随着战线的不断收缩，上海、武汉、江浙等地区的企业，也都开始向衡阳这弹丸之地汇集，这直接导致当地百姓赖以生存的各种生活资源急剧萎缩，整个衡阳的社会问题如同一团乱麻。在众多复杂的问题中，最棘手的事情是如何处置这批内迁工厂。当时一大批南迁的企业经过多重打击之后，已经无力折腾，只能将大批先进设备放在衡阳的码头上日晒雨淋，等待衡阳的相关部门提供帮助。

但衡阳的相关部门也有自己的难处，在这个非常时期，衡阳市的物资、资金都奇缺，衡阳本来就僧多粥少，外来企业要与本土企业争饭吃，本土企业将怎么办?

比如说上海卷烟厂和上海华成电器厂，他们进入衡阳时就跟前市政府工业局联系，提出明确的条件，要他们这些企业留在衡阳的话，就需要对他们的企业给予贷款方面的大力支持，而他们所提出的资金缺口，足以维持衡阳的数十家中小企业。工业局负责人认为，衡阳工业相当薄弱，现在需要政府帮助的企业那么多，本地的一些企业都无法顾及，怎么可能帮这些外来企业输血。真要帮的话，外来企业发展了，很多本地企业因竞争不过他们，却被淘汰掉了，得不偿失。所以，工业局负责人不主张帮扶这些外来企业，怕他们把衡阳原有的企业发展秩序搞坏了。因为内迁企业的问题由来已久，一大批外来的企业和商家都以为企业遭此大难，可真的要完了。

赵君迈在了解到里里外外的各方面详细情况后，对市政府相关部门提出要从高处看，更要从远处看，要无条件地帮扶这些外来企业。

赵君迈所说的从高处看，就是衡阳市民和北迁企业所面临的问题，是共同的困难，这些外来内迁企业的命运是我们中华民族每一个成员的共同命运，身处后方的每一个市民都有义务帮助它们。早几年在上海参加淞沪抗战的时候，赵君迈曾亲眼见过抗战期间中国民族企业大规模内迁时的艰辛。这些从上海迁移出来的企业都抱着一个念头，就是想这设备怎么着也不能留给日本人，等他们好不容易把这些设备弄出来迁到汉口，可汉口不久也被小日本给占了。武汉危急，国民政府下令拆迁武汉所有的工厂，规定各类工厂不论大小，凡对后方军工、民生有用的一律内迁，来不及拆迁者一律炸毁。

由于战争初期政府没有认真研究工厂内迁的目的及其布局规划，加上迁厂资金紧缺，使很多企业在作出迁厂决策时犹豫被动，直到日军的空袭炮击开始后，临战地区绝大多数工厂都未能迁出，有的遭到破坏，有的落入敌手，抢迁出的工厂、设备很少。即使已被拆迁出的工厂，在内迁途中机器材料也损失惨重，给中国的民族工业带来了灾难性的打击。现在，这些外来企业好不容易到了衡阳，在他们最困难最需要帮助的时候，衡阳政府没有不帮他们的理由。

从长远看，作为市长的赵君迈认为，此次大规模的工厂内迁，将上海等地的新式工业设备大量内移，为衡阳迅速建设成为中国新的工业基地奠定了门类齐全的基础与发展框架，所以，政府现在给内迁企业施以援手，在帮他们的同时也是在帮自己，这对衡阳的工商业发展大有好处。比如在这些内迁企业中，包含了金银首饰、纺织服装、钢铁、百货、糖果烟酒等社会所需要的各门类企业，这些企业很多都还是上海、武汉、广州的优秀企业和名牌产品。赵君迈认为，要真心地帮助这些内迁企业，不仅要救他们的眼前之急，更要解他们的长期之贫，而解他们长期之贫的最好方法就是让他们能用自己的资源生产出新的财富。

赵君迈提出要救助这些外来的内迁企业，归根结底，还是回到了一个重要的问题，这就是钱的问题。钱是工业的血脉，钱从何来，如何处理这一大笔企业资金的问题，就成了检验赵君迈工作能力和方法的试金石。

赵君迈经过认真研究，决定先抓住衡阳经济问题这个牛鼻子，从衡阳市的金融改革入手，在衡阳市率先提出与政府财政部合作，成立一家专门为企业进行融资的银钱放款委员会。[5]

抗战时期，由于中国的资本缺少有效的投资渠道，银行的业务主要是以储蓄和转付资金为主，这点，赵君迈在上海淞沪抗战期间就深有体会。当时，所有参战部队的银钱往来非常频繁，外面的捐款是通过银行汇进去，而接到捐款的军队要将现金汇出来，一来一往间，竟成了银行得以生存的大单业务，但这种业务的局限性也越来越明显，就是银行和拥有大量资本的个人之间的投资渠道不畅。

上海、武汉、广州沦陷后，衡阳成了金融家们的必守之地，国家和各省市在衡阳开办的银行，有大小二十九家。其中，国家银行在衡阳开办业务的有七家，像中央银行、中国银行、中国农民银行等，在衡阳都设立了分行。另外，各省市地方银行有九家，湖南、湖北、广东等省的银行都在衡阳设立了支行。私人开办的商业银行也有十三家，江西实业银行、福建的聚兴诚银行、重庆的金城银行、上海的商业储蓄银行等私人银行，都在衡阳设有机构，而复兴实业银行还将总行设在了衡阳。

赵君迈很清楚衡阳所面临的问题，一方面是缺钱，缺大笔的钱，而另一方面，就是全国的各大小银行都积压了大量资金，只是这二者中间，缺乏一个强势的、可信赖的担保机构。于是，赵君迈上重庆找财政部部长孔祥熙，提议双方合作，在衡阳成立银钱放款委员会，名义上直属财政部，通过政府出面担保，安排银行给企业低息贷款，专门来解决企业贷款和融资问题。

孔祥熙很高兴，这不也正疏解了他财政部的资金问题吗？

中国首家银钱放款委员会，很快就在衡阳成立。银钱放款委员会成立后，不仅整个衡阳地区的金融市场活跃起来，而且全国的金融市场都被带动起来。

当年在衡阳，金融市场财力之雄厚，仅次于陪都重庆。

除国内一些大型内迁企业在衡阳得到了银行贷款外，一些中小企业也得到了大额贷款。几位药店老板和几家五金行老板在衡阳得到贷款后，从香港运回了大批紧缺西药及五金器材供应衡阳市场，不仅他们自己赚了不少钱，也为衡阳市场提供了一大批战时稀缺的军需商品，像盘尼西林，这可是很多地方有钱都买不到的东西。

市场的活跃反过来又促进了金融市场的发展，国内一些优秀企业像四川民生航业、天津久大盐业和中国旅行社，这些全国最负盛名的企业，也开始与衡阳市的各大银行洽谈投资的事宜。他们将巨大的闲置资金投向衡阳，使衡阳的金融市场开始向更大规模发展。赵君迈也借此融资机会，将城市发展中重要的电力、煤、矿产等基础工业由政府接管，使之进入规模经营之轨道，如赵君迈与政府资源委员会合作，将湖南电气公司改建为衡阳电厂等一批优质项目。[6] 待一切基础工作铺垫完成后，赵君迈为彻底解决衡阳百姓的民生问题，冒着巨大的社会压力，点燃了新官上任的三把火。

第一把火烧向工业，首先保证机器转起来；第二把火烧向商业，实现大流通环境下的人、财、物聚集；第三把火烧向农业，率先在全国实现耕者有其田。

这三把火也是赵君迈所推行的新衡阳计划的重要内容，短短大半年时间，衡阳原有的落后面貌被彻底改变了。

三把大火，烧热衡阳的工业、商业、农业

衡阳市银钱放款委员会将衡阳的金融市场激活后，内迁企业钱的问题是解决了，却还不能充分保证衡阳所有的机器都转起来。作为地方政府的主要领导人，赵君迈接下来还有一个问题，就是内迁企业在衡阳的生产用地问题。为此，赵君迈曾亲自规划并撰写了《衡阳市辟建城北工业区，城南新市区规划书》，对衡阳进行全面改造，后来在全国引起很大反响。赵君迈在解释为什么要对衡阳进行全新的城市建设改造时说：“衡阳古城，向由逐渐增长、自由发展而成，以致规模简陋布局零乱，自民国三十一年改市，已完全不适应新时期工业农业及商业发展。”赵君迈的新城市建设，充分考虑了城市布局的科学性。在做辟建城北工业区规划时，赵君迈曾多次亲临现场勘察。

赵君迈之所以选择将合江套地区设为工业区，一是考虑环保，合江套地处湘江下游，且合江套处在衡阳常年气候特点的下风区，不仅可以减少市内空气污染，也对市区饮水水源无害；二是考虑合江套地势比较平坦，建厂房比较方便。赵君迈亲自去勘定过，合江套地区可供建厂用地面积约三千多亩；三是交通方便，工业区的范围东临湘江码头，南达火车站，西接衡宝公路，北接衡长公路，产品出入非常通畅，是一个被立体交通网所覆盖的新型工业区。

衡阳合江套工业区一成立，赵君迈立即督促湖南祝家山发电厂先行进入，将工业区用电、供水一解决，北迁企业进入后很快就能将机器运转起来，实现快速

盈利。像工业区新建的国泰颜料厂、新生化工厂、上海老飞马卷烟厂、无锡福泰铁工厂、强力电瓷厂、上海麻纺厂、华成电器制造厂、兴中工程公司、福新机械厂、立达机器厂、湘衡机器厂、民生工厂、中州棉织厂等几百家大中型企业，这批企业在上海和汉口时就都是一流的企业，他们内迁到衡阳后，缺的只是生产要素，这些生产要素通过赵君迈给配齐以后，生产的商品很受市场欢迎，企业赚到了钱，不仅带动整个衡阳的城市劳动就业，还为当地企业培养出了一大批掌握先进工业技能和企业管理理念的人才。这大大推进了衡阳的工业化进程，推动了衡阳的工业发展。

经过赵君迈一年多的努力，在最短的时间内将衡阳建成了一个全新的工业区。1943 年，在衡阳市商会登记落户的外来商业企业达到六百多家。衡阳成为战时中国工业部门最齐全、工业种类最多、工业规模最大的综合性城市。

拿衡阳的棉纺织业来说，湖南为抗日后方四大产棉区之一，纺织业一直是湖南的支柱产业，但自长沙成为一线战场以后，衡阳的纺织业就成了整个湖南的顶梁柱，衡阳本来原材料就很丰富，经营棉布发家的商家不在少数，“李亨泰”、“蒋万兴”等都拥有数十万银元的资金，还有号称棉纱大王的“戴荣庆”纱号，积累百万资财的“谦记绸布号”等。当衡阳的原材料与上海的纺织工业设备和技术人才接上轨后，就将各自的潜能全部释放出来。当年中国抗日前线和大后方对纺织品的需求量都非常巨大，衡阳生产的纺织产品，为整个抗战后方的赣、川、黔、桂、滇诸省提供了重要物质支持。

赵君迈将企业生产迅速恢复起来后，接下来便是要物畅其流、扩大内需，将低迷的城市商业网点、店铺都搞活起来，赵君迈将第二把火烧向衡阳商业。

衡阳过去最繁华的城市中心区，在城北道后街和五显街这地方。这两条街作为衡阳最古老的街道，都有共同的优、缺点，都是古老的街道，也都是路面狭窄的石板路。当地居民有个习惯，尤其是夏天，喜欢吃饭的时候将饭桌摆到门前的路边，一家之主在桌前坐着，喝上几口小酒，边吃边邻里间聊着天，一旁家庭主妇在厨房与饭桌间忙上忙下地端菜上饭，每个家庭都显得其乐融融。有些家庭的孩子们也只有在这晚上吃饭的时间，才能见到父亲和兄长。一家子聚到一块，虽说也是这城市每一个家庭最温馨最热闹的时候，可这家庭气氛对市容而言，就显得有些零乱，就好像这石板路虽好看，但平常只能走人力黄包车，市民去火车站都很不方便，更不用说大规模的人、财、物聚集。

赵君迈想将道后街与五显街这片市中心最繁华地段划为衡阳新市区的城市中心。由道后街这里开辟出一条大马路，使之成为衡阳市的中轴线，直接通往火车东、西两站。再将新的衡阳市政府大楼和中央银行衡阳支行、农民银行、中国银行、复兴银行总行、福建省银行、鸿兴银号、省民生日用物品购销处等市内重点商业企业，加上大东华门一带原有的电影院、舞厅、照相馆等时尚娱乐场所，都设在此沿线的路上，专供商业及住宅之用。

刚开始，赵君迈把想法一提出来，就很快遭到了下属的反对。在衡阳市政府办从事市政建设多年的前路政局负责人对赵君迈说，衡阳的市政工作有两个挡路虎，一是钱，无论是旧城改造还是新城建设，修路、拆屋、建楼都需要大量的钱财，可历届的衡阳市政府，还欠了银行几百万的债务都没还上，哪有闲钱来建新城区；第二是市民反对，我们衡阳市路政局在以往的城市改造公路交通建设时，想修通一条道后街到中山北路的马路，可人刚到，就遭到市民的集体阻拦。

赵君迈想不明白，这办市政是好事情，怎么会遭到市民多次的集体阻拦，他决定亲自去探个虚实。几天后，赵君迈带着市政府相关部门负责人到老城道后街，实地考察衡阳老街情况，就在赵君迈等人在旧城区街道比划的时候，一大群附近的居民都围上来理论。

“凭什么拆我们的屋?”附近街道的市民有的拿着木棍、有的拿着扁担，纷纷围了过来。“不许拆，不许拆，哪个拆我们跟哪个拼命!”市民们很激动，一下子将赵君迈他们团团围住。

赵君迈问百姓们理由，为什么不让拆?

一个市民代表站出来说：“我的屋房一不漏水，二不挡道，你们凭什么拆我的屋?”还有人说：“拆我们的屋不赔钱就算了，还要我们自己出拆迁费，哪有这个道理?”

赵君迈问原来的路政局负责人，你们以前拆市民的房子，给过市民补偿款吗？路政局负责人说，我们哪来的钱去补偿？我们只是减少了他们大部分公路建设费，允许他们在原地再建房。

赵君迈一听就明白了，各位乡亲之所以不愿意让政府拆他们的房子，是因为前面市政府的市政工作伤了百姓的心。以前政府拆人家的房子，没给百姓补偿，让百姓蒙受巨大损失，百姓本来住得好好的，现在不仅平静被打破了，还给自己找了个大麻烦，百姓当然反对。

赵君迈认为乡亲们说的意见都很有道理，仔细分析，百姓也不是真的要阻止政府建新城区，而是政府在建新城区的过程中，没有过多地考虑过百姓的利益。百姓的要求其实说来也很简单，拆他们的房屋，至少得给他们基本的补偿。如果政府工作人员在拆房时，把工作做细，跟百姓解释清楚拓宽街道的目的，告诉他们将来街道宽敞了，街上汽车和行人就会多起来，人多了街市就会更繁荣，买卖好做了，大家的房子也会更值钱，到那时，街坊们都赚到钱，也就不会有人再有意见。为充分尊重百姓的意见，赵君迈代表政府向在场的乡亲们保证，在没有给他们满意的答案前，市政府不会拆他们的房子。

回到市政府，赵君迈组织路政的同志继续开会研究，会议一开始，还是钱的问题，市政工作钱从哪来？路政局负责人甚至说，有“钱”这只拦路虎拦在那，我们路政这一块是动一下都很难。

赵君迈一听这话气就大了，这旧城改造在美英等工业国家是最平常不过的事情，在这里怎么会变得如此之难？他感觉衡阳很多官员思想太僵化，解决问题时脑筋太死，赵君迈问路政局负责人，拆五显街和道后街两地，再加上建一条马路要多少钱？回答说：“好几百万!”

赵君迈接着问：“你将马路拓宽后，这条街能多出多少建设用地?”

路政局负责人：“少说也得多出上百万平方米吧。”

“看，问题就在这儿”，赵君迈拍着桌子说道，“你把这上百万平方米的黄金宝地，卖给有钱的商家，能卖出多少钱?”

路政局负责人一下子口都张大了：“这可以吗?”

“先不管可不可以，如果商家愿意出钱，你们拿商家出的钱，去加倍补偿原来的百姓，还会有什么问题吗?”

经赵君迈市长这么轻轻一点拨，衡阳市城市改造中多年积存的老问题，一下子全解决了。

为使衡阳新城市计划快速实施，赵君迈对路政局现有人员和部门进行了必要调整，将原来的市政府路政局分拆为二：一块为市工务局，其职能是负责旧城区的改造，简单说就是只管拆；一块为地政委员会，负责市政道路交通和新城市发展建设，其职能就是只管建。两条线一分开，效率明显提高。

由于人、财、物迅速集中，战时的衡阳建设以惊人的速度发展起来。郊外的洋房一批批盖起来了，市区的高楼一栋栋建起来了，工厂商场也一家家开起来了。当时，政府资源委员会的大型企业如湖南电气公司、中央电瓷制造厂等一批国资大企业，都在新的衡阳市府正街旁购置了大量土地，[7]中央电瓷制造厂还将沅陵分厂整体都搬迁到了衡阳。[8]

1943 年春节前，衡阳市中轴路线上的柏油马路铺设完成；3 月，湘江铁路公路大桥举办开通典礼；4 月，衡阳市新的市政大楼在道后街落成；5 月，为美军飞行员所建设的高级会所红莲社竣工。

赵君迈在城北道后街和五显街这块地方完成新建目标以后，还将原中心的一条古街道，专门辟为衡阳市的小吃街，由市政府提供给从后方到衡阳避难的各地难民，经营小吃摊生意。

这古城衡阳的男人们本都有个多年养成的老习惯，喜欢到茶楼或是小酒馆里小坐一会儿，谈点新闻，商议一下哪家的满哥、满妹的婚姻大事，甚至天南地北的生意，同事之间的恩怨，都喜欢当成消磨时间的下酒料。这下经过赵君迈的大力推动和相关的政策扶持，小吃街一下就火了。

夜晚，衡阳小吃街灯影闪烁香气四溢，招徕着南来北往的行人，而品种真可谓荟萃了全中国东、西、南、北之精华，像什么杭州酒酿小汤圆，东北小鸡炖蘑菇，无锡陆稿荐卤肉，北京的六必居酱肘子，还有南京的盐水鸭，上海的蒸虾饺，广东的叉烧包，都能够在衡阳的小吃街品尝到。

一条小小的小吃街，既为难民们在衡阳提供了一个自食其力的谋生机会，还为当地的美食生活增添了丰富色彩。但一条小吃街能解决的难民问题毕竟有限，衡阳市雁峰寺的大雄宝殿外，依然还常有一群流浪到此的难民，手拿着碗在庙前的施粥锅前排起长龙，等待寺中老僧手执长勺，为他们打上一勺清寡的稀粥。

饥饿，是人民最无法忍受的一种苦难，也是政府必须优先解决的一个重点问题。当年与衡阳同时代的昆明，之所以饿殍遍野，有钱都很难买到粮食，最后闹得连闻一多这样的文弱书生，都从书斋中走出来，不顾性命地走上街头，就是因为整个昆明市在粮食问题上出现了严重失衡。闻一多先生当时有一句名言：“饭都吃不饱了，还呆在书斋干什么?”所以，赵君迈深知无工不富、无商不活、无农不稳的道理。在任何时候，让百姓们吃饱饭，不是一个空幻的政治口号，而是一个实实在在的民生问题。

1943年春节将至，赵君迈为使流落衡阳市的难民，也能过上一个热闹祥和的春节，由衡阳市政府出资，决定给予难民部分临时性的资助，凡流落衡阳市的难民，只要出具当地的有效户籍证明，大人就可得到法币五元、小孩就可得到法币一元的救济金。当时还闹出了一个小插曲，有一对父子叫蒋正明和蒋敞冲，说是蒋介石的亲戚，要多领钱财，而且还四处诈骗。赵君迈与蒋经国是好朋友，听说这事后感觉影响很不好，将这对父子做了专门的安置后，向蒋经国发电求证。[9]蒋经国立即回电赵君迈："亲族之中并无蒋敞冲之人，即是亲族，亦断不许在外招摇，切要严办诈骗犯。"[10]赵君迈对这对父子进行了严肃教育后，将他们放了。

通过此事件后，赵君迈希望为这些无本钱、无手艺、无经营能力的难民提供解决他们吃饭问题的办法，而为这部分人解决困难，最终的问题还将涉及土地问题。中国是一个农业大国，全国各阶级所遭受的痛苦，以农民为极致，农民问题是中国的政治人物谁都无法回避的最大的社会问题。数千年来，农民在面朝黄土背朝天的生活状态中，养成了对土地的极度依赖，那种像山泉水一样只要不惜力气，就能年复一年地获取收成的快感，是他们能够得以微笑面对明天的物质保障。农民们在面对土地时，不会跟你讲什么大道理，但他能直指问题关键，告诉你说："看，地就摆在你面前，你能天天看到他，强盗抢它不到，小偷偷它不走，而人死后，还能将它传给后代。"

在农村，对于农民而言，土地就是一根命运的绳索，牢牢地套在他们的宿命上，他们一生下来就让老天爷照看着，从生到死，他们以有一块属于自己的土地，并终其一生而倍感幸福。但战争不仅剥夺了大部分农民赖以生存的土地，也给数以百万计的中国农民带来了严重的生存危机。据国联善后救济总署给赵君迈提供的一个保守数字估计，全国至少有200万人极度需要粮食救济，如果得不到援助，他们将会在两三个月内死去。[11]

当时，衡阳担负第九战区几十万军队的粮食补给任务。作为地方政府，为军队提供军粮是一个必须完成的任务。军队买粮的价格远远低于市价，而且，大部分情况下都还是没钱给，像驻扎在衡阳境内的第十军，其粮食与补给都是就地取材。

因此，社会各方面的沉重负担，逼使衡阳市市长赵君迈要通过新的政治手腕来解决农民在土地冲突中的话语权。从这个意义上说，赵君迈能让生活在战争时期的当地五十多万人口，过上了几年衣食无忧的生活，这就是一个政治家最大的功绩。要做到这一点，真的很不容易。

赵君迈上任之初，曾以衡阳市政府的名义发布通告，允许本地、包括外来难民在衡阳郊外开垦荒地，并承诺谁在衡阳郊外开垦的荒地，地就算是谁的，政府还给每户垦荒者发放小额生产启动金，既不需要利息，也不用抵押品。消息一出，衡阳市的郊外掀起了一股难民开荒潮。这种因土地所有权而调动起来的那股农民自发的生产积极性，让赵君迈深受触动。不久，赵君迈将衡阳市郊的酃湖镇单列出来，由政府出资，收购当地地主超出平均地权的那部分多余土地，再将这些土地以最低价格卖给无地农民，无钱赎买的农户，由政府提供无息贷款。赵君迈希望通过农业区平均农民地权的试验，将土地还给无地农民，最终实现耕者有其田的目标。赵君迈这种对农村土地产权所进行的深度改革，对中国社会农村土地制度而言，是一个划时代的进步。

首开农民自助银行，实现耕者有其田

赵君迈之所以敢率先在全国进行如此具有颠覆性的试验，是基于那个特定时代所具备的三个历史条件。

第一个条件，是残酷现实逼迫。赵君迈深知，如果要组织有效的行动并达到目的，必须对社会制度的优劣进行细致的分析，扬长避短，尽量同社会的目的与需求结合起来。

一直以来，中国土地的社会制度与功能的目的性都是十分明确的。食品占了普通农民家庭生活开支的八成以上。从 1942 年末赵君迈实施新衡阳建设以来，由于农产品价格上涨，使一批拥有土地的自耕农或是地主的生活状况开始改善，尤其是大地主更趋富裕，而大部分无地农户则日益贫困。由于农村贫富差距在不断扩大，很多农民的吃饭问题仍然未得到彻底解决。这让赵君迈有些不解，为什么米价上涨了 50%，而大多数农民却没有得到实惠，有的人甚至饭都吃不起呢？赵君迈通过调查发现，这批农民根本没有多余的稻米拿到市场上去销售。农民要享受粮食价格上涨带来的好处，只有拿出他们口中省下的一些粮食去卖才能实现，但通常情况下他们很少有多余的口粮能拿出销售，即便有少量的粮食，也是在收获后不久便急于出售，因家中等着用钱，因此无法得到更高的价格。

大地主却不存在此类的问题，他们不仅手中的粮食多，而且在价格不满意的时候，可以囤积不进入市场，直到市面价格上升时才出手，这样当然能等到非常好的价格出现，但要做到这一点，他们需要拥有充足家底，可保证他们的家庭在无任何收入来源的情况下生活好几年。这问题的实质就是土地问题，这使没有土地的农民对耕种的积极性越来越低，年轻人开始逃离农村，而农村劳动力的减少又加速了米荒，这种消极的农业趋势，让衡阳产生了三个方面的巨大矛盾：一是大地主抱怨雇佣劳力短缺；二是一大批佃农包括北迁难民则向政府反映无地可耕种；三是粮食减产，又给百姓吃饭、军队吃粮带来巨大的社会隐患。这种社会的现实隐患逼迫着赵君迈必须拿出切实可行的办法来。

第二个条件，是赵君迈已经掌握了实现耕者有其田的可操作性理论。

19 世纪末，土地改革或是土地革命已成为全世界许多国家和政府改善与农民关系的主旋律。我国民主革命先行者孙中山先生，很早就看到了解决土地问题的紧迫性，他曾于 1894 年在《上李鸿章书》中，就向中堂大人提出在中国实现耕者有其田的建议。1905 年 8 月，孙中山、黄兴、赵恒惕等人在同盟会的成立宣言中，正式提出“平均地权”的主张。1924 年 8 月 23 日，孙中山应毛泽东之邀，在广州农民运动讲习所的演说中，再次明确提到要在中国实现耕者有其田，由于孙中山先生的英年早逝，他的良好愿望未能实现。

1933 年 1 月 8 日，赵君迈的朋友萧铮等人，在南京发起成立中国地政学会，开始专门致力于研究中国的土地改革问题。四年后，萧铮在青岛召开的中国地政学会第四届年会上，提出一个新设想，说要在中国实现耕者有其田，必须先设立土地银行，以解决农民赎卖土地过程中的资金问题。[12]萧铮的想法在 1941 年得到政府相关部门的支持，中国农民银行根据他的提议，正式成立土地金融处，并指定湖南为业务试办区之一，办理农民为兴修农田水利的放款及扶植自耕农放款，这为赵君迈在衡阳实行的农业改革，提供了重要的理论和资金支持。

第三个条件，是赵君迈找准了进行农业土地改革实验的最佳土壤。

熟悉中国国情的人都知道，中国农村最原始的团体单位是村落，由部落进化而来，每一个村落都是一个相对封闭而独立的王国，他们世代聚族而居，而比村落更大一级的单位是乡镇，赵君迈之所以要选择乡镇来做土地改革的试点单位，是因为乡镇具备社会构成的所有基本要素。

酃湖镇地处衡阳市东郊，东抵泉溪市曾家码头，南至湘江北岸边，西抵江东岸区路里湾塘，北至耒河口，全镇呈椭圆形，东南北三方均为山林，只有西面是平地。当时，全镇分为十四个保，有耕地 16708 市亩，其中水田 14865 亩，旱地 1843 亩。

镇内有一河一湖。一河，人称耒河，由南向北，经泉溪市、茶山坳折向西，经耒河口流入湘江；一湖，名叫酃湖，是衡阳城的母亲湖，坐落在酃湖镇镇中心，有 2200 多年历史，酃湖也由此得名。

酃湖虽比不上洞庭湖大，但光水面面积就有约 67 亩，酃湖湖水清澈，最大的特点是湖面地势低洼，雨季积水后难得排出。据说十年当中，难得有一两年不遭水灾，当地农民有句民谣道："酃湖三年不浸水，狗都不吃屎。"这从侧面反映了酃湖虽然土地肥沃，却长期如同一块鸡肋，让百姓食之无味，弃之可惜。因为，水稻虽说最需要的东西是水，但水太多，水漫过稻眼，水稻又会被淹死。

这使得整个酃湖镇的居民在职业选择方面，除农业外，还得依靠手工业或是商业来弥补。但商业方面也只有茶山坳的商店规模较大，曾家码头次之，其余玄碧塘、牛皮塘、湾塘、朱家河边等处只有零星几家商店。酃湖的工业基本上是空白，全镇只有酃湖的湖边，有酒坊十多家，利用酃湖之水酿造的湖之酒，虽口碑誉满三湘，但由于是以稻谷酿造，而酃湖每年早稻常遭水灾，大水过后又难有收成，这让湖之酒的规模一直受到限制。

赵君迈之所以将酃湖镇辟为农业试验区，正是充分考虑了这一点，政府付出的成本代价最小，而取得的社会收益巨大。赵君迈在下决定之前，已通过实地调查得知，酃湖的水涝问题是完全可控的，而酃湖的水涝问题得到解决后，酃湖镇将成为最适合农业耕种的肥沃之地。

1943 年初，赵君迈认为实现孙先生遗教的时机已经成熟，他让市地政科研究并拟定实施计划。在做计划前，赵君迈给地政科的同志明确三条原则：首先是要明确特定范围，是在酃湖镇开辟扶植自耕农试验区；其次，是要在酃湖镇及其附近兴修大型酃湖水利工程；第三，则是土地所有权分配给农民后，在酃湖镇设立农民新村试验农场，由政府按市场价格，统一收购农民的农产品，以保证衡阳市场的粮农产品供应。

地政科在此原则上作出详细计划后，赵君迈亲自呈报给湖南省政府主席兼第九战区司令长官薛岳，得到薛岳的赞赏和批准。

1943 年春节刚过，赵君迈将衡阳市地政科升格为市政府地政委员会，亲自挂帅任主任委员，主持衡阳耕者有其田的扶植自耕农计划。

赵君迈先找到衡阳市农民银行，时任衡阳农民银行土地金融股主任的是地政专家刘承章。他对赵君迈决定在酃湖区办扶植自耕农试验区的事情非常重视，主动提出衡阳市的土地改革和水利工程两项工作所需经费，均由农民银行提供贷款支持。有了资金的支持，赵君迈又联系省建设厅，建设厅为衡阳酃湖水利项目专门设立了酃湖水利工程处，由赵君迈市长总负责，建设厅派水利专家负责实地操作。在外围基础工作全面完成以后，赵君迈率领工作组进入衡阳酃湖镇农业试验区，正式在当地进行扶植自耕农土地改革。

赵君迈带领工作组首先对酃湖镇的所有土地进行测量、登记、估价。当时，酃湖镇属于市郊农村，土地分散，工作组成员不畏辛劳，测得区内优质农地共计 16000 多亩。

接着，赵君迈根据工作组第一阶段的统计数据，搞清土地所有权和土地使用方面的真实情况，也就是地主和雇农两方面的实际情况。经工作组成员多方仔细走访发现，镇内农田因历史原因，地权相当集中，农地多集中在少数几家大地主手中，像酃湖镇的谢文炳、周福生、段云三人就占有良田五千余亩，占总量的 30%，当地其余农民多属佃农。

赵君迈在将酃湖镇的土地使用状况全部摸清以后，第三步确定土地征收范围。南面以衡阳市通泉溪市的石板路为界，东面以耒河为界，西以湾塘为界，北以酃湖通耒河的支港为界。

将土地征收的标准和范围明确公告后，赵君迈在酃湖镇进行农业改革，推行耕者有其田的消息不胫而走，引起社会上的轩然大波。

符合扶植条件的农户欢天喜地，举双手拥护，而反对者说赵君迈的行为是“共匪”行为。因赵君迈集军政两权于一身，又刚被重庆政府任命为湖南省委委员，威权很高，故即便是反对的人，大多也是私底下发发牢骚，而公开出面带头反对赵君迈的人物，也有几位，一位是当地的乡绅黄家声，时任国民党省党部委员，另两位代表人物也与他有直接关联。

几千年来，在中国乡村形成了一个独特的地方乡绅政治。在旧中国，村落邻里之间所相互依伴的程度远远超出现代人的想象，每天人与人之间相互借把米，送根柴，引个火，都是随时在发生的事情，相互间要是少了这点帮扶，这一天的日子便很难熬得过去。所以，一人或是一户家庭，要是把乡村首领给得罪了，他在这地方的日子会很难过。所以，这些乡绅看似手中无权，他们却把持着中国乡间的各个角落。这种无形的权力从大了说，朝廷或是中央的命令下达到县里，县长首先要取得乡绅们的赞同，如果没有乡绅们的赞同，即便是朝廷和中央的命令，在乡村执行起来也是很难的。往小了说，乡村兴修水利、办学堂、修路、架桥、邻里纠纷，在乡下都得由乡绅出面主事。可以说，在整个中国的农村地区，一直到1949年前都是如此，谁要是与地方乡绅保持敌对的态度，他就失去了民众支持的基础。赵君迈非常明白这一点，因为他的祖辈在衡山地界，就是知名乡绅，他现在虽说是在为百姓办事，也得经过地方乡绅的支持，问题是找谁支持，怎么个支持法。

当时在鄢湖镇，除了黄家声领着部分乡绅出面抵制以外，还有当地国民党与三青团的派系斗争，两派之间以三青团派人数较多稍占优势，但国民党派系方面则后台很硬，在围绕着赵君迈的农业改革问题上，两派之间也是各有盘算，彼此互不相让。

三青团是支持赵君迈改革的，而国民党派系却反对，国民党派显然是受了黄家声指使，黄家声为此事曾专门找过省政府建设厅厅长余籍传，让余籍传下令停办。余籍传与黄家声是多年好友，先前不了解情况，便去向省政府秘书长王光海汇报，王光海很认真地告诉余籍传，这事你不要碰，说衡阳的农业改革试验项目是赵君迈在主抓，薛长官亲自批准的，千万不要乱来。

余籍传一听王光海说是薛岳批准，又是赵君迈在主抓，立即收声，回去告诉黄家声，让他罢手算了。

可黄家声并未死心，他回衡阳后，又找到他在地政科的旧日学生，希望他的学生能到赵君迈那儿再帮着说一说。学生很了解赵君迈的脾气，他用赵君迈的话规劝他的老师说："扶植自耕农，让耕者有其田，是先总理中山先生的遗教，黄老师对中山先生的话是应该赞成的吧？"从此，黄家声也就不再讲话了。

其实，真要从乡绅的角度说起来，黄家声在鄢湖镇的土地不是很多，作为乡绅代表之一，他在当地的话语权也不是最大的，真正最大的乡绅是大地主段云，他是位已退役的少将师长，与赵君迈和他哥赵恒惕都很熟。经过赵君迈耐心的解释工作，他深知赵君迈此举的意义，带头叫家人将地契缴到土地改革工作组，按政府定出的市场收购价领取了地价补偿款，段云此举为鄢湖镇土地改革试验起了个很好的带头作用。

到1943年底，赵君迈在衡阳主持的农业土地改革基本完成，鄢湖镇耕者有其田的土地再分配工作，让五百多户无地农民拥有了自己的土地。这在中国历史上，是一个不可小觑的大事件。

几年后，国民党政府退居台湾，在台湾所进行的土地改革，就是沿用了赵君迈在衡阳所进行的土地改革模式，即政府通过从当地地主手中收购土地，再卖给外来的无地农民，实现耕者有其田。这中间，对于无钱购买的农户，由政府为其提供购置土地的贷款。这样，就使得地主、无地农户和政府三者之间，实现了和谐共处，从而避免了为此而引发的新一轮流血冲突。

赵君迈在鄢湖镇所进行的土地改革，是中国第一次用和平的方式，实现耕者有其田。

一个亦正亦邪的绰号——赵疯子

赵君迈冒着巨大的社会压力，在衡阳点燃了他新官上任的三把火后，衡阳的工业、商业和农业，在短短的大半年时间，发生了翻天覆地的变化，赵君迈也在衡阳的社会各界赢来了一个亦正亦邪的绰号——赵疯子。

喜欢他的百姓这么称呼他，是因他为民做主的办事魄力与异于常人的能力和胆识；恨他的人这么叫他，是因为他干事的胆子比湖之酒的酒瓮还大。在衡阳市民眼中，好像没有赵君迈不敢做的事情。当时，还有两件小事可以证明这一点，第一个是米价问题，第二个是当时整个衡阳市闹得沸沸扬扬的劳资纠纷问题。

衡阳市的大米问题可谓是错综复杂。1942 年夏天，产稻大省湖南、湖北，自通往四川的转运点湖北宜昌城沦陷后，便引起了国统区人们的吃粮恐慌。后方各城市中大批的米铺和商贩开始囤粮惜售，而在农村，大批地主也将稻谷积贮起来，以期价格上涨，这样一来，由短缺开始蔓延成恐慌，很多地方开始爆发米骚动。米骚动甚至惊动了军事委员会委员长蒋介石，他站出来对赵君迈他们这些地方官员称："我们一定要惩罚这些自私的有钱人，不论他们怎样分散囤积物资，也不论他们多么狡猾地藏匿这些物资，我都会把他们的底细弄清楚，如果他们不拿出存粮，就应该受到严厉的惩罚。"为了实践这一铁腕诺言，蒋介石亲自下令将囤积粮食的成都市市长抓起来，并于元旦来临前枪决。蒋严厉的执法举动，令全社会震惊，虽起到了一时控制物价之效，然而，并不能阻止结构性的粮食短缺所引起的稻米囤积或价格的逐步上涨。

衡阳因受全国和省内粮食短缺的影响，价格波动幅度很大，有市民前来向赵君迈报告，说衡阳市的米价天天疯涨，大多数衡阳市民都已无力承担如此高昂的价格。当时像国家资源委员会下属的湖南电气公司衡阳电厂，都开始向和成银行透支 110 万元，用于在农村购存稻谷 3000 石，向职工改发大米实物代替工资。[13]

粮食问题是事关衡阳五十多万百姓生存的大问题，这也是赵君迈执政不可触动的红线。当时，赵君迈从三个方面解决衡阳的粮价问题。

首先，赵君迈指示行业商会负责人出面和衡阳市的主要米商进行协调，向他们晓以利害，百姓猪肉可以不吃或少吃，但粮食却不能不吃，粮食一旦涨价，民众就会恐慌，百姓心理恐慌就会造成社会的动荡，如果社会一旦引发动乱，对哪一方都不会有好处。所以，赵君迈明确告诉大家，对那些哄抬粮食价格想发国难财的奸商，是任何一个政府都绝不会允许存在的。

其次是充分发挥媒体的监督作用，由粮食局牵头，与媒体、社会贤达专门成立一个粮食价格监督委员会。在特别时期，随时监督衡阳市区各米点的粮食价格，一经发现异常的价格情况，立即通过媒体点名的方式，将米铺的商号、主要老板姓名向社会公示，如果这些不法商人在社会上曝光后还没收敛，将由政府出面处理。

第三是政府保障盐、粮等重点物资商品供应，并制定出明确的战时物价条例。刚开始，市民百姓还有些疑虑，认为先别高兴得太早，这“米老虎”的后台都很硬，一些米铺甚至都有军方和政界的要人参与，对这样的情况，是查还是不查，得观望一段再说。赵君迈对粮食价格监督委员会的代表说，谁要是敢打我们百姓米袋子的坏主意，他就是天王老子，我也要将这事情管下来。经过赵君迈所推出的一系列措施和他的公开表态，衡阳市的米价终于降了下来。

在赵君迈将米价控制住后，又有一个问题冒出来，那就是劳资纠纷问题，此事闹得最厉害的地方，又属新开辟的合江套工业区。

本来，经过赵君迈的全力推动，不到一年多时间，合江套工业区就已经安置外来落户企业六百多家，但随之而来的劳资问题，将双方逼到了水火不容的地步。赵君迈作为本地政府负责人，一方面要鼓励企业扩大生产，另一方面又要保护职工的权益，手心手背都是肉，偏袒谁都不行，确实是一个两难问题。赵君迈将全市各行业的工会代表和全市企业主代表邀请到他办公室来，坐在一块集体开会，一起来协商出一个解决问题的办法。

赵君迈主持会议时说，工人与企业主之间的关系，是互相依存的鱼水关系，搞成这样大家都没有活路，这对双方的打击都是致命性的。我希望你们两方都要看得长远一点，要互相体谅对方的难处，要以协商包容之精神，多从对方的角度来思考问题。做工人的要明白企业的存在，不仅仅是对老板单方面有利，对工人也同样有利，企业是我们劳资双方共同的衣食父母，企业如果倒了，老板会有损失，我们工人也没什么好处。而企业老板们要多体谅工人们的实际困难，要将工人的利益放在心上，尽可能地改善工人待遇。衡阳自抗日战争爆发后，后方城市人口暴增，导致本地所生产的日用品和副食品供应，有些跟不上城市人口的增长速度，少数奸商乘机囤积居奇，致使衡阳物价时常出现不理性的价格涨幅，高物价使市民能买到手里的东西越来越少。前一段，市政府对衡阳市部分大米经销商的不法行为进行打击，虽然将大米和主要消费品的价格降了下来，但就总的结果来看，现在工人们的工资是少了点。工人工资的增长速度，远低于生活费总指数的增长速度，所以，适当地提高工资是必要的，但是，具体工资提多少，怎么提，希望你们能坐下来谈。谈出结果后，由市政府下发通知，在全市执行；谈不出，大家就坐在这儿，直到协商出结果为止。

双方一看这阵式，谈不出结果这赵疯子便不让离开，于是经过双方友好协商，纠纷得以解决，企业主决定，在各行业工人原工资基础上，一律增加25%，从谈定的下月起执行，[14]双方对这一最终结果都比较满意。

注释：

[1]［4］［5］［14］衡阳政协．衡阳抗战铸名城．北京：中国文史出版社，2005

[2] 国史馆002020300011105．蒋中正电孔祥熙，1938-10-25

[3] 国史馆002070200014059．蒋中正电薛岳，1942-04-03

[6] 国史馆0030101010213．湖南电气公司因筹复衡阳电厂，1942-11-13

[7] 国史馆0030101040246．湖南电气公司为建筑事务所，1943-06-16

[8] 国史馆0030101010207．中央电瓷制造厂函，1943-08-30

[9] 国史馆 002080200648063．赵君迈电蒋经国，1942-12-30
[10] 国史馆 002080200648063．赵君迈电蒋经国，1942-12-30
[11] 吴相湘．第二次中日战争史（下册）．台北：综合月刊社，1974
[12] 萧铮．土地改革五十年．台北：成文出版公司，1981
[13] 国史馆 0030101040145．湖南电气公司购储粮食案，1943-12-22

衡阳中国抗战纪念城前的抗战牌坊

拾柒 机场与忠烈祠

委座，帮我们造一个给英雄下跪的地方吧！

——阎锡山

自与日寇开战以来，我军将士在抗日战场，多次出现暴尸沙场无人收殓的事情。这是让参战的每一个中国将士都痛心疾首的事。赵君迈就任衡阳市长后，修建忠烈祠的工作，也成了衡阳市政府的职责；同时动工的大型国防项目还有衡阳机场，它不仅是中国抗日战争时期重要的战略航空基地，也是连接我国东南空军基地和西南空军基地的中转站。两大项目的难度可想而知，摆在赵君迈面前的是一大堆难以克服的困难。

声援抗日，衡阳十万人大游行

1943 年 5 月 1 日，是世界劳动人民的节日，衡阳人民为声援抗日，聚集在衡阳市政府广场，举行了盛况空前的庆祝五一劳动节十万人集会。

那天的场面相当的壮观。衡阳市新建的广场上，整齐地排列着由工、农、兵、学、商组成的蓝、白、绿、红、黑等五大色彩方阵，醒目的方阵将广场上近十万游行的人群区分开来，市长赵君迈在主席台上作完主旨演讲后，衡阳市庆祝五一国际劳动节万人大游行开始进行。聚集在广场上的工、农、兵、学、商五大色彩方阵，一列一列地踏着整齐的步伐，从广场向衡阳市区行进。

走在队伍最前面的，是由几十个工人师傅共同举着的一面宽几十米的“庆祝五一国际劳动节”条幅。跟在条幅后面的，是身着蓝色工装的工人们组成的第一方阵，一万多工人手拿铁锤斧头，在大街上刮起了一阵蓝色旋风；跟在工人队伍后面的是白色方阵，由一群肩背锄头、手执镰刀、稻穗的农民组成；第三方阵是扛着枪、踏着整齐步伐的卫戍区战士，他们组成了一道绿色方阵；后面依次是背着书包、手举着书本的学生方阵，手拿算盘的商人方阵，穿着白色制服的医生、护士、公务员方阵。

大街上，到处锣鼓喧腾，色彩如织的游行队伍浩浩荡荡通过衡阳市区，街道两旁观望的市民人潮涌动。很多市民觉得不过瘾，还自发地加入游行队伍中。整个游行队伍中最引人注目的，是美国空军飞行中队的上百名中美飞行员，赵君迈和飞行员们坐在车上，频频向街道两旁的人群挥手，由几辆大卡车改装的宣传车上，扩音喇叭在重复播放着国际歌的高亢旋律。坐在广播车上的广播员，以高亢的声调领头高呼口号：“中国人民团结起来，消灭日本帝国主义！”

游行结束时，有工人代表找到赵君迈，向他反映衡阳少数不法商人采取剪头去尾的办法，将日本商品的商标弄掉，再贴上国产的商标拿来出售。这中间最为典型的几家一个是广益昌，他们销售的火柴表面上是国产大光牌火柴，其实就是日本生产的樱桃牌火柴，他们将日本生产的樱桃牌火柴商标揭下来，换上了澳门产的大光牌火柴商标，再进行市场销售；还有大东华门赵精美钟表店贩卖日本东京造的表带，衡阳美华绸布店出售的哔叽呢料和秋季女人喜欢用的花丝绒，这些今年春季日本的流行货，竟然在衡阳的市面频繁出现，一般人还都没看出来。

赵君迈听到市场上竟出现这种情况，第一反应就是气愤。赵君迈多次参加过与日本人的战斗，在上海“一·二八”战役打响前，还参加过全上海组织的抵制日货行动，他明白抵制日货就是在与小日本打经济仗，也明白中国百姓每购买一毛钱日本货，我前方的将士就要为之付出一滴血的代价，他绝不允许在中华民族进入全面抗战的时候，在他执政的衡阳竟然还有销售日货的事情发生。

赵君迈对工友们明确表明他的态度：我们衡阳市政府刚刚颁布了《惩治奸商条例》，并且由税务局牵头成立了衡阳市仇货检查队，对这种公然经销日货的业主及商店，通通要严厉地惩处，对收缴的日货当众销毁。赵君迈当即安排衡阳市仇货检查队的负责人，跟举报的工友们一家家去核实情况，如证据确凿，定将日货全部查封集中销毁，绝不姑息纵容。

日货惹人恨，仇货队的行动受到了沿途市民的大力支持，大家纷纷提供线索，并出面指证，一批隐藏在市场中的日货被清查出来。这中间有大东华门赵精美钟表店内正在销售的手表、表带；有广益昌销售的日本火柴、香烟；有小西门福生绸布店的几百匹日本丝绸，福生绸布店的周掌柜还是衡阳绸布同业会主席，也毫无通融的可能，都被赵君迈下令一律收缴。

夜晚，仇货检查队将收缴来的全部日货，整齐地堆在湘江边，共计有日本绸布500匹，日本哔叽呢料300匹，花丝绒面料200匹，日本火柴1000箱，日本烟草800箱，日本手表及表带16000只。仇货队准备将这批日货集中在湘江边销毁，此消息一出，全市人心大快，整个湘江边站了上万人围观。当赵君迈接过一根火把，扔到商品上点燃火焰，“嗡”一声，火苗一下串上了几十米高，将半个衡阳城照得灯火通明，就在围观市民都拍手叫好，欢庆胜利的时候，天空传来了嗡嗡的敌机声音。

三架飞机飞过头顶，接着又是六架，当飞机在头上呼啸而来的时候，江边的人群一下子乱了，“快跑啊！鬼子飞机来了！快跑啊！鬼子飞机来了！”人们边跑边喊。

马路上、胡同里到处是东奔西跑四处躲藏的百姓，四处都能听见女人、孩子们的哭喊声，恐怖侵袭着市区的每一个角落。日军十几架轰炸机，分三批次，每批次为六架，由三架战斗机护航，直接向手无寸铁的平民进行轰炸，赵君迈看到面前几个被炸得血肉横飞的百姓，身体止不住地颤抖：“强盗，强盗！这群没有人性的强盗！”

轰炸持续了半个多钟头，整个衡阳市区笼罩在一片浓烟交织的恐怖之中。第二天，重庆政府有关部门官员和海内外媒体前往衡阳察看灾情。在赵君迈的陪同下，他们见到衡阳被日军飞机轰炸后的惨状，居民区内成栋成栋的倒塌房屋，大街上被炸的黄包车、公交车横在那儿，只剩下了一个扭曲的钢铁框架，都非常气愤和伤感。

从轰炸现场回到市政府，重庆代表方委员对赵君迈说，衡阳此次遭受日寇猛烈的轰炸，灾情严重，我们这几天通过现场实地考察，发现它给衡阳人民造成的损失和伤害是巨大的。衡阳众多的百姓，目前还深陷在亲人死难造成的伤痛中，但我希望，衡阳人民不要沉沦下去，衡阳这座新崛起的商业城市，也不要沉沦下去，你们要化愤怒为力量，在被敌人轰炸过的居民住宅和厂房上，以惊人的速度重新站立起来。

赵君迈对方委员表示感谢的同时，也表达了自己的意见，他说，虽然衡阳此次遭受到重大灾难，但衡阳人民是永远不会屈服的。所谓抗战，不光是我一城一池的得失，亦是全体中华民族的抗争，日寇在我中华造成的死亡与毁灭越多，反而越能激起我国人抵御外侮，救亡图存的决心。就像今天我们衡阳被炸了，但我相信，敌人轰炸之弹愈烈，而我衡阳人民之抗敌决心愈盛，衡阳人民决不会被几颗炮弹吓倒，衡阳这片土地，也绝不会因为遭受轰炸而就此沉沦！

日本飞机对衡阳无辜百姓的轰炸，让赵君迈开始加快对衡阳机场的建设速度。

修建机场，方圆几十里的人山人海景观

衡阳机场建设是宋美龄亲自过问的一个项目。1936 年，宋美龄在宋子文的建议下，出任中国航空委员会主席后，邀请美国退役的空军将领陈纳德到中国工作，给他开出的丰厚条件是，月薪一千美元，每月还有工作津贴，此外为他个人配备小汽车、司机、翻译、厨师，并承诺陈纳德有权驾驶中国的任何一架飞机，陈纳德答应了宋美龄的条件。1941 年，陈纳德在美国退役航空兵中，组织了一支美国航空志愿服务队，即后来世界知名的飞虎队，前来中国服役。[1]

1942 年 5 月，中国航空委员会将飞虎队与美国驻华空军合编为第十四航空队，并将陈纳德擢升为少将，同时归他指挥的还有美国联合第二十航空队，在陈纳德将军的建议下，中国进口了一批最新式的大型 B－29 飞机与日军作战。

B－29 型机又名空中堡垒，是超级重型轰炸机，机身既大且重，其性能大大优于日本的零式飞机，曾给日本空军以重创。当时中国空军还曾做过一个从昆明起飞去空袭日本东京的计划，却无法实施，其原因是飞机从昆明经福建建瓯机场去空袭日本的航程为 1425 公里，其条件是必须要在衡阳机场落地加油。如果选择从桂林航线去空袭日本，则航线要延长到 2220 公里，从战略上说，衡阳的地缘位置非常重要。[2]但衡阳原有的简易机场，已无法胜任新的任务要求，扩建衡阳机场已是一件迫在眉睫的大事，这事情自然落在了赵君迈的肩上。

赵君迈在海州的时候就参与了机场的设计与筹建工作，他不仅精通英语，了解美国人的性格与脾气，能协调和盟军飞行员之间的各种关系，还是空军事务的内行专家，对于衡阳机场该怎么个扩建法，扩建的庞大费用与人力怎么解决，都有一个全盘计划。在抗战时期，要在衡阳建成一座能容纳 B－29 飞机的空军基地，不仅工程浩大，工期紧，花费也甚巨。还有一个更大的问题是，B－29 飞机对跑道的质量要求非常高，一般机场跑道根本不能承受它的起飞降落，技术难度非常之大。从特定环境而言，国民政府之所以要将赵君迈放在衡阳主政，一方

面，除了乱世之衡阳须有一位军政一体的铁腕人物来领导外，还有一个重要的原因，就是要修建衡阳机场和中国抗日阵亡烈士忠烈祠，赵君迈是最佳实施者。

但赵君迈上任之后才发现，他手头要限期完成的国家大型项目，远不只衡阳机场和忠烈祠两个项目这么简单，同时要抓紧完成的还有几个大的省级项目，像湘粤铁路和湘桂铁路衡阳段的加固和检修，火车站东西两站站台的加倍扩建，还有衡阳与永州公路建设，都是些不能拖延的急活儿。不仅不能拖延，且这些工程的费用都只能靠衡阳的自有资金解决，所以，机场的建设资金还面临一个很大缺口，面对目前严峻的中日战争形势，赵君迈只能再上重庆财政部，找老上司孔祥熙寻求帮助。

财政部长孔祥熙考虑到衡阳的战略作用，更主要的是赵君迈的偿还能力与信用，同意给衡阳提供两亿元的无息贷款，赵君迈得到财政部的这笔贷款后，再通过衡阳市的税收，将建设机场和忠烈祠的剩下一部分资金缺口也解决了。只不过在税务征收的过程中，赵君迈与大哥赵恒惕的一名旧部，闹出了一场不小的纠葛。

要说那年月衡阳的企业，主动纳税的自觉性都不强，一些本地的老企业主，不愿意交税。有一位曾当过军长的企业家叫谢国光，税务人员累次上门催缴都无效，工作人员将情况报告到赵君迈那儿，大家才知道，谢国光乃赵恒惕的旧部，赵恒惕做湘军总司令时，谢国光是他手下的军长，大家都在瞪大眼睛看着赵君迈，看他如何处理。赵君迈二话不说，下令市警察局将谢国光抓了起来，这让所有人一时哑口无言。

谢家的人一见赵君迈动真格的，赶紧上赵君迈他哥赵恒惕那儿去搬救兵，赵恒惕不明真相，立即修书一封，让赵君迈尽快放人。赵君迈一看，还真有些为难，但最后还是没有放人，他在回复兄函时说，拘留谢军长乃迫不得已，实属无奈，只要他照章纳税，定不会对他有丝毫的为难。

谢国光后来只能把所拖欠的税款交了，才免去了牢狱之灾。从此衡阳的商界巨绅，没人再敢有偷漏税行为，衡阳市政府的财政收入也一下子增加很多。

赵君迈在资金到位后，立即将衡阳各部门的精干力量调集起来，成立衡阳机场建设工程指挥部，亲任总指挥，下设监察组、工程队、民夫大队、总务组。除此以外，还设立工程设计施工处，由铁道部直接委派的工程专家负责。

赵君迈要如此大动作地实施衡阳机场的扩建工程，是因为衡阳机场不是一般的机场，其工程质量的要求非常之高。高到什么程度？就说跑道的长度要求吧，要达到一千五百米，而地面加固，一般机场深度只需一米，而这里非达到三米以上，一层夯实的红土、一层滚压坚实的碎石、一层平整的水泥，这么大的工程量，不要说人力，光材料用量就大得惊人，仅是填跑道所用的青石就要十几万立方，还有水泥、柏油、黄沙、碎石、石灰、砖瓦、木材以及各项金属器材的用量，都是天文数字。

除跑道外，还有机场办公大楼司令塔等建筑群，如发电所、飞机库、地下汽油库、弹药库、物资库、飞行员和机场宪兵的宿舍楼、西餐厅、球场、防空洞等。这么艰巨的工程，工程限期又是这么急促，一切施工手段都只能建立在人海战术上。

赵君迈在主持召开机场工程会议时，为明确责任，任命衡阳市各区、县负责人都亲自担任民夫大队长，并规定各区县负责人，必须亲自带领一定数量的民夫到场，还要驻场督工，每区、县负责人都要立下军令状，如有违误，严加惩处。

这说白了就是摊派。在抗日战争时期，摊派是地方政府向民众索取劳力与物质的一种特殊手段，当年国民政府的主要官员都认为，在中国这样一个不发达国家里从事现代战争，就得举全民族之力，真正做到有钱出钱，有力出力。所以，任何一次大战役，百姓为支持战争，除了提供巨额的金钱和粮食以外，还需提供最大限度的人力支持，像机场这样重大的国防工程，没有大量民夫的义务劳动，是很难限期完成任务的。

赵君迈主持召开衡阳机场工作会议后，各区县长都意识到这个任务的严重性，分头回去积极督促动员，使一批又一批民夫集中来到衡阳机场工地。一时间，衡阳机场工地附近方圆几十里，形成了两大热火朝天的人海景观。

一是通往机场工地的公路上，到处人声喧闹、车水马龙，一批一批的民夫从早到晚地日夜奔驰。路上，各式大小卡车、独轮鸡公车，纷纷前来机场工地报到。另一处是机场工地，红土地上万人攒动，各区县民夫陆续前来报到，拉开了机场扩建的序幕，人们手锄肩挑，做工号子吼声震天，如同一锅沸腾的粥！就是夜晚工地也照样灯火通明，安排了夜班人员进行工地施工，即便是这样，按军委会对赵君迈的要求，衡阳机场还得加快速度。

那几天连赵君迈都亲自在机场工地督阵，当时最令赵君迈头疼的是两件事：一是敌机捣乱，工地做工的民夫每天都达几万人，敌机来了，人太多根本没有办法全部疏散躲避，很多时候只有就地隐蔽，等敌机飞走再起来干；还有一个头疼的问题就是下雨，湘南的雨下起来是件很麻烦的事情，平常下雨天可以停工，但现在为抢进度，雨天也得连续苦战。民夫们就只能在这样的环境中，身穿雨衣、蓑衣工作，施工不便不说，开挖的跑道里，灌满了积水，增加了很多工作量。好在百姓们都理解政府的难处，为让 B－29 早日发挥空中堡垒作用，以空中优势压倒敌方，他们无怨无悔地默默紧张工作着。

1943 年夏天，衡阳机场的建设工地到了收尾阶段，烈日炎炎的衡阳机场工地上，人声鼎沸，只见一片宽阔的地面上许许多多的民夫在紧张地搬运碎石、平整地面。

两个巨大的石头碾盘，在工地上成了平整地面的主要工具，每个碾盘前，都有四五百人站在前面，像纤夫拉船一样拉动着它。石碾子的一旁，各有一人在挥动手中的彩色小旗，喊着劳工号子，引领着石碾子缓慢地前行。

赵君迈带领市府工作人员打着赤脚，跟在石碾子后平整泥土。由于工程时间紧，任务艰巨，中午开饭休息的间隙，赵君迈与民夫们一块吃饭时，还饶有兴趣地向参与建设的工友介绍起中国刚组建起来的中美联合空军的情况，说衡阳机场建成以后，美军飞机和飞行员将进入衡阳抗战。

赵君迈跟乡亲们说，这日本人本身并没有多了不起，他们之所以敢欺负中国人，是因为在近代工业文明的发展转型期，他们很好地抓住了机会，使他们在武器装备上远远优于中国。这就像以前我们人类打仗，大家所用的武器是长矛、大刀，那时候的胜负主要是比谁人数更多，现在不同了，现在比的是谁的大炮更多，飞机更多，钱更多，就比如修建的这衡阳机场，我们用了上万人参加，花了几个亿的资金才建成这样，但这样的机场我们国家也没几个。大家听到赵君迈的介绍，都盼望快点将这机场建起来，好早日见到我们自己的飞机到衡阳打鬼子。

吃饭的时候，赵君迈也跟大家坐在一块吃一样的饭食，可吃上一口就发现工地工友吃的米饭都是霉米煮的，马上把负责机场建设的有关人员召集过来。赵君迈一扫刚刚还是爽朗轻松、谈笑风生的愉快表情，面色十分严肃地问机场工程的负责人，机场建设经费市财政局给他们下拨了没有，机场建设负责人战战兢兢地回答说下拨了。

赵君迈接着气愤地问道："工程建设经费下拨了，为什么机场的工人会吃这样的伙食？是你们将工友们建设机场的伙食费克扣了吧？"

赵君迈给机场负责人下的指令是，不负责各地往来民夫的工钱，工钱由下面县、区自己承担，但管民夫们在做工时吃的饭菜，而且管够，每天必须有一顿肉。那时粮食那么紧缺，赵君迈想尽办法筹措到了大笔资金，可现在民夫们吃的是些什么？赵君迈真想不到国难当头，他们竟敢这么干，立即将警察局局长叫过来，要求彻查。

机场工地肃贪以后，工友们的伙食得到了好转，衡阳机场也很快完工了，当赵君迈带着美方飞行员代表赶到机场工地验收时，美方代表看见这情景简直惊呆了，多么壮观的场景呀！这样大的场面，这么快的速度，令他们非常惊讶。据中美航空大队司令陈纳德将军回忆，衡阳的飞机场是建在离湘江不远的红土岸边，与中国其他所有机场一样，那些战斗机跑道和长达三千尺的滑行道，都是中国工人用肩挑手扛筑成的碎石与土路，还有为他们建筑好的工作室、司令部、防空洞，以及良好的避暑地，一切都是那么完美。[3]

衡阳机场扩建成功后，美国第十四航空大队立即投入战斗，每天上百架飞机进入衡阳并停放在衡阳机场。最多时，进驻衡阳机场的美军飞行人员达1000人以上，光在机场四周负责警戒的美国宪兵就达200多人，连美国驻中国大使馆都派出了新闻参赞，来考察衡阳机场并对衡阳市政府和机场飞行员进行慰问，这也从另一个方面大大增加了衡阳的知名度。那年头在衡阳的大街小巷中，小孩们在游戏时多了首关于飞机的民谣："飞虎、飞虎，在天犹如飞龙，在地好似猛虎，小鸟小兽日本鬼，碰上飞虎，吓得不如小老鼠。"

谁说民谣不是历史？

衡阳机场的建成，迅速扩展了中国空军的活动半径，它的经验也被政府大力推广。蒋经国听到衡阳机场建成的消息后，特地带人到衡阳参观，[4]到现场见到那壮观场面后非常兴奋，为迎接美国空军飞虎队上赣助战，决定将赣州的机场也进行改建扩建，而且是说干就干。

1944年4月3日，蒋经国与空军总部会商后，决定在赣南大余县的新城修建一座能提供B－29机群起落的专用国际机场，亲自兼任机场工程总指挥，并特别正式聘请赵君迈为机场建设指挥部总顾问[5]。赵君迈后来将建设衡阳机场的一批技术工人，都带到了赣州，支援赣州机场建设，大家和十几万赣南民工齐上阵，硬是通过持续奋战，用鲜血和汗水将赣州新城机场，按原定时间如期建成。[6]

南岳忠烈祠——一个给英雄下跪的地方

赵君迈把机场这块硬骨头啃下来后，接下来就将重点转到了南岳忠烈祠。忠烈祠是 1939 年蒋介石主持第一次南岳军事会议时，由阎锡山、薛岳等抗日将军向蒋介石跪求而来的。

自与日军开战以来，我军阵亡的官兵大多没得到好的收殓，很多英雄阵亡后还暴尸疆场，这样的事情别的战役也许不知道情况如何，但赵君迈所在的税警总团，就在他亲自参与的两次淞沪战役中，就有好几千人有过此类的事情。所以，赵君迈对此事是深有体会，也非常痛心。

在那次会议上，薛岳向蒋介石提议说，古人战死沙场，士兵们还得用马皮将尸体包裹起来运回老家，可我们作为现代的军人，却要眼睁睁地看着自己的弟兄，为国捐躯后都不能掩埋，不知道还有什么比这个更让我们伤心。薛岳恳请委员长，能不能厚葬一下我们为国捐躯的烈士？

薛岳的建议引起了阎锡山的强烈共鸣。阎锡山是中国资格最老的军人之一，是与赵恒惕一块最早加入铁血丈夫团的战士。当时薛岳话刚说完，阎锡山就站起来走到蒋介石面前跪了下去，说："委座，帮我们造一个给英雄下跪的地方吧！"阎锡山这一跪，让在座的很多将军都跟着跪了下去，很多人还当场哭了起来。

蒋介石也动了感情，将跪着的将军一个个都扶起来后回答说，自与日寇开战以来，我军将士在抗日战场，多次出现暴尸沙场无人收殓掩埋的事情，过去我们忽略了这一点，这点我首先要检讨，这也是连敌人都轻视我们的原因。我们阵亡的官兵忠骸，有许多不仅不能抬回安葬，而且任其遗弃阵地，这是我军最大的耻辱。按中国传统的说法，一个人死无葬身之地，是对人的一种最恶毒的惩罚，也是人的一生中最悲哀的一件事，可这种人生最大的悲哀之事，却一再地发生在我们忠勇的为国捐躯的将士身上，这是让会场的每一位将军都痛心疾首的事。

蒋介石认为此事还得有个长远规划，得找一个既能让死者入土为安，又能昭示后人、彪炳千秋之良策。

这时，赵君迈的大哥赵恒惕提出了一个在南岳修建忠烈祠的建议，此建议得到了陈诚、何应钦等人的赞同。最后，蒋介石同意以国民政府军事委员会的名义，在南岳修建忠烈祠和烈士公墓。具体工程项目的实施，就交由湖南省军事参议会参议长赵恒惕去组织地方力量落实，经费也由他们地方去解决。

会后，赵恒惕从长沙找来一批设计师和石匠，再从衡山本地招募了一批民工，整整辛苦了两年。由于很多建筑材料缺乏，只完成了忠烈祠修建的基础工作。

赵君迈就任衡阳市长后，修建忠烈祠的工作，也成了衡阳市政府的职责。赵君迈在土木工程方面是专家，他身后的资源也更丰富，比如说赵君迈在美国威斯康星大学的同学何浩若，他是国民政府物质局局长，任何紧俏物质对他来说都不是问题；那年月水泥不仅价钱高，一般人在战时也根本搞不到，但赵君迈的一个同学在桂林办了一个水泥厂，他就很容易搞到。1943 年 7 月 7 日，在中国抗日战争进行到第六个年头的时候，坐落在衡阳境内的南岳忠烈祠，经赵恒惕、赵君迈兄弟俩的全力投入，得以落成。

落成之日，军委会在此举行了隆重的祭祀活动。

南岳山下，巨大的纪念碑旁，在一片山体上用大理石片镶嵌了“民族忠烈千古”六个非常醒目的宋体大字，在庄严肃穆的忠烈祠神庙大殿门口，庙宇大门上方悬挂着蒋介石亲笔题写的鎏金匾额“忠烈祠”三字，蒋介石在这块匾额上，将烈字中的“歹”少写了一点，希望在今后的对日战斗中，中国军人的牺牲要少一点。大殿内呈“十”字形，大厅靠后墙正中为祭台，上刻“抗日阵亡将士总神位”，总神位四周，散布着抗战阵亡将士的神位石碑。

忠烈祠完成后，1943 年 11 月，驻衡山的第十军军长方先觉找到赵君迈，请他立即提供一批粮食、猪肉和蔬菜，说部队要准备北上抗日。

方先觉说的北上抗日，是日军进攻常德，守常德的第七十四军五十七师被围困在常德城内，师长余程万在坚守常德城十多天后，面临全军覆没的危险，军委会急令在衡山驻防的第十军火速驰援常德。

赵君迈在接到军长方先觉的命令后，二话不说，在指定时间内及时为第十军补送了粮草。可惜的是，第十军这次奉命解常德之围，第三师和预十师都先后攻到常德城下，却没能解救常德被围之难，反使第十军付出了巨大代价。此次战役，周庆祥的第三师第九团官兵因断后全体阵亡，加上预十师师长孙明瑾殉国，副师长葛先才受重伤，也使第十军内部多年来积压的深层次矛盾来了个总爆发。

衡山整补，十万青年十万军

常德会战，使第十军伤亡累计达四千多人，这中间最冤的人要数一九〇师师长朱岳。他在预十师师长孙明瑾壮烈殉国的前一刻，刚刚讨了房媳妇，办完他人生中的一件大事，朱岳将军四十好几的人了，为抗日没少打过小鬼子，尤其是第三次长沙会战后，军委会明令授予他的一九〇师荣誉旗与宝鼎勋章。[7]但他这次人生的大喜事却办得不是时候，在第三师进入常德的第二天，朱岳正身穿全新的长袍马褂，胸上戴着一朵喜气洋洋的大红花，在跟众乡亲敬酒。事后，方先觉借此机会两次电请蒋介石法办朱岳，并请以军参谋长容有略代理一九〇师师长。[8]军委会最终听从了方先觉的报告，将少将师长朱岳以临阵逃离战场的罪名杀了头。[9]可怜朱岳那新婚的妻子，才二十出头，就莫名其妙地做了寡妇！

第十军在常德救援行动中损失了两个少将师长，而第十军却因赫赫战功打出了威名，令军长方先觉也家喻户晓、名震天下。这让周庆祥对方先觉的忍耐突破了极限，周庆祥联络第三师营职以上军官写了封联名信，奏呈军委会告了方先觉一状，说方先觉在军中一贯克扣军饷、虐待士兵、残害百姓、任用私人、心存异志，每件指控都是有根有据。[10]这令蒋介石不得已只好让军委会下令免去了方先觉的军长职务，任方先觉为军事委员会高级参议。方先觉职务被罢免后，薛岳上书蒋介石，说如“方先觉另调工作可否调周庆祥继任第十军军长”。[11]蒋介石最后仍未采纳薛岳的建议，而是将第十军的军长一职，交由陈立夫的侄儿、中央军校教育长陈素农来接任，在陈素农未到位前，方先觉暂时代理第十军军长职务。后来长、衡战役要打响前，因陈素农未敢就任，军委会就地将方先觉扶正，成为第十军军长。

风波停息后，第十军在衡阳自然要做新兵补员事情。当年，地方政府和所在地公民，为军队提供兵员与粮草，是一种义不容辞的义务和责任。

说义务，1942 年，何应钦通过军政部所颁布的《中国兵役法》中，对地方兵役的具体事项，规定得非常清楚，比如：

一、年满十八岁至四十五岁；
二、新兵教育期为三个月；
三、各市、区依人口比例百分之二，抽取壮丁；
四、每师一万二千人，每师辖四团，每团三营；
五、粮饷划分，士兵每人每日供给大米二十四两，或白面二十六两；
六、初中至大学，皆要军训。[12]

从上述法律条文中可以看出，赵君迈作为地方政府负责人，要为常德会战后的第十军补充新兵兵源，补充多少，新兵训练时间多长，都有硬性规定，是一项必须完成的任务。

说责任，日本帝国主义已在我们的国土上烧杀抢掠了六年。六年的征战，所有的中国人都在忍受苦难作出牺牲，当小日本打到了衡阳家门口的时候，所有的衡阳青年，必须一肩挑起眼前这所有的责任，这也正如很多衡阳百姓所说：“鬼子都欺负到家门口了，我们还能怕了他吗?”

当时赵君迈所在的衡阳城乡还有一个有利于兵役的制度，就是抗战时期国统区推行的新的行政管理制度——保甲制。按此制度，每十户为一甲，每十甲为一保，此制度的目的，就是便于实现全民军事化，人与人之间，村与村之间相互担保，相互依存，相互监督。

1943 年冬，赵君迈在衡阳市下达了冬季大征兵的紧急动员令，一时间，整个衡阳城乡的参军热潮，被全部激发出来。

衡阳街头，到处悬挂着有钱出钱，有力出力，抗战必胜，建国必成等标语。大街上、码头旁、老宅内，到处是手中挥舞着彩色三角小旗的学生，年轻人唱着《义勇军进行曲》，向征兵报名处赶去，整个衡阳城真正形成了蒋介石说的，人不分男女老幼，地不分东南西北，团结一致抵抗侵略的社会氛围。

参军报名处设在衡阳中学的校园内，从早晨八点开始，学校的操场上，就开始涌动着一股股热闹的人潮，几十张长桌排列的临时报名处，要求参军的青年排起了长队。人潮中，有穿着布鞋棉裤棉袄的市民，有穿长袍马褂的知识分子，有身着袈裟的和尚、道姑，有西装革履皮鞋锃亮的商人，有光脚或穿草鞋的农民。这中间更多的还是那群半大的孩子们，与大人们挤到了一起，要求报名参军打鬼子。

在衡阳人民的全力支持下，赵君迈在短短半个多月时间内，就将第十军要求的兵源指标，全部顺利完成。所有报名的青年们在填完表后，都在现场领到新装备，每个新兵一套灰色军服、一床薄被、两双草鞋、一条绑腿布、一个水杯和二十块钱加一张报到单，限三天内到指定地点报到。事隔多年后，有人说衡阳保卫战第十军如何缺员严重，这与当年衡阳的实际情况，有很大出入。

注释：

[1][2][3] 陈纳德. 陈纳德将军与中国. 台北：传记文学出版社，1978

[4] 国史馆 002080200631014. 蒋经国电赵君迈，1944-04-03

[5] 国史馆 002080200649050. 吴善樑电蒋经国，1944-04-14

[6] 国史馆 002080200649059. 周灵钧电蒋经国，1944-05-12

[7] 国史馆 001035100078. 朱岳呈查第三次长沙会战，1942-08-15

[8] 国史馆 002090106016249. 方先觉电蒋中正，1943-12-12

[9] 国史馆 002010300053050. 蒋中正电询何成濬，1944-04-18

[10] 国史馆 002090200083009. 周庆祥电蒋中正，1944-01-14

[11] 国史馆 002060100187023. 薛岳电蒋中正，1944-04-23

[12] 胡适. 胡适日记（1937—1946）. 合肥：安徽教育出版社，2001

第十军入城时的壮观景象

拾捌　第十军入城

鸣呼！盛衰之理，虽曰天命，岂非人事哉！

——欧阳修

1943 年，赵君迈带领衡阳人民在经济与国家建设上，取得一个又一个骄人成绩的同时，世界反法西斯战场也出现了重大的逆转。

由于盟军在太平洋上节节进逼，使日军在西太平洋各岛屿与中南半岛的增援及补给线在 1944 年春被全部阻断。在形势逼迫下，为改善在太平洋海空失败的不利态势，日本天皇批准了日军陆军大本营提出的打通大陆交通线的“一号战略”，希望从日本渡过朝鲜海峡跨越鸭绿江，通过山海关进入中国内陆京广通道，再从广东、广西的出海口进入南亚各国。

而当时的中国战区统帅蒋介石，也希望借机打一场中国的斯大林格勒保卫战。衡阳，这个京广与湘桂通道上的咽喉之地，成了战略双方争夺角力的关键之地。

为支持衡阳保卫战，赵君迈与全市五十万百姓一道，在人力、物资和资金上，倾其所有给予了支持与配合。

世界反法西斯战争的转折点

1943 年，是世界反法西斯战争最重要的转折点。这一年在欧洲战场，盟军实现了战略反攻的关键一步——诺曼底登陆，而在亚洲战场，盟军成功地在太平洋战场上收复了塞班岛。此次战役，使日本在太平洋上的海陆空战力消耗殆尽，盟军共消灭 3.1 万余日军，岛上 1 万多日本侨民丧生，日本联合舰队司令南云中将和兵团司令齐藤中将自杀。

1943 年 11 月 23 日至 26 日，为解决战后一系列重大问题，中、美、英三方首脑蒋介石、罗斯福、丘吉尔于埃及举行了著名的开罗会议。在这次会议上，三国首脑讨论通过了具有历史性意义的《开罗宣言》。

蒋介石出席开罗会议回国后，清晰地认识到世界反法西斯战争形势已经发生根本逆转，从过去的战役防御、相持转到了战略进攻上来。这让蒋深感肩上的责任加重了。中国的国际地位，需要与盟邦合作，同时，更需要自强自立，通过自己的实力向世界证明，中国能站在世界反法西斯四强之列绝不是徒有虚名。在此情况下，蒋曾在日记中写道：“惟自强才能自由，惟自立才能独立！”[1]蒋开始考虑，要在中国打一场像斯大林格勒一样的战役，以提振中国百姓和盟军方面的信心。[2]

而此时，日本为打通中国内陆交通线而开始实施的“一号战略”计划，为两军的决战提供了机会。

1943 年初，日军参谋部不惜与苏联签订了妥协的《渔业合作协议》，以换取与苏联军队的互不侵犯条件，从而从东北抽调出十多个师团共三十六点二万关东军，战马六点七万匹，汽车九千五百辆，并从敌占区紧急征调民夫数万人，以争取在一个月时间内拿下京汉沿线的要塞。

从3月25日开始，日军在会战前完成了对黄河铁桥工程的修复，以确保整个会战后勤补给线畅通。4月17日，日军华北方面军司令官冈村宁次指挥第十二军团，强渡黄河，顺利占领了平汉铁路全线，完成了打通其大陆交通线的第一步。

1944年，摆在日军眼前的长沙与衡阳，是决定日军“一号战略”成败的关键一步。由于此次战役对日军而言，有着至关重要的战略意义，所以，日军在长衡会战所投入的军力与装备都是空前的。至5月27日，日军在湘北、赣北、鄂南一带，共投入十二个师团、六个独立旅团，并配备第五航空队、坦克第三师团，共十八万余人的精锐兵力。[3]其与我军在湘北决战的意图非常明显。

虽然日军在湘北等处所集结的兵力，大大出乎重庆军事委员会的预料，但此次会战对我国政府、国民和军队而言，都同样关联抗战全局。早在当年2月，蒋介石夫妇在衡阳南岳过元宵节时，就对陪同一块看元宵灯会的赵君迈、薛岳谈到，此次长衡会战如果失败，作为世界反法西斯同盟的领导者之一的中国，其国际形象也会受到影响，第九战区之主力将受到重创，中国抗战多年来所积聚的抗日士气也将受到打击，且日军在进占衡阳之后，我空军的B－29远程轰炸机将失去内陆重要的战略基地，这也使日军的空中优势能发挥更大作用，将直接威胁到陪都重庆。

4月，重庆军委会向第九战区薛岳、赵君迈等人正式发来十万火急的命令，要在长、衡之间，布置一场大会战。

而与此同时，日方以攻占湘桂铁路沿线为目标，正积极向长、衡地区不断增兵，其主要的参战进攻部队及将领如下：

第十一军军团司令横山勇
第三师团山本三男
第十三师团赤鹿里
第二十七师团竹下义精
第三十四师团伴健雄
独立野战重炮第十五联队佐佐木孟久
第三十七师团长野右一郎
第四十师团宫泽济四郎
第五十八师团毛利米广，参谋马纯雄
步兵第五十一旅团野滞贰彦
步兵第五十二旅团古贺龙太郎
野战重炮兵第十四联队佐藤平秋
第六十四师团船引正之
第六十八师团佐久木，提三树男（后），参谋原田贞三郎
步兵第五十七旅团摩源吉

步兵第五十八旅团田贞昌
独立山炮兵第五联队玉川长吉
第一一六师团岩永汪
独立混成第十七旅团野地嘉坪
独立第十二旅团村田孝生
独立第七旅团松野尾胜明

而此次长衡会战，中国军队方面也派出了强大阵容，中方主要参战部队及将领有十六个军，四十三个师约四十万人，飞机一百八十一架，分别部署在浏阳、长沙、衡阳及宁乡等要地。

第九战区司令薛岳
副司令王陵基、王赞绪、杨森，参谋长赵子立
第一集团军副总司令孙渡
第五十八军军长鲁道源
新编第三军军长杨宏光
第三十集团军总司令王陵基（兼）
第七十二军军长傅翼
二十四集团军司令王耀武
七十四军军长施中庆
七十九军军长王甲本
一〇〇军军长李天霞
第二十七集团军总司令杨森（兼）
第二十军军长杨汉城
第三十七军军长罗奇
战区直辖部队
第四军军长张德能
第五十九师林贤察
第九十师陈侃
第一〇二师陈伟光
暂编第二军军长沈发藻
第十军军长方先觉
第三师周庆祥
第一九〇师容有略
预备第十师葛先才
第四十八师战车防御炮营
第七十四军野炮兵营
第四十六军山炮兵连
第十军炮兵营张作祥

暂编第54师饶少伟
第二十六军军长丁治磐
第四十四军军长王泽浚
第九十九军军长梁汉明
炮兵第三旅王若卿
炮兵第一团林孟雷
炮兵第十八团第三营
炮兵第十四团第一营江执中
衡阳卫戍区司令赵君迈

重庆军委会要求薛岳、赵君迈方面的第九战区，在长沙、衡阳一线，设下两道重兵关卡迟滞日军，并与友军一道，在长沙、衡阳间与日军展开一场决战，对进攻之日军形成反包围。

4月初，薛岳将第九战区司令长官部，由长沙迁入赵君迈的辖区衡阳南岳，并在南岳召集第九战区各集团军长官开军事会议，研究部署长衡会战。

会议一开始，薛岳先在地图前给大家介绍当前的敌我形势，日军正从湘北和鄂东、崇阳一线快速南移，准备大举进攻长沙。长沙作为长衡战役的门户，对战局有着直接影响，长沙方面打得好，可以迟滞并牵制更多的日军主力，缓解衡阳战区的很多压力，反之，如果长沙一旦快速失守，日军将会直接进入衡阳战区，从这个意义上说，长衡会战在开始阶段，长沙的意义明显大于衡阳。于是，围绕这次长衡会战究竟谁守长沙的问题，第四军军长张德能与第十军当家人方先觉争执得很厉害。张德能一开始，便在会上毛遂自荐，提出让第四军守长沙。

第四军号称铁军，铁，在民间就是能打的代名词，军长张德能是张发奎的亲侄儿，字礼赢，1899年生，广东开平人。他的父亲是一位在越南开设德源船料行的华侨，1922年携眷返国。张德能随家回国后，入赵恒惕创办的云南讲武学堂就学，1924年学成毕业后，到伯父张发奎任军长的陆军第四军任排长，在北伐的战斗中，张德能从排长、连长晋升到营长，曾在一次激战中，因冒死救护伯父张发奎而身受重伤，痊愈后被提升为该军五十九师第一团团长，1933年再升为副师长，1934年正式升任五十九师少将师长。1939年，第一次长沙会战，张德能带领五十九师参与守卫长沙战斗，在友军及长沙百姓的大力协助下，取得闻名全国的大捷，因战功被升为第四军军长。所以，张德能提出第四军守长沙，让人很难找出反对的理由来。

问题是对手第十军也不差，第十军人称泰山军，泰山虽不如钢铁能打，但泰山的特点是能守，下盘功夫特别稳健。

第十军军长方先觉，字子珊，小张德能四岁，安徽省宿县人。1926年毕业于黄埔军校第三期步兵科，黄埔军校毕业后，入国民革命军第二十师担任排长。1927年9月，随军开赴福建、广东边界，被升为连长，次年开赴苏南，升任团副。1928年秋，北伐结束，部队实行缩编，方先觉任第三师第八旅十六团营副。此后，他先后参加中原大战、围剿红军的军事行动，官至团副。1937年抗日战争全面爆发后，方先觉调任新建预备第十师担任团长。1940 年 12 月，第十师在安徽青阳的陈家大山与日军遭遇，双方展开了激烈的争夺战，因师长蒋超雄指挥失当，战后被蒋介石查撤，方先觉便顺位升任师长。令方先觉真正出名是在湖南的两次长沙会战和常德救援行动。

由于两军都是中央军的嫡系部队，而从两人经历看，也有些不分伯仲，一时间谁也说服不了谁。

薛岳本着谁更有利于战役胜利的原则，来布置长衡会战的兵力。最后，经赵君迈等与会人员讨论，张德能的第四军拔得头筹，拿下守护长沙的重任，方先觉的第十军担当第二道防线衡阳的守卫任务。

就这样，赵君迈与方先觉这两个极富个性的人站在一起，共同创造了一个新的抗日奇迹。

欢迎第十军进入衡阳城

第十军进入衡阳的那一天，是个万里无云的日子，整个衡阳城处处锣鼓喧天，鞭炮齐鸣，衡阳城古老厚实的城墙上，写满了“欢迎子弟兵入城”、“精兵精将守衡阳”等标语。

赵君迈是此次欢迎第十军入城的总指挥，他带领着衡阳百姓，用欢迎抗战英雄凯旋的排场，来欢迎第十军进入衡阳防区。

那天，赵君迈提前从重庆的中央训练团会议中回来，来不及回家休息，便带领着衡阳市党政负责人与一群身着长衫的衡阳各界知名人士，在火车站站台上迎候第十军方先觉一行。列车徐徐驶入站台停稳，赵君迈等人便迎了上去，在火车站为方先觉一行人举行了一个隆重而热烈的欢迎仪式。仪式活动一结束，他们还在市政府社会服务部大礼堂，举行了一个盛大的慰劳宴会，给方先觉等人接风。

宴会上，方先觉对赵君迈提到了守军的粮饷问题，说军队完全靠军委会补给，他们只能勉强吃饱饭，关键还得靠地方，只有地方的支持援助，他们才能吃好饭。

不消方先觉他们叫苦，赵君迈见过那么多不同编制的军队，怎会不知军委会直属部队的待遇情况？1944 年，中国的抗日战争进入到第七个年头，这一年，政府一方面物质严重匮乏，恶性通货膨胀压力增大，另一方面，战争经费又居高不下，在这种情形下，前线的部队普遍缺衣乏食，医药和副食就更别谈了，当年就算是军委会的直属嫡系部队，也还得看是谁的部队，国民党军队官兵的装备和伙食供应，全都是严格按照等级进行补给，这中间所分的三六九等，待遇差别很大。

像方先觉的第十军，在全国军队中间算中等的，也是长期维持最低水平。第十军一年四季都只发冬棉、夏单两季服装，且都是土棉纱制成，士兵在前线滚爬摔跌用不了几天，衣裤就全烂了，还没有更换，冬天背包中除一条薄棉被外，再没有别的可铺之物，湖南的冬天可是冷得要命，没有雨具，没有鞋袜，士兵能有双草鞋穿在脚上就算是不错了。

而在伙食方面，也只能说是马马虎虎。第十军规定每人每天两斤半大米，二角钱菜金。衡阳物价那么高，每天二角钱只能买蔬菜，一年能吃上几次肉就不错了。如此低的伙食，没有地方政府和百姓的支持怎么行？正因为赵君迈对军队的后勤补给状况非常了解，所以他对第十军的支持才会不遗余力。赵君迈很诚恳地对方先觉说，中日之战毕竟实力上还有很大的差距摆在那儿，这个缺憾，只能靠军政密切配合，军民共同咬紧牙关，把时间拖下来，才会有胜利的希望。

为了表达衡阳市民对抗日将士的支持，1944 年 5 月初，赵君迈在市政府会议室，召集衡阳市抗敌后援总会、工商联、青联、妇联、各行业同业协会、佛教道教基督教协会的代表开会，共同商议在衡阳发起一场全民献金运动，为守衡阳的将士们募集资金和物质。

在具体的操作上，赵君迈采用了他在湖南盐业改革时的办法，从区到市，先分后总，明确责任，层层推进，让各分会从部分区的分台开始献金活动，算是先分片热热身，等全市市民的积极性都调动起来后，再来一次全市统一时间、地点的大规模献金活动。

于是，衡阳市抗敌后援会在赵君迈这个意见的基础上，立即作出了一个衡阳市民众献金计划，向全社会进行倡议：

一、献金运动时间：自 5 月 7 日至 15 日，每日上午九时至下午六时举行。

二、献金台地点：1. 衡阳市政府广场。2. 铁炉门码头。3. 火车站站前广场。4. 小西门。5. 大华影院门首。6. 汽车西站。7. 中山北路万国商场前。

三、献金程序：民众献金时，由工作人员在登记簿上将献金人姓名、献金种类及数目登记验明后，即由献金人亲自投入箱内。金银首饰等物品，由献金者写明姓名及物品质料、数目于纸张上，一并包好后，交保管员专箱保存。

通知贴出后，得到了全市市民的响应，衡阳市内的几个献金分台都是人山人海，市民踊跃献金。

在市铁炉门码头的献金活动现场，活动一开始，百姓就将临时献金台围了个水泄不通。一王姓老奶奶手上攥着十万块钱来到献金台上，说本来是为她孙子留下的钱，现在国家都这样了，要都捐出来，将钱都放进捐款箱后，还意犹未尽，又把手上戴的两个金镯子脱下来，要当场扔进去。工作人员赶紧拦住，劝她不要这样，金镯子还是自己留下戴，老奶奶不干，瞪着眼睛对工作人员说，国家好了，我们的子孙将来自然就会好，国家不好，那我给他们留再多东西，不都还是做亡国奴吗，那有什么意思？硬是将两个金镯子都扔了进去。

王奶奶这话效果出奇的好，得到了全场百姓的认同，大家纷纷上台献金。

在火车站站前广场，湘桂铁路局工人发动了一次铁路工人捐献活动，倡议湘桂铁路的工友们一切为了前线，每人每月少吃一天肉，少喝一顿酒，将每位员工的一日工资捐献出来，得到全体工人兄弟的支持。

而学校的师生也发动起来走上了大街，为抗日献金义务卖花，花是学校老师和同学们自制的红纸花，一百元一朵，销路非常火爆。可也有两位女生拿着义卖的纸花走进金城银行门市部大厅时，却被经理和几名职员赶了出去，两位女学生哪儿受过这样的待遇，坐在地上大哭起来，引来众多市民围观。

当时，赵君迈正在大街上检查市民的献金情况，路过此地看到这种情形，走过去大声训斥银行经理说，但凡稍受过一点教育的百姓都明白，学生在街上义卖是为什么？她们不就为了抗日救国，不就希望你们多献金，好让我们的战士在前线多打日本鬼子吗？可你们竟用对付江湖卖艺人的态度来对待学生，实在是很让人看不过眼，你们这些先生们很高贵，我们的学生们也很高贵，假如不是为了抗日这个目的，你就是跪在地下求她们，她们都不会跟你说句话的。

经理不服气，心想这人是谁呀，在这儿乱扣大帽子，没好气地对赵君迈说，这是我的地盘，我想捐就捐，不想捐就得赶她们走。

本来，这捐款也确实是每个市民自愿的事，不愿意捐款并不要紧，要紧的是态度，这经理对这些爱国女学生不仅没有礼貌，还要羞辱人家。这令赵君迈非常生气，很严肃地告诫这位经理，明知道学生们的行为是在支持抗战，你还敢这样对她们，这是很伤害我们全体衡阳人民感情的事件，政府将严肃处理。

随着两人争执的升温，围观的市民越来越多，大家都喊着："这是我们衡阳的耻辱，抓起来，拉去枪毙！抓起来，枪毙！"经理在这样的场合，作出这样的行为，一下子激起了民愤。

最终，赵君迈让警察局以破坏抗战名义，将银行的这位部门经理抓了起来，成为当天最大的新闻。

献金大会最大的重头戏，是在市政府广场举行的全市献金总台十万人大献金。

1944 年 6 月 7 日，衡阳市政府在市政府广场，隆重举行了一次全市十万人参加的抗日献金大会，大会由衡阳市政府、工商联、青联、妇联、各行业同业协会、佛教道教基督教协会、抗敌后援总会共同主办。

献金大会那天，天空阴霾密布，但一点儿没影响市民的献金热情，衡阳市政府广场人潮如海，近十万市民从四面八方云集而来。

在献金大会上，赵君迈发表了饱含深情的讲话。赵君迈说："七年前，当日本向中国发动全面侵略战争的时候，全世界的军事专家都认为，中国必亡无疑。现在，七年过去了，中国并没有向日本屈辱地臣服，中国人民还依然靠自己赤裸裸的血肉之躯，在抗击着武装到牙齿的日本法西斯的全面进攻，在亚洲其他国家都放弃了抵抗的时候，中华民族用自己的全部力量，在顽强抵挡着日本侵略者疯狂的扩张步伐。今年春季，日军为了扭转太平洋战场的失败，企图全力打通中国的大陆交通线，希望用六个月时间，一举攻克豫湘桂沿线，几天前，重庆军委会给我市发来电报说，日军在湘北集结的兵力，已大大出乎我们原来的预料，达到三十多万人，这就是说，一场空前的大战，即将在诸位踏着的土地上打响。"

赵君迈说话的时候，天空下起了小雨，他的秘书找了把雨伞上前给赵君迈撑伞挡雨。据当日报纸记载，赵君迈看见后面有人给他撑伞，非常生气地一把夺过雨伞扔在地上，大声说："现在就是天上掉下炮弹我赵某都不会躲闪，我赵某还能怕这区区小雨?”说完，头一扬，挥动着那双有力的手继续演讲：“父老乡亲们，衡阳人民是爱好和平的，但爱好和平并不等于我们衡阳人民会惧怕邪恶，会向暴力屈服，当战争的乌云要将我们和平的天空遮住，当死亡的钟声执意地要敲响，父老乡亲们，我们就用行动来作出回答吧!”说完，赵君迈第一个走向募捐箱，将自己一个月的薪水投了进去。

赵君迈个人带头献金后，广场上激昂的音乐响起，衡阳广播电台的著名女主持人张露微宣布衡阳市社会各界献金活动正式开始，按大会议程安排，献金人员分左右两行，由学生代表有秩序地引领上台完成献金后，再有秩序地引领下去。

早已按捺不住的各行业团体，用各式各样的方式来表现他们的热情，他们中有的打着旗子，唱着歌，有的喊着口号，敲着锣，一拨接一拨地用箱子抬着满满的法币，冲上献金台来。

银行组的一帮人第一个敲着锣打着鼓冲上献金台，当银行组代表走到献金桌边，用毛笔在一张红纸上写下捐款数目，交给主持人张露微小姐后，主持人高声地唱名道：“银行组，六十万元。”

“好!”台下一片掌声，鞭炮声。

接着，依此上台献金的是：商业组、工厂组、机关组、基督教组、僧侣组、青年团组、妇女联合会组的代表。

主持人应接不暇地一个个唱名：商业组五十万元。工厂组，五十万元。每次唱名后，都照例引来一片掌声、鞭炮声。

团体捐献结束后，主持人张露微小姐宣布自由献金开始，一个小学生兴冲冲地向台上跑来，口中大喊道，我代表西城小学五名同学，自愿将每人的零花钱一百元全部捐出，共计五百元。话音刚落，一着旗袍的陈姓小姐跟着登上台，代表十名红莲社夜总会舞女，将两万元捐款放入献金箱中。一位双目失明的小脚老太太由小孙女牵着，颤颤巍巍地走上台，怕她摔着，赵君迈亲自跑下台去，搀扶着她走到献金台上，老太太把手伸到衣服的里层，掏出个手绢包来，再将手绢包一层层打开，从里面拿出来钱说：“我从乡下赶来，我孙女带着我走了一天，这钱，是我准备留下给自己买棺材的，不多，就九百元，我全部捐了。”说完扔进募捐箱。

赵君迈送走老太太，一位华姓妇女又跟了上来，对赵君迈说，她先生在外经商，她作主将在乡下的四亩水田契约捐给衡阳抗敌后援会。附近街道的十几个老奶奶走来，要将这个月洗衣得来的全部收入，都捐献出来。

还有一位大家闺秀捧着个首饰盒走上来，将父母给她做嫁妆的钱，共计二十万，都献出来，赵君迈劝她给自己留下一点以后买嫁妆，女孩激动地说：“家都快没了，我们女孩子穿再漂亮的衣裳又有什么用，我们穿着给谁看，难道穿给日本人看吗?”

最后，赵君迈不得不宣布本次献金大会结束，他说：“父老乡亲们，不能不散了，再不散，大家会把一切都捐光的。”赵君迈让工作夫员开始开箱查验本次献金大会的捐款总数，会场一下子安静下来。

四百六十万元！当主持人张露微小姐宣布今天的献金总额后，台下一片哗然。有些女学生听后都非常难过了，这么少，这么少哪拿得出手啊？有的学生认为主要是商会献得太少，也有人说，商会还在其次，关键是工厂和银行的一些企业家和资本家太小气了。

十几名学生领袖聚在一块开会，商议如何让各行业商会的老板再多捐献些。最后决定，每校选五名代表，二十所学校就是一百人，给现场的富商跪下，如果他们不加捐的话，每过十分钟，学生就将跪求的人员加多一倍！如果他们还不加捐的话，整个会场上的近万名学生，就全部都给他们跪下，直到他们加捐为止。

主席台上，一名女学生带着一百名学生走上主席台，什么话也不说，一字排开，然后刷地一下全都跪了下去。

这一百名学生跪下以后，献金大会会场一下子变得鸦雀无声，十分钟过去，台下又是二百名学生走上来，又是不发一声地跪下了。

台下一女学生见现场的老板们还没动静，深感不满，她直接抱着献金箱就走到福泰铁工厂邵老板的身旁，突然跪了下去说："邵老板，我们给您跪下了！"跟在她身后的上百名学生，也一块跪在了邵老板旁边。

这一下让全场所有人的目光，又一下子聚焦到了邵老板身上。邵老板的脸色一下白了："这……这……这是干什么，各位同学起来、起来！"

女学生坚决不起来，她哭着喊道："你们不增加捐款，我们就不起来！"这女生的哭泣声一下子引爆了场内所有女学生们的悲情，立即，悲鸣的哭声响彻全场的每一个角落！

"增捐！增捐！增捐！"学生们的呼声越喊越强，现场的所有学生，也纷纷参加到跪求的行列，全场一万多名男女学生都一齐刷刷地跪下了！

这时，献金台的台上台下，都是一片片黑压压跪下的背影，一声声伤心欲绝的呜咽，让赵君迈再也忍不住了。他表情严肃地走上主席台，向全场参会人员说道："同胞们，父老乡亲们！大家静一静。本来，对于本次献金大会的献金数量问题，赵某是不想讲话的，无论是多还是少，都凝聚了我市每一位同胞的心意，但现在，同学们的这种爱国热情又一次感动了我。我想，也感动了在场的每一位同胞，因为只要是坐在这里的每一个人，他就是铁石心肠也会被感动的。在这里，赵某想先跟青年学生朋友们说句话，全民献金运动，固然是关系国家民族命运的大事，也是关系到我们衡阳生死存亡的大事，但献金一定要本着自愿的原则，不能强迫性地违背捐款人的意愿。比如说这位邵老板，赵某知道，其实邵老板在衡阳开办福泰铁工厂以来，已向抗战捐过很多次钱物，这次邵老板也以个人的名义两次共捐了十几万元。在这里，赵某也想又对银行、商会、工厂的朋友们说一句，这次衡阳市的全民献金，你们银行业、商会和工厂的朋友们是作出了很大贡献的，可为什么市民百姓还是不能满意呢？是因为与衡阳市民的献金热情相比，感觉少了点，像前面几位献金的老奶奶，她们本来就没有钱，可她们把养命糊口的钱都交出来了，在她们的行为面前，我们银行界、商会和工厂的朋友们所捐献的钱，在力度上给人的感觉是弱了一些。现在，青年学生朋友们有意见怎么办？我看双方都相互体谅一下，银行界、商会和工厂的朋友们还是再加点，跪着的青年学生朋友们呢，你们也都先站起来，大家看这样好不好？"

最后，工厂组、商会组、银行组商量了一下，同意再捐一百万，将本次献金的总额，从四百六十万元提升到五百六十万元，才将献金大会画上句号。

献金大会结束后，衡阳学生联合会的代表到市政府找到赵君迈，提议发动每个同学在放暑假的时候都做一双布鞋，献给第十军抗日将士，赵君迈认为这活动很有意义，便将衡阳市妇女联合会的负责人找来，让她组织全市妇女参加。在赵君迈的支持下，活动扩大为衡阳妇女一人一双鞋活动，赵君迈算过一笔账，衡阳妇女一人一双鞋，全市十万妇女就是十万双鞋，正好解决了衡阳守军每位士兵的穿鞋问题。于是，在衡阳的各社区街道，都能见到妇女们一排排地坐着纳鞋穿线的场景。

在衡阳人民的献金活动中，也有单位遭到了赵君迈的公开点名批评，比如说媒体，赵君迈批评他们的话传到各媒体，媒体立即炸开了锅，市电台将本市的所有媒体都联合起来，决定以为前方将士筹募资金的名义，搞一场联合募捐义演音乐会。筹备过程中，他们听闻中国最著名的音乐家马思聪先生正在桂林演出，立即通过一家报社的桂林记者站同事联系，请马思聪先生到衡阳来演出，马思聪正好也有此意。双方谈妥后，衡阳市新闻界联合义演晚会的门票很快就卖完了。

演出的那天夜晚，马思聪先生着一身黑色燕尾服上场，为衡阳人民演奏了感动了千千万万的中国人民的《思乡曲》。

马思聪拉响的那一串低沉婉转、如泣如诉的旋律，像是一下道出了人们内心的悲伤，整个剧场哭泣的声音，让马思聪先生不得不数度停了下来，他拿出手绢，擦拭了已经湿润的双眼，默默地站在台上。最后，马先生流着泪拉完了这首曲子。

演出结束后，赵君迈将献金活动募集的所有钱物都交给了第十军。

枪是用来打日本人的

赵君迈一直认为，军民团结是胜利之本，所以，一直在不遗余力带领着衡阳人民，为军队尽其所能地提供帮助。早在第十军进驻衡山整编时，作为地方的父母官的赵君迈，就不仅在兵源、部队补给和资金上给予大力支持，还为方先觉等第十军将领，在衡阳市南郊的黄茶岭，提供了一处很大的花园眷村，方便他们安排家眷。当第十军开进衡阳城后，赵君迈又将南城雁峰寺边上的市民医院，安排给第十军做临时军部，还提供了若干校舍作为部队的营房。这些细节让在场的很多媒体记者们深感折服，他们在报上著文，作为战时的衡阳市长赵君迈，有如此强的作战经验，真的是衡阳市民之福。

该尽的礼数，赵君迈全都按最高的标准去做了。赵君迈是打过大仗的过来人，知道这些人文关怀对官兵们来说，是很紧要的事情，所以，在第十军进入衡阳城后，衡阳市政府和衡阳人民没有亏待过第十军官兵。

但当衡阳政府和人民为第十军所做的一切都成为现实，都成为理所当然的时候，人性的贪婪会如同橡皮筋一样地被人为拉长。

有一次，第十军军部的一群军人看中了花药山光孝寺的一块地盘，想征为部队用，他们也不跟庙里的僧人商量，几个官兵直接就在那画个圈，插了一个“无线电台用地”的牌子，就算是征用了。

那时候在花药山当住持的虚云大师，是很有名的一位高僧。虚云大师有位弟子叫茗山，正领着几个小师傅在花药山寺四处巡察，见到这情况，心想不能让他们随意地侵占寺产，于是，就上前去跟他们理论，并拔了那个牌子，可不曾想遭来横祸，第十军上来十几个人，将虚云大师的弟子抓到军营去，用绳子吊起来悬空棍打，个个打到半死，后来逃回去的小师傅报告虚云大师。虚云大师赶紧到市政府找赵君迈想办法，赵君迈正在市党部开会，立即停下会议去救人，费了好大劲才将人救回来。

这事赵君迈虽生气，但官兵做的也还算是公事，勉强说得过去，令赵君迈气愤的是，第十军军人在衡阳市区内强取豪夺市民财物的事情，也时有发生。

据衡阳保卫战亲历者第十军老兵蒋鸿熙在《血泪忆衡阳》一书中记述，第十军官兵在衡阳城内看见一些副食企业、商场和民房，动辄以军用物资为由，就贴上封条征用，这在其他地方屡屡得手的军阀行为，在衡阳遭到了市民的强烈抵制。

据蒋鸿熙称，有一次他们几十人闯入一家酱菜园，要将整个酱菜园的酱菜及其厂房都要全部征用，立即遭到酱菜园老板和员工的誓死捍卫。最终，这些官兵没有得逞。事后蒋鸿熙竟然说：“看，我们在前方为他们打仗，他们却连一点酱菜都不舍得给我们，真是衡阳不亡，天诛地灭。”[4] “衡阳不亡，天诛地灭”，这种话竟出自当年第十军官兵之口，令人无言以对。

当时，第十军部分官兵之所以肆无忌惮地到饭店吃饭、到商场买东西不给钱，还敢动手打人，是因为他们当家的方先觉对他们说过，只要弟兄们在战场上别认熊，在地方上拿些东西，睡个把女人，都不是个什么事。这种行为其实就是第十军内部，都有很多人不齿，周庆祥他们曾联名写信奏呈军委会状告方先觉，其中有一条就是说方先觉残害百姓，作风粗暴。

赵君迈非常鄙视这种军阀作风，不容许第十军的官兵在他的管辖范围内胡作非为。赵君迈告诉方先觉，他治理下的衡阳是一个法治社会，让他管好自己的手下，说枪是用来打日本人的，不是用来吓唬老百姓的。赵君迈的强势表态，让方先觉开始感到与衡阳政府和百姓对立将产生严重后果，他虽然很不情愿，但在战役前还是对属下的行为进行了管束。不仅如此，官民风波平息后，方先觉为感谢衡阳市民对第十军的支持，还把市内各界名流和主要媒体的代表都请去，搞了个小范围的答谢联谊会。

方先觉答谢衡阳社会各界联谊会是在他的临时军部举行，临时军部设在市民医院大楼内，方先觉带着麾下的五虎将陪大家喝酒。有媒体记者对方先觉提出了一个尖锐问题，衡阳会战有几成胜算？

方先觉很不高兴地冷冷答了一句话：“我是奉命死守，有没有把握我都会在这里！”方先觉之所以突然不高兴，是几天前蒋介石决定将配属衡阳的四十六军新编第十九师调往江西，他才真正有些头疼。[5]

当夜，赵君迈邀请雁峰剧社为大家献演了两场大戏，方先觉的情绪才慢慢地好转起来。

注释：

[1] 大公报，1944-06-01

[2] 黄仁宇. 从大历史读蒋介石日记. 北京：九州出版社，2007

[3] 国史馆 002020300014106. 蒋中正电余汉谋，1944-05-1

[4] 蒋鸿熙. 血泪忆衡阳. 南京：江苏文艺出版社，2008

[5] 国史馆 002090200083203. 孙连仲电蒋中正，1944-03-31

第八章

长沙会战前，参战官兵在集体宣誓

拾玖 长衡会战开局

长衡会战，就如同一场螳螂捕蝉的游戏，双方都希望以长、衡为诱饵，一口吃下对方，但问题是，谁是笑到后面的黄雀。

长沙会战自6月16日始，至18日便告失守，而南面的湘潭更在先一天被日军兵不血刃地占领。从日军在6月20日发表的战报看，国军遗弃尸体三万五千四百具，而日军仅死亡一千五百零三人。长衡战役整个第一阶段打得很不理想，就连赵君迈这样的军事专家，都看不懂这一仗是怎么输的，所有的节奏被打乱后，迎面而来的就是一大堆问题。无论怎么说，本来由两个人挑的担子，突然压到了一个人的肩上，其压力已非一般人所能承受。

而更为糟糕的是，长沙那边的真实情况，赵君迈、方先觉等衡阳军政官员，竟一点不知情。

三天，丢了长沙

日军打响“一号作战”在长、衡的重要一环是4月27日，日军以五个师团由湖南华容、岳阳、湖北崇阳，沿湘江两岸和湘赣山区，分三路向长沙周边发起攻击。同时，以三个师团集结于湖北监利、蒲圻作为机动部队，另以一个师团又五个联队进至江陵以南松滋河沿岸，牵制我军，以掩护其右翼对长沙的进攻。[1]

我军严阵以待，从三个方向给日军以全面反击，双方在湘北拉锯了一个多月时间。6月1日，日军中、左路强渡汨罗江，突破河防阵地后，分路向捞刀河、浏阳河进攻。守军第三十七军采取边抵抗边后撤的战法，撤至浏阳附近御敌。至14日，日军相继攻占沅江、益阳、浏阳等长沙外围各县后，双方进入大战前的宁静。

这局面令赵君迈寝食难安，大战阴霾不期而至，他正在为这个城市五十多万人要不要立即组织疏散而陷入两难境地。

赵君迈是打过“一·二八”和“八·一三”两次淞沪战役的人，非常清楚打仗肯定是要疏散市民的，但是，疏散的时机如何把握，早几天或是晚几天，疏散还是不疏散，这对于衡阳的企业和百姓，都是关乎生死的大事，但这些关乎一个城市五十多万人的生死大事，都取决于长沙能不能守得住，或者说是究竟能守多久。由于战前方先觉等将领过分夸大了长沙城的实力，让衡阳的一部分百姓已经决定留下不走了，这让赵君迈的内心产生了某种不安。

6月16日，长沙战役打响，赵君迈准备到第十军临时军部去找方先觉商量下一步应该怎么配合第十军的作战要求，当时，几件急事把他拖住没去成。可两天后形势已急转直下，赵君迈得到消息说，长沙与外界突然失去了联系，并且还有一股日军开始直入株洲，赵君迈的头上开始冒汗了。他真不敢相信，守长沙的第四军与日军的接触才几天，怎么突然变成这样？

赵君迈赶紧赶往第四军衡阳办事处，去探明长沙那边到底怎么样了，毕竟现在整个衡阳市民最关注的焦点都是长沙。

当时，衡阳电闪雷鸣，大雨倾盆而至。

第四军办事处已乱成一锅粥，一群大小传媒记者和第四军军官的眷属，将办事处每个角落都占据得满满当当，几条通往外界的电话都在发出焦虑的呼喊：“喂，长沙！喂，长沙吗？长沙现在情况怎样了？”

第四军办事处主任严蔚文急得在室内团团转。他是第四军军长张德能的亲戚，可长沙现在到底是怎样打的，是否能坚守，连他也什么都不清楚，他趿着双拖鞋在屋里不停地自言自语一句话：“怎么会这样？怎么会是这样？”他身上的衬衣已全都湿透了。

赵君迈向严蔚文询问情况，他说十六号第四军军部从长沙给他发来几条简单的战讯，说是日军在易家湾、猴子石强渡都被打退了，可是，又说三岔矶那边出现危机。17 号也就是昨天晚上，又联系了一次，说是丢失了望城坡，晚上又给夺了回来。接着湘潭失陷，粤汉线的三门站发现敌踪，宁乡县城开始巷战，可怕的消息一个连着一个地传来。到当天上午，严蔚文又听有人说第四军开始疏散了，但是为什么疏散，主力部队向哪一个方向疏散，却没人跟他说明白。

严蔚文怀疑是不是这几天连续性的大雨帮助了日军，让日军站住了脚，但这也只是他个人的想法，并不敢肯定。

望着第四军办事处忙乱的乱象，赵君迈想起两三天前严蔚文主任还拍胸脯对他说：“放心吧！我们长沙防线可是薛岳司令长官亲自部署的，号称伯陵防线，相信他们会顶住的！用我们广东话说起来是会顶硬上，即便有什么意外都不怕，我坚信我们军长张德能是有能力坚守住长沙的。”

可现在才几天啊？赵君迈有些不敢相信，第四军可是张发奎将军一手创建的部队，号称铁军，资历深厚，再加上这三万多副美械装备和一个完整的炮兵旅，光美国重炮就有上百门，这是什么概念？这可是第九战区装备最精良，防区最坚固，作战经验最丰富的战略指挥家加在一块啊！即使用人墙来挡，怎么也得挡它个十天半月的吧？可这才三天啊！

是啊！三天！三天丢了长沙！

长沙保卫战开始的准确时间是 6 月 16 日，日军选调第三十四、第五十八师团、第六十八师团一部，三个精锐师团加上伪军共十多万人，在空军、坦克、大炮的支援下，从南、北、东三路向长沙城区发起猛烈攻击。

日军炮火猛烈攻击长沙时，守城的王若卿炮兵旅，将火力全部布置在了长沙河以西的岳麓山，这使得长沙的重炮优势根本没派上用场。接着，在第四军受到日军强攻后，军长张德能又判断失误，误以为日军主力到达，匆忙下令长沙城区守军渡过湘江，向二线撤退，张德能希望进驻岳麓山，通过炮兵独立旅的炮火优势，守住长沙。

由于退守时慌乱而失去秩序，各自溃退的守军在过江时，搞得自乱阵脚，在日军飞机、大炮的轰击下，整个湘江乱成一团，死伤很大，令长沙险情顿生，消息传到重庆，蒋介石闻讯后大怒，电告张德能，让他火速回防长沙，不许随便移动位置，否则，军法从事。

张德能无奈，只得下令重新进驻长沙，虽然在猴子石一带将日军击退，但大势已去，日寇大军已经强渡湘江，长沙城大半失守。

而在岳麓山方面防守的炮兵旅，在这时却与第四军失去联系。张德能根据各方情报，估计日军已调大军迂回岳麓山，有先破岳麓山的企图，急忙向第九战区司令部报告，请求增援岳麓山，但报告未予采纳。

果然，日军迂回岳麓山后，在飞机、大炮等狂轰滥炸下，地面部队发动猛烈进攻，王若卿炮兵旅猝不及防，失去了还击之力，布置在岳麓山的近百门美式大炮，非但没有派上用场，竟反为日军缴获，日军占领岳麓山后，调转炮口向山下第四军一阵狂轰滥炸，整个长沙城内的守军被炸得溃不成军。

张德能如梦初醒，知道屏障尽失，赶紧同赵子立商量解决办法，赵子立说："如守不住可撤。"于是，张德能匆忙下令全军撤退。由于守军三面被围，只有湘潭一面可撤，而船只又大部分在战前开走，张德能指挥仅有的少数船只过江，很多官兵无船渡江，被从四面涌至的日军击散，从长沙撤至衡阳方向的第四军和炮兵旅官兵，仅剩二分之一的人马。

仗打成这样，赵君迈不明白是日军太过强大，还是第四军太无能。衡阳会不会成为第二个长沙？现在的情况说明衡阳这边的战斗随时都会打响。前方形势突变，将赵君迈逼成了一个快速旋转的陀螺，疯狂地转动起来。赵君迈赶紧离开第四军办事处到第十军找方先觉商量对策。

赵君迈匆忙赶到第十军军部时，见方先觉正披着件外套站在窗前，大口大口地吸着烟。看得出来，他已经得到消息，第四军在长沙已经失守。

一见到赵君迈，参谋长孙鸣玉就急得直跺脚，说他原本希望长沙能顶住十天，那与日军在力量的比较上，形势也比现在的情况要好。他认为现在除非立刻在衡阳地区增加四个军的防守兵力，否则不容易争回预期的形势。孙鸣玉对赵君迈说，他现在对守衡阳都不敢有太大的把握了。

方先觉听到这些问题就急，将手中的半截烟狠狠地往窗外一扔道："他娘的！我们现在是一分钟也不能再耽误了，赵市长，你说说，这一堆问题怎么解决！"

方先觉所说的这一堆问题，是战前第十军必须解决的问题，比如粮食补给、环城工事、市民疏散和支前大队的问题，都必须马上去做。从政府方面的立场考虑，没一个是可以省心的。

现在最要紧的是做工事

赵君迈认为筑工事这件事情，是眼前要优先解决的大事，他认真地扳着自己的手指，跟方先觉一件件地确认道："做环城工事市政府已经落实了木料一百万根，安排好了两万多民夫，只是做工事这两万多民夫的供餐与人员经费，你看是由我们一起分担，还是单由衡阳地方政府负责？还有，衡阳城内下一步具体要留多少人，现在要有一个计划。"

方先觉不管这些细节问题，他打断赵君迈，左手举着烟卷停在嘴边说："我们只谈工事，经费问题由你们地方政府解决好了。”

方先觉说完，将嘴边的香烟猛吸了几口，顿时醒悟一般，对赵君迈说：“现在日军已过了新墙河，构筑环城工事的事得抓紧，你们市政府组织人力三天内完工好不好？筑工事人员两万不够，木料一百万根也不够，得再准备。还有，衡阳城内所有必要的人员，包括一切必要的物资和食品，都一定要留下，这点你们市政府一定要给我保证，所有的无关人员必须限时撤离。我不管你们政府方面怎么弄，我只知道只有无关市民疏散了我们才好打。”

方先觉不客气地将这一系列麻烦推到了赵君迈手中，赵君迈作为地方的主要负责人，也责无旁贷地应承下来。

当时面临的最大问题是木料问题，社会上都知道要打仗，很多木材商船都停止了木材采购，使衡阳的木材顿时紧张。这么短时间内，不要说解决百万根木材，解决几十万根都难。

但赵君迈有他的办法，他先找来市竹木板片同业公会理事长郳仲林，让郳仲林先将全市所有能直接拿来用的木料全部封存，由市政府全额征购。再发动衡阳抗敌后援会湘桂铁路分会的工友，将株洲到衡阳这一段一百多公里内的铁轨、枕木，能拆卸的都给拆卸好运回去衡阳，这既解决了抗战中的坚壁清野问题，又为衡阳的环城工事提供了最好的钢材和木料。经过两方面的努力，总算是解决了木料这一问题。

接着，赵君迈连夜组织全市会战，争取在两天时间内，将环城工事全部完工。涨潮的湘江水，顷刻间被黄土染成了黄色！不仅是江水被染成了黄色，整个衡阳城都被染成了黄色，到处是黄土、黄衫、黄色的皮肤。为配合第十军备战衡阳，赵君迈在衡阳市征调民夫七万八千人，挑灯夜战，昼夜挖掘战壕，这样的场面真令人震撼。整个衡阳市区，到处是一群群粗壮的身影在泥土间跳动，密密麻麻的人群在衡阳城区成排的巨大灯光下，为抢筑这重重叠叠的城防工事，挥汗如雨。当时人们的劳工号子是这么喊的：

做工、做工、做工！嗨哟！
从大白天做到天落黑啊！嗨哟！
从落黑做到大天光！嗨哟！
从白露坳做到铜钱渡啊！嗨哟！
从铜钱渡做到汽车西站！嗨哟！

谁说衡阳的环城工事是第十军做的？这首当年衡阳市民为修筑环城工事而唱响全城的做工号子就是历史的见证。所有衡阳的青壮年都在工事前做工，连市长赵君迈都不例外，也来到湘江岸边的一座山丘工事前，与一群百姓一块开挖工事。

方先觉带着他的参谋幕僚和几位师长前来参观时，见前面一群百姓正往一口棺材内装泥土。方先觉走到那儿停下，用手在棺材里抓起一把泥土说：“我们的百姓可怜呀，他们把家里的棺材板都献出来给我们修工事了。”说完，还用手猛地拍了一下棺材板，加重了语气对赵君迈和周围的百姓说道：“可我们凭什么跟日本人打啊！各位，没办法，就打这一点工事罢了。”

赵君迈怎么会不明白工事的重要？他是学土木工程专业出身，又在江西、海州、上海都有修筑大型工事群的施工经验，要说做工事，尤其是在衡阳做工事，没人比赵君迈更专业。

战前，赵君迈一直在对衡阳周边地形作实地的观察，对衡阳城现有的防御资源知根知底。他认为衡阳城在战略防守上有四点优势可以利用：一，衡阳城古城墙高而厚，坚固的城墙建筑可资利用；二，衡阳城东有湘水横贯东西，可为依托；三，衡阳城南面、西南有黄土岭高地，可为固守衡阳城的屏障；四，衡阳北面有南岳及其支脉的阻挡。

赵君迈要做的，是利用衡阳城郊的环城水田、河塘密布的特点，加筑钢筋水泥的外围防御工事，与衡阳城内上述天然屏障所构筑的各士兵壕连成一气，形成衡阳立体的防御工事网。

在开始挖壕前，赵君迈亲自给大家讲修筑工事的要求，衡阳外围的红土丘陵地，基部全部削成九十度断崖，断崖上阵地建士兵手榴弹投掷壕，也就是让士兵有助跑空间，方便自上向下投掷。士兵壕先由班阵地的散兵坑开始构筑，散兵坑挖好后，再构筑连接散兵坑的交通壕，再由班阵地连接成排阵地，由排阵地构成连阵地，再连接到各连的独立据点，由据点连接形成全城的防御阵地。

对赵君迈所构筑完成的国防工事，后经方先觉和几位师长反复检查之后，他们提出了三点意见：第一，阵地向前推得太远，虽然都选择并利用了有利地形，但第十军担心人手不够，正面太宽，他们未必能防守周严；第二，工事位置的选定，太过注重视界和射界的角度，也就是后来通俗说的交叉火力网，而忽略了位置的隐蔽和掩护，加重了守军的危险程度，但战后证明，交叉火力的设置，为阻击日军起到了很重要的作用；第三，所构筑的工事，每一碉堡据点间的距离太远，难以发挥点与点之间互为支援的效果。

赵君迈虚心听从了方先觉等人的意见，将防御阵地，尽可能往市内收缩，以缩小战斗的正面。[2]

重新调整后的环城工事，经过赵君迈与市民们两个昼夜的不懈努力，比预计的时间提前了十多个小时完工。环城工事如期完成了任务，赵君迈心中的一块石头总算是落了地，就在赵君迈刚想歇口气的时候，第十军方先觉那边却闹出了装备风波。

这事情说来复杂。第三次长沙保卫战胜利后，军委会决定给第十军配备一个美械炮兵营，但一直拖到3月底，军委会才正式向第十军下达通知，让他们派人上昆明，领取全新的美式七五山炮和全套的测量、通信器材。

本来这是件喜事，全军上下都乐疯了，第十军立即派出炮兵营营长张作祥率营前往接收。炮兵营刚抵达昆明的时候，一切都很正常，全营还开到干海子中美炮兵训练中心，接受为期四周的装备使用训练，可到训练完正式接收的时候，情况却变了。原来确定划拨给第十军的十二门七五山炮，被炮兵第一旅童旅长他们全部拉到全州去了。

这真是件要命的事，方先觉一听张营长的报告就摔了杯子，现在大战在即，这么大的事，说不给就不给了，衡阳还要不要了？

赵君迈认为按程序军委会应该给衡阳一个说法，要不然出了问题，谁也担当不起，经过与炮兵第一旅童旅长电话交涉，最后，童旅长答应让张作祥把他们六门老的三八野炮带回衡阳。

十二门全新的美式七五山炮给换成了六门旧的日式三八野炮，搁谁心里都窝火。第十军炮兵营带着六门旧的三八式野炮从桂林回到衡阳火车西站广场的时候发生了一起风波，一群士兵将这日本制造的三八式野炮给围住了，不让走。

方先觉本来就已是气得脑门子直冒烟，听到报告正要去好好教训教训这群兔崽子。赵君迈劝方先觉冷静，跟他说战前军心涣散乃兵家大忌，现在最重要的是将官兵的士气鼓起来。

方先觉冷静下来后，认为赵君迈说得对，将第十军在衡阳城内的营职以上长官，都集中到站前广场，给他们开会做工作。

方先觉先问他们："弟兄们想想看，我们第十军以前打了那么多胜仗靠的是什么，难道我们都是靠美械装备才打赢的吗？"

官兵们都大声地答道："不是！"

方先觉："好！我们第十军以前到处打胜仗，是不是凭手中现有的武器打赢的？"

官兵们又一次大声地回答："是的！"

这就对了！方先觉告诉官兵们，枪械并不是打赢战争的唯一因素，以往没有美械装备，没有炮兵营，第十军能够打败日本鬼子，今天同样没有，难道今天我们就不打鬼子了？

方先觉将话说这份上，官兵们也就都不说话了。

长沙保卫战由于指挥系统混乱，打了一场糊涂仗，让很多第四军和独立炮兵旅官兵，并没有与日军进行殊死抵抗，就被日军打得溃不成军四处逃散。[3]从长沙退下的官兵，有三分之一都退到了衡阳境内，这些官兵退到衡山后，装备都还相当完整，只因为都失去了编制，一时连吃饭的地方都没了，有的官兵开始向地方百姓索取，或是直接闯入民宅抢劫，这种行为遭到了当地百姓的抱团抵制。

当时，一群从长沙撤下来的散兵，在衡山三星桥一带抢劫百姓和商人的物资，引起当地百姓和军人的骚乱，衡山县邓县长怕事态扩大，派人前来向赵君迈报信。

赵君迈了解到那都是从长沙撤离的军人，有第四军的，也有独立炮兵旅的，总数有几千人后，立即接通薛岳的电话，希望截住那些从前线退下来的官兵，放到衡阳由第十军指挥。

薛岳同意了赵君迈的提议，告诉他，所有退下的官兵，不管他们是哪个部队的，只能退到衡山为止，全部并入衡阳第十军，交由方先觉统一指挥。

赵君迈带着薛长官的口信急忙赶到骚乱现场，只见衡山三星桥一边是上千手拿大刀、锄头、镰刀的百姓，一边是国军士兵子弹上膛、严阵以待站在那儿。

"住手，全给我住手！"赵君迈先将自己的人管住，他站在高处大声对百姓们说："军人抢百姓的东西固然不对，可乡亲们也请想一想，这些军人为什么要抢东西，他们为了国家出生入死，今天是饿极了才抢你们的东西吃，他们本来是我们的民族英雄，是我们湖南百姓的恩人，他们现在落难了，才作出了这样的行为，我们地方的老百姓有责任帮帮他们。"

将百姓的心情平复以后，赵君迈又对军人们说："我也是名军人，当国家大难的时候，我们身为军人不能保护我们的疆土，手中有枪，却不能保护我们的人民，国家都被弄到了这步田地，我们不为这些父老乡亲提供保护也就算了，我们也决不应拿着枪在他们面前耀武扬威，看看你们今天的行为算什么，就算我们打日本鬼子真立有什么功，难道这不是我们军人应该做的本分吗！今天，我把话挑明在这儿，虽然你们队伍打散了，但守土之责还在，长沙丢了，还有衡阳在，衡阳马上就要与日军接触，我已经接到了第九战区薛岳司令官的指令，所有从长沙撤下来的官兵，一律不许再退，全部在衡阳并入第十军，这也是薛司令长官给你们的一个雪耻机会。只要愿意留下抗日，前面发生的一切事情，都可以不再追究，大家的军衔一切照旧，如有立功行为，同样将上报军委会，为你们请功。"

所有第四军和炮兵旅退到衡阳境内的官兵，在赵君迈的劝导下，都留在了衡阳加入了第十军的行列。

蒋介石布置衡阳会战大格局

长沙的快速陷落，让中国军人的形象在国人和世界面前很是难堪。本来，蒋介石出席开罗会议回国后，已认识到中国的抗日战场的战略定位，已将中国的整个抗日战略从以往的战略防御、相持转到了战略进攻上来。但不幸的是，欧洲战场在节节胜利，而中国战区却连连挫败，以至于蒋介石在总结长沙会战的会议上，杀气腾腾地明确提出要严办责任人，说现在已到了不杀几个无以明军纪，不杀几个无以振军威的地步了，要动点真格的。下令将第四军军长张德能，第九战区参谋长赵子立和参战的几位少将师长，都用专机押解到重庆军事法庭。

张德能不仅是战功卓著的军长，还是张发奎的亲侄，白崇禧听闻后，立即向蒋介石陈情称："查此次长沙会战，敌军以八个半师团沿湘江两岸南下，而长沙守备兵力仅第四军，然军长张德能当战况不利时仍未脱离部队，并指挥一部突围到永丰，故请从轻处理。"[4]蒋听后，还是一点面子没给，亲自批示将第四军军长张德能中将处以极刑，这在军界是一个相当令人震动的事情。

6 月 18 日，就在日军第十一军团司令官横山勇将作战指挥室从武汉推到长沙的时候，蒋介石也派出军委会副总参谋长白崇禧携自己亲笔手谕亲临前线耒阳，指导即将展开的衡阳会战。长沙陷落，使衡阳在国内战局中的地位迅速提升，衡阳这个本是后方枢纽的战略要冲城市，一时成了举世瞩目的焦点。

白崇禧人称"小诸葛"，字健生，广西桂林人，军事委员会副总参谋长。蒋介石让白崇禧亲临衡阳前线直接参与指挥调度，决定把周边几个战区能组织进来的军队都组织进来，在衡阳与日军展开一场大的军团会战，以提振中国百姓和盟军方面的信心。

当时，美国副总统华莱士正在中国访问，还专门提到即将打响的衡阳战役，他在发表演说时说道：“中国是一个伟大的国家，中国人民一定可以依靠自己的力量，抵抗住日本军国主义的侵略。”华莱士副总统此时访问中国，让蒋介石感到了空前的压力。衡阳会战，也是蒋介石向世界证明他领导能力的一次机会，蒋介石对衡阳是决不会轻言放弃的。[5]

18 日，白崇禧召集美军亚洲战区野战司令官兼远东陆军参谋长贺恩、军事委员会后勤部部长俞飞鹏、第三十集团军总司令王陵基、第二十四集团军总司令王耀武、第三十七集团军总司令欧震、第二十七集团军副总司令李玉堂、第二十七集团军第十军军长方先觉、衡阳市政府市长兼警备区司令赵君迈，到耒阳第九战区前线指挥部开会，共商衡阳会战的大计。

白崇禧此次会议上带来了蒋介石亲笔手谕，主要目的就是要协调第三战区顾祝同部、第四战区张发奎部、第七战区余汉谋部和第九战区薛岳部四个战区的主力，进行一场联合军事行动。[6]由军事委员会委员长同时命令四个战区的指挥官，来共同完成一场战役的作战方案，在我中华抗战历史上，除了赵君迈参与的上海“八·一三”淞沪保卫战外，这是很少见的事情。

此次衡阳会战，蒋介石的战略意图是这样的：让第十军方先觉部做攻击日军的诱饵，全力坚守衡阳城，务必不惜一切代价，最少坚守七至十天，以拖住日军主力。让第三十七集团军欧震部的九个师，堵住衡阳南面的日军，不得使郴州、茶陵之敌靠近衡阳。而第三十集团军王陵基部的九个师和二十七集团军李玉堂部第二十军、第四十四军的六个师负责关上衡阳的东大门，堵住衡阳东面醴陵地区由东向西进攻之敌。

这样就腾出了一个歼敌机会，让第二十四集团军王耀武所部的十二个师，在衡阳西面的宝庆自西向东攻击进犯之敌，与东岸三十集团军和二十七集团军形成对攻之势，在衡阳外围对日军形成包围。

蒋介石布置的这个战略计划，本是想以衡阳为诱饵，布一个口袋让日军去钻，再抓机会将口袋里的日本人全部消灭，但日本人显然不会跟着中国军队的意图走，他们在中国军队的后面，又布下了一张更大的网。衡阳，这个在地图上小得不认真看都找不到的地方，一时成了中日战争的焦点。

螳螂捕蝉，黄雀在后。谁，能成为笑到最后一刻的黄雀？

俞飞鹏倾其所有，为衡阳补给

在衡阳前线布置战略的白崇禧说，丢失衡阳，就等于丢失了中国的四分之三，衡阳会战的重要性不言而喻。正因为双方在衡阳都将自己放到了没有退路的境地，军委会这次在衡阳守军的补给方面，是下了血本的。

比如说第十军的兵员问题，军委会除令地方政府负责人赵君迈负责强制征兵，补充第十军缺额兵员外，又将守备衡阳机场的暂编第五十四师配属给第十军指挥，以顶替新编第十九师移防后的空缺，另外再从七十四军给第十军增调一个炮兵营过去，加上第十军还接收了一批从长沙退下来的第四军兵员，所以，第十军在衡阳的官兵人数已接近一个军的编制。

在武器、弹药等补给方面，蒋介石更是全权交给后勤部部长俞飞鹏，令其亲自前往衡阳负责。

俞飞鹏是赵君迈的朋友，他了解了蒋介石的态度后，对衡阳的补给问题非常重视，俞飞鹏与方先觉、赵君迈见面时说："我特地赶到衡阳来的目的只有一个，就是为你们衡阳守军撑腰打气来了，你们现在在补给方面还需要什么尽管说，只要是衡阳邻近各兵站库存有的，我都尽其所有给你们送至衡阳。"

这话绝不是说说图个口头痛快。方先觉说缺手榴弹，俞飞鹏当着方先觉、赵君迈的面打电话给兵站，下令从即日起，桂林军械总库现存的枪械子弹、手榴弹，凡第十军守城部队需用的，一概不准后运，[7]全部发往衡阳城。俞飞鹏还亲自给芷江兵站负责人打电话，将兵站库存的子弹和手榴弹即刻全部运往衡阳。后来经清点，各兵站共给衡阳城内调拨了五百四十万发机关枪与步枪子弹，手榴弹四十万颗。

还有第十军参战官兵的军饷和抚恤金，所谓大炮一响黄金万两，这话一点不假，打仗打的就是钱。这次第十军负责衡阳保卫战，蒋介石除补足每位前方将士以前所欠的粮饷外，并预发守城官兵三个月的薪俸。除此以外，关于这次衡阳会战抚恤金的发放问题，军委会还专门做了最新调整，在以往抚恤金所定金额的基础上再加一倍。这对官兵们来说，都是很重要的问题。赵君迈是从财政部出来的，知道在全国财政最困难的时候，政府能咬牙省出一笔如此巨大的经费来，是很不容易的事情。因为随着战争创面的不断加大，破坏力不断加深，国民党政府对全国领土、人口以及资源的控制与掌握越来越少。俞飞鹏对赵君迈私底下说，国民政府在这一年能够支配调拨的产品，只占全国产品总值的30%，这对于一个领导着四万万百姓的政府而言，是一个穷得不能再穷的政府。但战争年代，再穷也不能穷国防。

俞飞鹏让方先觉马上把第十军全军官兵名册及照片整理好，呈报军令部，军令部将根据第十军官兵人员花名册下拨经费，对成仁官兵，军令部将根据官兵留下的家乡永久通信地址，对其家属多加照料。可后来新名册还没做出来，衡阳保卫战就打响了，这中间很多新加入第十军的湖南新兵，还有第四军临时补充的官兵，这些人死于战火后也就没人再去提起。

可以这么说，俞飞鹏对第十军所提出的条件，基本上都给予满足了，唯一还缺少的便是山野炮弹。这山野炮弹俞飞鹏也没办法，周边兵站确实没有，巧的是，赵君迈的美国朋友贺恩解决了这问题。他在参与衡阳会战的战略会议时，听赵君迈跟他说衡阳现在最缺的是炮弹，贺恩立即跟史迪威将军商量，史迪威同意给衡阳解决二百吨炮弹。方先觉在一旁还以为听错了，二百吨，这可真是解决了守军的大问题。

确实是二百吨炮弹，贺恩答应五天之内从昆明发送到衡阳。

贺恩是赵君迈的老朋友，两人在建衡阳机场的时候就认识，此次衡阳战役因事关重大，美军驻亚洲区总司令史迪威将军非常重视即将打响的衡阳战役，特派助手贺恩将军，带着两名高级军事顾问，一起前往衡阳参与具体战术防御制定。

赵君迈很高兴地向方先觉他们介绍，贺恩手中不仅有炮弹，他还能调动很多飞机参加衡阳战斗。在衡阳会战中有一个被人们长期忽略的重要事实，就是在衡阳会战中的制空权问题，这个衡阳保卫战中导致第一阶段得以不败的重要利器，却在战后与衡阳人民的命运一样，被历史所淡忘，从这也可以说明在衡阳保卫战的研究领域，还有很多史实尚待发掘。

在制定衡阳防御方案的会议上，方先觉、赵君迈、贺恩在对日军选择进攻衡阳的突破口的问题判断上，都有各自观点。

第十军方先觉等人的意见是，由于衡阳地形情况的总体特点是四周高中间低，四周高山环绕，湘江从城区南北纵贯全城。敌人选择城南这片地区进攻的可能性不大，因为它地形复杂坚固，如果敌人选择以此地为主攻方向，那一开始就要强攻，其成功性很小。而衡阳西北郊的地形平坦开阔，很适合日军的火力特点，也易于与我守军正面决战，所以方先觉他们认为，敌人会把主攻方向指向衡阳城的西北郊，而不会是衡阳城南或其他方向。

根据这一判断，方先觉选择一开始就在衡阳的北面布下重兵，将第十军的主力第三师，安排在湘潭易俗河以南、衡山以北做前进师，并在外围构筑了很多防御工事，准备边打边退，层层设防，为衡阳争取更多的时间。

赵君迈与贺恩对方先觉的判断有不同看法，贺恩认为敌人在大规模兵团作战时，他们选择的攻击重点应该不会只是在一个点上，他认为西南的汽车西站和南郊的黄茶岭这一带，敌人发起攻击的可能性更大。而赵君迈则认为，长衡公路两侧的地形均为崇山峻岭，其中最宽的一段路也只有二十公尺，这不适合日军的重装备部队运动，因为北面沿线我空军对日军的威胁非常大，反观衡阳城的南面比起北面而言，要平整很多，敌人如从此处主攻得手后，很快便可利用市区的高度优势，在其优势火力的强攻下，迅速结束战局，这与日军速战速决的战法吻合。而且，更关键的一点是，大军作战补给线之维护至关重要，敌人如从南面主攻，作战一开始，便可截断我湘桂铁路和公路的补给线，衡阳城内的补给线一旦被掐断，就等于让日军掐住了我们守军的脖子，对我守军的威胁非常之大，使我军早早地就陷于孤立无援的境地。

从战略全局考量，赵君迈判断敌人选城南为主攻方向的可能性更大。最后，大家同意将衡阳城的防御重点，放在了城南和西北两处，方先觉随即调整了衡阳的兵力配置。

令一九〇师容有略师长之一部，负责湘江东岸泉溪市、耒河西岸、新街口码头等前进据点；暂编第五十四师的饶少伟师长部，重点保护机场左翼一线；而城南的湘江西岸，则由预备第十师葛先才师长部负责，令他们占领马王庙、张家山、西禅寺、黄茶岭之线的衡阳城南主阵地。西北方向，由一九〇师的另一部，占领石鼓嘴、草桥、辖神渡沿线。第十军主力第三师周庆祥部，仍旧安排在湘潭易俗河以南、衡山以北做前进师。

但赵君迈觉得前进师推进得太远，在衡阳守军兵力有限的情况下，不可能同时在几个点上布下重兵，贺恩要方先觉下决心放弃湘潭易俗河以南的那些外围的工事，他也认为那么宽的防守范围，十个师的兵力也未必能够防守周密，不如把防御阵地向内收缩，以增加城区阵地的韧性，这样效果会更好。

大家经过进一步商议后，决定将第十军在湘潭易俗河以南、衡山以北部署的主力第三师撤回来，[8]仅让第三师的一个团留守衡山，这样既可负责北面的安全，又等于为城内留下了一支预备队。收缩回来的第三师主力，被放到了五马归巢、瓦子坪、汽车西站沿线，城内所有炮兵部队被分散在雁峰寺、县政府等多处地点，由第九战区派来的督战官蔡汝霖统一指挥，照应城内全部阵地。[9]

军事会议结束后，赵君迈陪同贺恩到他专为美军飞行员修建的高级会所衡莲社西餐厅吃饭。贺恩向赵君迈介绍了一些他的好朋友孙立人将军在中缅边境的情况，当时，孙立人已是新组建的新一军军长，而赵君迈在税警团的下属贾幼慧，也已成为了新一军的副军长。[10]

注释：

［1］国史馆 002020300014104．蒋中正电薛岳，1944－05－06

［2］白天霖．抗日圣战中的衡阳保卫战．台北：天工书局，1984

［3］国史馆 002020300014108．白崇禧电蒋中正转报薛岳报告，1944－07－06

［4］国史馆 002060100190012．白崇禧电蒋中正，1944－07－12

［5］扫荡报．1944－06－19

［6］［7］吴懋．长沙、衡阳防守战后勤概况．文史资料存稿选编．北京：中国文史出版社，2002

［8］国史馆 002090200028395．方先觉电蒋中正，1944－06－28

［9］国史馆 002020300014107．方先觉电蒋中正，1944－06－15

［10］国史馆 002090105009188．孙立人电林蔚，1944－10－29

疏散时忙乱的街道

贰拾　死亡游戏开始

一夜之间，斗大古城竟化作碧血，你只能眼睁睁地看着即将收获的果实，被敌人驮上了他们的背；你留恋的城市，葬身于漫无边际的战火；你赖以生存的黄土地，被鲜血浸透后变成了死亡的记忆。

日本自明治维新以降，从未像本次“一号战略”一样，如此不惜一切地动员国内的所有力量，增援其陆军。据相关数据显示，此次日军在中国作战所调动的人力，已超过明治时期日俄战争的两倍以上，日本大本营对于在中国执行“一号作战计划”的派遣军，无论兵力支援和各项战争补给，都予以优先配给，比如此次日军关东军以及日本本土向中国派遣的军队总数已达三十八万人，而其后勤方面，更是上至野战军医院、工程兵部队，下至士兵军靴修理、慰安妇等，都准备得事无巨细，力求同步跟进。在这群武装到牙齿的强盗面前，一座千年的历史古城，瞬间变成了人间地狱。

疏散！衡阳百姓一夜间被时代所抛弃

1944 年的衡阳，对所有生活在这个城市的百姓来说，都面临着一场巨大的劫难。转眼间，长沙的陷落，让战争的乌云快速地移动到了衡阳的上空。疏散的时候到了，这生离死别无论是对市民还是对市长赵君迈，都是件很痛心疾首的事情，凡是有过这段经历的人，内心无不感到深深的战栗。

在赵君迈组织召开的市政府紧急办公会议上，所有的疏散问题都摆上了桌面，城内五十多万人的去向问题，怎么疏，疏往何地，需几天时间，非常时期，还要尽可能做到有秩序、有组织地疏散出城，难度非同小可。就说疏往何地，看似很简单，市民在外地国统区有亲友的还好办，可以有亲的投亲，有友的靠友，但那些无亲无友的百姓怎么办，尤其是老人和小孩，把他们送到哪去？谁来接管他们？

赵君迈让市政府出面向周边城市联系安排，但由于南迁的难民太多，桂林、柳州，包括湖南省内的永州、宝庆，已开始拒绝接收衡阳的疏散市民了。虽然这事还有得商量，但疏散中的交通问题怎么办？几十万人要在这么短的时间，这么窄的空间，靠这么少的交通工具完成疏散，这在平常而言，是一个不可能完成的任务。

最后还有一个战时的支前民夫问题，方先觉只是向赵君迈强调，衡阳必须留下一批强壮的市民，协助守军防务，但究竟要预留多少人配合作战，却没给个清楚的数字。这可不是百八十人的问题，留多了是包袱，留少了很麻烦，但如果全城百姓都疏散完了，再来谈这个问题可就晚了。

赵君迈在市政府会议上经多方面考虑后，决定对衡阳实施分步疏散，第一步先让中央、省、市地方等重要机关和媒体人员撤离；第二步疏散妇女、老人和小孩，第三步才是衡阳城内的其他人员。

6 月 19 日，日军第十一军团总指挥横山勇，已在长沙开始布置实施长衡会战中第二阶段的关键一役——衡阳战役。

同一天，衡阳所有报刊媒体发表了一份联合停刊声明：

因战争原因，在衡阳的中央日报、大公报、正中日报、大华晚报、大刚报、明报、力报、党军日报、湘南日报等各大报社，于六月十九日全部停刊，具体复刊日期，以到时通知为准。敬请见报之读者相互转告，给读者带来的不便，敬请原谅！

衡阳报刊媒体的联合停刊声明，拉开了衡阳保卫战市民疏散的序幕。衡阳街头，所有报童、报贩拿着当日衡阳所有报社出版的最后一期报纸在沿街大声叫卖："卖报、卖报，衡阳媒体联合停刊声明。"

与此同时，衡阳市市长赵君迈宣布从即日起，衡阳将进入战争状态。赵君迈计划组织老弱市民三天之内全部撤离衡阳，从疏散之日起衡阳市民只准出不准进。

古老的衡阳街道上，荧虹闪耀，灯火通明，几辆流动宣传车在市区内来回地不停穿梭，通过高音喇叭宣传市政府决定："衡阳的市民们！父老乡亲们！从即日起，衡阳将进入战争状态，为了减少无谓的牺牲，市政府组织市民三天之内全部撤离衡阳，从疏散之日起，全市妇女、老人和小孩请听到通知后，立即到市政府领取疏散证暂时疏散，希望父老乡亲们有亲的投亲，有友的靠友，政府将安排专车免费送你们到安全地点，用不了多久就会让你们回来。"[1]

疏散通知就像是往热油锅中倒进了一瓢凉水，整个市区一下子炸开了锅，百姓们不再怀疑，这些祖祖辈辈生于斯、长于斯、聚族于斯的衡阳百姓，一夜之间被这个时代抛弃了，开始作着骨肉分离各自逃难的准备。

肉禽蛋奶、糖酒副食等军需物资一概不许出城

在衡阳市政府大院前，衡阳市民排成了长队前来办理疏散证，刚开始市政府工作人员显然是低估了现场百姓的人数。由于工作人员少，还向市民收取一定的手续费用，让现场人员拥挤不堪，排在前面的百姓被后面的人潮挤得把登记的桌子都给推倒了，登记表散落了一地。赵君迈从外面回来发现这一情况，将他们大骂了一顿："都什么时候了，还忘不了钱、钱、钱，没看见这么多人在这等吗?"

赵君迈将政府大院内办公室的工作人员全叫出来帮忙登记，并对办手续的工作人员交代，这办证的手续费一律不许再收取，经赵君迈的现场决断，几万人的混乱场面才控制下来。

衡阳市民疏散的那几天，伤心欲绝的哭号声像一把锋利的钢锥，刺进了市民的心口。谁也不知道未来的命运会怎样，谁也不知道他们还会不会再回来，这是件无比悲伤的事情，鸟都依恋自己的旧巢，何况我们人呢？没有谁不留恋自己的家，可他们不走不行，衡阳的百姓就像街上的那些流浪狗一样，没有目标，没有

远方在等待的亲人，一夜间失去家园，开始流离失所。

浓墨的天空下，苍天似乎被眼前的乌云遮蔽了！那是五十多万衡阳百姓的集体梦魇。请各位注意一个细节，黑夜里，就是衡阳保卫战前，在衡阳市发布的紧急疏散文告中，18 岁以上至 40 岁以下的男性市民是未包含在疏散人员之列的。就在 6 月 20 日衡阳老弱市民进行疏散的这一天，仅衡阳市总工会成立的战时运输大队，就留下了队员有三万余人。他们在民间的通俗叫法，是伕子，也就是地方政府是向军队提供的免费劳动力，他们与赵君迈一块，留在了这片血与火的土地上，这是当时被法令铁定的事情，谁也无法改变。

还有一点更为残酷，根据衡阳市市民临时疏散条例之规定，衡阳市内所有的鸡、鸭、鱼、肉、柴、米、油、盐、酱、醋等食品与糖酒副食都属军需物资，一概不许外运，否则，以汉奸论处。大战来临时，衡阳人民除了留下数万的青壮年劳力当支前运输大队的民夫外，还将全市五十多万人赖以生活的所有食品全部留在了衡阳。

当时，为执行这一规定，所有车站、码头、公路等出口，都设立了一个个临时搭建的检查棚。检查棚前，站着一排排的第十军军人，逐个开包检查，检查棚前各类食品、副食堆积如山，还有圈住的各种家禽。

据当时的报载，在火车站的检查哨前，一个五十多岁的老汉背着一头猪与检查的士兵吵起来了。老乡不愿把猪放下，这猪是他现在唯一值钱的家当，他还指着它吃饭呢。但执勤的士兵一点都不能通融，指着检查棚背后贴着的一张告示威胁他说，这是军需物资，军需物资一概不许往外运，否则，抓你当汉奸！

老乡说你们大白天说什么鬼话！他不识字，他也不明白自己养的猪怎么会成了军需物资。

士兵说，这猪都让你们带走了，我们守城的弟兄们吃什么。说着，指着身后堆积如山的物资告诉他，不识字没关系，看见没有，只要是出城的人，连包里带的食品都被我们扣下来了。

赵君迈在火车站广场中央，望着眼前这位老乡无助而惊恐的眼神，走过去劝他说："想开点，老乡！人在比什么都强，你背着这么大一头猪也挤不上火车。"

老乡很不情愿地说，这可是我的全部家当，就这么算了。最后在赵君迈的劝说下老乡还是把猪留下了，但他蹲在地上，伤心地哭了很久。

在这里必须要再为衡阳百姓说上一句。衡阳人民为整个战役所作出的巨大贡献与牺牲，是史无前例的。战前，衡阳市民自觉自愿地报名参军、捐钱献金，修建环城工事；战时，强行征集的全市所有食物，和数万名留下的青壮年支前民夫，令每一户衡阳家庭，每一个衡阳百姓，都被连扒了几层皮，直至什么也不再拥有。这是让从一开始就陷入孤立的衡阳守军，在没有任何外援物资和人员的情况下，得以支撑了 48 天的物质基础。

二百吨炮弹的专列，被挡在衡阳城外的黎家坪车站

从 6 月 20 日至 22 日这三天内，南行者乘东站粤汉铁路线火车，西行者乘西

站湘桂铁路线火车，是衡阳所有疏散的市民都清楚知道的事，但僧多粥少，一大群百姓，还是被困在了火车站。

赵君迈要将市内全部应撤离的市民，在这三天内要全部撤离衡阳，车站就是昼夜不停地发车，还是不能完全满足市民的疏散要求，赵君迈看到衡阳火车站人山人海的混乱场面，也不禁有些着急起来。

赵君迈守在火车站站长室，要车站方面尽可能多发车，但任凭怎么努力，火车的缺口还是很大。没办法，一个这么大的城市，就只有几个小小的出口，这要换在平日也就罢了，偏偏在这大难将至的节骨眼上，时间又不允许有丝毫的延宕。

赵君迈认为这样不行，现在聚集在车站的人越来越多，且湘粤火车站的运输已经中断，现在只剩下了湘桂一条线，火车发出的间隔时间变得越来越长，他得和站长想出新的办法来。无论如何，这么多滞留的百姓，都应该安全地疏散出去，这是他作为市长的责任。

越是着急的时候，着急的事情却是越多，还没等赵君迈想出新办法，一大群百姓找上门来将他围得寸步难行。

一位母亲带着小女孩上前拦住赵君迈说："前面几辆车太挤，我们根本挤不上，现在车又不走了，你让我们怎么办？"

赵君迈正在为难，一老太太上来抓住赵君迈的手臂哭诉着："赵市长啊！你帮帮我们吧！我们在车站已经等了一天一夜了，你看我们一家老小，三个五六岁的孩子，孩子们的爸爸都在前线当兵，你让我们怎么办啊？"

赵君迈向她们解释，市政府正在全力想办法解决问题，铁路局也已在想办法尽量地调集更多的车辆，现在关键的问题是疏散的人员太多，在这么短的时间内，要无条件地满足全部疏散人员的要求，这对我们市政府，对火车站，都是一个严峻的考验。赵君迈请乡亲们放心：你们一分钟不从这火车站离开，我赵某就在这火车站陪你们一分钟。

当时赵君迈知道，至少还有一辆列车会开进衡阳，那就是盟军史迪威将军特批的二百吨炮弹的专列，已经从昆明开往衡阳。赵君迈与他们说好是在衡阳车站卸下炮弹，接着就疏散百姓，如果这辆火车要是开来的话，衡阳的市民疏散，也就算是圆满完成了。

可令赵君迈不曾想到的是，这列从昆明开来的装满炮弹的列车，竟被突然取消了，火车在衡阳前方一个不远的小站，祁阳黎家坪火车站，被第九战区司令部的人拦住不许发车，说是前方已打起来了，这批弹药不能再走，否则将落入敌手，后果不堪设想。

任赵君迈向薛岳求情都没用，衡阳守军好不容易从盟军史迪威将军那特批的一车炮弹，就这么轻易地被挡在了衡阳城外。

这突如其来的变故可坑苦了赵君迈和衡阳火车站等着疏散的近万百姓。此时，火车站的每辆车厢不仅里面挤满了人，车顶上坐满了人，就是车厢的两边，只要有立足的地方，都有人攀附在那儿。

更要命的是，远处轰、轰的巨大爆炸声，已从飞机场方向清晰可闻，据前方线报，日军的先头部队已打到机场附近。

真难以想象，衡阳都已经打起来了，但车站广场上的人流，还是黑压压的一片，哭声、喊声、吵闹声不绝于耳。赵君迈知道，现在每过一分钟，对火车站尚未离开的人而言，就是更接近危险的信号。而摆在赵君迈面前的所有交通资源，就只剩火车西站这最后一辆班车了。

经过仔细的研究后，赵君迈发现唯一能做的，一是将火车站的人群分流，另一个就是马上将衡阳火车站所有的车皮都集中起来。

赵君迈来到火车站播音室，手拿扩音喇叭告诉火车站等待的百姓，请部分市民从水路、陆路，向祁阳、永州方向疏散，衡阳市政府已经在祁阳、永州等地设立了接待站，协助安排他们的生活。一些等不及的百姓开始听从赵君迈的安排，向祁阳、永州进发。

赵君迈分流出部分疏散的人群后，又发动车站所有的工作人员去寻找车厢，只要是下面轮子能转，上面有块板能坐人的车厢，全部都给集中起来，就这样，总算是凑了五十多节车厢。

这可是衡阳战前的最后一列火车了，赵君迈不敢有丝毫的大意。他瞪大一双通红的眼睛，看了看手表，两点零六分，下令下午三点，无论什么情况，火车准时从衡阳发出。

赵君迈亲自走到车站广播室，将车站广场的高音喇叭，调到了最大分贝，开始不停地广播紧急通知："因前方形势紧急，疏散的火车只剩下最后一班列车了，请所有火车站站前广场要疏散的市民全部开始到进站口上车。"

赵君迈的广播讲话，就好像吹响了战场上最后的总攻命令，等待疏散的人们从各个方向向火车站的进站口冲去，人们在纷乱拥挤不堪的人堆里挣脱着、哭喊着，但声音被淹没在了巨大的人流中。由于人实在是太多，大家都只顾拼命地往前挤，可怜一老太太被夹在人群中，红着脸，眼朦胧地张着，口一张一合，流出白沫。还有一个孕妇鬓发飘乱，被人群挤压得呼吸微弱，连喊话的力气都没有，痛苦的脸在流着泪，下体流出的血液沾满了她的双手。

赵君迈在站台上目睹着眼前的一切，也只能眼睁睁地看着自己的同胞姊妹，掉进这生离死别的痛苦深渊。

1944 年 6 月 22 日下午 3 时，随着衡阳战前的这最后一列火车“呜”的一声缓缓地开出了衡阳，震惊中外的衡阳保卫战，在衡阳百姓忧伤的哭泣声中，拉开了序幕。

这一刻，战争给衡阳人民留下的刻骨铭心之痛，让人永生难忘。

只要是战争，就一定少不了民夫

从火车站回到市政府，赵君迈还没来得及喝上一口水，就见湖南省公路局副局长石略找上门来，大声向他抱怨说，这督导破坏公路的命令已下了一个多月，可为什么衡宝公路还有几处路段没有破坏。

此时见到石略，赵君迈本来还颇感吃惊，敌人现在都已在衡阳城下了，这石局长还在工作？但听到这话又不免生气，坚壁清野这么大的事，几天前，白崇禧在耒阳开会的时候，赵君迈就告诉他，衡阳市所辖范围内的所有公路、铁路和附近桥梁，都已经安排人按要求完成了，这事石略当时在场也是知道的。石略现在说的那截路段，其实是衡阳县县长王伟能负责的范围，可半个月前赵君迈就让他去找衡阳县县长王伟能！石略原以为衡阳县县长王伟能会办好，也就没去督导，可他后来才发现王伟能那边就是拖着没办，眼看着这城里的人都差不多疏散完了，王伟能也不管了。石略到头来去找方先觉，被方先觉骂了一顿，说你们公路局的事情也要来找我吗？石略无奈，这才又来找赵君迈。

石略拿出军委会下发的文件给赵君迈看，说这都是敌军进攻衡阳的主要通道，军委会下了死命令，衡阳政府一定得将这些点给破坏了。赵君迈将石略在他眼前晃动的文件一把拨开，大声对他说："文件、文件，我说石局长，文件我也有，你现在发现的这问题，完全是你们公路局的责任，要真追究起来，跟我们市政府没有关系。"

石略自知理亏，赶紧打圆场说，都是抗日的事，现在这问题如要不解决，衡阳军民将会遭受更大的损害。

赵君迈望着石略，都是带孙子的人了，满头白发还没日没夜地跑着这事，不说是党国忠臣也是忠厚长者啊，便没跟他计较。赵君迈让支前运输大队负责人火速安排两三百人，带上工具去将衡阳县的几处路段处理一下。结果，路是破坏完了，但去的人也全部都牺牲了。而此事，只是赵君迈所组织的衡阳民夫支前运输大队所干的一件小事。

1944 年衡阳会战，赵君迈以衡阳市党、政、军、团所组成的战时联合工作组名义，将衡阳市三万多的青壮年留在了城内，为第十军组织了一支分工详细的民夫支前运输大队。

这些被强征和半强征来的民夫支前运输大队成员，赵君迈将他们分别编成了担架大队、送粮大队、工事抢修队、消防队、伤员服务大队、弹药运输大队，收尸队等不同工种，负担在保卫战中衡阳守军的粮食与弹药及伤病员的运输。在衡阳保卫战中，支前运输大队的队员们用人挑肩扛的方法，从市中心各物质贮藏点为前线各处守军运送粮食弹药和抢运伤员。每次战役刚一结束，支前运输大队的队员便冒着硝烟冲向战场，他们在赵君迈的眼中，就像是位没有穿军装的军人，与第十军的每一个职业军人一样，经历着同样的风险与牺牲，但他们跟第十军的军人在待遇上却很不一样。第十军的官兵在战役前都先写好遗书，不会写的，还由各连队文书代写，如果有官兵在战场上身遭不测，军委会会对他们的家人进行抚恤；而衡阳民夫支前运输大队的队员们不一样，他们除了奉献，什么都不会得到，包括他们死后，连名字都不会有人知道。对于这点，战后的赵君迈每说起此事，都会泪流满面，就是在他年迈时都是如此，那是他心中永远的痛，他永远也不会忘记。

这事情其实怨不得赵君迈，因为不管人们对伕子是怎样看，也不管战役双方对民夫使用的人数多寡，参与的自愿程度是否一致，我们不能否认的一个残酷的事实是，每一场战争，都是对当地壮丁、军粮、军饷、民夫的一次杀鸡取卵般的强制性索取，对这种残酷的原始性强制摊派，当时的国民政府认为在特定条件下，是必须要使用的。为此，重庆政府在 1943 年 12 月，还专门颁布了一项义务劳动法，要求中华民国年龄在 18 至 50 岁之间的男人，每年必须为政府做十天的无偿劳动。所以，当年政府征派民夫在国统区并不是件新鲜事，百姓对于战争时期的摊派负担，也没有出现严重的不满和争议，因为大家都理解，只要是战争，作战双方就一定少不了民夫，何况这还是一场民族间的生死对决，它已成为直接关系战争胜败的一个重要因素。

衡阳保卫战就是这样，在打响前的那一天，衡阳市抗敌支前运输大队的队员三万多人，整齐地伫立在衡阳市警备区司令部的操场上，那才是进入战役真正的开始。衡阳支前运输大队中的每一个人，最后都随着各自的大队，定向分配到了配属部队的各师、团、营、连去，配合防区守军共同完成任务，剩下的卫戍部队和部分警察，则由赵君迈统一安排，在市区内为衡阳保卫战做着最后的战场清理准备。

22 日黄昏，衡阳市党、政、军团联合工作组成员，在赵君迈亲自领导布置下，一部分警备区工程队人员，将他亲手建造起来的衡阳机场、衡阳湘江大桥、衡阳电厂实施爆破。夜晚，又集中组织专人对整个衡阳城进行了一次彻底清查，以确保战时城区内的治安秩序。

关于战前对疏散后的民房如何进行处置的问题，事后有一种说法，说方先觉战前对市民的承诺是，让市民疏散前锁好房门，他们会保持原样等他们回来，但如果遭轰炸则不担当责任。这话听上去很美，军人能做到不拿群众一针一线，真乃纪律严明之泰山军。

但真实情况呢？赵君迈是亲身经历过两次上海保卫战的人，深知战时市区秩序的重要，衡阳城内虽然已经疏散完毕，但危机依然存在，而且十分严重。

就在半月前，赵君迈在衡阳县的一个乡就抓了二十几个日本特务，都带着谍牌的，混在北迁的难民队伍中。各位请试想一下，衡阳城疏散以后，城内那些空置的民房在被木板、竹条、砖块钉死后，如果某处角落有若干敌人的先遣队埋伏在那儿，一旦战争打响，衡阳城会怎样，那不就是一个新的木马屠城记吗？这会令衡阳城陷入腹背受敌的危险。所以，前线归前线，后方归后方，无论前方打成什么结果，任何时候，城内后方的秩序一定不能乱，这是赵君迈的功劳，也是衡阳人民的贡献。

22 日夜 10 时许，为防止衡阳城内的民宅有暗藏日本奸细的可能，赵君迈对衡阳市区发布了戒严令，组织专人对全市所有的民房、街道，进行了一次地毯式的大清查，规定衡阳城区内的每间房都要打开接受彻底检查。

衡阳市区全面戒严开始后，衡阳街道上，一些闲杂人等，从各个角落被逼出来。混乱的人群中，一个提着个大皮箱的陌生人，从黑暗中刚鬼鬼祟祟地走出来，就给巡逻的警察们喝住了。

警察问他箱子里装的是什么？他结结巴巴说不出话：“我……我……”等警察将大皮箱打开，发现满满的一箱全是钞票。陌生人说他是规规矩矩做生意的商人，可又说不出跟谁去做生意和做生意的具体地址，就连现在全市已经戒严了都不知道，只是大呼小叫地喊：“冤枉啊，长官，我可是良民，你们抓错人了，抓错人了。”陌生人被一旁持刺刀的警察带走。

在沿江北路一间仓库，四周被砖墙全部砌死，警察打开库门的一个缺口后，发现黑洞洞的仓库里面，有一百多名百姓藏匿在这里。他们这些人中，大多是湘江码头上的船家，战争开始前，市政府搞坚壁清野，除了给守军留下若干艘应急的军用船只外，已把水上多余的船只统一烧毁，这些船家应该是都领了遣散费的，但他们拖家带口地在水上生活惯了，不愿意远离这片水域，所以躲进了这废弃的仓库，想打完仗后再出来，继续过往日的平常日子。

除此之外还有一群擦着口红的女人，她们原来就是这条街上做无本钱生意的，疏散通知下达后，她们不愿意再四处流浪，便一块躲在这间破旧的仓库里希望等到战争平息后，重操旧业。

还有一户四合院中，搜出了一老一少的爷俩来，他们接了人家的钱给人家看房子，所以不愿意走。

赵君迈对他们的身份逐一核对后，安排专人把他们组织起来，男的去支前运输大队，女的安排进野战医院，护理受伤的士兵，替伤兵缝洗衣服，这样折腾了一个晚上整个城内才算是清查完毕。

在赵君迈对市区实施戒严的这天晚上，薛岳将发往衡阳的二百吨炮弹的专列扣住后，也感觉有些过意不去，立即命蔡汝霖作为第九战区司令部特派督战官，率七十四军炮兵第二营携带法造七五山野炮四门和一批炮弹，前往衡阳交第十军调度使用，以弥补昆明被扣大炮的缺陷。

蔡汝霖带着七十四军炮兵第二营营长陈布新，用四辆十轮卡车拖着四门法造大炮和几车弹药，开进了第十军军部时，方先觉很高兴，虽然这大炮的瞄准镜是德国造的，与野炮搭配在一块的样子有些怪异，但它的威力是一点未减。方先觉提议蔡汝霖除了担任作战区的督战官外，还兼作衡阳战区炮兵总指挥，并将他的炮兵指挥部就放到军指挥所，随时随地可以与全局照应。

在衡阳城一切准备停当之时，经过充分休整和补充的日军岩勇旺的第一一六师团、佐久间的第六十八师团和赤鹿里的第十三师团，也都已抵达衡阳城下，他们在接到横山勇司令官命令后，两个主攻师团还把衡阳攻城战，当作争取战功的最佳机遇，竟然搞起了攻城竞赛，攻城主将第一一六师团岩勇旺认为，别的师团拿下长沙是三天，拿下湘潭是一天，他们拿下衡阳还要三天吗？

佐久间替他回答说：“不！四十八小时足够了。”

佐久间之所以如此自信，原因在于他在休整时期还利用类似衡阳机场的户外作战地形，让第六十八师团反复演练夜间攻击。他认为，如果不出意外，四十八小时攻下衡阳，应该不会有太大问题。

但这毕竟是他们单方面的梦想。

江东这局面，出乎所有人的意料

6月23日拂晓，日军佐久间的第六十八师团先头部队，从泉溪强渡耒水，向我军发起攻击。[2]

随着一连串沉闷的爆炸声连接响起，碧绿的湘江一下子变成了咆哮的黄河。几分钟后，日军在猛烈的炮火掩护下，乘坐几十艘木船向新码头前进据点阵地摆开强攻阵式，欲速取之。

负责这片防区的是一九〇师五六八团第一营。营长杨济和认为，与敌人初次接触，若不给敌人点儿厉害看看，不免会长敌人士气，灭自己威风。下令将所有的重武器，全部集中在江边的战壕前，与日军展开了近距离硬碰硬的对抗。

刚接触不久，第一营六门迫击炮、二十几挺轻重机枪同时开火，日军见火力如此猛烈，也不知道我军这边的虚实，在丢下了五十几具尸首后，剩下的日军从新码头退了回去，开始向五马归槽发起强攻，企图从东南角打开缺口，先占领衡阳机场，[3]说来这也是日军攻城战的即定步骤。

从当时的情况看，日军挺进衡阳的战略目的很明确，就是要先卡住机场、耒河，这样既拦住了衡阳守军往耒阳方向的退路，也阻挡了援军的来路，整个衡阳很快会成为一座与外界隔绝的孤城。从整个衡阳战役的战略角度说，机场及其附近的这块五马归槽阵地，对衡阳守军来说太重要了。

五马归槽从地形而言，如同五匹骏马在食槽前排成一线，是一个战略上的生死之地，地形险峻，负责守卫这片防区的暂五十四师和一九〇师的各一个团，由于任务交代不明，都没有死守的想法。眼看着五马归槽吃紧，坐在第十军军部的方先觉才着了急，马上通知一九〇师五六八团俞团长，让他的第一营杨济和部立即从新码头西撤，增援五马归槽。同时，通知暂五十四师第一团陈团长，让他们在援军到达之前，一定要守住阵地。

这时，日军对五马归槽工事采取了波浪式的轮番进攻战术，这是他们从海的潮汐中借来的经验，一波连着一波，一浪接着一浪，让你防不胜防，杀伤力很大。但赵君迈在美国军事院校学过对波浪阵的破解方法，他建议守军用迫击炮或是密集的手榴弹来对付他们，先打乱他们的阵形，再用机枪的交叉火力网收拾。

这招确实很管用，从6月23日至24日，守军一九〇师五六八团和暂五十四师第一团联手，在五马归槽毙伤日军三百人以上，五马归槽的危机总算化解。谁知当夜，暂五十四师师长饶少伟竟下令将他的第一团从五马归槽撤了下来，这局面出乎了所有人的意料。

到25日早上，五马归槽还是丢了。[4]五马归槽这个重要据点一失，不但机场受到威胁，而且湘江东岸外围防线就算是被日军基本突破了。

对这个结果，饶少伟自然有他的说法。开战前，在不同场合饶都说过，他的暂五十四师第一团说好是替第十军协防的，所谓协防就是辅助，按湖南话说叫打边鼓，可方先觉却把他的部队放到第一线，将原新编十九师一个师负责守卫的大片防区，交由他的暂五十四师一个团去负责。饶少伟心里是老大地不情愿，所以从战斗一打响，他就没有拼死硬战的想法，一直在让手下部队边打边退，最后竟下令部队放弃五马归槽阵地，将队伍转移到江东莲花塘、冯家冲一线。

暂五十四师陈团长带着部队抢先赶至冯家冲时，饶少伟将陈团长叫至跟前，吩咐他趁现在局势不明朗，即刻率部过耒河，在外围阻滞日军，不必再与衡阳城内的守军联系。

陈团长还有些疑惑，那他们团不就到耒阳地界了，方军长那边怎么办？

饶少伟告诉他，我们接受薛司令长官的任务是协助防守机场，配合第十军相机行事，准确地说，主要任务是协助守护机场一线，不是守城，这点我们已经做到了。五马归槽、飞机场我们都有效地阻击了日军三天的时间，既然我们协防机场的任务完成，而薛司令长官又没有新的指令，你走就是了。

军令如山，6月25日黎明，负责江东机场防线的暂五十四师两个营，在陈团长的带领下，在耒河边找了十几条渔船，悄无声息地脱离了衡阳战场。陈团长带全团的两个营撤出战斗后，日军如愿地占领了衡阳的战略要地五马归槽和衡阳机场。

方先觉一见这样的局面，肺都气炸了，立即命令一九〇师容有略把河西的五七〇团全部开往江东，去接替暂五十四师的防区，协助五六八团反攻。

25日夜，双方激战五个多小时，我军歼敌四百多人，夺回机场，但日军马上又沿着原路杀了个回马枪，衡阳机场再次失守。[5]不得已，方先觉只得下令放弃江东。据时任一九〇师五六八团一营三连连长的陈鹤九回忆，26日晨，所有江东的剩余部队，在赵君迈组织的支前运输大队一千多名民夫配合下，动用二百多条木船，几百张竹排、木筏，全部安全渡过湘江。

衡阳会战一开局，战场局面便出乎所有人意料！

日军拿下衡阳机场以后，六十八师团师团长佐久间向司令官横山勇报告，日军已杀到衡阳城下，现已完成对衡阳城的全部包围。当日，日本通讯社发出新闻：衡阳已成为一座孤城，拿下衡阳最迟不会超过48小时。

48小时，从战局形势看，绝不是空穴来风的狂言，因为，衡阳已成了一座与四周完全隔绝的孤城。所谓孤城，在战略上是一着死棋，古今中外的战争案例中，鲜有孤城能挺得过十天的。这让蒋介石很没面子，按日军宣传报道所说，他们在中国内陆地区，仅一月即可行进800公里，打通广州出海口再用一个月就能完成。

衡阳，会成为第二个长沙吗？

注释：

［1］中央日报，1944－06－20

［2］国史馆002020300014107．方先觉电蒋中正，1944－06－15

［3］白天霖．抗日圣战中的衡阳保卫战．台北：天工书局，1984

［4］国史馆002090200083234．方先觉电何应钦，1944－06

［5］国史馆002090200083231．方先觉电徐永昌，1944－06－25

第九章

被炮火轰炸过的城区房屋

贰壹　血战孤城

这是一首由热血、头颅、苦汗、枯泪堆砌而成的史诗！

衡阳保卫战之所以后来能坚守48天，并给日军如此大的重创，除了有城内守军第十军的自身努力外，还有两个不可忽略的前提：一是中美空军，二是衡阳的支前运输大队。

战前，有媒体代表问赵君迈，重庆方面对这次衡阳会战持何看法？

赵君迈非常有信心地笑着回答："重庆嘛，绝对乐观，绝对乐观。"边说还边有力地握紧拳头比划着对大家说："你们看，制空权握在我们手里。"赵君迈之所以敢如此乐观，是因为衡阳机场建成以后，光衡阳机场的一个飞行中队，就有80架战斗机，加上芷江机场中美混合空军部队的一百架战机，我军在衡阳战役可调动的飞机已与日军在华的飞机数量不相上下，而在性能方面，我们除了有性能优良的美国战斗机外，还有美国最先进的B－29型大型运输飞机。

其次是民夫。在中国，自古以来没有哪支军队在打仗时是可以缺少百姓支持而获得战争胜利的，所谓兵民是战争的胜利之本，绝不是一种客气的说法。

衡阳成为孤城，蒋救火破局

衡阳保卫战一开局，便险象环生，险些步长沙后尘。

25日，饶少伟在下令他手下两个营的兵力从耒河撤出战场后，径自来到第十军指挥部，向方先觉解释撤出战场的原因，说陈团长所带领的第八团已陷入日军的三面包围之中，当时唯一能脱离危险的方向就是越过耒河，他没多考虑就同意了。如果有什么错，他愿意留下来接受责罚。

方先觉听饶少伟这么一解释，还能将他怎么样，他毕竟不是他的直接下属，只能强忍心中怒火将他先留在军部做高参，其他问题留待打完仗再说。[1]

当夜，日军从东南、西南和西北面，完成了对衡阳的全面包围，衡阳城内守军与外界联系的四面通道，均已被日军全部掐断。

东南面，日军六十八师团佐久间部，在占领五马归槽后，又相继占领了衡阳机场，控制了耒河；西南面，岩勇旺率领的一一六师团从湘潭、衡山白果进至衡阳西南，与东南之敌形成了夹击之势；西北方面，日军第十三师团刚刚抵达衡阳北面的蒸水。这就是说，衡阳已成了一座与四周完全隔绝的孤城。[2]更为严重的是，西南面日军一一六师团士气正旺，开始向瓦子坪、汽车西站、火车西站、五桂岭等衡阳主阵地，发起彻夜进攻。[3]

赵君迈感到形势非常严峻，因为在过去的中外战争史上，坚守四周无援的孤城而能全身而退的案例，实不多见。衡阳会战一开始，便几乎成了一盘死局。

此时，远在重庆的蒋介石看着衡阳的战局，就像看见一块掉进灰里的豆腐，吹不能吹，打不能打，还得小心翼翼地护着，心里滋味更是难受。本来，蒋是将长、衡要塞当做中国的斯大林格勒保卫战来打的，如果此次会战在战场上打好了，这对中国严峻的军事、外交和财政形势，都有很好的促进作用。正因为这样，蒋才不惜血本地将中南和豫北四个战区的精干部队集中于此，想与日军放手一搏，可真要做到这一点却绝非易事。

长沙战役是完全有实力搏一搏的，可薛岳一意孤行，拒不接受总参谋部的建议，造成长沙不可挽回的败局，而衡阳这边呢，又是一开局就搞得陷入被动，但衡阳会战，蒋介石显然不能再输了。

蒋介石马上给白崇禧下令，让他通知王陵基的第三十集团军、杨森的第二十七集团军、王耀武的第二十四集团军、欧震的第三十七集团军，迅速派出援兵向衡阳靠拢，不管他们有多大难处，衡阳战役的跟进部队一定要在指定时间到达指定位置，不能让日军像打长沙城一样，三天把它拿下。

同时，蒋给第九战区司令薛岳下了一道措辞严厉的命令，他认为城池一再失守，主要原因是士气不振，为重振战斗精神，除彻底执行连坐法外，还特别增加一条，各军连长未奉令坚守擅自撤退者，其营长在报准后，即可军法从事，望全军一体遵照。[4]这一招很厉害，以前连坐是对高级指挥官的家属进行连坐，军委会实行的军人连坐法规定，每逢大战，主要将领的家属都要被国防部相关部门保护起来，如果是将领们英勇成仁了，她们会得到好的安抚，但如果是将军们有对不起党国的行为，她们将代为受过，受到连带责任。现在连长犯事可追究营长责任，一块军法从事。

蒋介石在抛出大棒重压的同时，也抛出了大饼，那就是他手中的王牌——中美空军，在几方面因素的作用下，衡阳城得以渡过眼前的短暂危机。

衡阳会战事隔四十年后，曾参加衡阳保卫战的几十位第十军在台老兵，集体讨论并编著出版了一本关于衡阳保卫战的专著《抗日圣战中的衡阳保卫战》，由预十师师长葛先才为该书的主任委员，牵头组织，白天霖受命执笔。该书站在第十军，尤其是站在第十军官佐的位置上看，是客观翔实的，但这就好像几个人一起围猎一只大老虎，功劳虽有主有次，但回去后仅由一方来叙述过程，情形就有欠精准，就如同赵君迈所参加的上海“一·二八”淞沪保卫战，纵观大多回忆录中，无论是十九路军的蒋光鼐、蔡廷锴，还是第五军的张治中，无不是以我为主目无旁人。白天霖受命写的《抗日圣战中的衡阳保卫战》一书也正是如此，没有提及衡阳人民的大力支持且不说，也没有谈及衡阳保卫战有中美航空联合大队飞机助战等内容。倒是在书中后半部，附有赵庆升所译的日军老兵对衡阳会战的回忆《衡阳战役之部》，其中记述道：“亘四十余日之战斗期中，敌机每日飞临我阵地上空，轮番轰炸，摧毁我工事，杀伤我人员，给予我守军之震撼至大。敌机且能避开我空军之迎击，故衡阳上空迄未发生空战。”

这与衡阳保卫战中，蒋介石曾给城内的方先觉他们发的电报内容吻合，蒋在电报中说：“此次会战，至关国家民族危亡，希望衡阳守军一定要安心死守，余在后方必督促陆空协助你们完成此次空前大业。”

蒋说督促空军全力协助衡阳守军，可不是开空头支票，据陈纳德将军回忆说，衡阳战役中他们调动上前线参战的飞机达一百多架次。在整个衡阳保卫战的四十八天中，双方的空中优势是各占一半，尤其是前半程，中国空军以绝对优势压制住了日军的进攻势头，这可以从两个实例上得到证明。

一个是日军在前阶段向衡阳发起进攻时，多半是在夜间进行，为什么？就是因为我空中打击的力度起到了作用，白天日军不敢露头。

第二是衡阳保卫战中后期，很多官兵请求空中支援，方先觉生气地说，难道没有空军就不会打仗了？

毫无疑义，空军在衡阳保卫战的第一阶段中起着至关重要的作用。比如说6月26日上午九时左右，我空军一架P－40战斗机出现在衡阳上空助阵时，被日军炮火击中，守卫高岭阵地的战士，还上演了一场舍命营救飞行员的故事。那次我空军出动的P－40战斗机共有六架，衡阳守军官兵们见到自己的飞机都很兴奋，飞机在江东机场和五马归槽一线扔下了大量炸弹，让日军抱头鼠窜伤亡重大。不一会儿，我军的飞机又飞到西南，飞行员将飞机飞得很低，一面侦察敌我的位置状况，一边向日军目标俯冲扫射，就在我飞行员对目标反复攻击，飞到差不多最低点的时候，地面上的日军大炮也在密切地跟踪、瞄准。

赵君迈在观察哨中，一看这情况就知道要糟糕，我军飞机飞得这么低，让飞行员的危险系数加大了。果然，赵君迈话音未落，日军的大炮开炮了，轰轰轰，我军飞机像是没有理睬日军的炮声，依然按原定计划飞行，飞机由城西穿过衡阳城的上空进入到湘江东岸，又从周家坳掉头，再沿公路侦察五马归槽方面的日军状况。就在飞机飞到江东上空时，遇到了敌人密集的火力网，呼！呼！呼呼呼！日军突然用高射炮向他们发起了连续性猛烈攻击，呜的一声，在弹雨中穿行的一架我军飞机被击中了，飞机冒出浓烟在急速下坠，向下沉去。

飞机上机舱内的驾驶员是我军飞行中队的飞行员陈德荣，他看到飞机仪器板上所有的表针都归于零，马上向队长报告。队长早已经发现了这一状况，他向陈德荣喊话，叫他不要紧张，准备跳伞。

陈德荣朝地面看了一眼，高度太低连打开降落伞的时间都没有，跳伞已经根本来不及，只能强迫降落，陈德荣赶快先把油箱拉掉，免得落地起火，再把氧气口罩取下，把座舱罩子也拉开，免得飞机落地后爬不出来，当陈德荣将这一切事情刚做完，地面就在他的脚下了，嘭的一声巨响。陈德荣本能地把左手伸起挡住前额，然后右手把驾驶杆向后一拉，飞机落在了一片宽广的水田里。[5]

方先觉在指挥所观察哨目睹了眼前的这一切，马上命令离飞行员最近的守卫高岭阵地的预十师三十团三营七连连长张德山，立即带一班战士前往，不惜一切代价将他救出来。

张德山放下电话，便带上排长王世禄和六名战士冲了上去。

陈德荣正处在生死的边缘，张德山边跑边向他喊道，快跑啊！朋友，我们掩护你。陈德荣拼命地向阵地方向跑，跑到阵地的铁丝网前，陈德荣一条腿刚跨过，另一条腿被铁丝网上的铁丝挂住了，这真是件要命的事情。敌人的枪声不时传来，陈德荣如不立即解脱，随时会有生命危险。关键时刻，张德山他们赶了过来，张连长用肉掌一把抓过铁丝，拼命地想帮他解脱，还说：“使劲啊！朋友！这里很危险！”但铁丝跟裤上的布条绞上后，一时难弄出来。

张德山让排长和六名战士分成两道人墙，护在陈德荣身后，用身体挡着飞行员后面的子弹，他对陈德荣说："你放心，我们全连都可以死，你飞行员不能死。"[6]最后，陈德荣总算得救了，等他被拉进战壕时，张德山的七连为他献出了五条鲜活的生命。

飞行员陈德荣对他们这样的行为充满敬意，说他们是真正的战士。如果他们要有美国那样的良好装备和训练的话，他们一定是世界一流的军队。可惜，七连这样优秀的战士在救出飞行员的第二天，便全牺牲了。

日军公然违反国际法，对守军施放毒气

当中国空军在前期掌握了空中优势后，敌人竟然公然施放毒气，以缓解伤亡重大的颓势。

27日上午，日军也派出飞机十余架，重炮十多门，猛轰五桂岭、高岭等阵地，阵地上幸存的几株斜歪着的大树，被连根拔起倒折下来。守军在高岭等地击退敌十多次进攻，毙敌六百多名，敌先以排炮猛轰，继以飞机对守军反复轰炸，并施放毒气和硫黄弹。[7]

守高岭阵地的第七连战士连续遭受炮弹与毒气打击，全部阵亡。赵君迈是在预十师师长葛先才带着第三营劳耀民营长到军部报告时才知道，日军竟敢违反国际法施防毒气。

劳营长介绍说，这毒气刚开始什么感觉也没有，只是时间长了身上痒，越抓越痒，刚开始还是手上一点儿，不一会儿就全身都痒，痒到后面，皮肤慢慢像灼伤了一样疼。等士兵们一个个觉得不对劲的时候，已经晚了，高岭那边三十团第三营七连的弟兄，离毒气太近，都牺牲了。三营其他几个连的官兵，虽然离毒气远点，也已经牺牲好多名战士了。

军野战医院院长对劳营长的伤口仔细看了几眼，判断是芥子毒气，但芥子毒气不会有这么大的肿泡，再仔细看看，确定伤口是芥子类毒气变种无疑。[8]

赵君迈对敌人公然使用毒气一事非常气愤，认为这是违反国际公约的事情，马上将此事通报出去。事后，方先觉专门就此事向蒋介石报告，介绍预备第十师在张家山阵地与日军激烈作战并歼灭日军两千，衡阳敌军向我军施放大量烟毒，令守兵失去知觉的情形。[9]后军委会经美国空军第十四航空大队情报专家汤姆生确认，此为芥子毒气与路易氏毒气的混种，后来重庆《大公报》、《扫荡报》都相继报道了此事。

日军不仅对守军施放毒气，还将一批百姓抓去当人肉盾牌。

7月1日夜，是城内战斗非常激烈的一天，日军先借助密集的炮火轰炸，向五桂岭、瓦子坪阵地发起猛烈进攻。瓦子坪高地在一阵炮轰后，卷起一处处狂沙，坚守瓦子坪阵地的第七团官兵们，连武器和人都被掩埋在土堆里。第三师第七团的官兵们，在该阵地打了七天，三营七百多弟兄打到只剩下二百多人，就在这时，敌人又开始向我阵地发起进攻。

未到硝烟散去，营长李桂禄就从土堆中爬出，把机枪在侧面捏住，正准备好好收拾收拾这些小日本，却发现小鬼子押着上百名百姓冲上来了。

李桂禄一看有些傻了，爬到阵地上拿出望远镜一看，还真是，小鬼子将百姓当做人肉盾牌，正押着他们越走越近。操！小日本这算哪门子本事，你们有本事冲我们士兵来啊！李桂禄赶紧想接通团部电话向团长汇报，可电话已经被扑下来的石块压坏了，他有种不祥的预感，没有电话报告，他很难挪动半步位置，因为前线部队每移动一步，都要经督战官同意，否则，就是死罪。

李桂禄又看了看山下的敌人，没时间考虑了！小鬼子押着上百名百姓冲上来了，李桂禄实在没办法，这情况他以前真还没遇见过，他想总不能下令开枪打自己的百姓吧！管他娘的，撤！李桂禄带着第三营剩下的官兵，从阵地上撤了下来。

李桂禄的第三营战士前脚一离开，瓦子坪高地上立即插上了小日本的膏药旗，团部参谋们一见都吓了一跳，阵地丢了，这蒋介石刚宣布要严格执行连坐法，李营长就把阵地给丢了，赶紧向团长方仁杰报告，看他如何处置。

方仁杰一见这情况气得头都要冒火，咬着牙对身边团参谋说，我非把他们的脑袋拧下来不可。

李桂禄他们从阵地上撤了下来来到团部，先到团部隔壁喝口水，刚端起碗，被赶过来的方仁杰一脚踢翻。方仁杰冲上去一把抓住李桂禄衣领大声嚷道，你小子好大的胆，谁让你这么干的？见团长生那么大的气，李桂禄赶紧解释道："团座，没办法啊！这小鬼子押着百姓冲在前面，我总不能开枪打自己百姓吧！"

我不管，我只要阵地！方团长抓着李桂禄衣领大声向他吼道。李桂禄知道是闯了大祸，不再言语，流下了伤心的眼泪。方仁杰望着头上绷带还渗着血的李桂禄，又一把将他推开，跺着脚说："你啊！你怎么没死在阵地上？"

方仁杰骂完后赶忙打电话到师指挥所，向师长周庆祥报告，周庆祥一听说第七团一晚上连丢了两处阵地，气得掏出枪来拍在桌子上问方团长，现在你瓦子坪阵地上已全都是日本人，你想过没有，瓦子坪的日军离老子的师部只一千多米，一千多米呀，而突破师部这道防线，后边就是我们的老巢军部，这戏到你们手上也就算全玩完了！周庆祥说完将电话给撂了。

放下电话后周庆祥也不敢怠慢，这战场上的前沿阵地，就如同洪水时的堤坝，只要有一处小的隐患，就可导致全线溃坝。他立即骑上马带上八名警卫，快速向军部赶去。

方先觉在军部听完这事后，铁青着脸，两只眼睛中透着一股浓浓的杀气，让参谋长孙鸣玉马上召集部队所有营级以上军官，晚上九点到第三师师部开紧急会议。

晚上，第三师师部聚满了前线各处赶来的军官，大家都心急火燎地赶来，不知道发生了什么事。

方先觉、赵君迈和一群幕僚走进第三师指挥部，孙鸣玉拿着名册对着下面的人群开始点名，点完名后，方先觉站出来给大家讲话："通过这几天的战斗我了解到，我们一大批官兵是好样的，包括已经牺牲的一大批勇士们，在这里我要特别提到守卫高岭的七连张连长，一个连一晚上打退了敌人一个联队的八次冲锋，最后全连二百多人全部阵亡，我提议我们应当向他们致敬，向所有先我们一步成仁的弟兄三鞠躬！”说完带头给英烈们鞠了三个躬。

鞠完躬，方先觉话锋一转：“这几天在我们的战斗中也有那么几个胆小鬼，不顾整体的战局，为眼前一点小小的伤亡就不顾一切的后退，使我军陷入非常被动的境地。”

说到这儿，方先觉突然问三营属哪一个团，方仁杰回答是第七团。

团长是哪一位？方先觉追问道。方团长站了出来。方先觉走到方仁杰面前，盯着他的眼睛说：“好你个方团长！五天连续丢了两个高地，你有什么话说？”

方仁杰低下头无话可说。

“为什么不下令死守？”方先觉突然将调门一下升了几个八度，将周围的人都震了一下。方团长也像被电击了似的，高声答道：“当家的，已经下令死守了，只是后来出现了特殊情况！”

方先觉：“特殊情况就可以作为放弃阵地的理由吗？李桂禄呢？站出来！”

“我在这儿，当家的！”头上包着绷带的李桂禄小心翼翼地走了出来。

方先觉：“李营长，你知道在战场当逃兵的后果吗？”

李桂禄：“我，我，我，知道！”

方先觉：“好！知道就好！蔡督战官。”

方先觉这时候突然叫出蔡督战官，让见多识广的赵君迈都倒吸口凉气，蔡汝霖在衡阳保卫战中，以杀人不眨眼著称，人称蔡阎王，此时，方先觉将三营营长李桂禄交给蔡督战官预示着方先觉要开杀戒。

果然，军中无戏言。蔡阎王向军法处宪兵手一挥，执行宪兵立即走上前来：“对不住，李营长，走吧！”

李桂禄一下跪到了方先觉面前：“当家的，让我到前线去战死吧！啊，给我一挺机枪让我死在战场上吧，当家的！”

方先觉没有吱声，李桂禄趴在地上哀求：“当家的！你就同意我的请求吧！”方先觉掉转身体，将背对着李桂禄说：“不用再说了，李营长，把家里的地址留下吧，就当阵亡，我会安排人去照顾你的家人的。”

头上包着绷带的李桂禄彻底绝望了，将枪缴出来后，跟宪兵走了出去。

在师部后面一处小树林里，李桂禄低头大哭，没有言语。蔡汝霖走上前去，用一块军用毛毯把李桂禄的头蒙上，随后，一名执行官走上前去对着李桂禄的头扣动了扳机，“啪、啪”两声清脆的枪声划破夜空。战场死一般的宁静，此时的情景，就像一首黑色的生命交响乐，在诉说着一段传奇故事。这里是衡阳的一块土、这里是中国的一块土！我们的血脉，我们的生命，都与之连在了一起。一阵管弦乐和重金属的强烈碰撞交汇后，留下了一串低沉婉转的小提琴独奏，声音由强而弱，直至消亡。

毙了一个李桂禄，这战场形势立马就不一样了，官兵们在阵地上如同被钉子钉住了一样，随敌人怎样进攻，他们就是动也不动。李桂禄用他的一条命，给大家作出了一个鲜活的榜样。是站着死，还是跪着亡，守城官兵自然是选择前者。

这里需要补述几位衡阳百姓的血泪控诉，以说明这衡阳百姓怎么就能心甘情愿地做日军的炮灰，替他们去做人肉盾牌的，据湖南《衡阳文史资料》第四辑“日军犯衡暴行录”中亲历者所述，“1944 年 6 月间，日军攻城不下，到衡阳附近抓人做挑夫，一贺姓男人，挑一担炊具，因下坡时滑跌一跤，一日本兵上前就是一顿皮鞭，而另一日本兵走上来就是一枪，当场将他射杀，还有一杨姓男子，因担子太重挑不起，日军说，挑不起，掏枪就是一枪将他射死”。所以说，战争的残酷远非和平时期人们所能想象，它比的是谁更残忍、更无情、更狠。衡阳战役后期，衡阳百姓的尸体，竟都成为日军用来填平守军战壕的填充物，这是他们通过兽性的非人手段，所达成的目的。但这并未吓倒守城的衡阳军民。正所谓狭路相逢勇者胜，战场上的敌我双方，就如同在单行道上高速对撞的两辆车，比的是谁敢硬碰硬，谁硬到最后谁赢。在衡阳保卫战中，衡阳守军一步也不退，日军就露出了他们的软肋来。

经过六七天时间的强攻，日军竟对一个小小的衡阳久攻不下来，而且让他们付出的代价惨重，佐久间的第六十八师团各中队长伤亡殆尽，各步兵中队平均残存仅二百余人，伤亡最重的黑濑联队，已由战前的三千余人减少到二百五十人，伤亡达九成，而岩勇旺的一一六师团从长沙出发时，每人只带了五天的粮弹，现在伤亡还在其次，补给却成了大问题，因为粮食已消耗殆尽，他们现在每天要做的一件事情，就是派人到附近占领的村镇收集食物才能勉力支撑。也就是在这时，日军才开始明白，他们以前是太小看衡阳的守军了。

29 日晨，天刚蒙蒙亮，六十八师团师团长佐久间就带领参谋长原贞等一批日军前线指挥官，到枫树山前线的小高地上探测我军军情。他们龟缩在小高地的一片灌木林中，佐久间拿着望远镜一会儿察看前方，一会儿在一张地图前指指点点，一群日军指挥官都围在他身边，听他布置下一轮攻城计划，几十名卫兵牵着几匹马立在身后。

凑巧的是，日军在观察我军情况的同时，我军也在观察敌人。日军军官在不远处的小高地上活动的情形，被前方不远处我军枫树山观测所的迫击炮连长白天霖观察到了。

白天霖立即将枫树山观测所观察到的敌情，向预十师第二十八团团长曾京报告，说看那阵势，肯定是日军前线指挥官无疑，只是不知道他们是多大的官。白天霖问曾团长打不打。[10]

打是肯定的，问题是怎么打。曾团长问白天霖有没有把握，不行的话可以请炮兵的重炮帮忙，曾团长唯一的担心，是怕到时候别让这群日军军官跑了不说，还暴露了自己的目标。白天霖说：团座，放心吧，我们用密集炮火，震也得把他们震晕过去。

听白天霖这么一说，曾团长就不再犹豫，决定赶快动手，打！

在战场上任何的机会都是瞬间发生，也是瞬间消逝的，谁把握住了有利瞬间，谁就能改变战争的格局。

迫击炮连的炮手们全部动作起来，黄铜的药筒和白钢的炮栓经战士的手一摆弄后，八门炮同时怒吼起来。

“馊唧！馊唧！馊唧！”六百米外，卷起团团白烟，白天霖看见敌人炸得飞起来，快乐得像个孩子，拍着手，大笑起来：“哈哈，哈哈，曾团长，快看，哈哈，快看，打着了，打着了！”[11]

等到炮烟消散，整个树林给打得一片狼藉，打死打伤的日军像死狗一样地蜷缩着，因为距离太远，看不清楚指挥官是谁。事后才知道，被炸的是六十八师团师团长佐久间和师团参谋长原贞三郎等人，想不到一场意外，令六十八师团前线指挥部全部瘫痪。

佐久间被炸成重伤，参谋长原贞三郎当场阵亡的消息传到长沙日军十一军团指挥部，横山勇气得差点吐血。如此低级的错误，竟然让这位少将师团长给犯了，这对日军来说打击是太大了，他进入长沙后由于水土不服，本来就重病在身，犯了严重的疟疾，正躺在榻榻米上休养，听到这个消息后，不得不将进攻的节奏缓一缓。他安排专机把佐久间送到武汉救治，并让第一一六师团长岩勇旺中将，暂时代理第六十八师团的指挥。

7 月 3 日，日军暂时停止了对衡阳的总攻击，开始将此前的全面进攻改为局部重点进攻。

痛失结束战局的良机

衡阳保卫战第一阶段的十余天来，日军伤亡总计在一万六千人以上，狠狠挫败了日军的锐气。这功劳除了第十军的自身努力外，中美联合空军在这中间起到了至关重要的作用，中美空军在第一阶段之所以能如此顺利地完成任务，据赵君迈分析，有两方面的原因帮了大忙。

一方面是日军对衡阳发动攻击时，正是日军处在太平洋塞班岛战役的关键时期，其空中力量都被太平洋各岛所牵制，以致攻城日军在占领衡阳机场后，只有少量飞机在夜间用于通讯联络方面的功用，未有大的机群加入战斗，试想，如果日军对恢复后的机场主体功能全部利用，也就是在第一阶段日军有后期一样多的空军参战，用空中火力配合地面进攻，那将对衡阳守军构成难以承受的压力。

第二方面是日军在战役刚开始时的轻敌思想，担任衡阳主攻任务的第一一六，第六十八和第十三师团都是陆军，没有配备太多的重炮，但这几个师团的将领由于立功心切，未等炮兵到达，便急于发起进攻。这让我空军如入无人之境。而7 月 11 号后，日军对衡阳发动的第二次总攻，情况则完全不同，从日军积极做着的全面准备工作可以看出，自 7 月 3 日到 11 日的 8 天时间内，日军除了加强对陆军进行增兵补员外，重点放在组织调集优势的炮兵和空军，以彻底扭转衡阳的炮空优势。

比如说 10 号这一天，日军山崎岩吉旅团长，带领新补充的一个旅团的新兵进入衡阳。接着，独立辎重兵团一一六大队南喜太彦，携带着新补充的弹药抵达衡阳，而随后的第一二二独立野炮大队的大岛卓大队长，也携带几十门野炮抵达衡阳，补归第一一六师团指挥。

同日，第六十八师团新到任的司令官堤三树男，也率辎重兵团第四联队、独立野炮第二联队抵达衡阳。

写到这儿，不知细心的读者发现没有，从7月3号到10号，这段时间，日军在衡阳的攻城部队，至少有几天都是处于空置状态，这对他们上上下下的指挥官而言，心都跳到了嗓子眼上。

据当时驻华日军参谋长高桥中将回忆说，在日军的援兵和炮空部队未到达前，日军在衡阳曾做了最坏打算，他曾对横山勇下令，中美空军如若再加大对日军在衡阳的前线部队或是补给线打击的话，他们整个衡阳攻城计划就暂行终止，将全部进攻衡阳的兵力回撤至长沙，以固守待援。[12]

为应对援兵抵达前的不利局面，在衡阳的日军攻城部队，竟给每个官兵都发了一把筑城工具，在城郊紧急构筑临时掩体，这在日军侵华历史上是不曾有过先例的。因为，以往攻城最多两三日，日军称从来都无此必要。[13]

这一刻，对正在待援的日军而言，就如同一个躲在僻静处疗伤的武僧，气息已调到紧要处，他的毛孔正全部张开而一时无法收功，在那一刻，只要一黄口小儿手拿一把利刃就可结束他不可一世的生命。这对结束战局，是一个多好的机会啊！但机会就像小鸟的尾巴，转瞬即逝，我们在痛失这一最佳战略良机之后不仅要问，当时，我们的空军和地面陆军在干什么呢？

原来，他们在忙，忙着庆祝胜利！

应该说，是整个中国都在庆祝。由于中美空军在后方夸大了战果，把日军的这次阶段性溃败，当成了一次巨大胜利来炫耀，以为就像前三次长沙会战一样，但其战果又远甚于从前的任何一次，就连《大公报》、《中央日报》等媒体记者们都跟着起哄，说衡阳我军里应外合，携手之期翘首可待。[14]

如此大的胜利，在七年抗战中还未曾怎么扬眉吐气的国人面前，自然要好好庆祝。当时在中美联合空军基地的桂林，庆祝大捷的爆竹声响彻整个山城，从全国发来的贺电、慰问金和慰问品如雪片般涌入，光是在广西、云南两地，市民们用装满整卡车整卡车的象牙、丝绸和玉石，驰往机场，来慰劳空军将士，[15]以至于他们忙得连上飞机的时间都没有，所有的时间都被媒体、美食、鲜花、美女占据了，怎么还会有精力去将胜利进行到底？

印度智者泰戈尔说，飞鸟的翅膀绑上了黄金，飞鸟还能飞得远吗？中美航空大队为什么到衡阳会战的第二阶段就不灵了？是因为日军在衡阳的炮空力量加强，让他们的危险系数加大了。

而在第三阶段，纵然是蒋介石下了死命令，他们要么是把飞机飞得高高的来去匆匆，要么是在衡阳外围打转，因为，外围日军的炮空火力管不到。这说法可不是作者个人的臆测，可以以两件事为证。一件事是战役第二阶段空军往衡阳城内空投炮弹，由于目标太高、太匆促，还是夜间进行，导致日军收到的炮弹比守军还多；另一件事是战役进入第三阶段时，日军十一军团司令横山勇8月2日从长沙乘飞机抵达衡阳，仅动用了三架侦察机，一点安全的压力都没有。[16]

如果说中美航空大队的行为可以理解，那么，衡阳会战的外围部队和衡阳城内的守军呢？敌人的攻势减弱了，打不动了说明他们伤亡过大，气数已经快尽了，就如同一个劳累过度，已是快虚脱之人。为什么没有人想到去主动抓住机会，主动出击？因为就是在自然界，任何一只掉在队伍后面的动物，都会成为对手口中的食物，对手不会在它跑不动休息的时候说，那就一块休息休息再比试吧！显然，这是个笑话！

如此好的战机，对外围友军也不用说了，那太过于复杂，对他们而言，最关键是蒋介石的态度，没有谁会主动找日本人去寻死，可蒋那时正与史迪威在为盟军中国战区指挥权的问题，斗得死去活来。

当时，美国罗斯福总统要蒋介石考虑将指挥权交给史迪威将军，使之成为中国战区之统帅，以指挥中国和整个亚洲反法西斯战场，这从同盟国的角度来说，不是没有道理。1944 年，美国《纽约时报》记者阿特金森在中国做了两年的实地调查后，回国发表了一篇关于中国局势的长文，抨击作为政治领袖的蒋介石，他的观念与军阀如出一辙，他把军队看作自己政治力量的基础，努力维持一种不透明的、冷心肠的独裁政权。[17]所以，美国极力想通过史迪威的介入，来改变这局面。

但蒋介石显然不愿意将中国战区的指挥权交出去。蒋介石对于美国人的逼迫深为反感，他认为抗战局势至今，我泱泱中华受美国人如此之威胁，实为他梦想所不及，他们竟不允他稍许犹豫之时间，真欺人太甚！蒋介石甚至认为对日军之深入都无足为虑，因为，日本纵然是能一口将中国吞下去，它也消化不了，倒是友邦盟军之压迫，让他实在难以忍受。蒋在那时甚至作出了放弃与美国合作而独自抗战的想法。从蒋介石的角度想想，衡阳战役与他对整个中国的权利而言，实在是算不得个什么。所以，当时在胜利的机会面前，唯一能指望的就是衡阳守军，可衡阳守军的总指挥方先觉在干吗？

说来很难让人相信，方先觉在算日子。自打衡阳会战以来，时间对他而言，过得特别的慢，而这几天却快了起来。在日军的进攻节奏明显缓下来后，他掐指一算，从 6 月 23 号至 7 月 3 号，为期已达 11 天，这校长蒋介石亲自交给他固守衡阳十天的计划任务，现在就已经是超额完成了。

方先觉这下子一股底气油然而生，因为目标已经达成了，剩下能走多远，就都是纯赚了。他高兴都来不及，哪儿还会去自找麻烦？下令立即将军部指挥所，从接龙山市民医院搬到城里的中央银行去了。

总结衡阳守军第一轮与日军交手情况，除了中美空军的空中优势起了重要的作用外，赵君迈率领市民修筑的环城工事和他们在阵地前沿所布下的地雷阵，也起了重要杀伤作用，战役中遭我地雷炸毙的日军，由王家岭向汽车西站的算起来就好几百。[18]

衡阳保卫战第一阶段的胜利虽说笑得太早，痛失了结束战局的最佳时机，但衡阳保卫战这第一回合没输给日军非常重要。日军在十多天来除占领整个江东、停兵山、高岭、瓦子坪、辖神渡、来雁塔等据点外，衡阳城一线阵地总算还保持完整。这使守城军民上上下下都有了自信，这种精神上的自信对战略全局影响很大，因为人最大的敌人其实就是自己。

战区内的警察与救火队员

对于眼前这失去的胜利机会，赵君迈心急也没有用，那不是他能去管得了的事。他在城内的主要工作，是做好后勤，当好战区警察与救火队员。

7月的衡阳，天气开始炎热似火，整个城内被灼热的太阳烤过后，风是热的，水是热的，路面的石板滚烫得可将行人的赤脚烫出泡来。尽管天气异常炎热，衡阳城外炮火连天，城里几位穿黑制服的警察，还在街口外站岗，换防的部队和送粮食子弹的支前队员，人流量虽很大却秩序井然，连方先觉都不否认这情况在别处很少见，这其实就是赵君迈的功劳。

当年赵君迈在参加淞沪会战时就是这样，这边打着仗，那边警察还维护着秩序，市内生意照做，赵君迈就是按那种情况办的。虽然现在衡阳城内没有做生意的，可城里还留下了不少人，要没有秩序乱起来，还真不好办，赵君迈的责任之一是保证后院一定不能起火。而不起火并不单单是指后方的安全秩序问题，战役打响后，卫生问题、消防问题也都是赵君迈的职责所在。

卫生问题不消说，赵君迈发现城内不少地方都有尸体来不及掩埋，暴露于市井之间，在这六七月衡阳最炎热的天气里，已引发了阵阵恶臭。这些恶臭不仅味道特别难闻，还引来成群的老鼠、苍蝇，这满城苍蝇和老鼠如果叮咬了人以后，会很快导致城内瘟疫、霍乱蔓延。如果瘟疫、霍乱流行开来，则非战斗减员的官兵将迅速增加，这仗也不用打了。

为解决卫生问题，赵君迈将城内的警察和一些支前运输大队的队员组成战时卫生防治小组，对市区所有发现的尸体，不管是什么身份，全部焚烧和深埋，再通知伙房把所有的大锅都拿出来烧开水，对各种外露的器物，一律用开水作一次彻底消毒处理。

在赵君迈带领上万名支前队员、警察，在市区街头大搞卫生运动的时候，河对岸江东的日军，也开始有样学样，在江边堆满了大块的干柴，将一具具尸体堆上去再洒上汽油，等尸体燃烧尽后，日军再将白骨装进一个白色的布袋内，分别写上他们的名字运往国内。在衡阳保卫战的那段日子，整个衡阳城的空气中，都弥漫着一股浓浓的尸臭味。由于日军伤亡相当惨重，他们的卫生防疫工作比起赵君迈他们而言，显得更加繁忙。[19]但日军在消防问题上却远比赵君迈他们轻松。

11日晨，堤三树男在衡阳机场的指挥部外，向攻城日军发出第二次总攻信号。顷刻间，日军飞机在衡阳投掷的大量烧夷弹，迅速在地面绵延成一条红色的火龙，使衡阳全城变成火海，四处都弥漫着的大火与黑烟，让衡阳城区变成了真正的火炉，如不及时扑灭，大火会很快把城内的一切都化为灰烬。

这将赵君迈和他的救火队员折腾得够呛。赵君迈带领所有的警察、支前队员参与救火，由于火势太猛，大街上，大火伴着紫黄色的浓焰，冲上了半空。赵君迈的原则是先保粮草要紧，城内的粮食出不得一点问题。当时，市内几处粮仓出现危情，但市里面除了几条救火的消防水枪外，救火人员的手中没有别的救火器材，赵君迈让大家从居民房中将水桶、脸盆拿出来，到水井里取水救火。

还有烧夷弹的处置问题，这是个新式武器，城区地面上到处有日军飞机投下的烧夷弹在燃烧。赵君迈告诉救火队员们，发现烧夷弹，要在火焰还没有燃烧完的时候，用沙土将火苗盖上最有效，但盖沙土时一定要沉着勇敢，不要被火伤了自己。在赵君迈的带领下，大家浇水的浇水，扒墙的扒墙，足足忙了几个日夜，才将城内的大火控制住。由于赵君迈带人处置得当，衡阳城区内的粮食只是烧焦了少许部分，并没有对城内军民吃饭构成大的问题，但城内建筑物在大火下全都破坏殆尽，后来蒋介石还特地来电关照："要利用已炸毁之木板，搭盖棚屋，用破门板做上盖，用碎砖作墙，既能辟风云日光，又能防炸弹破片。"这至少让衡阳守军的心里多了点温暖。

注释：

[1] 国史馆 002090200087299．方先觉电蒋中正、何应钦、徐永昌，1944-06-29

[2] 国史馆 002090200083090．方先觉电何应钦，1944-06-26

[3] 国史馆 002090200087300．方先觉电蒋中正，1944-06-30

[4] 国史馆 002090106002146．蒋中正电薛岳，1944-07-03

[5][6] 大公报，1944-09-13

[7] 国史馆 002090200028394．方先觉电蒋中正、何应钦、徐永昌，1944-06-28

[8] 国史馆 002090200028396．方先觉电蒋中正，1944-07-02

[9][10][19] 白天霖．抗日圣战中的衡阳保卫战．台北：天工书局，1984

[11][12] 陈纳德．陈纳德将军与中国．台北：传记文学出版社，1978

[13][16] 黄仁宇．从大历史读蒋介石日记．北京：九州出版社，2007

[14] 中央日报，1944-07-18

[15] 国史馆 002090200087298．方先觉电蒋中正、何应钦、徐永昌，1944-06-28

[17] 胡适．胡适日记（1938—1949）．合肥：安徽教育出版社，2001

[18] 中央日报，1944-08-08

衡阳参战守军在装卸炮弹

贰贰 寸血山河

两军交锋，军力的强弱固然是决定胜败的一个重要因素，但战胜对方的信念与勇气，更是在某种情况下起着决定性作用。

在赵君迈组织支前运输大队救火的时候，有部分第十军官兵也去帮忙，被方先觉骂了回去，说："有赵疯子他们在忙就够了！你们还怕没有你忙的时候吗?"有人解释说，是怕那么多东西烧了可惜，可方先觉却不以为然："烧吧，让它烧，就是这衡阳城全烧了也没关系。"

方先觉之所以敢如此乐观，是他算了一下日子，认为再过个三四天，援军也应该赶到了，他们就都成为英雄了，还要这些乱七八糟的东西干什么?

好在赵君迈他们将这城区内的火势控制住了，留住了这些烂东西，要不然，没有这火中抢出来的粮草，衡阳守军后来的几十天日子，是过不去的。

不思撙节，让衡阳守军痛尝苦果

人无远虑，必有近忧!

此言非虚。转眼间，衡阳保卫战打了快一个月了。在战役打响前，蒋介石曾跟方先觉说好，让他带领守军在衡阳城内坚守七到十天，说十天后，只要衡阳城内守军发出坚守不住的信号，外围援军可以在二十四小时内替守军解围。有这句话作保证，方先觉与所有守城将领无论是在食品、肉禽、瓜果蔬菜和炮弹、兵员使用方面，都是从不思撙节，浪费很大。当时，没有谁会想到衡阳会战会打得如此持久，如此艰难。

据参战老兵蔡阎王蔡汝霖回忆，刚开始时，官兵每餐照例都是吃着鸡鸭鱼肉，而且大鱼大肉都是随便吃。这话不是吹，当时大家的吃相就是这样，嘴里一半地上一半，且嘴里的那一半吃得也是糊里糊涂，食而不知其味。这是衡阳市政府和全城五十多万百姓作出了巨大的牺牲，倾其全力才留下的食品与肉禽，本足够他们吃上大半年都绰绰有余，但由于挥霍得太厉害，仅十来天就全部半吃半浪费地消耗光了。

浪费的还不仅是食品，在对待预备队和弹药方面也是如此，在战争第一阶段炮弹就消耗了六成，而市区内的预备队也早早地全部用尽，这为战争后期的艰难岁月，埋下了巨大隐患。

比如说葛先才手中的一个团预备队，预备第十师主力二十八团，按预定计划，是全军的总预备队，可战争才打了两日，全团营职以上的军官就坐不住了。有感于长沙三次大捷，每次都没等打到第四天便有援军从四面驰援而来打败日军，此次衡阳会战，空军支持力度如此之大，如援军战事重演，那他们二十八团还未上阵便战斗结束。这样既"失去了杀敌良机，又错失团队荣誉"，还有比这样窝囊地参战更令人遗憾的事情吗？于是，纷纷向师长葛先才请战。[1]

下面的官兵不懂事，问题是作为长官的葛先才，他的心情与他的手下是一样的，他认为手下的功劳不就等同于他的功劳吗？如果他要知道衡阳保卫战是场马拉松，他说什么也不会这么早发力，等后来肠子都悔青了，也于事无补。

后悔的当然不止是葛先才一人，还有当家的方先觉，他的责任更主要，为什么都叫他大当家的，因为他是一家之主，当的是全军的家。当葛先才向他上报预备第十师二十八团请战书时，他根本就没有考虑到作为一场战争的总指挥，手中必须在任何时候都要留有一支预备队以备不时之需，不仅将预十师的二十八团放了出去，而且还命令在衡山的第三师第八团于 7 月 3 日杀入衡阳城归建，犯了兵家大忌，将第十军在衡阳城外保留的第三师第八团，过早地收回衡阳城，从战略上说是一着臭棋。

方先觉鉴于饶少伟的暂五十四师第一团有抗令的先例，且城内守军在前期战斗有巨大伤亡，为把军中这最后一点实力攥在手里，才出此下策。从特殊时期的环境分析，方先觉的顾虑也不是没有道理。第三师八团毕竟是周庆祥的人，他们间的恩怨过节暂且不说，现在衡阳已是一座孤城，进城等于是送死，八团会不会愿意回来送死不好说，这毕竟是打仗，不要说将在外君命有所不受，就是服从命令，这中间如此多的不可预知因素，只要找一两个理由就可以把命令搪塞过去。

于是，方当家的直接去问周师长，八团是第三师的主力，如果他周师长亲自下命令让八团归建，八团能几日回城？

周庆祥向方先觉保证，应该不会超过三天。方先觉马上安排人给八团团长张金祥发报，限八团放弃南岳沿线外围阵地，务必三日内进入衡阳城归建。

当时，被留在衡山做前进团的第八团，团长张金祥将第一营放在白石铺，第三营进驻大浦，第八团团部和团第二营留在衡山南岳。

接到军部方先觉发来的电报的时候，团长张金祥正带领第二营官兵，在跟南岳南台禅寺的印云大师学习青田棍法。印云大师拳术和棍术的造诣都相当深厚，他教官兵们的这套青田棍法，是印云大师的独门不传绝技。在操场上，印云大师摆开棍法，虎虎生风令四周人眼花缭乱，官兵们跟着印云大师将棍舞得正欢，团长张金祥接到命令，宣布训练立即结束，并通知连级以上军官到团部召开紧急会议，研究当晚突围杀入衡阳城计划。

晚饭的时候，在衡山的一间祠堂内，衡山县邓县长、南岳镇高镇长和众乡绅知道衡阳战事吃紧，连夜举办宴会欢送第八团官兵。战地的宴会简单而隆重，按乡绅们的客气说法："冇（没）嘛菜，也请诸位别客气，多吃一点。"但"冇嘛菜"的桌上，却也摆满了老母鸡、腊肉、鸡蛋、花生米、炒辣椒、炸红薯、炒青菜，还有湖之酒。对战争时期的百姓来说，像这样的好菜好酒，已经算是尽了全力，够丰盛了。

张团长对各位乡绅招待的丰盛酒菜表示感谢，称此次突围无异于千里走单骑，孤身救主，性命已不掌握在自己手中，对这次八团在衡山驻防，借了当地很多粮食与物品，表示回去后会报告上级，希望能够如数还给他们。但大家都知道，这不过是客套话而已，自古当兵吃粮，天经地义。这方面的事情，其实赵君迈已经批示邓县长他们，由地方供给，战后凭借条单据予以核销，此次八团入城，赵君迈还特地让邓县长尽力为守军准备一批食物与盘尼西林等药品。

凌晨，第八团的官兵们整齐地列队站在祠堂外，准备出发。南岳印云大师带着手下的一些入室弟子赶了过来，他们也想随八团官兵上前线去打鬼子。印云大师向张团长保证说，他们打枪不行，可是他们掷手榴弹拼刺刀却不含糊，绝不会给部队添乱，张团长很高兴地接纳了他们，加上一些挑送粮弹的乡亲，队伍还相当庞大。团长给大家宣布纪律，在夜里行军的时候，一律不准点火吸烟，说话要小声，有情况的时候，要保持沉着镇静听从指挥。

一行人趁着夜色从衡山出发，开始一路颇为顺畅，走到衡阳望仙桥以北地区时，八团侦察连徐连长回来向团长报告，前面发现日军大部队正在草桥渡口扎营，张团长为了不惊动敌人，命令部队按原路返回望仙桥待命。可后来发现等待也不是办法，要是再等的话，天就亮了，等天亮敌人增援部队一过来，情况就更糟了。

有人提出打，反正早晚是打，不如主动出击，速战速决，在黎明到来之前结束战斗，不能给敌人留出任何反扑和增援的时间。

张团长见也没有其他的更好办法，便把地图展开分配战斗任务，令第一营李营长，从正面向日军展开攻击；第二营苏营长，占领草桥周边高地，阻止七星井方面南下援助的敌军；第三营机动，原地待命随时准备增援。

战斗一打响，八团虽出击迅猛，但敌人凭借渡口工事的地利，一边固守，一边等待援军，随着四周往草桥方面集结的敌军越来越多，枪声也越来越紧。眼看八团是打蛇不成反被蛇咬，张团长急了，这一战可是他擅自做主的行为，马上让电台向师部发报，请求支援！

周庆祥一听八团在草桥附近被日军缠上了，也很着急，这可是第十军最后的一点储备力量，有什么意外的话，对衡阳的战局影响重大，赶紧向军部当家的通报。方先觉接到电话，立即命令所有重炮，集中炮火支援。而与此同时，赵君迈也与芷江空军基地联系，请求空军派飞机支援，让空军务必将八团解救出来。

不一会儿，从芷江飞来的我方几十架战斗机也加入了战斗，第十军所有大炮均朝草桥方向发起猛轰，日军终于沿城北溃逃。

草桥南岸，赵君迈早已安排支前运输大队用竹筏木船架好浮桥接应八团，等第八团一到，便顺利开过草桥，南渡蒸水进入衡阳城。

第八团的到来，对前线的官兵们来说，虽缓解了他们的一时之急，但对于战役全局来说，却未见得是好事，因为会战第一阶段全城的伤亡总数不过四千多人，在有我空军强势空中火力支持的时候，远未到支撑不下去的地步。如果战役开始时期，方先觉等人能持谨慎小心的态度，对食品、炮弹、援军的使用，力求节约控制一点，则衡阳会战的结局会是另一番局面，因为衡阳保卫战的输赢，就在那么一线之间。

从 7 月 11 日开始，日军陆军的重点进攻方向，放在衡阳之西南。本来，西南的防御工事是经过严密设计的立体防御网，不说是铜墙铁壁，要攻破也绝非易事。在西南张家山、虎形巢两个据点上，虎形巢阵地与衡阳郊外的所有阵地一样，面向敌人的一方都削成了九十度的断崖，并在断崖下挖出了一个像护城河一样的深坑，前沿布下了地雷和铁丝网，铁丝网上方是守军的手榴弹和交叉火力网，整个工事设计得密不透风，连日军也不否认，纵横交错的衡阳环城工事，对他们攻城造成了巨大障碍，但日军在第二阶段，找到了破解之法。

日军先通过一阵猛烈的炮火之后，将守军的峭壁工事炸塌出多处缺口，然后抓来成群的百姓，把无辜百姓的身体当做穿越我军断崖深坑的填充物，也就是用百姓的身体来叠罗汉的方式，攀登进攻我军阵地，这样，虎形巢那片阵地就出现了几度被日军攻破的险情。

预十师那边，由于日军加大了炮空火力，师部的工兵连及搜索连都被派上虎形巢、张家山阵地支援去了，葛先才向方先觉求援，请求当家的给予空中炮火支援，被方先觉骂了回去："没有空中支援，就不会打仗了？"

葛师长懵了，这真是要命的时刻，援兵没有就算了，可炮弹也没有。当危机再一次发生时，副师长张越群给炮兵营打电话，希望炮火给支援一下，但炮兵营营长张作祥说没有接到炮兵指挥官的开炮命令，不同意发炮。葛先才气疯了，闹得这位少将师长与另一位少将司令竟为几发炮弹翻脸。

葛先才找到炮兵指挥官蔡汝霖，拍着桌子问他："你是炮兵指挥官，我们前方这么严重的情况为什么不给予炮火支援？你把炮弹都留着干什么？"

蔡汝霖告诉葛师长，不是我不想打，是炮弹少，现在我军的炮弹已没有来源，打一发少一发，如果都打完了关键时刻要发炮怎么办？[2]

葛先才也不跟他理论，带着卫兵直接来到炮台找张营长，把枪掏出拍在张作祥面前，对张营长说，你要么拿枪把我毙了，要么马上叫人给我开炮。张作祥还能有什么话说，葛先才毕竟是老首长，立即下令开炮。事后，葛先才收复虎形巢阵地有功，赢得了蒋介石亲自颁发的忠勇勋章。但这事却惹恼了蔡汝霖。

蔡汝霖很不高兴地告诉方先觉，他这炮兵司令当不下去了，你十军炮兵营张营长一天内发了一千七百多发炮弹，七十四军炮兵营怎么办？现在炮弹对我们来说已是无源之流，如果再这样无节制的话，用不了两天炮弹就全打光了，到那时，真的要到急需之时，我可不会承担任何责任。[3]

方先觉见蔡总指挥较了真，这才痛下决心，按蔡汝霖的要求，规定每门炮一天最多只能放五十发。如果真有特殊情况要超出五十发，必须上报，这才为战争后期留下了少数的炮弹。

粮弹没送上去，那是我们支前队员的失职

炮弹让大家低了头，在生活方面同样好不到哪儿去。由于城里储备的粮食、副食、弹药和其他军需物资浪费太大，没过十几日，眼看就消耗完了。好在城内还留下了很多茶油、湖之酒、黄豆、花生米等土特产，尤其是战前留下了几个酒厂的湖之酒，衡阳的湖之酒是温性的米酒，既能解渴又能充饥。在衡阳保卫战的中后期，等鸡鸭猪肉消耗完后，米酒加上炊事班大师傅用茶油炸的花生米、黄豆和每天鱼塘中被炸死的鱼，成了大家的美食。[4]

后来，鱼塘里的鱼也没了，由于前方战斗越打越残酷，牺牲的生命就越来越

多，每分钟都不断有生命在死亡。第十军守城官兵日夜都处在战斗状态，一日两餐饭成了他们非常重要的营养来源，到这时，官兵们只要有东西能填饱肚子就已经是很不错了，很少有人再关注吃什么。

当时正处夏天，由于昼长夜短，赵君迈所率领的支前民夫，危险也一天天增大。每天，赵君迈都要指挥着市内的弹药运输队、粮食运输队、伤员担架队、消防队、收尸队的好几万民夫，提着脑袋，冒着敌人的枪林弹雨，出生入死奔走各个战场。为配合第十军作战，他们一点也不比前线的官兵们轻松，只要阵地上还有我们的一个人在，支前运输大队的队员就要冲上去为他们提供补给，他们在战场上的每一条生命，也都时刻处于死亡线上。

在虎形巢、张家山阵地打得最激烈时，由于敌人的炮火太猛，在过去的二十四个小时里，敌人向虎形巢山头发起了六次攻击，我们支前运输大队在战斗间隙去了五次，牺牲了很多人，但米饭和弹药都还是没送上去。很多民夫都有些退缩了，希望日军退走后再送，但催送米饭和弹药的电话不时打到赵君迈这里。赵君迈知道这是很危险的事，也知道民夫们这一上去不知还能不能回来，但这是没商量的事情，赵君迈严肃地做支前运输大队民夫们的工作，说粮食弹药没送上去，那是我们支前队员的失职！无论是你们去还是我去，我们必须有人去做！

负责运输的支前队长向赵君迈反映了一个情况，说昨天下午他带着大队几百人分成三个小组给虎形巢、张家山的守军送补给，他是在第一组，照他们原来去的方向，一出去就遇到了麻烦，敌人的大炮像长了眼睛似的，对着他们支前的民夫就是一阵猛轰。他见敌人炮火很凶，就带着民夫依着山上的灌木林边上的小路走，可就这样，也没躲过敌人的炮火。后来，他在一个前沿工事里，特地仔细观察了一下，看到山坳东面的灌木林，有敌人的几门重炮埋伏在那。

赵君迈一听就知道，这应该是敌人大炮的一个隐蔽据点，他最担心的事情也是这个，支前运输队的民夫没有战斗经验，要被这些隐秘的敌人火力盯上，是很危险的事情，这还不仅对支前运输队的民夫是一个威胁，对预十师的虎形巢、张家山阵地的杀伤力也相当大。

赵君迈马上跟炮兵营联系，请七十四军炮兵营的陈布新营长，无论如何得消灭它。陈布新拿着望远镜向张家山东面山坳的灌木林搜索了一遍，发现日军的几门山野大炮用茂密的杂草和灌木树枝伪装着，一门枯黄色的炮筒还半露在外。

陈布新让炮兵营四门重炮迅速调整目标，给日军来了一个突然袭击，可前几发炮均没击中目标，让日军的炮有了反击机会，开始向炮兵营打来，双方进行了一场小规模的炮战。

最后，还是陈布新的七十四军炮兵营将敌炮打中了，赵君迈和支前队的民夫们见到很兴奋，总算是将威胁支前运输大队的一个重要隐患给清除了，支前大队的运输通道也恢复了通畅，但通畅的道路也只坚持了几天的工夫。几天过去后，虎形巢那片高地危机又起，这下，真是到了考验城内每个人意志力的时候了。

在中央银行司令部内，方先觉将赵君迈找来，与孙鸣玉、饶少伟、蔡汝霖一块，边吃饭边商议对策。

城内的肉禽、蔬菜、副食都已经消耗完了，最让人难受的是水，大热的天，人们对水的消耗很大，可喝水成了军民的大问题。这让生活在这孤城内的很多人难受得都快疯了。城内守军都开始寄希望于援军能早日解衡阳之围。

方先觉告诉赵君迈，他向军委会请求救援，好不容易在晚上接通了军委会白长官的电话，白长官说目前投入衡阳战区的四个军已经出发，可后边是什么情况还没说完，电话就断了，后来一直没有再联系上。

方先觉很沮丧，他到这时才突然醒悟，这世界上的事情没有什么是一定的，现在唯一能指望的就只能是自己，可巧妇难为无米之炊啊。

大家正苦无计策，葛先才闯了进来。葛师长说看日军这阵势，预十师就是拼尽所有的人也就最多坚守两天，两天后只怕会被敌人撕开一道口子，那将酿成无法弥补之后果！大家一听此言，情绪变得更加消沉。

方先觉喝上一小口湖之酒后，问大家还有什么更好的想法。葛先才认为，为一个阵地将现有的这点力量全投入进去不值得，能否在当晚将外线阵地全部退守至预备的二线内环阵地，再做全盘考虑。

话音未落，满身泥土的周庆祥也来了，周的脸色与衣服颜色都溶在一块，一进门抓起桌上的酒瓶就一口气灌了进去，灌完后将酒瓶往地上一扔说："当家的，惨啊！"说完，一双脏兮兮的手抓起一只腊鸡骨头扔嘴里，没嚼碎就咽了下去。

周庆祥打成这样了，让大家都很惊讶，论实力，周庆祥的第三师在第十军中可是最厚实的，这没几天的工夫，怎么成这样了？

周庆祥往地上狠狠地吐了一口黑痰，他奶奶的，你们知道这几天日军在怎样进攻吗？我将一营官兵组成敢死队顶在那儿，可日军机械化兵团将阵地视线内的连栋房屋全部拆除，然后用密集重炮直接沿阵地横扫，一阵炮轰，阵地全完了，你防都无法防。

葛先才更着急了，劝当家的撤，撤吧，撤到二线还有希望。

从当时的情况看，撤守二线也不过是权宜之计，是不得已而为之的事，衡阳城就那么大的地方，退一点便少一点。没办法，最后大家只能是将全城的防区重新做了部署调整，将五桂岭南部、雨母山高地、枫树山、市民医院、萧家山、张家山等原有一线阵地全部放弃，所有兵力收缩至二线后，城内的防区做如下在布置：

周庆祥的第三师主力与搜索营第一连五千多人，占领外新街、五桂岭北部阵地，第九团约一千五百多人，占领天马山、杏花村、西禅寺阵地；葛先才预十师部剩余五千余官兵，占领接龙山、花药山、岳屏山阵地；容有略一九〇师部三千多人，占领接龙山西侧雁峰寺、中正堂、电力公司；饶少伟的暂五十四师部三营现有人员和军直属八百多人，占领五显庙、苏仙井中间高地。

炮兵的位置也做了新的变更，让陈布新在雁峰山麓的七十四军炮兵营，进入西禅寺负责对天马山、虎形巢、汽车西站、衡宝公路、天主教堂射击；张作祥的第十军炮兵营从许大夫医院转移到新亚招待所，负责对飞机场、衡宝公路、草桥的防御。

所有位置重新调整后，方先觉下令，自即刻起，所有防区未经许可不得变更位置，少校营长以下一律在士兵壕参加一线作战，团长一律在前线督战，违令者就地军法从事！

衡阳守军调整到二线位置后，防区虽缩小了大半，但战斗力却丝毫未减，反而比先前更有增强，因为在没有退路的情况下，自身的能力得到了最大限度的发挥。至16日，日军虽然占领了守军主动放弃的第一线阵地，但由于日军在此轮进攻中伤亡也相当大，使他们又一次失去了继续进攻的能力，不得不停止了大的攻击，将进攻节奏缓下来。

总算是投了炮弹

在日军第二次放下肩上重担，进行全面补给以喘息之时，衡阳城内的守军也开始积极争取军委会的救援。

7月20下午，芷江空军基地给衡阳守军发来电报，说今晚有重要物资空投，还特别说明有信件和炮弹，城内的人一听到这消息，都高兴了好一阵。

入夜，几驾我军运输飞机在十多架战斗机的掩护下，飞临衡阳上空，可由于缺乏航空地面的联络经验，第十军军部做的接应符号太小，加之飞机飞得高，一直都找不到最佳的空投地点，在天上不停地转着圈，最后不得已飞回去。

赵君迈一看就明白地面接应符号出了问题，立即发动支前运输大队的一大批人来重新布置，这次赵君迈换了个接应方式，他充分利用衡阳市区南北走向的地理特点，在雁峰寺和草桥、石鼓咀、汽车西站各置四个大火堆，这就将空投的大目标先给彻底锁住，再在这四个火堆之间的路上，用近万盏油灯连接起来。一切布置停当后，成串的油灯像摆放在市区的一条火龙，瞬间被火把点燃，这信号的水平不亚于一个中型机场的跑道信号。信号刚布置好，我军的飞机又来了，飞机在天上转了几圈后，开始飞到城中心把大麻包丢下来，但因为飞机飞得太高，不少物品都飘到湘江和敌人阵地去了。

赵君迈带领支前运输队员全力出击，把捡到的大小麻包收集起来，拿到军部去开包解封。包裹被拆开后，见里面都是些蒋委员长嘉勉衡阳守军的特赠食品，像饼干、糖果、香烟、猪肉等东西，[5]还有几叠信件和这几天出版的重庆报纸，上面刊登着衡阳会战的最新战况，比如有第十军预十师师长葛先才将军，率领所部冒毒气恢复阵地有功，政府特颁给青天白日勋章的信息。

方先觉见都是些这玩意脸都绿了，突然踢了一脚麻包大声吼道："这都是些什么啊！我现在关心的不是这些虚的东西，我要的是炮弹、炮弹！"

正生着气，飞机空投物品的信号又响了，赵君迈带人将灯都点亮后，又是几十个麻包扔下来，可全找遍了，第二轮的飞机空投还是没有炮弹。这下赵君迈都有些不能理解，两次空投物品，竟然没一颗炮弹，实在说不过去！

方先觉这回更是气得连摔了两把椅子，歇斯底里地叫道："这群王八蛋，不送炮弹，也不打进来，难道要等到我们全部死尽吗？我们都死了，他们能得到什么好处？"

就在大家都要绝望的时候，空投的飞机嗡嗡地又来了，赵君迈急得在一旁大声地呼喊，“快，人员各就各位，准备接应！”人们从各处战壕、瓦砾的废墟中爬出来，注视着那一团墨色的天空，这真是人都给它搞得要疯了。

飞机在黑漆漆的天空穿云而至，因日军也已经发现了目标，飞行员没有耐心消耗更多的时间，将上百个大麻包匆匆从上面扔下来后，便迅速消失不见了。

赵君迈和第十军军需处孙处长站在广场上，见天空中飘落的一个个沉甸甸的黑点麻包直摔下来，发出“啪！蹦！啪！”的巨大声响，麻包在地上滚了几个滚停在那儿。赵君迈马上组织人把各地收集过来的麻袋，送到军部大厅里一个个打开，等不及的方先觉从办公室出来问：“装的什么？”

孙处长刚看了两个包，从麻包中拿出一把茄子送到方先觉面前给他看，蔬菜，还是蔬菜。方先觉手一挥将茄子打翻：“拿开，拿开！不是说好的是炮弹嘛，怎么还是蔬菜！”孙广田沮丧地说，会不会是上飞机的时候装错了？

方先觉大骂：“这么大的事情怎么会出错，真他妈混蛋，都什么时候了，还送蔬菜！”声音震得大厅里的人都有些害怕。连参谋长孙鸣玉也生气了，在一旁附和着说，城里虽然早已没有小菜吃，可我就是用盐水泡饭，也希望扔下的是炮弹，毕竟生命比身体更重要啊！

低头解封的赵君迈在最后那几十个麻包中，总算是见到了炮弹，大家悬在嗓子眼的心，才总算放了下来。让人扫兴的是，百来发左右的炮弹，有的在地上砸变形了，有的弹头缩了进去。赵君迈拿着一颗颗检查了一遍，发现能用的有七十多发，不能用的三十多发。由于空投距离太高，炮弹大多便宜了日军，据他们的资料称，此期间日军捡到的炮弹数目远比衡阳守军拾到的还多。

赵君迈让人将坏了的炮弹拿去找支前队员们修理，修了一晚上，大家的手都磨出了血，修来修去也就修好了十来发。

7 月 18 日，方先觉鼓足勇气给蒋介石发了封很长的电报，将衡阳现在的实情告知蒋介石：

校长明鉴，本军固守衡阳，已过月余，幸官兵忠勇用命，前仆后继得以保全，其中可歌可泣之事与悲惨壮烈之牺牲，令人不敢回忆！自开始构工，迄今两月有余，我军民披星戴月，寝食俱废，终日于烈日烘炙雨侵之中与敌奋战，均能视死如归恪尽天职，然其过程本身之痛苦，与目前惨状，不忍详述，但又不能不与校长略呈之：衡阳房舍被焚被炸，物资尽毁，幸米盐均早埋藏，尚无若大损失，但现在官兵饮食，除米及盐外，别无任何副食，因之官兵营养不足，昼夜不能睡眠，日处于风吹日晒下，以致腹泻腹痛，转为痢疾者，日见增加，既无医药治疗，更无部队接换，只有激其容忍，坚守待援。

官兵伤亡惨重，东抽西调，捉襟见肘，弹药缺乏。自二十四晨起，敌人猛攻不已，其惨烈之战斗，又在重演，衡阳城内危机隐伏可想而知！非我怕敌、非我叫苦，我是决不会出衡阳！但我们也没必要向校长隐瞒实情以免贻误大局。

蒋介石在重庆黄山别墅收到方先觉的求救电报后，陷入了内焦外困的艰难抉择之中。一方面，对于衡阳会战能打成什么样，衡阳城究竟还能守多久，他心里没有底，军委会的同仁也都没有底；另一方面，他“不料伤亡之大，以至于如此也”。[6]如果衡阳真如方军长所言，衡阳守军已伤亡殆尽，刻下守城部队由军佐杂役编成，那后果将相当严重！这时，蒋介石不得不慎重考虑一下衡阳的应对方略。

蒋介石将副总参谋长白崇禧找来，向白询问衡阳外围我军的最新进展情况，白向蒋介石介绍说，衡阳外围的十多个师都已接近衡阳城下，根据二十四集团军王耀武总司令向军委会发来的电报说，7 月 13 日，他直接指挥手下的第七十四军已经攻占了衡阳西北郊的金兰寺，但立即引来韩峰桥以东敌人的猛攻，双方在蒋家町展开激战，七十四军损失惨重。[7]王耀武报告衡阳西北郊的阴陂、袁家塘附近，还潜伏有敌人重炮百余门，在新桥有敌人游动哨数百个，而台源市以东二十华里内，敌军多化装成便衣在四处刺探情报。[8]很显然，日军在等待消灭外围援军的机会。

白崇禧问蒋介石衡阳会战的事下一步该做何处置，蒋陷入沉思，良久，痛下决心，让白崇禧立即带着他的手谕，去衡阳协调外围援军十二个师的救援事宜，希望加上空军的配合，能迅速解开衡阳之围。

蒋在白出发前，与他一块在沙盘上推演了解衡阳之围的三种情形：第一，内线坚守，外线推进，至相当地区后汇集火力，消灭敌人而解围；第二，外线部队强劲楔形突进，打开进入衡阳的核心通道，清理核心战场，补充核心生力军，继续坚持以少量兵力消耗多量敌人兵力的优势内线战；第三，外线部队突进至相当地区后，衡阳守军开始向外突围，扫荡敌军后放弃核心阵地，全部转移至外线作战，或是重新布置核心守军。

7 月 19 日，白崇禧来到薛岳在衡阳三十多公里处的黎家坪第九战区前线指挥部，亲自策动了新一轮的增援计划，以六十二军黄涛部，向衡阳城发起攻击，王耀武率二十四集团军的七十四军、王甲本部的第七十九军，及李天霞的一〇〇军，黎行恕的四十六军，协助攻击衡阳城外围之敌。[9]

紧接着，一场围绕衡阳城的救援战，在外围即将全面打响。战斗打响前，方先觉、赵君迈在衡阳第十军军部，接到蒋介石以他个人名义发来的电报，告诉他们无论守城官兵如何缺乏，必须编足数营，向增援友军方向出击，否则，敌必以守城部队无力而不退矣！

方先觉一看，这下援军真的要来了，高兴啊！不仅是方当家的高兴，整个衡阳城内的官兵和民夫，无论是谁，见面必说，援军要进城了。方还连夜给蒋发去了一封电文，说明第十军正规作战官兵已伤亡殆尽，因之夹击部队已无力派遣，现只能派小股部队搜索以策应援军。[10]

7 月 18 日，救援战斗打响后，六十二军黄涛部，率先在白鹤铺与日军发生激战，双方伤亡皆重，六十二军一面将主力就地构筑工事固守，另一方面派出一五七师向前行进。[11]

7 月 19 日，王耀武的七十四军已开进到衡阳西北郊的英陂及金兰寺，此地离衡阳市区最多不过五公里。而 20 日，七十九军王甲本部的一九四师进攻杨田桥、甘家陇、沙坪一线，其属下另一支龚传文师，占领了呆鸡岭、贾里渡等处，其前锋推进到衡郊洪山庙、望城坳、汪家桥等处，其最近地区离衡阳城也不过八公里。[12]

蒋介石闻讯后，面色拨云见日，连呼："好！好！好！再穷一日之力向东推进五公里，衡阳之围即刻可解。"[13]

五公里，一日工夫，这如同眼前的一片阳光，让人可以伸出手去把玩到它。

胜利，又一次擦肩而过

不绝于耳的枪炮声，让城内的人仿佛看见了一线胜利之光，方当家的与参谋长孙鸣玉到前沿阵地四处巡视，看有没有友军的消息。

当时，支前运输大队炊事班的一名伙夫，从厨房外抱了捆木柴正想进去，隐约之间听到远处一阵噼噼啪啪的枪声，伙夫侧着头静静地听了一阵，吓了一跳，了不得，这是援军。

他扔下手中的木柴，爬到后院墙上瞪大眼向枪声的方向望去，只见远处西南欧家町那边灰沉沉的原野上，有一阵阵火光。他想没错，一定是援军到了，便马上向赵君迈报告。赵君迈跟他上前仔细听了一下，根据他多年的战斗经验判断，这炮声跟天上的雷声有些相似，有近雷和远雷之分，如果是近雷，其声音快而猛，就像敌人攻城时打在身边的炮，有迅雷不及掩耳之势，而远雷的响声不一样，显得慢而沉。

从声音判定，这炮确实是远处开的炮，看这阵势，城外正在发生战事，赵君迈赶忙打电话向方先觉他们通报。

方先觉让机要员与离市区最近的六十二军取得联络，六十二军军长黄涛确认是他指挥的第一五一师，其先遣团已插进在欧家町一带。[14]

方先觉一听这消息，激动得放下电话还在不住地喊："太及时了，来得好，我得为他们请功，无论是他们哪个师先打进来，我一定到委座那磕头为最先打进来的那支部队请功。"

赵君迈让他赶紧安排人去接应，方先觉一听，身边哪还有人，不得已，只能将特务营剩下的三百多人集合起来，让特务营曹华亭营长无论如何要想办法接近援军，与他们接应上！

曹营长带领特务营冒死杀到衡阳南郊黄茶岭正街，枪声却听不见了，马上发信号弹跟六十二军的先头部队取得联系，也没有任何回应。

后来才知道，当日下午，六十二军军长黄涛的前进师第一五一师从南面向衡阳城插入，师长林伟俦眼看就要攻入衡阳城。当时，他的先遣团四七一团已经进到火车西站附近，却遭到日军第四十师团全面拦截，在日军的猛烈火力攻击下，上校团长丁克坚率团突围，退到欧家町前一公里处的七里山，又遭遇日军阻击，双方接触后仅两个多小时，一五一师四七一团在日军的猛烈火力攻击下，全团覆没。接着，林伟俦所带领的一五一师主力也遭到日军围堵。此时，林伟俦已无心恋战，下令突围，撤退时伤亡惨重，其副师长余子武成仁。[15]

据日军四十师团对此战役的记录，与六十二军先头部队交火的是他们的第二三四联队，联队与重庆军激战数日后死伤惨重，一部因弹药用尽，最后只能用石块向重庆军投掷，其阵地被重庆军突破后，他们曾集结马夫和通讯兵反攻，事后，第二三四联队残余官兵，将所遇危机而得不到援兵的情形，比之为日俄战争时的本溪湖战役。[16]

令人遗憾的是，从六十二军先头部队的战绩来看，一五一师的官兵们是尽力了，问题是协同的其他部队没有同时尽全力。这让中国军队本该赢得的胜利，又一次擦肩而过，这壶已经烧到九十九度的热水，最终依然还原到了凉水状态。

究其原因，主要是由于参加这次外线作战的部队，都是来自广东或湘北洞庭湖岸的守军，相互间本来就缺乏默契，加之受到多头指挥，而导致情势混乱。

比如说担任主攻尖刀作用的国民党六十二军军长黄涛，赵君迈与他很熟，两人都是留学海外的少壮派人物，赵君迈留学美国时，黄在德国留学。归国后，黄一直是广东军阀余汉谋的得力部下，从余汉谋在粤军第一师当营长时，黄就任余的营副，后随着余的升官而升官，余任团长时他当团中校参谋长，余任旅长时他任团长，余任总司令时他任师长、军长，与余汉谋有非常密切的关系。

6 月 20 日，六十二军奉军委会命令，由广东省英德出发参与衡阳保卫战，当六十二军到达衡阳市郊头塘、二塘间集结待命时，已是 6 月 23 日，衡阳保卫战已经打响。当时，负责直接指挥该军作战的是第二十七集团军总司令李玉堂，第十军的老军长，李玉堂还特地组织黄涛、赵君迈、方先觉在衡阳火车西站开了一次军事会议，明确方先觉军守备衡阳城，黄涛六十二军策应方先觉军作战。总体的战略意图就是，使衡阳与衡郊之间，留出远距离的空隙，让日敌先包围守备衡阳城的方先觉部，然后再全力实施反包围，使日敌腹背受攻，之后，以方先觉部由衡阳城全力向外冲出，以达成夹击之效。

计划看似相当的周密，但后来成了纸上谈兵，没能得到实现。主要原因就在于六十二军一面要听李玉堂的节制，受军事委员会蒋介石侍从室的指挥，一面要听从桂林行营主任、粤系首领李济深、余汉谋等人的意见。当六十二军一度杀入黄巢岭与衡阳火车西站时，出现了伤亡重大和粮食供给不足的现实问题。在这种情况下，如六十二军能咬紧牙关，全力与衡阳城杀出来接应的第十军特务营互为犄角，让先头部队中的一部分官兵冲入衡阳城与方先觉部共同守城，则一切问题均将迎刃而解。

可惜的是，在战役进行到最关键时刻，也正是衡阳保卫战中两军最感困难，同时也是最有希望扭转战局的时候，黄涛却让军参谋长张琛和一五七师师长李宏达，频频向粤系将领请示，在当时特定的具体环境下，桂林行营主任李济深哪舍得放弃手中的这支重兵部队，他的意图是要六十二军只策略性地应付方先觉部作战，而重点放在随时协助防守广西门户，那才是他们的职责所在。[17]而第九战区司令薛岳却不愿意让他们去为广西看大门，更主要的是，这命令与衡阳保卫战的直接指挥官二十七集团军司令李玉堂的主张相悖，他的命令是要六十二军离衡阳城越近越好，最好是直插衡阳城，使内、外军队联成一体，以缓解衡阳守军的守备的压力。这就使黄涛所率的外围部队陷入了忽前忽后，疲于奔命的更危险状态。

还有二十四集团军司令王耀武，他要是拿出当年第十军帮他解常德之围的劲头来，衡阳会战的结果也不会是后来这个样子。1943 年 11 月，他率领的七十四军参加常德会战，坚守常德城的部队就是他七十四军下属余程万的五十七师，王耀武率五十一师在外围反击，在友军第十军的配合下，经过六天激战，终于收复了常德城。战后，蒋介石提升王耀武为二十四集团军总司令。此次，王耀武是率下辖的第七十三、七十四、七十九、一〇〇军四个军，在衡阳会战中发挥配合副攻的作用，可这位久经沙场的老将却像只老态龙钟的老虎一样，呼啸一阵休息一阵，完全失去了虎虎生威的锐气。

21 日，王耀武的第七十三军在攻占离衡阳城五公里处的年陂塘、沙坪、曾家冲后，被日军阻隔在衡阳城郊集兵滩、金兰寺等处，[18]就再没有往前推进一步。

同日，他手下的另一支队伍王甲本的第七十九军，在离衡阳城八公里处的鸡窝山呆鸡岭、贾里渡、铜钱渡南等处，在与日军进行了一阵短暂接触后，也退了回去。[19]

这可苦了第十军特务营在一线接应的弟兄们，他们在黄巢岭没发现援军的身影，在欧家町没有发现援军目标，却发现南面高岭方向有大股日军向他们这边扑来，这可是件要命的事。特务营好不容易冒着枪林弹雨杀出去，现在又要重新杀回去，日军显然不会轻易地放过他们。好在衡阳城内的炮兵全力支援了一下，等特务营杀了回来，三百多人出去，生还者也就八十多弟兄。

方先觉听完特务营官兵的叙述，气愤得连摔了三个空酒瓶："他妈的！王八蛋！这哪里是在救我们，是帮敌人害我们啊！"

这事情，搁谁心里头都不好受，当夜，方先觉电蒋介石发泄怨气："奉令派出特务营迎向欧家町出击策应援军，到达指定地点后发出信号，未见回答，即遭日军围攻，全营伤亡殆尽，同时，敌军向易赖庙前街等地彻夜猛攻，现仍在激战中。"[20]

蒋介石决定舍弃衡阳

仅仅一周不到的时间，刚刚还充满希望的衡阳会战，就如同一个巨大的七彩气泡一样，在人们的眼前幻灭了。

六十二军先头部队退回去后，军长黄涛向白崇禧与薛岳报告，六十二军驰援衡阳以来，除在白鹤铺、潭子山与日军激战外，还突入衡阳城郊，先后攻克衡阳火车西站，后因粮弹不继，复遭日军围攻，总计伤亡 3481 名。[21]

从数字上看，外线救援的各参战部队与衡阳城内防守的守军，在伤亡人数上，都不相上下，很多局部战役中也都尽了力，各部队退出战场也各有各的理由，但其实质乃是军方内部的深层矛盾决定了其结果的必然。别的不说，在军队的高层中有几个大的矛盾，是大家都心知肚明的。首先，是中央嫡系部队与地方杂牌军队间的矛盾。蒋对所有地方将领的态度是既用又防，常心存戒备，不可能绝对信任，而地方军队也不可能死心塌地效命于他，只能是双方互相利用。其次，蒋介石与粤系高层将领的矛盾由来已久，此次长衡会战，蒋介石提出衡阳很重要，而李济深所提出的保卫大广西也是抗日战争中一个重要部分，蒋也不能有所异议。所以，战前本已配属衡阳的第十九师和已经拨给十军炮兵的美式重炮后来突然都撤到了广西全州，就是这种矛盾的结果。最后一点，也是最重要的，就是功过的利益权衡问题。当时有一种秘而不宣的观念，第十军是蒋介石与李玉堂的心腹部队，在常德会战后，人们已领略了方先觉的骄横跋扈，此次第十军守衡阳守了那么长时间，已快成为民族英雄了，这时候外围军队冲入衡阳城，如能把敌击退，则功在第十军，大家心存不满，心有不甘，不愿成全其美。[22]这就像是场拔河赛，前线指挥员心里各自有本账，力没往一块使，人再多也是枉然。

24 日，方先觉给蒋介石再发去一封电报，翔实报告第十军参与衡阳保卫战以来士兵阵亡情况，战亡 7898 名；负伤 5564 名，现存战斗官兵 2000 多人，除第一线守军外，无预备队，而炮弹、手榴弹几乎已经用尽。总之，援军若不彻底击溃衡阳近郊日军，本军已绝无夹击力量。[23]

来自衡阳城内与城外的消息，令蒋介石寄望于里应外合、内外夹击的计划彻底失败，他的心情一落千丈，又找小诸葛白崇禧来商议对策。

白对眼前的伤亡数字倒不在乎，他在乎的问题是这些人死得有没有价值。白崇禧对衡阳周围的日军兵力进行了分析之后发现，我军在衡阳与日军的决战，我军不仅没有任何胜利的把握，恰恰相反，这倒是日军目前最希望做的事情。

白崇禧的分析意见不是没有道理，在长衡会战中，日军投入的兵力很清楚，有八个师团二十多万人，但目前日军在衡阳战场真正投入的军队，才三个师团，其他的师团在哪儿？都在衡阳外围待着呢！这意味着什么？意味着敌人一直在等待机会与我军主力决战，希望能毕其一役而重创我中国军队，这对于日军的全局战略而言，消灭衡阳外围军队是主战场，而衡阳攻城战不过是分战场而已。

本来，中国最为复杂的问题还是人事，对衡阳是保还是弃，其关键还在于人，白崇禧将个人的判断报告给蒋介石，蒋不得不对衡阳会战再做重新考虑。[24]

作为整个亚洲战略全局的指挥官，蒋介石是不以一城一池的得失而判定输赢的，他的胜败观是要从整个中国战区、亚洲战区乃至全球反法西斯的形势来看输赢的。在中国的抗日战场，有一个重要的战略因素，就是中国军队在中印缅公路未通以前，如何妥善运用现有兵力，以待盟军联合反攻，如何确保重庆、昆明、西安、桂林各战略要点安全，使中国战区得以支持更长的时日。

从当时的情况看，中国军队最重要的目的，是打击日军之补给线，这种总体思路是清楚的。从战略全局的角度考虑，放弃衡阳有一定的道理，因为衡阳再重要，也不过是整个对日战略中的一枚棋子，作为棋子，是去是留，一切都要在整体的战略之中考量。如果此时过早与日军摊牌，这于中国目前的抗日战争形势不大为利，虽然在原计划中，军委会为衡阳投入了很多重兵，但最后，蒋介石只能作出一个很痛苦的决定，同意放弃原来的衡阳会战计划，只在某种可能条件之下，去解衡阳一部分之围。

7 月 27 日晨，蒋介石在日记中记道："国事固不可没有整个全盘计划，但不可求其各部分同时如意解决，只有做一段算一段，能做者即做，不能做的缓做，若全军同仁能任何时候都以我整个抗日全局着眼，而以抗日全局不利为忧，而天下无不可办之事矣。”在这时，他只能寄望于上帝，祈祷主能保佑衡阳平安渡过危机！[25]

蒋介石在耶稣像前做完祈祷后，坐在书桌前将信纸展开，给衡阳守军写下了一封信：

方军长，守城官兵艰苦与牺牲精神余已深知，此时，只有督率所部决心死守而未有其他捷径。

我守衡阳官兵之牺牲与艰难，以及如何迅速增援，早日解围之策励，余无不心力交瘁，虽梦寐之间不敢或忽。惟非常事业之成功，必须经非常之锻炼，而且必有非常之魔力为之阻碍，以试验其人之信心与决心之是否坚定与强固。此次衡阳得失，实为国家存亡之所关，决非普通之成败可比，自必经历不能想象的危险与牺牲。此等存亡大事，自有天命，惟必须吾人以不成功便成仁以一死报国之决心赴之，乃可以不惜一切战胜魔力，打破危险，完成最后胜利之大业。上帝必能保佑我衡阳守军最后之胜利与光荣。[26]

此时，蒋介石对在衡阳与日军决战，已经不抱任何信心了，在蒋的眼里，衡阳守城军民最大的作用，已变成了牵制日军，衡阳能多守一日，日军的主力就一日不敢随意动弹，这也就让外围部队有更多的时间处理后续的战略问题。

7 月 30 日，蒋中正已开始命令张发奎制订柳桂作战计划，拟在广西玉林、南宁分设战区指挥所，[27]蒋介石甚至考虑让六十二军全部向广西转进，归第四战区司令长官张发奎指挥，参加柳桂抗战。

衡阳保卫战虽还在继续中，但衡阳城中的军民俨然成了弃卒。

注释：

[1] 白天霖．抗日圣战中的衡阳保卫战．台北：天工书局，1984

[2]［3]［4] 蔡汝霖．四十七天衡阳保卫战．上海：中华书局，1946

[5] 中央日报，1944 – 07 – 20

[6]［13]［14]［15]［24]［25] 黄仁宇．从大历史读蒋介石日记．北京：九州出版社，2007

[7] 国史馆 002090200086024．王耀武电林蔚，1944 – 07 – 19

[8] 国史馆 002090200030450．王耀武电林蔚，1944 – 07 – 07

[9] 中央日报，1944 – 07 – 18

[10] 国史馆 002090200087303．方先觉电蒋中正，1944 – 07 – 19

[11] 国史馆 002090200087302．黄涛电林蔚，1944 – 07 – 18

[12] 国史馆 002090200086400．王甲本电蒋中正，1944 – 07 – 20

[16] 国史馆 002090200086028．王耀武电林蔚，1944 – 07 – 21

[17] 广州文史存稿第二辑．抗日战争时期六十二军援湘概要，1980

[18] 国史馆 002090200086402．王甲本电蒋中正，1944 – 07 – 22

[19] 国史馆 002090200087310. 张琛、李宏远电柯远芬，1944 - 07 - 28，
[20] 国史馆 002090200087307. 黄涛电蒋中正，1944 - 07 - 27
[21] 国史馆 002090200087305. 方先觉电蒋中正起讫，1944 - 07 - 24
[22] 国史馆 002090200087304. 方先觉电蒋中正，1944 - 07 - 20
[23] 国史馆 002020300014112. 白崇禧电蒋中正守卫衡阳战略管见，1944 - 07 - 26
[26] 国史馆 002020300014113. 蒋中正条谕方先觉，1944 - 07 - 27
[27] 中央日报，1944 - 08 - 02

衡阳古城的老城墙

贰叁　牺牲的最后关头

时间的要素，同为交战双方所必需，但综合利弊，最可能期待时间利益的一方，显然是进攻的侵略者一方，因为时间本身对双方而言，可能会带来一个完全不同的变局。

——克劳塞维茨《战争论》

从战争学理论的角度说，任何激烈战斗中，能当作坚持到最后的依靠的东西，往往不是表面的物质，而是骨子里的精神。也就是说，军人在最后时刻比的，不是战术和武器，而是钢铁般的意志，谁能咬牙挺过最后这几分钟，谁就是最后的赢家。

精神这种东西，在战争中最直接的体现，是一种战胜对手的霸气，守衡阳的军民能坚持到最后一刻，就是因为他们从来都不缺乏这种霸气。这种狭路相逢时的霸气，不仅赢得了中国最高军事当局的嘉勉，也赢得了全国百姓的敬意，就是敌人，也对我衡阳守军不得不开始刮目相看。

牺牲的最后关头

在衡阳会战后期，日军因对衡阳城久攻不下，感到压力非常大，小日本除了使用飞机、大炮、毒气等各种手段对衡阳的正面实施进攻外，还使出了多种诡诈手段，只要能消耗守军力量的，无所不用其极。

当时日军窃取了衡阳守军与外围友军的电报密码，知道城内守军盼望援军心切，便开始设计引诱城内守军出击。

一次夜晚，日军从湘江上游的王家码头对岸，放了很多门板于水中，门板上绑了不少小狗、小猫等小牲畜，上面插着火把，搞得人模狗样很像那么回事，然后，将它们推入湘江漂流而下，一大群日军跟在后面叽里呱啦的瞎起哄，并用枪炮向守军这边乱射了一通。

城内守军听见枪声，又见湘江上一片火星在水上游动，以为日军攻过来了，于是，拼命开火反击，哪想到这打了半天，等拂晓枪声停下来才发现，上了小日本的当，守军白费了那么多子弹、手榴弹，换回的只是几只死狗、死猫。

后来，日军又来一计，采用攻心战，用飞机给守军扔送香烟、美女图片，然后在香烟与图片中夹杂策反传单。

赵君迈拿着几张支前队员送来的传单，就明白这小鬼子已是黔驴技穷了，连日本人都知道湖南人不好对付，他们之所以选择如此下策，不正是说明这场衡阳的保卫战，已离胜利的时刻不远了吗？虽然衡阳城内的守军在艰苦中煎熬，但日军何尝不是一样，他们远道而来，劳师而伐远，比守军也好不到哪儿去。

当时，衡阳军民在每天四十多度的高温下，连一口干净水都喝不上，却在这孤城内已经坚守了一个多月了。一个多月啊！这在平时是不可能完成的事情，但他们做到了。这有些像黑夜中被狼跟上，双方斗智斗勇，一刻都不敢大意。那时候乡下的人都知道，被狼盯上是件很危险的事情，因为狼一旦盯上你后，就不会轻易撒手，一直跟着寻找机会。一旦你出现闪失，狼会闪电般猛扑上来扼断你的喉咙，撕开你的肚子，狼吃人的第一口从来都是从肚子开始，所以，有过被狼跟踪经历的人，都是脚下生了风一般，心紧张得都要跳出来，几十里的山路走下来，一生刻骨铭心。

衡阳保卫战中，守城的军民就是被日军这只狼给盯上了，他们的生命在被逼到一个临界状况时，这对于作战双方而言，牺牲都已经是到了最后的关头！除了活下去这个信念，什么严寒酷暑、饥饿疲劳连考虑的时间都没有，为了能争取更多的时日活下去，所有的人都必须打起十二分的精神。

而摆在衡阳军民面前的结局也只有两种：一种结局是衡阳城挺住了，那他们都是民族英雄；另一种结局是衡阳没能挺住，被日军攻破了，他们就都是民族的罪人。没办法，成则王侯败则贼，无论对外还是对内，都是这个理。问题是，面对下一段更黑暗的日子还能不能咬牙再挺下去，谁也没这个把握！

7 月 25 日，天马山情况紧急，在天马山阵地，敌人用排炮一天发射六百发炮弹，山上泥土翻转三次，已见不到一根青草，下面坚守阵地的官兵们向军部请求增援，方先觉对他们就两句话："阵地交给你，你就是阵地，我不准你们丢阵地，谁往后挪动一步就地军法从事。""无人可派，死守，死在那里！"[1]援兵靠不住，方先觉就完全靠守军和百姓的生命去换空间了，为了贯彻这强硬政策，他命令所有团职以上军官，全部去一线督战。

一线官兵没办法，又将赵君迈所率领的支前运输大队民夫，都抓去当主力部队使。民夫说他们射击不行，那好办，守军派一个老兵，手把手，三分钟就算培训完毕，还有投手榴弹，这就更简单，百姓有的是力气。面对这样的恶劣局面，赵君迈就是着急也毫无办法，因为不仅是民夫，后来，七十四军炮兵营的炮弹打光了，方先觉就将他们编成步兵使用，增援一线。炮兵们上前线的时候还闹出了个笑话，守天马山的第三师九团三营的官兵，忽然看见了一支新的队伍前来增援，还以为是援军总算来了，非常高兴，一打听是七十四军炮兵营因为炮弹打完了，被军长下令编为步兵参加第一线增援，一下就泄气了。

联系援军，赵君迈受托出城

没有援兵，没有空中火力支援，方先觉的脾气也越来越坏，每天都黑着副脸，端着赵君迈给他提供的湖之酒，看着蒋介石写给他的亲笔手谕，喝几口，再看上好几遍，然后小心地放到一旁，站起来走到日历前，撕下旧的一页。

几天前，方先觉分别给薛岳、李玉堂、王耀武、黄涛等都发了一封求救急电，说"衡阳危在旦夕，个人事小国家事大，救兵如救火，无论如何，请派一团兵力冲进城来，我们自有办法解衡阳之危"，盼他们念黄埔同窗之谊，使把力气救第十军一把，但这些平日的长官、同事、同学，没有一位给予他实质性的回复。

赵君迈心里开始怀疑他们是不是被抛弃了。如果不是被抛弃了的话，那这么长时间了，他的弟兄孙立人的远征军都能打几个来回了，可援兵为什么还到不了？

赵君迈上军部方先觉处，与孙鸣玉、葛先才、周庆祥、容有略、饶少伟等人商议对策。

商议来商议去，大家一致认为突围也许是个办法，葛先才说把剩下的所有力量集中起来，杀出去是没问题的。周庆祥也铁青着脸对方先觉说："当家的，突围吧，突围大家也许还有救，要不只有全部等死了。"

谈到死，大家都安静下来，盯着当家的方先觉。方先觉却不说话，在地上捡起一个以前扔下的烟蒂，剥开，卷着自制喇叭筒，慢慢地点燃。

大家以为有希望了，却见方先觉面无表情地猛吸了两口他那根自制的喇叭筒烟后，冷冰冰地吐出一口浓烟道："不行，一定要守！"声音不大，但很清晰，这话像一盆冰凉的冷水，把大家泼了个透心凉，大家热起来的心一下又冷了下来。没等浓烟散尽，方先觉又冷冷地补充了一句："守到最后一人！这是上级的命令，也是军人的职责！"

办公室里，刚刚还热闹的场面像是被速冻了一般。沉默片刻，周庆祥打破僵局，挑战当家的所作出的决定，质问方先觉说："知道吗，当家的，弟兄们苦啊，弟兄们实在是苦啊！可这军委会知道吗？他们为什么不告诉我们，援军究竟什么时候能来？是一天，三天还是十天，总有个时限吧，他们不能让我们没有尽头地等啊！"

葛先才也深有同感，他说弟兄们现在最怕的是噩梦醒来后还是噩梦，大家现在天天都在呼唤着援兵，我们要告诉他们没有援兵了，会让弟兄们崩溃的。

方先觉扔下手中的烟蒂，巡视了一眼大家，回了一句："现在还远没到最后的时候。"

周庆祥一听这话，拍着桌子跳了起来："仗都打成这样了，你还说没到最后的时候，难道是要我们也死了才是到最后时候了吗？"

方先觉不客气地回敬周庆祥说："既然周师长把话说到这儿，那我问你们，仗打了这么久，可死的都是些什么人啊！死的那么多弟兄中，我们这些当官的中间只有一个团长负了点轻伤，而且还是名副团长。"[2]说到这儿，方先觉激动地站起身来拍了桌子："如果我们的团长都能跟弟兄们一样玩命，把指挥部放到最前沿去，我们就是再守个十天都没有问题。"

方先觉把话一挑明，大家也就一时无话可说了，衡阳保卫战虽说打了一个多月，可衡阳城目前有多少兵没人清楚，但有多少位团长大家是清清楚楚。周庆祥一下子放低了声调说，我可以让团长们都下去，可外无援军，内无粮草，我们只靠几个团长是没用的。

方先觉说："不用多说了，假如援军三天就到了，那任何部队都可以守，还要我们泰山军干什么！所以我们苦守的时间愈长，则愈显得战斗的坚韧非同一般，援军进城得愈缓，则愈凸显我们第十军的伟大，这要我们回过头来看，一切都是值得做的，谁叫我们是军人呢，既然我们的任务是守城，我们就得与城共存亡，希望诸位跟我一样，服从命令！"[3]

大家争吵一场后，又都回到了现实，一块凑在地图前，商议着制订新的守城方案，大家把市区的防线又缩小一圈，将城区内所有的兵力和人员全部集中起来，希望能守住城区内的最后几处战略重点。

赵君迈说，必要的时候，大家还可以抱成拳头一起向援军方向靠，只要援军真的存在，到时候不仅解了衡阳之围，也创造了中国抗日战争的一个新的奇迹。

当日会议结束后，方先觉将赵君迈留下，提出让他出城联系援军，因为几日的坚守很快就会过去了，到时候援军依然还没动静的话，城内的军心实在不好办。

方先觉让赵君迈这时候出城，是有他的道理的。赵君迈跟薛岳、蒋氏家族的关系非同一般，如果他去直接找援军，说不定他能说服薛岳，使援兵早日到达。

赵君迈本来是下决心与守军一块死在衡阳的，在这生死之交的关键时候，赵君迈不同意独自离开，他认为作为衡阳市市长与卫戍司令，在此时离开似乎于情于理都不合。

方先觉骂他死脑筋，你赵君迈现在又不是职业军人，再说你现在已尽了这地方父母官的力了。现在是衡阳存亡的关键时刻，你出了城，可以将城内情况向军委会和薛长官汇报。如果老天佑我，能把友军引进来，早解衡阳之围，这不是比你留在城里更有意义吗?

赵君迈听方先觉这样一说，便接受了这个建议。

临别，方先觉要派最后的几名卫兵送赵君迈出城，被赵君迈拒绝。赵君迈出城的时候，城外日军已开始四处讯问我衡阳守军军、师长姓名。[4]后来才知道，日军已与守军高层间进行秘密接触，以尽快结束战局。

也就在这时，蒋介石在这最后一刻改变了主意。

最后一刻，蒋介石改变了主意

由于衡阳守城军民通过自身殊死努力所创造的战争奇迹和媒体长时间的持续聚焦，衡阳保卫战已从中国抗日战场上的一场局部战争，演变成全中国人民对日战争的情感焦点。

7 月 26 日，陪都重庆二十多万人聚集在城市广场，重庆各界为衡阳军民发动了一次抗战史上最大的签名献金活动。

广场上，一块十丈长镶有红丝边的白绸布，摆在集会人群的中央，上面书写着向衡阳军民致敬的倡议书：“保衡阳的将士们，你们一个月的英勇业绩，中外各界无不钦佩，你们是民族的大英雄，国家的功臣，我们一致崇敬你们，爱戴你们，我们以满腹的热忱，向为国家牺牲奋斗，劳苦功高的你们致以崇高敬意，敬祝你们健康努力，胜利成功。”

集会者还一同高呼口号：“保衡阳的将士万岁！保卫衡阳战役胜利万岁！”人们争相上前捐款并签名，捐款一下就来了数百万。

27 日，美国副总统华莱士代表美国政府发来一封对衡阳守军表示敬意的电文：“我仅代表美国政府对衡阳守军长期而英勇之抵抗，表示极大敬意，我们相信，衡阳之坚守，可能使中国西南其他受威胁之区域，更趋稳固，并使日军在华计划遭受严重挫折。”[5]

美国政府对衡阳保卫战专门发来的电文，让蒋介石不得不再一次开始重新考量衡阳会战的意义，衡阳现在已成为中国在抗日战争中的一个精神象征，如果衡阳能屹立不倒，中国政府在国际和国内的抗日形象会有很大的提升。相反，如果此时蒋介石不投入重兵去解衡阳之围，势必会挫伤美国盟友和全国人民的抗日热情，从一个民族的情感来衡量，衡阳之围不解，反倒会使中国的情况更严重，因为，树欲静而风不止，蒋介石和他的政府要放弃衡阳的话，今后会变得非常孤立，要是那样，会让他失去更多的民心。

民心！对于任何一位统治者而言，还有什么会比它更重要吗？两害相权取其轻，衡阳不能丢啊！最后一刻，衡阳在蒋的眼中已不再是一枚弃子，从整个国家民族的情绪考量，衡阳就算是地雷阵，就是再有天大的牺牲，蒋介石也下决心要闯进去。

30 日，蒋中正收到了方先觉从衡阳城给他发来的一封电报，称：第十军预十师二十八团团长曾京、第三师第八团团长张金祥、第一九〇师五六九团团长梁子超三员，均率部与日军于枫树山五桂岭等阵地激战，皆能确保据点，使衡阳战局转危为安，请准各颁忠勇勋章一枚，以利有功。[6]

8 月 2 日，蒋中正给方先觉写去一份亲笔手谕，告知增援部队皆已到达二塘贾里渡预定线，必令空军掩护急进。蒋介石将这封电文发给芷江空军空投方先觉的时候，又给第九战区司令部薛岳打去电话。当时，赵君迈正好也在薛岳指挥部，见到了蒋介石让薛岳全力组织反攻，严令援军限期会师的全过程。[7]

薛岳放下电话后面露喜色地对赵君迈说：“好！太好了！”蒋的总攻命令让薛岳非常兴奋，他同意立即全力组织力量进行反攻。与赵君迈一块在司令部的还有二十七集团军司令李玉堂，李玉堂是第十军的前任军长，也是衡阳会战第十军的直接上司，所以，他跟赵君迈一样关心衡阳的战况。李玉堂立马凑上去问薛岳，是不是大反攻可以开始了？

薛岳搓着他那双布满老茧的大手，像是早已按捺不住一般：“是啊！刚才是委座亲自打来电话，现在除芷江、柳州的空军基地已派出强大的空军协助反攻外，委座还从宝庆方向给衡阳调来了一个炮兵旅，正向衡阳开来。[8]

赵君迈一听这消息，高兴得仰头大笑并高喊：“太好了，太好了，看来是天佑衡阳，天不愿灭我衡阳啊！”

薛岳在那张铺开的大地图前给赵君迈他们分析当前的形势，并命令李玉堂司令马上集合好所有部队，做好全面反攻的准备。

赵君迈在一旁也做好了随时进入衡阳城的准备，他让整个衡阳市政府的原班人马，都停留在第九战区司令部附近的祁阳黎家坪待命，只要总攻一有眉目，就立即带人进城准备打扫房间迎接客人。8 月 3 日，蒋介石命令徐永昌，让中美联合航空大队开始全力参加衡阳作战。[9]

8 月 5 日，一五一师协同新十九师，在炮空火力的支援下，攻占雨母山，接着，六十二军一五七师、一五一师一部，攻占樟树湾、七里山南端高地后，已进入东阳铺石桥以东地区，正向衡阳城前进。[10]此时，一个接一个的好消息令赵君迈似乎又看到了衡阳保卫战胜利的希望，这情形就如同是一场万米赛跑，运动员在精疲力竭的情况下，身体与思维本都快失去控制，突然听到最后两圈的冲刺铃声，大批外线友军参加反攻向衡阳城杀来，[11]令大家的眼睛瞬间一亮。

希望被重新点燃，目标就在眼前，七十二军的老兵汤毓云说："已经遥望到衡阳城，只要再前进一步，就可能与守军取得联络。"但最后一刻，纵然是胜利的目标就在眼前，胜利也已经在前方不远处招手，你却只能是眼睁睁地看着身边的对手从身边超越，将胜利的果实摘走。双方最后的冲刺，终究比的还是实力。

就在中国最高军事当局对内线和外线参战部队下达限期会师的同一时间，日军显然不会将胜利轻易地拱手让出，他们也下达了最后的攻城令。[12]

日本天皇下令，限期攻占衡阳城

由于衡阳城久攻不下，屹立如山，日军打通大陆交通线的进攻计划再一次受挫。这使日本国内民众不满的情绪到达极限，日军攻城指挥官也遭受到了空前的压力。自衡阳会战打响以来，噩耗便一个接一个地传向一直处在病痛困扰中的横山勇，虽然他患上的严重痢疾尚未痊愈，[13]在这时候，也不得不强打起精神来，应对眼前的危急局面。

7 月 20 日，日本东条英机内阁迫于国内外强大的压力解散，日本政府由陆军大将小矶国昭和海军大将米内光政接替。[14]

7 月 25 日，日军驻华部队总参谋长松井太久飞抵长沙，向横山勇传达了日本天皇限期攻占衡阳城的命令，还与长沙的第十一集团军指挥官一道检讨了前一段的攻城得失。松井太久很不明白，为什么一个小小的衡阳，竟然会使横山勇一个如此强大的军团，受困于此达一个多月时间，而且死了那么多日本的优秀青年。

横山勇开始检讨他对衡阳所做的主战场与支战场战略，是不是错了。

29 日，日本关东军司令部作战部部长天野少将前往长沙，指导并督促第十一军团全力在最短时间内拿下衡阳。天野认为，横山勇过去以衡阳作为诱饵，以求消灭中国军队主力的战略没有错，问题是他被自己的战略给困住了，你摆下了一桌宴席希望将你想请的客人都请来，可问题是这中间很多客人他不来，你又不能老等。衡阳会战就是这样，你希望通过一场战役解决整个中国军队，问题是中国军队不来与你决战，而衡阳城又久攻不下，这就将自己给套住了。

为迅速结束衡阳战事，使日军能从衡阳城这个泥淖中走出来，天野决定在原衡阳攻城部队六十八师团、一一六师团和十三师团的基础上，将埋伏在衡阳外围的第四十师团、第五十八师团、第五十七师团与第十三师团的一部，总计六个师团，携轻、重火炮二百多门，在独立第五航空大队二百五十架飞机的配合下，对衡阳发起第三次总攻击。日军指挥官横山勇认为，衡阳就是座铁城，这次也要给它全部炸成碎片。

8 月 1 日，日军工程兵抓来大批当地民夫，修通了长沙至衡山的铁路，日军机械化兵团司令官小本野，迅速将衡阳攻城部队所需的五万发炮弹，从武汉急运衡山，再通过辎重车队于 3 日全部运到衡阳前线，补给攻城部队。

8 月 3 日，横山勇带着日本的武士佩剑，孤注一掷地从长沙飞到衡阳，日军第十一军团司令横山勇，将第三次总攻衡阳的司令部设在了衡阳东南的花药山光孝报恩寺。

花药山光孝报恩寺，是衡阳最古老的四大佛教丛林之一，传说在东晋时，黄、葛二仙就在此山炼丹。南宋宝祐五年，花药山光孝报恩寺的寺庙正式建成，这是一所典型的东方庙宇，无论是外表还是内在结构，都堪称建筑与园林的经典。这么复杂的庙宇建筑，却连一颗铁钉都不曾用，完全是传统的榫卯结构。还有这花药山光孝报恩寺的园林范式，古人誉为花药春溪龙现爪。大雄宝殿前有一处水井，名春溪井，水清澄碧能倒映梁上龙形，月明之时龙在水中时隐时现，天然成趣，这种借景方式，为中国园林的一大首创。

为保护这座园林瑰宝，日军进攻衡阳前，中国佛教的高僧大德虚云大师带着他的弟子茗山还专程拜会了衡阳市长赵君迈，希望他重视佛门圣地、护持佛法。[15]可这哪儿是赵君迈所能控制之事，这个历经千年的佛教圣地，成了日军第十一军团司令横山勇穷途末日时，在此发动对衡阳古城最后毁灭一击的指挥所。

注释：

[1] 大公报，1944－09－13

[2][3] 蔡汝霖．四十七天衡阳保卫战．上海：中华书局，1946

[4] 国史馆002090200087312．方先觉电蒋中正，1944－08－03

[5] 中央日报，1944－08－10

[6] 国史馆002090200087311．方先觉电蒋中正，1944－07－30

[7][14] 黄仁宇．从大历史读蒋介石日记．北京：九州出版社，2007

[8] 国史馆002090200086416．薛岳电蒋中正，1944－08－01

[9] 国史馆002020300014115．蒋中正条谕徐永昌，1944－08－03

[10] 国史馆002090200087313．黄涛电蒋中正，1944－08－05

[11] 力报，1944－08－02

[12] 中央日报，1944－07－21

[13] 力报，1944－08－04

[15] 李守静．茗山大师．浙江佛教，2007－01－07

衡阳保卫战前鸟瞰衡阳城

贰肆 衡阳城末日

战后，整个衡阳城内，仅剩下三间半危房！

衡阳保卫战，是赵君迈率领的衡阳人民和守城的第十军与外围友军一道，联手创造的军事奇迹。在酷暑难耐的炎热中，守衡阳的军民共歼灭日军六万多人。由于信息的不畅通，守军将领在日军的诱惑之下，最终与日军达成停战协议，致使衡阳人民与第十军在孤城浴血奋战达四十八天的心血，付之东流。

8月8日，衡阳陷落！战后，整个衡阳城内，仅剩下三间半危房！[1]

一个预示着死亡的时刻

8月4日，在被炮火轰炸得有些破败的花药山光孝报恩寺大殿内，日军第十一军团司令横山勇将佩剑摆在临时指挥部的会议桌上，与负责此次攻城的六个师团、一个独立步兵旅及空军航空队等攻城指挥官一道，向大日本天皇发誓，第十一集团军此次进攻再不能拿下衡阳城，司令官横山勇将在此与众位将军一道，切腹以向大日本天皇谢罪。在场的各部指挥员，无不神情肃然。

接着，横山勇对每一位在场将领，发出了日军向衡阳发起第三次总攻击的最后攻城命令：命令第四十师团青木成将军，占领衡阳城西北角，阻击中国军队第六战区援军；命令第五十八师团毛利未将军，加入衡阳北面攻城；命令第十三师团赤鹿里将军，与第六十八师团一起共同攻打衡阳南门；命令第三师团山本三男将军，从茶陵进耒阳地区，阻截衡阳东南方向第九战区援军；命令第六十八师团堤三树男将军、第一一六师团岩勇旺将军，独立第五旅团野池将军全力攻打衡阳西门。任务布置完毕，横山勇与各将军对表，宣布清晨六点钟，准时向衡阳城发起了攻击。

六点整，对衡阳城来说是一个预示着死亡的时刻，随着横山勇拔出指挥刀后的一句声嘶力竭的呼喊，日军的飞机、大炮等各种重武器，一齐向衡阳打来。

日军此次攻击其攻势之猛、火力之强、持续时间之长、单位时间投入的弹药之多，都为中日开战以来所未有。衡阳，这座东西宽约六公里，南北长约十七公里的千年古城，全为黑色的硝烟弹雨所笼罩。剧烈的轰炸将土石掀得有如狂风骤雨，在战况最为剧烈的衡阳西南半城四公里的正面，整整一天，守城的军民都被这震耳欲聋的狂轰滥炸，压在了工事的泥土中抬不起头来。前沿所有工事，均被日军的炮弹所破坏。

一个又一个的告急电话打到了军指挥部，请求空中炮火支援，方先觉铁青着脸回答说："死在那儿！都死在那儿！谁也不许退后一步！"这是当时方先觉所下的唯一命令了，这对前线的士兵而言，进是死、退也是死，横竖是死，人，不就是一死吗？在督战官和士兵意志力的控制下，一天下来，阵地依然没受太多的损失，但人肉与钢铁的博弈，究竟不能持续太长时间。

晚上，周庆祥、葛先才、饶少伟、容有略、蔡汝霖，都来到了方先觉、孙鸣玉在市中心中央银行地下金库的军指挥所里。

这回周庆祥是真的火了，一开腔就大声骂道：“操他奶奶的，打了半辈子仗，没见过有这么难打的！现在是外线友军愈打愈远，而内线日军是愈打愈近，这城还怎么守！”

饶少伟也耐不住了，说这援军打不进来，咱们打出去总可以吧，大家又提到了突围的问题。

孙鸣玉试探地提出，没有命令，就这么走的话，是不是合适？按当时的军规，守城将领没有命令便放弃防区的话，出去也是死，蒋介石对临阵脱逃者，是真下狠心，已经毙了好几位将军，其中，很多还是有着赫赫战功的抗日英雄。

葛先才急了，这个时候了还谈什么合适不合适的？他对大家说：“此险冒得值，援军既然已经无望，突围应是唯一之正确选择，即使我们没有命令擅自突围而受到军法裁处也不怕，毕竟我们让下面的弟兄们走了一条活路，也保住了我们第十军的根基，如果真的到时候要追究责任，在座各位可以一同和当家的向上峰呈报，突围之事乃预十师葛先才擅自之举，导致其他两师效仿，我葛某愿担当所有不利之责。”

方先觉看了一眼葛先才，骂他道：“胡闹，你以为你是救世主吗？第十军有什么过错，理当由守军最高指挥官担责，我是守衡阳城的最高指挥官，岂能由你等下属来承担失利之责？”

方先觉对这位爱将此时的这番言论非常不满，葛先才连忙解释不是那意思，他只是觉得当家的与在座的各位将军都是有家有室的人，上有老下有小，行事当然都有所顾忌，而他葛某不一样，他是光棍一个，即使是死也无牵无挂。

孙鸣玉给大家提出了一个折中的说法，突围也并非完全不可，我们何不先呈报上去，看看上峰的意见，如果上峰同意突围的话，也还来得及。几位师长都认为此方案可行，先呈报，等上峰同意后，大家突围也就名正言顺了。方先觉听了这个意见后，也就不再说话。

孙鸣玉见当家的也没有反对的神色，马上趁热打铁地站起来总结说：“好，那我们就奉电后再突围，我马上草拟电报稿。”孙鸣玉找来纸笔伏在桌子上草拟电报稿，几个师长在一旁帮着斟酌文字。

就在电报稿草拟得差不多的时候，一个伤兵的出现，将大家的突围美梦给打破。

兄弟们都像他这样，一百个衡阳也守得住

第一野战医院的陈院长匆匆敲门进来，向当家的报告一件事，说他们医院里一个伤兵，双脚都没了，全身还用绷带包着，成天躺在医院抱着一袋骨灰哭着喊着要上前线，可他伤成这样根本上不了前线，医院的人都很头疼，不知怎么处理这事。

方先觉让陈院长把战士带过来看看，陈院长有些犹豫，说那战士连站立都不可能，只能是抬。

“那就把他抬过来。”方先觉很不客气地打断了陈院长的话。

好吧！陈院长去了没多久，受伤战士被两个民夫抬了进来，战士全身基本上都用绷带包着，像一个刚出土的木乃伊一般，身上脏兮兮的散发出一股浓烈的气味，让人闻之欲吐。

陈院长在一旁小声向方先觉介绍说：“你看，当家的，就是这样一个人，还天天大声嚷着要上前线，你说能怎么办？”

“当家的！我要上前线！”躺在地上的“木乃伊”听到了陈院长和当家的对话，不闹了，他转动了一下身子向方先觉恳求说：“当家的，你就让我去吧！”

方先觉走上前去，用手轻轻拍了拍他的背，问他叫什么名字。

“木乃伊”回答，他叫敖驼子，大家这才注意到，他的整个身体蜷缩得跟虾米一样，驼得很厉害。敖驼子大声对当家的解释：“我人虽这样了，可我没给军人丢脸，没给衡阳人丢脸！”

方先觉很感动，饱含泪水地劝驼子道：“我知道你没给军人丢脸，但你伤成这样，已经不能上前线了，回医院去吧！你已经为国家尽力了。”

敖驼子一听不能让他上前线，又开始大声喊起来：“不，当家的，我跟小鬼子不共戴天，他们杀了我弟弟，杀了我们连长，杀了我们全连的弟兄，我还活着干什么，让我上前线去死吧！”

方先觉、陈院长和各位师长站在敖驼子身后，无不为之动容，大家虽都是在死神门前行走的人，可见了这士兵，仍然有些惊奇。

“好样的！好样的！”方先觉轻轻拍着敖驼子的背，连说了几个好样的。

敖驼子听到了方先觉的话，突然抓过方先觉的手说：“当家的，请您一定要信任我，我还能动，您看我的手还能动，您派一个人背我到阵地上去，只要给我一挺机关枪，我向您保证，只要我还有一口气，决不让一个日军上来！”

方先觉看着敖驼子非常虚弱而惨白的脸，没有回答。

敖驼子急了，向方先觉哀求道：“当家的，请相信我，请你一定要相信我，我还能动，你看，我的手还能动，您就让我到前线去吧！”

方先觉的眼睛已满是泪水，他低下头哽咽地回答说：“相信，绝对相信！连你这样的军人都不能相信，我还能相信谁！”说到这儿他突然提高声音对大家说：“我们军人都要像驼子兄弟这样，一百个衡阳也守得住！”

民夫将敖驼子抬着去天马山阵地后，方先觉坐在那儿久久地没说一句话。几个师长围上来，发现方先觉有些不对，都在一旁无语，没人再提奉电后再突围的事情。

大家又继续商量战斗办法。方先觉让各位师长将身边的卫兵再减少一些，每位最多只能留下八名，多余的卫兵一律充实一线，各师除上校团长外，其余以下军官，一律要下到一线参加战斗。同时改变战术，下令放弃前一阶段坚守阵地之观念，改为坚守阵地与杀敌并举，重新分配阵地后，谁也不能再挪动位置，做到有一山守一山，有一墙守一墙，有一坑守一坑，有一人守一人，让衡阳城内的每一名战士，都是一个坚固的阵地。这也就省去了报告和请求增援的琐碎问题，小鬼子要得到每一块阵地、每一寸土地都得拿命来换。

这种贴身搏命战术，为衡阳又赢得了几天时间。

面对日军的停战条件，周庆祥沉默了

8 月 6 日，衡阳城西北郊的演武坪阵地，率先被日军突破。

演武坪是衡阳城小西门外靠近蒸水的一处荒地，吴三桂在衡州称帝时，为演兵而将此地开辟成演武场，后衡阳百姓称之为演武坪。数百年后，曾国藩也带来了几千号新招募的湘军，安扎在演武坪，每日里杀声震天。不曾想，此次日军的到来，将演武坪变成了真正的杀场。

当时，负责这一片防区防守任务的是一九〇师五六八团第一营机枪连。方先觉将重火力安排在此，一个是此阵地有天然河谷所构筑的屏障，视野开阔，日军突破不易，另一个主要任务是护卫驻扎在演武坪的第二、第三野战医院的伤员们。

这个最不易攻破的阵地率先失守，完全是伤员的大意所导致。

当时，有伤兵发现对岸山坡上，也就是两军交火的中间地带，还有一些未被采摘的新鲜稻谷和野菜，于是，便有人在通往敌人阵地的这条河溪上，搭建了一条简易小桥，偷偷爬过去采摘些稻谷回来熬煮新鲜的米粥。以前，每当他们从对岸采摘食物回来后，都会将木桥迅速地撤回来，可那天因为去的人多，几名最后回来的伤员战士以为他们后面还有人，便没有将搭在河道上的木桥及时收回来，但这小小的疏忽给小鬼子抓住了。

6 日夜晚，日军第五十七师团五十一旅团长的志摩源吉，指挥着一队日军，乘夜从木板桥偷偷摸进我方阵地。等负责守卫演武坪的五六八团哨兵发现日军的时候，日军的主力已经从山下的那条小路，源源不断地冲上来，并迅速布满在阵地四周，对演武坪阵地形成包围。

夜色中，双方发生了激烈战斗，日军大炮将演武坪阵地炸成一片焦土，中午，在烟幕下紧锣密鼓指挥军队向前推进的敌旅团长志摩源吉，被我守军击毙。但守军也付出极其高昂的代价，一九〇师五六八团第一营机枪连全部阵亡，衡阳城演武坪门户，也同时宣告失守！

演武坪门户失守后，日军遭到守军的顽强抵抗，一九〇师全力组织敢死队逆袭，一批批血肉之躯前赴后继的向失守阵地扑去，致使日军行进艰难。

7 日拂晓后，衡阳北门第三师防区的青山街、易赖街、杨林庙被日军突破。[3]

当时，周庆祥设在金城银行内的第三师师部被日军发现，日军开始组织力量对其重点包围。周庆祥发现敌人攻进来了的时候，四周已都是日军，他带着八名卫兵准备向方先觉那边突围出去，可还没等他走出门口，八名走在前面贴身护驾的卫兵，就在敌人猛烈的火力网下被打成了马蜂窝。

后来，从附近突围出城的第三师参谋向外报告，说周师长成仁，孙鸣玉参谋长亦自杀。但他只看见了事实的一半。[4]

周庆祥当时一个人孤零零地被困在了金城银行那间半残的地下室里，这结果是周庆祥万万没有想到过的，想不到他周庆祥戎马一生，会落得如此下场！

周庆祥将手枪上膛拍在桌上，准备等日军一闯进来就开枪自杀。

出乎意料的是，日军士兵们没有进来，一小队日军恭恭敬敬地立在金城银行的门口，进来的是日军第十一集团军总参谋长竹内。周庆祥拿起桌上的枪对准自己的头，正准备杀身成仁，竹内抢上一步说道："将军请慢！"

周庆祥一时没明白这小日本葫芦里卖的什么药，犹豫了片刻。

"将军，让您受惊了！"竹内上前客气地对周庆祥鞠了一躬后接着说："杀一个人很容易，但你不是一人，你现在可以拯救城内所有人的生命，为什么不试试呢?"

竹内的意思是叫周庆祥去劝他们当家的方将军，派人过来谈和，以便用另一种方式，尽快结束战斗，这对他们双方都同样有利。

面对这样的诱惑，周庆祥沉默了。

最后一电，来生再见

城内中央银行的军部地下室里，死亡般的安静。几位师长按事前的约定，准备在最后的时刻，大家死在一块，便都跑到了军部地下室。[5]

方先觉感觉到是为党国尽忠的时候了，拿出一封几天前就早已草拟好的电报稿，请孙鸣玉等人签名。房内，几位师长互相看了看，大家都没有反对，依次在上面写下了自己沉甸甸的名字，方先觉让机要员马上给重庆军委会蒋介石侍从室发出去：

> 钧座，日军今晨由北城突入以后，即在城内展开巷战，我官兵伤亡殆尽，刻再已无兵可资堵击，职等誓以一死报党国，勉尽军人天职，此电为最后一电，来生再见！
>
> 职：方先觉率参谋长孙鸣玉、师长周庆祥、葛先才、容有略、饶少伟同叩。[6]

电报发出去后，大家倒都显得轻松起来，就在大家哀莫大于心死的时候，周庆祥站出来，提出了走第三条路。所谓第三条路，就是指战场上除了胜与败两条路外，还有第三条路叫做"和"。周庆祥提出能不能与日本人进行停战的和平谈判。

"和"在中外战争史上不乏先例，其实"和"在战争中是需要很高的智慧与成本条件的，打个简单比方说，就如同两个高手下棋，如果一方随便可以征服另外一方，即使另一方想和也是不可能的事情，战争间的博弈双方也是如此，如果能轻易消灭对手，没有谁会采用"和"的结局，何况此次衡阳保卫战中，衡阳守军在与日军四十八天的交锋中，直接消灭的日军达六万多人，可谓是不共戴天，如果双方力量是在一种绝对不对等的情况下，日军完全可以不接受停战协议，而将之全部彻底消灭之，但日军不敢做此选择，他们当时的条件也做不到这点。这是由当时双方的客观形势所决定的。所以，此时周庆祥提出如果和日军和谈，至少可以为弟兄们求条生路，符合双方的切实利益。

方先觉经冷静考虑，让孙鸣玉和周庆祥代表他去与日本人谈和，在有条件的情况下，守军可以放下武器并让出衡阳城。当时，方先觉提出了三个条件：第一，保证城内生存官兵的安全，让他们休息；第二，收容所有受伤患者并予以治疗，埋葬我军阵亡官兵。第三，守城官兵不离开衡阳城。

最后，横山勇司令官完全接受了衡阳守军最高长官方先觉将军提出的三点要求，并说“衡阳守军勇敢作战的情形，不仅此地日军敬佩，就连日本天皇和国内民众都已有所闻”，并特地表示敬意。

8 月 8 日下午四时，衡阳保卫战在双方代表秘密协商之后，达成有条件停火协议，历时 48 天之久的衡阳保卫战宣告结束。从历史的客观角度而言，衡阳保卫战的最后结局，是双方在达成各自的条件后，选择了“和”。不仅符合当时的情境，也更符合双方利益。

1973 年，日本历史学家古屋奎二在台北采访方先觉，方说：“有人说我们投降，甚至有人说我们举行了投降仪式，这是十分错误的，我以军人的名誉发誓没有那回事儿。”[7]

首先从战略的全局上看，日军虽说包围了第十军这条大龙，可城内这条大龙只要还有一口气，如果让它与城外的援军一旦相连，形势将急转直下，日军四十八天的努力将全部白费。

当时，也就在 8 月 4 日，国民党军事委员会令黎行恕率领桂系四十六军、四十九军、新十九师，进入衡阳所属三塘、四塘间地区。

第二日，蒋介石从昆明用二十四辆战车满载着新七师最精良装备的士兵，从宝庆公路向衡阳城急进，已突破三塘外围防线进入二塘附近地区。[8]

8 月 7 日，蒋介石提笔亲自给方先觉写下一道手谕，这一回非常干脆，就一句话：“子珊弟，务必再坚持最后一刻，明天援军一定到达衡阳城，绝不延误。”[9]此时如果衡阳城内的守军再支撑一日，情况将出现怎样转变，谁也无法把握。其次，日军为此次衡阳攻城，共伤亡了六万多人，并已从国内进行了两次增兵，这对攻城的日军来说，任何多增加的一点伤亡都成了他们不能承受的压力。第三，衡阳城虽被攻破，但衡阳守军采用的疯狗战术确实很奏效，各处巷战仍在激烈进行，官兵们都抱着必死之决心各自为战，为的就是能多杀一个鬼子，这让日本人也很头疼。正是因为衡阳守军手中还握有如此多的重要谈判筹码，才让日军在最后一刻选择同他们的对手共同坐在谈判桌上。

在第十军选择有条件地让出衡阳城的时候，赵君迈正在第九战区司令部内，亲眼看见薛岳、李玉堂在调兵遣将，可眼看着援兵就要攻入衡阳城了，援兵却与衡阳城内的守军联系中断。这可急坏了在黎家坪第九战区司令部的岩洞里的赵君迈，偏偏到这时城内情况不明，让赵君迈急得火烧眉毛一般，赶紧让话务员加紧与衡阳城内的守军联系，可越是着急越是联系不上。

薛岳满头大汗地站在那张硕大的地图前，不住地抽烟。目前形势对他这个前线战役指挥官而言，确实是两难！所有最精良装备的援军都摆在了衡阳城周边，衡阳城门都看见了，可偏偏在这个时候城内出了问题，是进还是退，关系到另外十几万人的生命。赵君迈明白薛岳的处境，他何尝不是这样的心境，他已经隐隐觉得，衡阳城内情况不明，看来已是战况非常不妙！

薛岳扔下烟头走到电台跟前，亲自抓过话务员手中的电话，声嘶力竭地大喊起来："喂！泰山！泰山！听到请回话！"

电话那头，没有任何回音，连续叫了几遍，依然如此。薛岳失望地放下话筒："完了，一切都结束了！"

赵君迈听到这话，一下子坐在了椅子上。这一刻，赵君迈控制不住地大哭起来。这一哭，也让他绷紧了两个多月的神经，得到了彻底解脱。

8 月 8 日下午四时，整个古城出现了一片死一样的寂静。

第十军军部中央银行广场外，守城的勇士们三五成群地一个个从废墟的墙垣和阵地中慢慢地走了出来，他们有的腿断了，被战友搀扶着；有的脑袋开裂了，用裹脚布包着；有的还用手托着自己肚子里流出的肠子，鲜血滴在了脚下的大地。

几个小时后，中央银行外广场上，第十军官兵站满黑压压的一片，事后经清点，光在广场前集合听候调遣的第十军官兵，就达一万三千多人，其中年龄最老的五十多岁，而最小的才 12 岁。不管怎么说，停战协定让衡阳城内的这数万军民生命得以延续，也让日军中上千年轻的生命躲过了衡阳一劫，从这个角度看，这是件大好事。

战后，日军对衡阳保卫战的结果也不愿过多提及，仅以"苦难之战"一带而过，也实属无奈。因为一个弹丸之地的小城，竟让他们使用了七个师团的兵力，发动三次总攻，费时 48 天之久，伤亡如此之巨，提它何益？

注释：

[1] 力报，1944－08－08

[2] 白天霖．抗日圣战中的衡阳保卫战．台北：天工书局，1984

[3] 力报，1944－08－09

[4] 扫荡报，1944－08－15

[5] 蔡汝霖．四十七天衡阳保卫战．上海：中华书局，1946

[6] 中央日报，1944－08－09

[7] 黄仁宇．从大历史读蒋介石日记．北京：九州出版社，2007

[8] 中央日报，1944－08－06

[9] 国史馆 002020300014116．蒋中正条谕方先觉，1944－08－07

衡阳中国抗战纪念碑

贰伍 生命丰碑——中国抗战纪念城

日本军方将衡阳战役称为：“中日八年作战中，唯一苦难而值得纪念的攻城之战。”

衡阳保卫战从开战到结束，历时48天之久，这不仅是中国战争史上的荣誉，也是世界反法西斯战场上彪炳千秋的历史光辉！如果人们一定要将战役划分阶段的话，那么，衡阳保卫战是整个豫、湘、桂战役新阶段的开始。

为什么这么说？因为日军自实行"一号战略"以来，从河南郑州一路杀来，先陷武汉、岳阳，再从新墙河直下长沙，过湘江，跨南岳，其气势直追德国纳粹初期之闪电战。但衡阳会战，折断了敌人锐不可当的凶锋，打乱了敌人进攻中国的整个时间表和全盘计划，从而将整个战争的节奏，拖到了有利于我们中国人自己的轨道上来，使蒋介石在中国战场能从容部署，重整力量，完成挽回战争颓势的重要转折部署。

遗憾的是，衡阳创造了一个打击敌人的最佳机会，但由于反攻不力，不仅丧失了消灭敌人的最佳机会，也使一个有着数千年文明历史的古城，变成一片废墟瓦砾。

悲痛之情，平生从未有过

日本《每日新闻》的特派记者益井康一，在衡阳战役结束的第一时间进了城，据他回忆：街上的建筑成了瓦砾堆，满街都是尸体，还有伤兵，连插脚的空隙都没有，堆成山似的尸体在腐烂，伤兵的伤口也在腐烂。

衡阳保卫战战斗之惨烈、伤亡数字之巨大、功勋之卓著，在世界战争史上都是罕见的。以赵君迈为首的衡阳人民，为保卫生于斯、长于斯、聚族于斯的家乡，作出了全部的贡献与牺牲。

衡阳保卫战结束的当夜，蒋介石在重庆黄山官邸彻夜未眠，跪在耶稣像前很虔诚地祷告了良久，提起笔在日记中写下十个字："悲痛之情，平生从未有过！"[1]记录了他当时难以抑制的悲痛。这是他指挥军队以来，记忆最深刻的一场战役，真没想到，在战略上只能算作一枚棋子的衡阳，会让他内心产生如此大的震动。

第二天早晨，蒋介石在官邸会议室向全军颁布命令，定于8月20日上午6时，全国军队全体官兵集合，为衡阳殉国守军默哀三分钟，藉志敬悼。蒋介石在命令中称："此次敌寇进犯衡阳，历时47日之久，战斗之猛烈，为抗战以来所未有，吾决定通令全军，以效法第十军作战精神，成功则克敌制胜，成仁则气壮山河！"[2]

两天后，中共中央主席毛泽东在延安亲笔为《新华日报》写下社论：

守衡阳的战士们是英勇的。但是他们的努力没有人支援，因为我们政府和我们统帅部的不要民众与自愿放弃主动权的消极战略不能支援他们，人民虽然焦急万分，也无法自动去支援。

衡阳的重要性超过长沙，它是粤汉、湘桂两条铁路的联结点，又是西南公路网的中心，它的失守就意味着东南与西南的隔断，和西南大后方受到直接的军事威胁。衡阳的飞机场，是我国东南空军基地和西南空军基地之间的中间联络站，它的失守就使辛苦经营的东南空军基地归于无用；从福建建瓯空袭日本的门司，航空线为一千四百二十五公里，从桂林去空袭则航空线要延长到二千二百二十公里。衡阳位于湘江和耒水合流处，依靠这两条河，可以集中湘省每年输出的稻谷三千万石，还有极其丰富的矿产于此集中。这些对大后方的军食民食和军事工业是极端重要的，它的失守会加深大后方的经济危机，反过来却给了敌人"以战养战"的可能性……

在毛泽东的社论中，除了明确地肯定守衡阳战士们是英勇的外，也充分肯定了中美空军和中国民众的积极参与。

不能让英雄流血又流泪的事情再延续下去了

衡阳保卫战，是中国抗战历史上持续时间最长，歼灭日军最多的一次战役，日本军方称之为"中日八年作战中，唯一苦难而值得纪念的攻城之战"。

日军战史记载中，对衡阳保卫战中的伤亡情况有如下记载：在第六十八及一一六两个师团，自战斗之始至第一次总攻停止后，其步兵连每连的幸存官兵，平均不足 20 人。经整补后，发动第二次总攻，损伤较之第一次总攻更为惨重。两个师团之原任连长已所剩无几，大部分之步兵连已变为由士官代理连长，勉强支撑战斗之惨局。第三次总攻，以五个师团之众，于 8 月 4 日晨开始，全力展开惨烈冲杀，也付出极大代价。

日本投降后，李玉堂在芷江受降时，其师团长个人向他透露，衡阳之役日军伤亡为 48000 余人。但另一方面，衡阳会战结束，日军大本营一次补充第十一军团新兵 10 万人，显然，此十万新兵，可以看出敌人伤亡的准确数字。

因衡阳保卫战过程的复杂，也出现过很多争议，关于社会各界对衡阳保卫战的判断究竟是持何立场，这都不重要。重要的是后来在有关衡阳保卫战的几乎所有论述中，大家都习惯将第十军等同于衡阳保卫战，说什么 17000 多人，坚守孤城 47 天，歼灭日军 6 万多人。这话至少是片面的，令赵君迈所领导的数万名直接参与过衡阳保卫战的衡阳市民心寒。

要说衡阳保卫战，首先是衡阳人民的保卫战。衡阳人民为配合第十军备战衡阳所作出的贡献与牺牲，居功至伟。

在战前，衡阳市政府征调民夫 78000 人，昼夜挖掘战壕。此外，市民自发举行的献金运动和修筑机场，配合政府在衡阳四周实行坚壁清野，炸桥梁，毁公路，破坏日军的运输线。日军在进攻衡阳前，曾经派飞机侦察，哀叹道，株洲至衡阳间的铁路和宝庆到衡阳的公路，悉被衡阳当地居民破坏，运输设备一无所有。[4]

战争中，3 万多名衡阳市民组成的支前运输大队，在前线组织了弹药与粮食运输队、担架队、收尸队、救火队、警察队等各种战地服务队，日夜奔忙于战场，有力地配合和支援了守城官兵。

战争后，衡阳 50 多万人失去家园，百姓失踪 21500 人，为国捐躯的市民达 1 万多人，烧毁房屋 46000 多栋，摧毁大小工厂 183 家，荒废田园 38 万余亩，损失财产 823 亿余元，一个 2000 多年的历史古城，在战后仅幸存三间半危房，[5]可谓玉石俱焚。为争取政府对衡阳保卫战的认同，衡阳乡绅所组织的民间请愿团，曾数度远上南京，历时达两年之久，中国抗战纪念城的称号，是衡阳人民所派出的先贤代表，经过长时间的不懈努力所争取的结果。

谁也不能否认第十军在衡阳保卫战中所作出的历史功绩，但它绝不是衡阳保卫战的全部。这里还需要指明两个衡阳保卫战的基本历史事实：第一是战争的历史功绩，这不是在说什么套话，在第十军坚守衡阳的这 48 天时间里，没有重庆政府的倾力支持，没有衡阳市政府在战前组织衡阳百姓修建的坚固环城工事，没有衡阳人民提供的足够多的粮食和副食品，没有近 3 万支前民夫在战场上提供的补给，没有中美空军在衡阳上空压制性的火力支持，完成守卫衡阳四十八天的任务，是根本不可能的事情；第二个是衡阳保卫战的历史意义，抛开所有是非曲直的情绪化言论，回归到当年全球的反法西斯战场来看，衡阳保卫战虽说是长衡会战的一个重要组成部分，同时也是世界反法西斯局部战场上彪炳千秋的历史光辉！

为什么可以这么说，因为日军自实行“一号战略”以来，其气势直追德国纳粹初期之闪电战。闪电战之所以能屡建奇效的一个最重要条件，就是要所向披靡，锋芒不能有丝毫的顿挫，一旦锋芒受挫，则其整个战线势必处处受挫，遭受攻击。这就如同一条毒蛇在向目标发起攻击，蛇的可怕处在它出手时快如闪电，令人防不胜防，但只要你控制了它的速度，它的头、尾、身子就随时可能被打击，日军在衡阳遭受顿挫，从而使日军在醴陵、湘乡及衡山沿线，全面受到不同程度的攻击，最终不得不改变战术，将战争的时间表，拨归到有利于中国人民抗日大局的轨道上来。这也就将日军在整个亚洲战场的全盘计划给彻底打乱，从而为世界反法西斯战场的全面胜利，争取了宝贵的时间。

中国抗战纪念城

没哭过长夜的人，不能足以语人生！衡阳人真正领悟到了这句话的含义，在抗战胜利后那一年，无尽的哭泣声蔓延在古城的上空。1945 年 7 月 26 日，是全中国百姓都在大庆特庆的时刻，中华民族浴血奋战了八年的抗日战争，终于迎来了最后胜利的时刻。这天，日本天皇代表日本政府与其帝国大本营，接受美、中、英三国政府元首在波茨坦宣布的公告各条款，宣布日本帝国大本营及驻扎各地的日本武装部队，向同盟国无条件投降。日本天皇命令驻扎各地的一切日本武装部队及日本人民，即刻停止战事，保存一切舰艇、飞机、资源、军事及非军事的财产，免受损失，并服从同盟国最高统帅，日本的一切武装部队，及不论驻在何地的日本控制下的武装部队的指挥官，他们自己及他们所率的武装部队，无条件投降。

8月15日衡阳光复，抗日战争胜利了，从四周逃难而回到家乡的市民百姓，在衡阳破旧不堪的废墟上，相拥而泣，百姓们以为苦日子挨到头了，但等来的却是一无所有。

在这场惨绝人寰的战役中，城内外所有能吃的一切，尽被饥饿的人们吞噬一空。战后，1945年11月联合国救济署代表在赵君迈等人的陪同下考察衡阳灾情时忍不住对赵君迈和随行的记者说："中国各地的灾情与欧洲不相上下，但数衡阳境况最劣。"想恢复生产的农民，在整个衡阳竟找不到一头耕地的水牛，一粒剩余的稻种。而到1946年，衡阳大面积的瘟疫开始蔓延，衡阳发生严重饥荒时，数以万计的市民，开始沿粤汉铁路一线外出乞讨。

后来，民间有一首笑话衡阳人的顺口溜："你是哪里人呀，我是衡阳人。你嘛个不洗脸，我没有洗脸盆。你嘛个不洗脚，我没有洗脚盆。"

这就是衡阳人在战后真实的生存状态，衡阳的先辈们不仅死得很惨，活着的也一无所有。当时，联合国善后救济总署在提交的一份档案《中国湖南省衡阳地区救济调查》中称："在整个饥荒区域，人们靠杂草、树根、麦麸和谷糠维持生命。1946年春，当中央宣慰使刘文典率考察团先后莅临衡阳视察，他们看见衡阳城内的水井中、郊外的水塘里、山冈上，惨白的骸骨东一堆西一堆，横七竖八，零乱地四处裸露在外，达数千具之多，而百姓居住的房屋与商铺，还都是松树皮钉成的一排排简易临时住房和商铺，大街上，只有稀稀落落的行人，面黄肌瘦如同乞丐般在街上走动。衡阳人民在为我们民族作出巨大的牺牲后，却要他们独自承受巨大的战争创伤与痛苦，这一切让宣慰使代表们都有些看不过眼，回去向中央政府做了翔实报告。

蒋介石听闻后，于心不忍，拨出专款，令第十军预十师师长葛先才前往衡阳，收殓衡阳保卫战被遗弃的忠骸。葛先才来到衡阳后，通过地方政府征雇民夫和第十军劫后滞留在衡阳附近地区的官兵组成了一个六十余人的工作队，将他们分成三四人一组，每天分头捡拾暴露在外的忠骸。工作历时四个多月，共得忠骸3600余具，后在衡阳保卫战战斗最激烈的张家山之巅，建一烈士公墓为其安葬。并为这三千余具忠骸竖立一块巨大的石碑，题曰"陆军第十军衡阳保卫战阵亡将士之墓"。

葛先才后来回想那一段搜寻忠骸的日子说："这哪里是文明人类生活的地方？这简直是一座露天的大屠场啊！人间何世！人间何世啊！这一刻，天空无语，整个衡阳城官兵哭泣，百姓哭泣，大地在哭泣！"在这鲜血浸染的黑色山河上，有一位衡阳市民，想起赵君迈做市长时期的那个繁华而充满生命力的城市，那是怎样的惬意啊！我们跟着她的思绪，来回味一下家乡在她眼中，那最后一刻的容颜：

正是一个年头中最好季节到来了，正是一个年头中成熟的喜悦日子来了。有人想起了那热闹的街，想起了自己辛劳半生的小铺店，想起了太阳下流出柏油汁的大马路，想起了胡同里静俏的小洋楼，想起了院子里葡萄架上留待采摘的葡萄，想起了家中客厅墙上尚未取下的古画，想起了教堂礼拜的童声合唱，想起了美食摊上令人吃不完的美食。

此时！正是一天中最好的时候到了。城市的灯火如莹虹般的亮着，正是你拨着算盘结算今日账目的时候了，正是你拉了半天的车想去茶圃喝茶聊天的时间了，正是你在英文补习班的窗口下静静地学习了，正是你穿上花蝴蝶般的衣裙漫步在街头了，正是你疲倦地躺在蚊帐中驱赶蚊子了，正是瞎子大叔出来拉着二胡唱着小寡妇上坟了。

朋友，别误会，这不是诗，也不是梦中的幻象，这是一个普通的衡阳市民对一座自己曾经生活过的城市的一种鲜活记忆，一个故人对旧日生活所留下的刻骨铭心的记忆，其实在人们的心底，那些最让人不能释怀的，往往就是生活中最朴实最平常之事，就像我们每天吃的白米饭，我们时时都离不了的白开水。

衡阳古城失去了，连同一种传承了数千年的生活方式，都已成为历史中消逝的记忆！

衡阳之事，牵动了很多有良知同胞的心，其中一位，就是赵君迈的哥哥，时任湖南省参议会参议长的赵恒惕。赵参议长认为，衡阳之事，绝不可看成衡阳一地之事，不能让英雄流血又流泪的事情再延续下去了！他与新组建的衡阳市政府协商，成立一个衡阳抗日英雄城申诉代表团，在财政相当困难的情况下，通过政府和民间筹集，先解决了一亿元的经费，由市参议院参议长杨晓农负责带队，前往总统府向蒋介石呈递请愿报告。[6]报告递交上去后，关于衡阳保卫战的定性问题，引发了南京政府高层内部的争议，当时有几种看法，一种认为是英雄之城，须立碑以纪念，还有一种说法是失败之城。由于政府、军方的派系矛盾由来已久，此事被搁置起来很长时间，后经过衡阳市请愿代表的不懈努力，1946 年，南京政府决定授予衡阳为中国抗日纪念城，蒋介石还亲自为中国抗战纪念城题词，并撰写碑文：

是年六月下旬，衡阳四邻各县，先后失陷，我第十军残余部队，喋血苦守此兀然孤城者，历时四十七日之久，此为全世界稀有之奇迹，而我中华道德之表现与发扬，亦以此为最显著，地方人士所以请定此城为抗战纪念城者，其意在此，昔者孟子言，仁者无敌，又言浩然之气，至大至刚，此为我中华民族所恃以生存，所资以兴立者！今当举行命名典礼，爰举此义，以告国人，并示来兹。

这是衡阳人的骄傲，更是中国的骄傲。赵君迈带领着衡阳人民和第十军官兵一道，用他们的血肉之躯，和他们对国家民族的忠诚，铸造了一座彪炳千秋的抗战名城——中国抗战纪念城！

一块清晰而完整的历史活化石

在中国的近代史上，很少有人能像赵恒惕、赵君迈兄弟一样，在如此多重要的历史时刻，都扮演了如此重要的角色。他们兄弟俩这样的际遇就像一块保存完整的历史化石，将中国近代每一次脱胎换骨的历史痕迹，都清晰地刻在了他们生命的年轮中。如果将兄弟俩所经历的历史碎片连在一起，就是一部保存完整的活历史。

不要小瞧了赵家兄弟的这些历史碎片，虽然初看时是那么小，那么不起眼，与赵君迈在16岁以前在家乡放牛、读书、耕田，过着面朝黄土背朝天的生活一样，但当你走近他，跟随这乡间少年从山坳中走出的足迹，就能清晰地看见中国近代史上每一次重要历史的纾机转捩，并能与上世纪许多重要历史时刻的众多个性人物，做深度的对话交流。

从赵恒惕在世纪初期与黄兴创建兴中会，到最早加入铁血丈夫团的28名成员，到后来介绍黄兴与孙中山认识，共同创建同盟会，到直接参与护法运动与辛亥革命，赵恒惕率兵从广西直接打到南京，作为中国反对封建、反对帝制的最得力的将领之一，为推动清朝最后一位皇帝的覆灭，冒死立下奇功，其辛亥革命的历史功绩，不在于右任、宋教仁、蒋介石之下。

军阀混战，吴佩孚从天津向南一路势如破竹，进湖北入湖南，而止吴佩孚战车于湖南、与对手化干戈为玉帛之人，是赵恒惕。

北伐战争时期，孙中山直接任命赵恒惕为湖南总司令，赵恒惕拒绝接受，非赵恒惕不懂得革命，而是赵恒惕认同君子和而不同之理念，更愿意在中国推行民主的宪政之路。赵恒惕在湖南推动中国民主宪政运动，使湘省得以自治成功，让赵恒惕成为中国民主宪政成功实验的第一人。

唐生智背叛湖南民主宪政后，赵恒惕不愿再次兴兵于湘，令湖南生灵涂炭，主动放弃权力，让所有的将领，听命于广州政府，使孙中山、蒋介石的二次北伐，得到了一支完整而极富战斗力的军队，从而使得二次北伐顺利成功。

赵恒惕在中国近代史上，用浓墨写就了一个重重的赵字，在赵恒惕冷静地退出政治舞台后，从日本、美国留学11年后回国的赵君迈，迅速地填补了这一空白。

1928年济南惨案时，赵君迈是方鼎英属下骑兵连连长，力主抗战。

1931年上海“一·二八”淞沪保卫战，赵君迈作为上海税警总团第一团团长，参与了战役，并在战役最关键的葛隆镇、娄塘一战中，解全局之围，挽战役于不败。

1933年，华北危急，日本进犯热河，赵君迈陪同宋子文飞抵北平，与张学良商议热河防守的落实问题。

1936年，上海救国会成立，赵君迈是参与其中的重要成员。

1936年西安事变，赵君迈、孙立人与全国军事将领275人，联名通电张学良。次日，税警总团将原已开始的实战演习立即停止，赵君迈与税警团各团一道，即刻乘火车向潼关开进，到潼关后，赵君迈等各团迅速在周围展开布防戒备，直至西安事变得以彻底解决，才解除戒备。

上海“八·一三”会战，赵君迈率团临危受命，配属第九集团军参战，战役中，税警总团第三团团长丘之纪壮烈牺牲，赵君迈的生死弟兄孙立人倒在战火之中。会战后期，赵君迈为税警总团保留了六千多人的血脉，并在此基础上，重建缉私总队。从1928年到1937年淞沪抗战爆发，整整十年的戎马生涯，赵君迈从一位基层的连长，上升为第44军少将旅长，再到缉私总队中将副总队长，是他在血与火的拼杀中，用生命的代价一步一个脚印换来的。

接下来，在漫长而艰苦卓绝的抗日岁月中，他既保持了鲜明的爱国主义理想，又能保持一个知识分子充分的理性和一位现代军人的勇敢忠诚。

1938年武汉沦陷后，赵君迈在长沙，为国统区盐业市场的繁荣稳定作出贡献。

1942年，赵君迈被选为国民政府参政会参政员。受蒋经国建设新赣南的影响，赵君迈转到地方工作。在建设中，他提出了建设新衡阳的口号，并用科学严谨的辩证思维指导决策，推动了地方的新工业化运动与农业改良。在中国抗战的特殊时期，赵君迈为国统区战时的物资保障提供了坚实的基础。

1944年，长衡会战，中国抗日战争从战略相持进入战略反攻阶段，赵君迈作为衡阳市长兼警备区司令，带领五十多万衡阳人民，在长衡会战中付出了最大的牺牲与抵抗。

衡阳沦陷之后，赵君迈把留在祁阳县城待命的衡阳市政府官员，都发了遣散费，他自己则去了重庆，在向重庆政府述职完后，被安排进入国民政府外事局，委以欧亚司负责人的重任，专门负责和美国空军与援华物资打交道。

1945年，抗日战争结束以后，蒋经国被推到了历史前台，与宋子文出使苏联，协商战后接收日军关东军在华的物资事宜。在谈判过程中，赵君迈随同出访，后中国政府方面提议由赵君迈出任日本关东军总部所在地长春市市长，被苏联最高当局批准，赵君迈的身份从著名的抗日将军，变成了国民党中央委员会委员和当时令人瞩目的接收大员。赵君迈赴长春上任后，因手中控制着日军在华的几乎全部军备物资，这些足足可以装备38万大军的武器装备，决定着中国未来的命运，赵君迈一时成了国民政府接收官员中，最重要的人物之一。

国民党政府为配合赵君迈的工作，将他的老搭档新一军军长孙立人急调长春，出任长春卫戍区司令。

在赵君迈赴长春上任之时，中共方面也在一夜之间，调动了十万最优秀的干部，秘密前往东北。而负责战后协调事宜的美国代表和前苏联代表，在对待日方在华物资的归属上，也打起了各自的算盘。

长春，这个日本关东军司令部的所在地，无疑成了各方力量的风暴中心。赵君迈又一次站在了时代的危崖上，中华民族的命运，中国新的历史转折，也由东北问题发生了根本的改变！

新中国成立后，1949年身为联合国渔业署香港办事处主任兼联合国渔业署海南渔业公司董事长的赵君迈，这位有着特殊身份与背景的著名抗日英雄，在那个特殊的年代，为中国的统一做了大量鲜为人知的事情。

1955年后，赵君迈回归大陆，在周恩来总理的亲自安排下，成为中国政治协商会议的常务委员。作为全国政协常委，他不仅在中国最风云变幻的时代，见证了十年“文革”和改革开放的最初二十年，也在中国现代化建设中，为新中国的体育事业和恢复欧美同学会立下汗马功劳。

纵观赵君迈的一生，他不是一位振臂一呼应者云集的领袖，但在赵君迈复杂的人生经历中，他从日本到美国，从土木工程学到军事科学，从士兵到抗日将军，再从将军到安邦的国之重臣，有着旁人不曾有的独特际遇与生命创痛。在赵君迈的一生中，他同时受到了中国近代史上两位极富个性的领袖宋子文和蒋经国的青睐与提携。在他的一生中，他的身边又聚集着一批超越党派而极富智慧的同学和朋友，像罗隆基、潘汉年、李立三、伍修权、何浩若、孙立人、齐学启、左舜生、曾绮等杰出人士，这就让赵君迈的个人历史具有更大的张力，也使得赵君迈在近代历史每一次重大变革的潮流中，总是站在时代的风口浪尖上。

从历史的角度看，赵君迈一生的不凡之处，在于他在不同的历史阶段，都能时刻保持一种旺盛的激情与大无畏的牺牲精神，坚定不移脚踏实地地投入战斗，是一位坚定地捍卫国家利益的民族战士。

赵君迈传上集部分还只是记录了他1901—1945年的那段历史，而下集中，将会从1945—1988年，赵君迈在国共大决战前的外交生涯和作为关东军老巢长春的接收市长，以及新中国成立前后，在香港联合国渔业署位置上为海峡两岸的统一所作出的努力等方面进行阐述。这一过程中，赵君迈用他的个性与智慧，诠释了新中国历史中那种皮与肉，筋与骨的时代肌理。在这种更复杂的环境中，功与过，已经不是人们关注的焦点。

重要的，是那段真实而难忘的历史。

注释：

[1] 黄仁宇．从大历史读蒋介石日记．北京：九州出版社，2007

[2] 扫荡报，1944－08－21

[3] 解放日报，1944－08－10

[4] 中共衡阳党史图志．长沙：湖南人民出版社，2001

[5] 白天霖．抗日圣战中的衡阳保卫战．台北：天工书局，1984

[6] 抗战名城命名积极筹备．大华晚报，1947－05－20

主要活动年表
（1901—1944 年）

1901 年，一岁

出生于衡山县白果镇赵家湾棠兴村，字恒�。父亲赵甓庸，地方乡绅，母亲杨氏，出身于书香门第。

1902 年，二岁

两江总督张之洞在湖北创办方言学堂，赵君迈大哥赵恒惕负笈湖北参考得中。

1903 年，三岁

父亲赵甓庸向朝廷上奏折，改白山书院为白山小学堂，获新任湖广总督赵尔巽批准。

大哥赵恒惕到日本留学，与宋教仁等人同船赴日。

1905 年，五岁

大哥赵恒惕介绍黄兴与孙中山认识，共同创办中国同盟会，成为同盟会最早的会员。

1906 年，六岁

从母亲杨氏识字。

大哥赵恒惕入日本陆军士官学校第六期炮科，被黄兴选为坚贞可靠的二十八人铁血丈夫团成员。

1907 年，七岁

上私塾学习。

1909 年，九岁

进入他父亲创办的新式小学白山小学堂学习，喜爱运动，成为学校体育健将，是当地远近闻名的“浪里白条”和学校的短跑冠军。

同年，大哥赵恒惕从士官学校炮科毕业，由日回国，应陆军部甄试及格，考取武举人。

1912 年，十二岁

中华民国在南京成立，孙中山就任临时大总统，电请南方左翼军司令赵恒惕率军开往南京，被孙中山任命为第八师十六旅旅长，授陆军少将军衔，卫戍南京。

同年冬，谭延闿督湘，赵恒惕率一团精兵回长沙坐镇，让谭延闿缩编部队圆满完成。

1913 年，十三岁

大哥赵恒惕追随孙中山二次讨袁被俘，袁密电将其就地正法。

1915 年，十五岁

在家习武，开始是站桩、举石锁，后上杭州、上海拜名师，练就了一套扎实的基本功。

同年夏，由于黎元洪、蔡锷的营救和力保，大哥赵恒惕得以特赦出狱。

1916 年，十六岁

赵恒惕由沪返湘打起了反袁大旗，不久，谭延闿二次督湘，任赵恒惕为新编第一师师长。

谭延闿履新三月，其母病逝上海，命赵恒惕以第一师师长暂代督军，授陆军中将军衔。

同年，赵君迈父亲赵甓庸去世，赵恒惕回家奔丧后，提议赵君迈出国学习。

1917 年，十七岁

3 月，离开家乡衡山远渡重洋去日本求学。

9 月，进入日本成城中学就读。

1918 年，十八岁

参加学校组织的游泳比赛，在遭遇台风的情况下，完成了全程 11 英里的决赛。

1921 年，二十一岁

因不满日本军国主义势力抬头，离开日本前往美国。

1922 年，二十二岁

在美国高校学习英语。

1923 年，二十三岁

与清华学生孙立人、齐学启、梁实秋等同年进入美国高校，入威斯康星大学土木系桥梁专业学习。

同年，爱因斯坦到南美访问时过境美国，赵君迈与何浩若从威斯康星大学赶到爱因斯坦下榻处拜访。

1924 年，二十四岁

在美国伊利诺伊州体育馆，挑战日本柔道冠军，曾蝉联两届全美大学生摔跤冠军。

1925 年，二十五岁

从威斯康星大学毕业，获得土木工程系学士学位。在等待新生入学的假期期间，与孙立人在美国著名的桥梁公司实习，每月有 160 美元的收入。

同年秋，进诺维支骑兵学院深造。

1926 年，二十六岁

在诺维支骑兵学院，被推举为校摔跤队队长。在美国中、西部十所重点大学举办的摔跤联合对抗赛上，代表诺维支大学参赛，获得冠军。赛后，被诺维支聘请出任学校摔跤队教练。

1927 年，二十七岁

在美国中、西部十所重点大学摔跤联合对抗赛中夺得冠军。当时，美国体育总局决定让赵君迈代表美国参加第九届阿姆斯特丹奥运会，但前提是必须加入美国国籍，赵君迈回答说："我是中国人，要去参加奥运会除非代表中国。"

1928 年，二十八岁

诺维支骑兵学院毕业，离开了美国，回到他心中最想报效的祖国。回国后，选择从基础打拼开始，出任四十六军骑兵连连长。

同年，北伐军将前线推到了济南时，发生了震惊中外的济南惨案，赵君迈力主抗战。

1929，二十九岁

1 月，出任浙江省教导团团长。

6 日，杭州，负责西湖万国博览会的组织及安保。

11 月，杭州，负责首届全国武术擂台赛的组织及安保。

年末，结识了他未来的妻子沈承玲。

1930 年，三十岁

4 月，杭州，负责民国第四届全国运动会安保。

5 月，与沈承玲完婚。

12 月，接蒋介石令，率浙江教导团两营由杭州开往江西。

1931 年，三十一岁

1 月 16 日，率浙江教导团在玉山激战。

2 月中，奉命率浙江教导团返回杭州。

3 月，在九江，受财政部长宋子文邀请，出任财政部税警总队第一总队队长。

9 月，税警总队扩建成了税警总团，出任税警总团第一团团长，随总团部驻海州。

10 月，率税警总团第一分团进驻上海，驻徐家汇，第二分团古鼎华团驻南翔，第三分团张远南团驻闸北。

12 月 28 日，宁粤上海会议后，蒋介石给赵君迈、阎锡山、覃振、张继、居正、宋美龄等人发电，让他们“顺从新政府，静观后效”。

1932 年，三十二岁

1 月 23 日，出席十九路军在上海龙华警备区司令部召集的驻上海营级以上紧急军事会议。

28 日，“一・二八”淞沪抗战打响，赵君迈担任宋子文等政府文职要人的安全保卫工作。

2 月 16 日，第五军进入上海，税警总团被临时编为第五军八十八师独立旅，赵君迈的独立旅第一团，负责由江湾北端经庙行镇、周家巷至蕴藻浜南岸防线。

22 日，日军冲过庙行镇之南的塘东宅。军长张治中命令赵君迈率第一团和中央军校教导总队一营前往八十八师指挥所策应。赵团从僻路包抄到日军后路，向敌方之右侧施行有力的袭击，于十二时许，恢复塘东宅原防。

3 月 3 日，张治中紧急命令驻蓬阆镇的赵君迈团增援负责断后警戒的八十七师二五九旅五一七团，午后四时，赵君迈先解葛隆镇孙元良旅旅部之困，接着，又立即向前线娄塘的五一七团增援，娄塘重围遂解。

3 月 6 日，淞沪抗战举行停战谈判，率独立旅第一团驻常熟东塘市，开始进行新一轮的战前准备。

5 月 25 日，上海休战协定签字，坚持一个多月的淞沪抗战，告一段落。

5 月 28 日，“一・二八”抗日阵亡将士追悼大会在苏州公共体育场举行，赵君迈与蔡廷锴、翁照垣等名将出席。

6 月，赵君迈的税警第一团进驻海州。

9 月，宋子文在淮北盐场视察时，赵君迈向宋子文提出率团出面剿灭盐枭，获准。

10 月，赵君迈向宋子文举荐留美同学孙立人，宋子文任命孙立人为总团特科兵团团长。

赵君迈率团捕获大小盐匪首恶 80 余人。从此两淮地区民心大快，地方太平安宁。

1933 年，三十三岁

1 月，创办税警总团内部刊物《海棠周报》，深受官兵们欢迎。

2 月 11 日，陪同政府行政院院长宋子文抵北平，与张学良商议热河防守的落实问题。

10 月 30 日，宋子文辞去财政部长与行政院长职务获准，由孔祥熙继任。税警总团被分拆为两部分，赵君迈为缉私总队队长；税警总团二、三、四团，被军委会编为整编师入江西参与“剿共”。

1934 年，三十四岁

秋，湖南大旱，颗粒无收，赵君迈与大哥赵恒惕在上海向各省义赈会筹集到救济经费十五万元，由赵恒惕带往湖南，并协助当地主持救灾事宜。

11 月底，税警总团参加完江西“剿共”任务后回到海州。

1935 年，三十五岁

4 月 16 日，因内部纠纷，遭两淮缉私大队官佐联名向蒋介石告状。

4月27日，蒋介石电戴笠彻查赵君迈。

4月28日，蒋介石电孔祥熙查清赵君迈案事实真相。

6月末，孔祥熙电蒋介石赵君迈案结果，无大原则错误，保留原职。

7月，出任财政部税警视察长，兼第一团团长。

1936年，三十六岁

3月，中央陆军第二师师长黄杰调入税警总团任总团长，赵君迈为第一团团长，第二团团长是宋卓愈，第三团团长是刘天绍，第四团团长是孙立人，第五团团长是丘之纪，第六团团长是钟宝胜。

5月，在上海结识一些著名爱国民主人士，参与上海各界救国联合会在上海圆明园路中华基督教青年会成立活动。

9月，参加军委会组织的一次秋季军演，赵君迈率税警总团官兵进行徐州市区防空、铁路桥梁抢修、海岸防卫、反登陆作战等全方位演练，因表现优异，获得了军委会的嘉奖。

10月22日，救国会代表王造时、赵君迈、李公朴等出席鲁迅葬礼。

12月12日，张学良、杨虎城发动了西安事变，税警总团开往陕西潼关，迅速在西安周围展开布防，各团实行一级戒备。

1937年，三十七岁

3月初，税警总团从潼关回到海州，驻扎在关庙巷。

7月7日，爆发了震惊中外的“七七”事变。

31日，赵君迈与黄杰、孙立人等将领，收到蒋介石亲自题写的《告抗战全体将士书》，称现在和平既然无望，只有抗战到底，那就必须不惜牺牲来和倭寇死拼。

8月13日上午9时，日本海军陆战队在闸北虬江路向我军发动了进攻，淞沪抗战打响。

9月20日，赵君迈团接到军事委员会参谋本部的命令，参加上海对日作战。

9月28日夜，赵君迈率团乘坐税警总团第一趟列车，由东海车站出发奔赴前线。

30日，到达南翔车站，被编入陆军四十四师二三五团，安排在左翼作战。

10月5日，在蕴藻浜战役打响后，赵君迈带领税警第一团立即进入了战斗。

11、12日，为了巩固前线阵地，赵君迈亲自率团坚守在一线阵地，经过来回厮杀，阵地失而复得。

26日午夜，转移到苏州河南岸，奉命坚守苏州河。

11月2日，税警总团第五团团长丘之纪不幸中弹，壮烈牺牲。夜，孙立人在离桥头堡300米处指挥破坏敌军浮桥时，身中十三块弹片，赵君迈连夜驾车将他送往临时医院治疗。

11月4日，左、右两大作战集团重组，赵君迈团随四十四师在右翼撤退。

12月1日，被胡宗南任命为第四十四师少将旅长，驻防河南归德。

1938年，三十八岁

2月，被陆军第四十四师任命为第三旅少将旅长。

3月，重新组建缉私总队，被财政部委任缉私总队副总队长，授中将军衔，总队长为孙立人，参谋长齐学启，第一团上校团长贾幼慧，第二团上校团长唐守治，第三团上校团长葛南杉，第四团上校团长李鸿。

秋，赵君迈因工作需要，被财政部安排留在湖南，出任湘岸盐务处处长。

9月，徐特立在武冈县创办塘田战时讲学院，赵恒惕为董事长，张治中任名誉董事，赵君迈被邀请为特聘教官。

11月12日夜，赵君迈随省政府离开长沙到沅陵途中，长沙燃起“文夕大火”，整个长沙城被烧为灰烬。

11 月 25 日，国民党军事委员会军令部在南岳召开军事会议，赵君迈作为湖南地方行政长官代表参加会议。

同月，兼任国民党中央军校教官。

12 月，创办《时事动态》周刊，任命中共长沙市委书记丁务淳为《时事动态》总编辑，刊物发表了很多中共领导人包括周恩来的文章。

与周立波相识于沅陵。

1939 年，三十九岁

1 月，改革湖南的盐业市场，从“商人专卖”改为“官运官销”，并进行试点。

2 月，赵君迈为促进国共合作，在南岳衡山开办的抗日游击干部训练班授课，与中共负责人周恩来、叶剑英建立了深厚的友谊。

5 月，参股湘潭膏盐厂，使湘岸盐务办事处成为膏盐厂的最大股东。

9 月，主持召开湘、赣、川、桂、滇、黔六省盐粮会议，认识蒋经国。

10 月，参与第一次长沙会战。

1940 年，四十岁

2 月，改革盐商专卖制度，在湖南颁布《食盐专卖制条例》与《湖南省计口购盐暂行办法》，将食盐销售权收归政府统一支配。

12 月，上赣南蒋经国实行新政的地方学习考察。

1941 年，四十一岁

开始在省内全面实行按人口计口授盐，定量配售。

1942 年，四十二岁

7 月 27 日，被民国政府聘任为全国第三届参政会参政员。

9 月 18 日至 27 日，在重庆参加全国第三届国民参政会第一次会议。

10 月 27 日，湖南省政府委员会第 355 次常委会议，选举赵君迈为衡阳市市长兼保安司令。

1943 年，四十三岁

1 月，在衡阳开始实施新衡阳建设计划，开辟城南新市区，主要为商业区及住宅区；开辟北郊合江套工业区，以安置内迁工厂；开设农民自助银行，将东郊酃湖镇改为酃湖地政实验镇，试行耕者有其田。

3 月，被选为湖南省委委员。

5 月 1 日，主持衡阳市庆祝“五一”劳动节万人集会。

7 月 7 日，与兄赵恒惕共同建造的中国南岳忠烈祠落成，蒋介石亲笔题写鎏金匾额“忠烈祠”三字，并将烈字中的“歹”少写了一点，希望在今后的对日战斗中，中国军人所牺牲的烈士要少一点。

11 月，成立衡阳银钱放款委员会，直属财政部。兴修水利，建立农民新村。

11 月 28 日，接待蒋经国夫妇到衡阳考察。

12 月，赵君迈下达了衡阳市冬季征兵紧急动员令，为第十军顺利完成了补员工作。

接待美国大使馆新闻参赞，考察衡阳机场和飞行员。

1944 年，四十四岁

2 月，蒋介石夫妇抵达衡阳，在元宵节陪同其一块看元宵灯会。

4 月，薛岳将第九战区司令长官部，由长沙迁入衡阳南岳。

5 月初，率衡阳百姓欢迎第十军进入衡阳防区。

6 月 7 日，主办全市抗日献金大会。

6 月 16 日，连夜组织近十万民夫挑灯夜战，构筑环城工事。

18 日，长沙陷落后，衡阳成了举世瞩目的焦点。

19 日，衡阳所有报刊媒体发表联合停刊声明，拉开衡阳疏散序幕。

20 日，组织市民撤离衡阳。

21 日，中国佛教高僧虚云大师与弟子茗山大师在离开衡阳前，专程拜会赵君迈。

22 日下午 3 时，最后一列火车缓缓开出了衡阳，衡阳保卫战拉开了序幕。

下午，带警备区工程队的人员将衡阳机场、湘江大桥、衡阳电厂完成爆破。

夜，组织警察和支前运输大队对城区进行地毯式搜索。

23 日晨，日军第六十八师团佐久间的先头部队，从泉溪强渡耒水，衡阳保卫战开战。

27 日，美国副总统华莱士代表美国政府发来对衡阳守军表示敬意的电文。

7 月 25 日，赵君迈出城联系友军。

28 日，蒋介石从芷江、柳州的空军基地派出强大的空军，协助反攻。

8 月 2 日，在黎家坪第九战区司令部的岩洞里，接到蒋的总攻命令。

8 月 7 日，在黎家坪第九战区司令部的岩洞里，与衡阳联系中断，时，二十四辆战车满载着装备最精良的士兵，从宝庆公路向衡阳城急进。

8 月 8 日，衡阳陷落！

9 月，为在祁阳县城待命的衡阳市政府官员发放遣散费，之后前往重庆。

10 月，被国民政府委以军委会外事局东南办事处主任，负责和美国空军与美援华物资接洽的工作。

后记：寂寞青史已如烟

首先交代一下笔者创作这部作品的史料来源：笔者查阅过北京、广州、长沙、台北、加拿大、日本等地图书馆上万件以上的老报纸、杂志，搜集到与传主不同时期关联的事件与人物报道；笔者曾前往衡山赵家湾实地调研，访问过当地多位了解传主生前情况的老人；笔者查阅过台北国史馆，中国历史档案馆、近代史研究所，湖南档案馆等，所藏的与传主相关历史文稿、电报，文史资料上千封；笔者查阅过近百位与传主有过交集的历史人物传记、回忆录；笔者与传主后人有不少接触，收集到了一些传主生前不为外人所知的经历与言论。

说实话，这是一部令笔者颇费心力与时间的一部著作，之所以要如此费心费力，是出自个人的兴趣与良知。历史是时代进步的一面镜子，这里面不应该只有被大而化之的宏大叙事，或是一群泡沫化的脸谱英雄与半虚构的历史场景，真实的历史，应该有丰富的血肉层次。这种真实可触摸的历史肌理，存活于自然间不经意被时间淡忘的细节之中。本书传主，就仿佛是一块历史活化石，他能对近代历史中众多的人物与事件，提供一些新的观察与注解。

当将本书最后敲上一个完满的句号时，一种全身心的释然感油然而生，但极目楚天舒的感觉，仅仅维持了一两顿饭的工夫，那种长时间所形成的心灵与身体的负累，不是短短几天时间可以平静下来的。子夜，窗外醉心湖竹林传来的风声，像是竹叶的哭泣声。

想起八年抗战时，中国四万万普通百姓的命运。关注历史，其实就是关注历史之中的人物命运，客观而真实的平民历史，是大而空的宏大历史语言所无法取代的。

中国五千年的文明历史背后，是中华民族普通百姓五千年饱受欺凌屈辱、颠沛流离、杀戮与牺牲的历史，在如浮云过眼的政权更替过程中，从秦皇汉武、唐宗宋祖，到明末晚清，中国百姓所遭受之命运磨难，其持续时间之长，其状况之凄惨，其被遭受遗忘的周期之短暂，都远远超乎世人的想象。远的不说，仅以1840年鸦片战争以降，短短的一百多年时间，中华民族所经历的鸦片战争、辛亥革命、军阀混战、八年抗战、国共对决等如此多的宏大而悲壮的历史场景中，便可窥探到中国平民所受痛苦之深，战争不仅榨干了数万万中国同胞的家庭财富，也吞噬了数以亿计的平民生命。

美国耶鲁大学一教授曾提出一命题，中国人勤劳、节俭，为什么却世代贫穷而不富有？

数千年来，中国的百姓吃苦耐劳、克己而节俭，却世代贫穷而不富有，这中间真正的历史原因，是在通往中国政治权利巅峰的道路上，充满着欺诈与血腥。

在从胜利中走来的每一位顶尖政治人物的脚下，无不一面是鲜花盛开的红地毯，一面是深埋于黑土地的累累白骨，这耀眼的红地毯与平民百姓累累白骨间所形成的历史反差，已不仅仅是一两个时代和一两位普通百姓个人的命运问题，而是正如三国的开篇所说，中国的历史是“合久必分，分久必合”。在中国不同时期，是百姓用他们的鲜血、生命、泪水和世代累积的财富，在默默推动着历史的车轮艰难前行，可每当一个旧时代消亡与另一个新政权建立之时，这群危难中能毅然挺立的时代主体，却总是在时代的盛宴中，缺失于一次次的成果分享之外。这已经成了中国人世代逃避不了的宿命。

很少有人会问，为什么会这样。

中国人的历史观强调人生如戏，戏如人生，如《水浒传》、《三国演义》等本是民间的戏曲故事，却成为流传千古的历史，正如清末学者王国维所云：“戏曲者，谓以歌舞演故事也！”历史与戏曲，二者在内容与形式上，竟莫名其妙和谐在一块。这中间，众多的文人与历史学者，扮演历史清道夫的角色，他们能将血流成河的历史现场，数以万计甚至十万计的生命牺牲场景，迅速地装扮成花香四溢的庭院，而成王败寇胜者为王的历史观，也已深深地根植于我们民族的血脉之中，这就使得很多复杂的平民事件与人物，都在舞台上的千军万马中，被一个个程式化地消逝在这生、末、净、旦、丑之中。在这样程式化的历史场景中已经没有对错，而只有忠、奸，善、恶，这种粗线条的处理，让那些处在历史角落或是阴影中的平民人物，其苦难命运被忽略。

这是整整数代中国文人的悲哀。一个时代文人思想麻木的结果，便是失去了对本民族历史价值的判断与自信，而迷失了自己民族的历史的结果，便是迷失了这个世界普世价值的基础。就好像我们每个人手中都拿有一个苹果，却总要去向他人请教这苹果的味道，不是说我们都已失去了味觉，而是我们已经失去了对味觉感官的自信。历史中平民生命价值的淡化，正是一个时代道德价值体系崩溃的开始，西方人文学者赫伯特·里德有言：对现实世界的把握，完全取决于我们对历史熟悉和理解的程度。

而我们这个时代所缺少的，恰恰是对我们前人所经历的最丰富而又最显苍白的历史的反思！

感谢我的家人，这么多年来，面对一位在五斗米面前死命不肯弯下腰去的男人，最终却能将后背倒生出的一股凉气自个又咽了回去，实属不易。

要感谢的人还有很多，包括本书传主的后人，是他们的大度与宽容，使我有了一个更为自由的创作与思想空间。

最后要申明的一点是，因传记主人一生所牵涉的历史事件与人物众多，如书中内容有偏颇之处，与他人无涉，本作者应负文责，愿承担由此而产生的一切后果。

廖光明于广州